조작되지 않은
아버지와 아들과 성령
THE UNMANIPULATED
FATHER, SON, AND SPIRIT

정통 삼위일체 교리
SIMPLY TRINITY

매튜 바렛 지음 | 전의우 옮김

Simply Trinity
by Matthew Barrett

Copyright ⓒ 2021 Matthew Barrett
Originally published in English under the title *Simply Trinity*
by Baker Books, a division of Baker Publishing Group,
Grand Rapids, MI 49516, U.S.A.
All rights reserved.

This Korean edition published by Word of Life Press, Seoul 2023.
Translated and published by permission.
Printed in Korea.

정통 삼위일체 교리

ⓒ 생명의말씀사 2023

2023년 9월 15일 1판 1쇄 발행

펴낸이 ㅣ 김창영
펴낸곳 ㅣ 생명의말씀사

등록 ㅣ 1962. 1. 10. No.300-1962-1
주소 ㅣ 서울시 종로구 경희궁1길 6 (03176)
전화 ㅣ 02)738-6555(본사) · 02)3159-7979(영업)
팩스 ㅣ 02)739-3824(본사) · 080-022-8585(영업)

기획편집 ㅣ 태현주, 김태곤, 최은용
디자인 ㅣ 조현진
인쇄 ㅣ 영진문원
제본 ㅣ 보경문화사

ISBN 978-89-04-03181-8 (03230)

저작권자의 허락없이 이 책의 일부 또는 전체를
무단 복제, 전재, 발췌하면 저작권법에 의해 처벌을 받습니다.

정통 삼위일체 교리
SIMPLY TRINITY

엘리자베스에게

당신의 회복력은 비온 뒤 움트는 데이지 꽃 같아요.
햇살이 밝게 빛나듯 당신도 밝게 빛나요.

"하나님이여 주의 인자하심이 어찌 그리 보배로우신지요
사람들이 주의 날개 그늘 아래에 피하나이다…
진실로 생명의 원천이 주께 있사오니
주의 빛 안에서 우리가 빛을 보리이다"

시편 36편 7, 9절

추천의 글

"매튜 바렛(Matthew Barrett)은 복음주의 본능을 지녔다. 그것은 삼위일체에 관한 가르침, 곧 고전적이며 시간의 검증을 거쳐 뿌리 깊은 전통으로 자리 잡은 성경적 가르침을 찾아내는 본능이다. 이 책에서 바렛은 최근에 돌무더기와 잔해를 걷어 내고 그 밑에 감춰져 있던 삼위일체 교리를 찾아낸 기쁨을 표현한다. 이 책은 조작되지 않은 삼위일체 교리라는 좋은 소식을 선포한다."

프레드 샌더스(Fred Sanders) 바이올라 대학교 토리 아너스 칼리지

"매튜 바렛의 책은 복음주의 전통에서 신학을 공부하는 학생들에게 완벽한 필독서다. 명쾌하고 술술 읽히는 책에서, 바렛은 독자들이 성경적 신앙의 기초를 이루는 고전적 삼위일체 신학을 이해하도록 이끈다. 그는 독자들을 암초 지대, 곧 삼위일체 신학에 급진적 변화가 필요하다며 지금껏 우리를 설득하려는 사람들에게서 이끌어 내어 고요하고 넓은 바다, 곧 기독교 공동체의 역사적 신앙으로 인도한다."

루이스 에어스(Lewis Ayres) 더럼 대학교

"매튜 바렛은 어설픈 삼위일체론자들을 폭로할 뿐만 아니라 이들의 해악을 없애는 훌륭한 해독제를 제시한다. 그는 교회가 견지해 온 성경 해석을 견실하고 냉철하게 회복해 삼위일체 세 위격이 동일한 본체와 능력과 영원성을 가지며, 세 위격 사이에 계층적 구조를 비롯해 이단들이 주장하는 그 무엇도 없다고 설명한다. 바렛은 삼위일체 교리를 자신도 모르게 허무는 자들에 맞서 성경 해석과 교회사와 조직신학을 잘 섞어 삼위일체 교리를 수호한다."

마이클 F. 버드(Michael F. Bird) 오스트레일리아 멜버른 소재 리들리 칼리지

"매튜 바렛이 폭풍 같은 책을 내놓았다. 그는 기독교의 역사적 삼위일체 해석에 등을 돌려 후기 계몽주의적 해석을 향하는 경향, 곧 삼위일체를 재정의하고 비정통으로 기우는 기발한 경향에 정면으로 맞선다. 20세기에 복음주의자들은 이 새로운 전략을 받아들였으며 자신들의 사회적 의제에 맞게 하나님을 재정의하려고 했다. 이 책과 그리스도의 교회를 위한 바렛 교수의 섬김에 대해 하나님께 감사한다."

리암 골리거(Liam Goligher) 제10장로교회

"삼위일체는 성경의 어려운 교리에 속한다. 그러나 매튜 바렛은 독자들을 능숙하게 인도해 문제를 하나씩 짚어 나가며 명쾌하고 설득력 있게 가르친다. 그는 과거의 보물 창고를 열어 교부 신학자들과 중세 신학자들, 종교개혁 신학자들과 현대 신학자들을 토대로 삼위일체 교리를 설명한다. 그러나 그는 어디서 어떤 사람들이 곁길로 나갔는지도 유용하게 보여 주고, 사랑으로 진리를 말한다. 이 책을 읽으면 성경이 삼위일체 하나님의 본성을 얼마나 깊이 가르치는지 알게 될 것이다."

J. V. 페스코(J. V. Fesko) 미시시피주 잭슨 소재 리폼드 신학교

"나는 삼위일체 논쟁에 분명하고 강력하게 개입하는 이 책에 푹 빠졌다. 복음주의 종속론자들을 향한 비판만으로도 환상적이며, 세심한 독자라면 이들과 사회적 삼위일체론이 연결된다는 것을 놓칠 리 없겠다. 복음주의 신학은 심각한 어려움에 빠졌으며, 생각건대 우리 중 많은 사람이 이 사실을 수년째 알고 있다. 그러나 이 책을 도외시할 순 없을 것이다. 우리는 흐름을 되돌려야 한다. 그러지 못하면, 복음주의는 지금껏 붙잡은 복음을 놓칠 것이다."

크레이그 카터(Craig Carter) 틴들 대학교

"이 책은 어렵지 않다. 나는 이 책을 특히 복음주의자들이 널리 읽고 토론하길 바란다. 이 책은 우리가 최근 몇십 년 사이에 배운 것에 이의를 제기한다. 그러나 바렛이 성경과 전통에 기초해서 펼치는 논증을 우리는 진지하게 받아들여야 한다. 우리 모두 삼위일체 하나님을 향한 우리의 말과 예배가 신실하길 갈망하기 때문이다."

켈리 M. 캐픽(Kelly M. Kapic) 커버넌트 칼리지

"바렛은 무한히 단순하신 아버지와 아들과 성령을 깊은 지혜로 영화롭게 한다. 이것만으로도 읽을 이유가 충분하다. 삼위일체 교리를 풍성히 다루는 책은 대개 지루하지만, 이 책은 노래한다! 처음부터 바렛은 독자의 주의를 사로잡고 놓아주지 않는다. 그래서 독자는 머리와 가슴 모두에 절실히 필요한 자양분을 얻는다."

매튜 레버링(Matthew Levering) 먼델라인 신학교

"매튜 바렛은 교회에 귀중한 자료를 제공하고, 친니케아적 삼위일체 해석을 이야기와 설명과 예시를 곁들여 소개한다. 그래서 이 책은 학생들과 회중석의 그리스도인들에게 매력적일 뿐 아니라 이해하기 어렵지 않다. 이 책은 단단히 성경적이고, 의도적으로 친니케아적이며, 최근 몇십 년 사이 지역교회에서 판치는 다양한 사회적 삼위일체론의 이상적 대체물이다."

글렌 버트너(Glenn Butner) 스털링 칼리지

"독자들은 이 책의 필요성을 즉시 확신하면서 삼위일체의 표류 역사뿐 아니라 그 해독제의 역사까지 알게 된다. 바렛의 글은 마음을 끌면서도 어렵지 않다. 1인칭 서술과 설득력 있는 신학적 설명을 활용해 정확하고 깊이 있게 소통한다. 그는 단순한 삼위일체 하나님이 오직 영원한 출생과 출송(eternal generation and spiration)으로만 구분되신다는 것을 성경과 역사를 토대로 철저하게 논증한다. 나는 이 책을 학문적 대화 파트너요 교과서로 귀히 여길 것이다. 성경과 전통에 일관되게 나타나는 은혜로운 하나님의 형상에 복종하지 않으면 지금처럼 힘겨운 시대에 신학적으로 생각하고 살아갈 토대를 갖지 못하리라는 것을 이 책이 보여 주기 때문이다."

에이미 필러(Amy Peeler) 휘턴 칼리지

"이 책은 역사적·성경적 삼위일체 이해를 학문적으로 어렵지 않게 소개하고, 최근에 복음주의 진영을 뒤흔드는 삼위일체 논쟁에 얼마나 많은 것이 걸려 있는지 보여 준다. 강력하게 추천한다."

토머스 S. 키드(Thomas S. Kidd) 베일러 대학교

"매튜 바렛은 삼위일체를 기뻐하는 신학자이며 삼위일체의 중요성을 아는 사람이다. 바렛은 삼위일체를 사랑한다. 그래서 숱한 20세기 복음주의 신학자가 자신들의 사회적·정치적 의제에 맞춰 삼위일체를 이용하고 왜곡했다는 사실에 당혹스러워한다. 그들은 성경을 잘못 해석했다. 그들은 교부들을 알지 못하며 기독교 신학 전통의 많은 부분을 알지 못한다. 그들은 삼위일체를 표류시켰다. 바렛의 책은 이러한 삼위일체의 표류를 논박하지만 더 나아가 삼위일체를 분명하게, 창의적으로, 탄탄하게, 학문적으로 제시한다. 따라서 모든 독자의 마음에 기쁨과 사랑을 가져다줄 것이다. 이 책을 읽으면서 모든 독자는 아버지께 찬양을, 아들께 존귀를, 성령께 영광을 돌릴 것이다."

토머스 G. 위넌디(Thomas G. Weinandy) 워싱턴 D. C. 소재 카푸친 칼리지

"이 책은 게임 체인저일 수 있다. 매튜 바렛은 평신도에게 삼위일체 교리와 교부들의 공헌을 가르치는 책을 내놓았고, 이로써 하나님의 본성에 관한 끈질긴 대중적 오류를 제거하는 일에 큰 진전을 이루었다. 그러나 이 책은 거기에서 훨씬 더 나아간다. 복잡한 교리와 역사적 용어들을 학문의 전당에서 가져와 평신도에게 되돌려 준다. 나는 이 책을 읽으면서 이따금 눈을 감고 그 본질과 완전함을 말로 표현할 수 없는 하나님께 감사했다. 꼭 읽기를 바란다."

토드 프루이트(Todd Pruitt)
버지니아주 해리슨버그 소재 커버넌트 장로교회
팟캐스트 '스핀 죽이기'(Mortification of Spin) 공동 진행자

"이 책은 목표를 잘 조준했다. 그 목표란 교회를 신앙 고백에 충실했던 길로 되돌리는 것이다. 우리가 성경을 어떻게 읽고 누구와 함께 읽느냐 하는 것은 그분의 말씀에서 자신을 우리에게 계시하시는 삼위일체이신 저자를 바라보는 데 더없이 중요하다. 매튜 바렛은 우리가 이것을 이해하도록 돕는다. 이 책을 통해, 하나님에 대한 우리의 이해가 구원에 대한 우리의 이해에 어떻게 영향을 미치며 우리가 하나님을 잘못 알면 무엇을 잃는지 알게 될 것이다."

에이미 버드(Aimee Byrd)
『성경적 남성과 여성의 회복』(Recovering from Biblical Manhood and Womanhood) 저자

"이 책은 독자들이 더욱 성경적이고 역사적이며 정통적인 삼위일체 교리를 알아가도록 돕는다. 다양한 하나님의 속성에 관해서도 같은 도움을 준다. 성경이 하나님과 삼위일체에 관해 무엇을 가르치며 기독교 초기의 신경들이 어떻게 성경의 가르침을 신앙 고백문으로 표현했는지, 우리 시대에 이 문제와 관련해 옛길이 얼마나 많이 남아 있는지에 관심이 있다면, 본서는 당신을 위한 책이다."

리처드 C. 바셀러스(Richard C. Barcellos)
캘리포니아주 팜데일 소재 그레이스 리폼드 침례교회
텍사스주 맨스필드 소재 인터내셔널 리폼드 침례신학교

차례

추천의 글　6
감사의 글　14
서문　스콧 스웨인(Scott R. Swain)　18

1. 표류하는 삼위일체　25

1부. 우리는 어떻게 표류했는가?

2. 교부들의 하나님을 믿을 수 있는가?　57
   성경적 정통 회복하기

3. 언제부터 삼위일체가 사회화되었는가?　91
   조작된 삼위일체

2부. 우리는 어떻게 집으로 가는 길을 찾을 것인가?

4. 하나님은 어떻게 자신을 삼위일체로 계시하시는가?   129
   영원성과 복음의 신비

5. 왜 하나님은 하나이자 셋이어야 하는가?   167
   단순한 삼위일체

6. 아들은 아버지로부터 나시는가?   205
   아버지되심과 아들되심 1

7. 영원한 출생은 복음에 핵심적인가?   239
   아버지되심과 아들되심 2

8. 아들은 아버지께 영원히 종속되시는가?   281
   예배받기에 합당하신 아들

9. 성령은 출송(出送)되시는가?   345
   출송

10. 아버지와 아들과 성령은 불가분적으로 일하시는가?   377
    나뉠 수 없는 삼위일체와의 교제

결론   414
용어 정리   418
참고 문헌   428

감사의 글

주님이 아신다. 이 책을 쓰는 순례길에서, 나는 혼자가 아니었다. 내가 『더 큰 분은 없네』(None Greater)를 끝냈을 때, 존 페스코(John Fesko)는 교회와 대학이 정통 삼위일체론을 회복할 필요가 절실하니 신론(神論)에 관한 글을 계속 쓰라며 독려했다.

켈리 캐픽(Kelly Kapic)도 직접 목격한 혼란을 생각할 때 이 프로젝트가 시의적절하다고 믿었기에 독려를 아끼지 않았다.

나는 특히 스콧 스웨인(Scott Swain)에게 감사한다. 그는 늘 삼위일체에 대한 통찰력으로 가득했으며, 안전을 위해 가드레일을 점검해 주는 역할을 하는 나의 대화 파트너였다. 서문을 써 주었을 뿐만 아니라 올바른 삼위일체의 이해가 얼마나 중요한지 가르쳐 준 스콧에게 감사드린다.

프레드 샌더스(Fred Sanders)에게도 깊이 감사드린다. 프레드는 초고를 읽고 추천사를 써 주었을 뿐 아니라 정확성과 문체에 관해 지혜로운 조언을 아끼지 않았다. 그의 원숙한 경험은 더없이 귀중했다. 소중한 피드백을 아끼지 않은 모든 추천자에게도 동일하게 감사하지 않을 수 없다.

브라이언 보스(Brian Vos)를 비롯해 신학이 너무나 중요하기에 결코 어렵지 않아야 한다고 믿는 베이커 출판사 팀원들에게도 감사한다. 거친 모서리를 매끈하게 다듬는 지난한 작업을 잘 해낸 베이커 출판사 팀원들, 특히 에이미 네메섹(Amy Nemecek)에게 감사한다.

조만간 삼위일체보다 덜 복잡한 주제를 다루는 책을 쓰려고 한다. 마케팅 부서가 한목소리로 기뻐하지 않을까?

안식년에 이 책을 썼다. 새뮤얼 파월(Samuel Powell) 교수의 배려로, 우리 가족은 2019년 여름을 포인트 로마 나사렛 대학교에서 보냈다. 발가락 사이를 드나드는 태평양 해안선만큼 삼위일체에 관한 글쓰기를 자극하는 것도 없을 것이다. 환대에 감사드린다. 우리 가족은 그곳 캠퍼스에서 지내던 때를 지금도 얘기한다.

나는 미드웨스턴 침례신학교에서 가르치는 복을 누릴 뿐 아니라, 글쓰기를 아주 귀하게 여기는 학교 지도자들을 만나는 더 큰 복을 누렸다. 내게 안식년을 주었을 뿐 아니라 교회를 위해 삼위일체에 관한 책을 쓰도록 독려해 준 제이슨 앨런(Jason Allen)에게 감사드린다. 교회가 집으로 돌아가는 길을 찾는 데 이 책이 도움이 되길 기도한다.

제이슨 듀싱(Jason Duesing)도 내게 격려를 아끼지 않았다. 동료들이 서로 응원하는 학교에서 가르치는 것이 얼마나 큰 복인지 모른다.

마지막으로, 나의 학생들에게 감사드린다. 그들의 열정은 나의 에너지였다. 세미나에서든 안셀무스 하우스에서 향긋한 차를 마실 때에든, 그들의 자극은 지친 필자에게 왜 책을 쓰기 시작했는지 되새기게 해주었다.

오랜 시간 참고 문헌을 정리하고 원고를 다듬어 준 로니 커츠(Ronni Kurtz), 샘 파키슨(Sam Parkison), 조지프 러니어(Joseph Lanier), 젠 포스터(Jen Foster), 티모시 게이트우드(Timothy Gatewood)에게 특별히 감사드린다.

그래도 나의 자녀들만큼 내게 영감을 준 사람은 없었다. 우리가 니케아 신경(Nicene Creed)을 함께 노래했던 (심지어 랩으로 읊었던) 밤들을 절대 잊지 못할 것이다. 고맙다. 너희들 덕분에 이제 정통이 격조를 갖추게 되었구나!

무엇보다도 아내 엘리자베스(Elizabeth)에게 감사하지 않을 수 없다. 내가 책을 쓸 때마다 그랬듯이, 이번에도 엘리자베스는 나의 순례길에 처음부터 끝까지 동행했다. 침대에서 밤늦게까지 자지 않고 성자의 영원한 출생(eternal generation)에 관한 복잡한 문제들을 남편과 토론하는 아내가 세상에 어디 있겠는가? 내 아내는 그렇게 했다. 엘리자베스와 같은 아내는 또 없을 것이다. 이런 이유로 이 책을 아내에게 헌정한다.

서문

 매튜 바렛은 당신을 영화 '백 투 더 퓨처'(Back to the Future)에 나오는 시간 여행 자동차 들로리언(DeLorean)에 태워 여행에 데려가고 싶어 한다. 목회자와 신학자와 그리스도인들이 지금 우리가 흔히 읽는 방식과 다르게 성경을 읽었던 때로, 교회의 신학과 경건에서 주권적인 하나님의 말씀과 성령으로 정통 삼위일체 교리가 태어났던 때로 데려가고 싶어 한다. 왜 이 여행이 필요한가? 왜 당신은 그를 따라나설 생각을 해야 하는가?
 바렛은 미치광이 과학자가 아니며, 그의 시간 여행 계획은 지나간 교회의 황금시대를 그리워하는 감상에서 비롯된 것이 아니다. 영화 '백 투 더 퓨처' OST에 참여한 록 밴드 휴이 루이스 앤 더 뉴스(Huey Lewis and the News)의 노래 제목을 인용하자면, 바렛은 당신이 "시간을 거스르길"(back in time) 원한다. 이는 그가 교회의 교리와 경건과 증언과 예배의 미래가 위태롭다고 믿기 때문이다.

 고전적 개신교 신학자들은 교회의 교리와 삶의 두 기초를 말했다. 이들은 성경을 인식론적 기초(cognitive foundation)로, 교회가 믿고 실천해야 하는 모든 것의 최고 근원이자 규범으로, "경건함에 속한 진리"(딛 1:1)의 기초로 규정했다. 이러한 인식론적 기초 외에 이들은 삼위일체 하나님을 교회의 교리와 삶의 존재론적 기초(ontological foundation)로 규정했다.

존재의 질서에서 만물이 삼위일체 하나님에게서 나오며, 그분으로 말미암고, 그분에게로 돌아간다(롬 11:36). 그러므로 존재론적 이해 및 그리스도인의 삶의 질서에서, 이들은 만물이 삼위일체 하나님에게서 나오고, 그분으로 말미암으며, 그분에게로 돌아간다고 판단했다. 창조와 섭리, 예수 그리스도와 그분의 사역, 교회와 성례, 구원과 마지막 것들에 관한 교리 하나하나의 의미와 중요성이 삼위일체 교리에 달렸다. 이러한 교리에 기초한 경건의 삶이 우리를 우리의 최고선이자 최종 목적인 삼위일체 하나님께로 인도한다. 예수님이 그리스도이시라는 고백, 곧 예수님이 아버지의 성령으로 기름 부음을 받은 아들이시라는 고백은 기독교 신앙 고백의 기초다(마 16:16; 28:19; 막 12:1-12; 엡 2:20). 이런 까닭에, 삼위일체 교리는 기독교의 가르침과 삶의 기초다. 삼위일체 교리가 없으면 기독교도 없다.

바렛은 시간을 거스르는 여행에 당신을 데려가길 원한다. 북미와 영국의 많은 개혁주의 교회와 복음주의 교회가 최근에 이 기초 교리와 단절했기 때문이다. 어떻게 이런 일이 일어났는가? 안타깝게도 우리의 곤경은 단지 기억 상실에서, 즉 전에 알았던 것을 잊어버린 데서 비롯되지 않았다. 우리의 곤경은 삼위일체에 관한 기독교의 기본 가르침을 교회가 잘못 교리화한 데서 비롯되었다.

여러 이유로, 바렛은 이 책에서 숱한 20세기 말 복음주의 신학자들을 살펴본다. 이들은 삼위일체에 관한 기독교의 고전적 가르침에 공통된 여러 특징을 소홀히 하고 거부하며 (또는 소홀히 하거나 거부하며) 그 자리에 삼위일체에 대한 새롭고 현저하게 왜곡된 해석, 즉 그가 '조작된 삼위일체'(the manipulated Trinity)라고 일컫는 해석을 대신 밀어 넣은 신학자들이다. 이런 접근법은 삼위일체 위격들 간의 구분을 유지했으나, 삼위일체의 단일한 존재와 본질을 나누고 위격마다 다른 속성을 부여함으로써(예를 들면, 아버지에게는 권위를, 아들에게는 복종을 부여함으로써) 하나님의 최고이자 단일한 의지를 나누는 잘못을 범했다. 지난 수십 년간, 이러한 삼위일체 접근법은 대중적 스터디 성경과 교재,

잡지, 컨퍼런스를 통해, 그리고 북미와 영국에서 가장 크고 영향력이 있는 몇몇 목회자 양성 기관에서 이 접근법이 점점 득세함으로 인해 복음주의 진영에서 상당한 주목을 받았다. 안타깝게도, 교리 교육과 관련해 주로 수정주의적인 이러한 작업은 대체로 성공했다. 따라서 오늘날 많은 복음주의 그리스도인들이 조작된 삼위일체를 기독교의 정통적 가르침이라고 믿게 되었다.

그러나 사실은 그렇지 않다. 그러므로 시간을 거슬러 여행하자는 바렛의 초대를 흔쾌히 받아들여야 한다. 우리가 기독교 가르침의 최고 기초와 단절되었다면, 동시대인에게 형편없는 훈련을 받았다면, 더 나은 충실한 선생을 찾지 않으면 안 된다. 설령 과거를 들여다보는 것이더라도 말이다. 하나님의 은혜로, 이런 선생들이 있다. 이들은 삼위일체 하나님이 누구이시고 무엇이며 어떻게 자신을 성경에 계시하셨는지 더 잘 이해하도록 우리를 도울 수 있다.

그렇더라도 우리의 과거 여행은 과거가 아니라 더 나은 미래를 위한 것이다. 삼위일체에 관한 기독교의 정통적 가르침 같은 귀중한 것을 잃었다면 그 가르침을 회복하려고 노력해야 한다. 그래야 우리의 자녀와 교회가 더 견고

한 기초 위에 신앙을 세울 수 있으며, 더 환한 별빛에 의지해 우리의 경건이 나아갈 방향을 재설정할 수 있고, 더 신뢰할 만한 기준에 맞춰 우리의 증언을 새롭게 할 수 있을 것이다. 우리는 시간을 거슬러 여행하자는 바렛의 초대에 흔쾌히 응해야 한다. 그래야 우리도 주권적인 하나님의 말씀과 은혜를 힘입어, 모든 시대를 초월한 하늘과 땅의 성도들이 오직 거룩하신 삼위일체만이 받으시기에 합당한 예배에서 그분께 올려드리는 찬양을 함께 부를 수 있을 터이기 때문이다.

이제 안전벨트를 단단히 매고 여행을 즐겨라. 바렛은 능숙한 운전자이며 믿을 만한 길라잡이다.

조작되지 않은 삼위일체를 (다시) 발견하자는 바렛의 초대에 당신이 응해야 하는 마지막 이유가 있다. 최근 삼위일체 신학은 몇 걸음을 크게 잘못 내디뎠다. 그중 하나는 삼위일체가 다양한 실제적·사회적·정치적 목적에 유용하다고 입증될 수 있는 한에서 의미가 있을 뿐이라는 주장이다. 그러나 이것은 완전한 퇴보다. 삼위일체는 우리를 위해 또는 우리의 의제를 위해 존재하지 않으신다. 삼위일체 하나님은 목적을 위한 수단이 아니다. 도리어 우리가 삼위일체 하나님을 위해 존재한다(고전 8:6). 삼위일체는 그분 자체가 목적이시다(롬 11:36). 그러므로 삼위일체 공부, 곧 삼위일체 하나님을 더 잘 알고 이해하며 소중히 여기고 흠모하며 더 잘 예배하고 섬기려는 노력은 그 자체로 정당하다. 삼위일체를 공부하는 것은 삼위일체를 우리의 다양한 사회적 프로그램에 맞추기 위해서가 아니다. 삼위일체를 공부하는 목적은 우리의 마음과 의지와 행동과 소통을 삼위일체께 맞추기 위해서다. 이렇게 할 때, 삼위일체 안에서 우리의 존재 이유와 충만한 기쁨을 발견할 것이다(시 16:11; 요 15:11; 17:13).

스콧 R. 스웨인(Scott R. Swain)
플로리다주 올랜도 소재 리폼드 신학교 총장 겸
제임스 우드로 하셀(James Woodrow Hassell) 조직신학 교수

1

표류하는 삼위일체

"그러므로 우리는 들은 것에 더욱 유념함으로
우리가 흘러 떠내려가지 않도록 함이 마땅하니라."
히브리서 2장 1절

"금이라고 다 반짝이는 것은 아니며,
헤매는 자들이라고 다 길 잃은 것은 아니다.
오래되어도 강한 것은 시들지 않으며,
깊은 뿌리에는 서리가 닿지 못한다."
톨킨(J. R. R. Tolkien), 『반지 원정대』(*The Fellowship of the Ring*)

다곤과 에벤에셀

"아빠, 에벤에셀이 뭐예요?"

솔직한 질문이었다. 우리 가족은 그 유명한 찬송 '복의 근원 강림하사' (Come Thou Fount)를 천 번도 넘게 불렀다. 그러나 이번에 우리 가족이 그 찬송에서 "나 여기 나의 에벤에셀을 세우니 당신의 도움으로 여기까지 왔나이다"(Here I raise my Ebenezer, hither by Thy help I've come, 한글 새찬송가에는 "주의 크신 도움 받아 이때까지 왔으니"로 되어 있다−옮긴이)라는 소절을 부를 때, 우리 딸 조지아(Georgia)가 이 낯선 단어에 어리둥절하며 불쑥 끼어들었다.

"그건 바위란다." 내가 대답했다.

"바위라고요?"

"이야기 하나 해줄까? 오래전, 그러니까 예수님이 태어나시기 전에, 그리고 다윗왕도 태어나기 전에, 사무엘이라는 선지자가 있었단다."

"성막에서 살았던 그 아이 말이죠? 그 아이가 자고 있을 때, 하나님이 그 아이 이름을 여러 번 부르셨지요?"

"그래, 맞다. 그런데 이것은 사무엘이 훨씬 나이가 들었을 때의 이야기란다. 사무엘은 아주 힘든 일을 해야 했단다. 하나님의 백성 이스라엘에게 회개하라고 외쳐야 했거든. 그러나 이스라엘은 회개하려고 하지 않았지. 오히려 거짓 신들을 섬기려 했단다."

"우상들 말이에요?"

"그래, 맞다. 이스라엘이 우상들을 얼마나 심하게 섬겼던지, 하나님은 이스라엘의 원수 블레셋 사람들이 전쟁을 일으켜서 그분의 백성 이스라엘을 정복하게 하셨단다. 하지만 가장 안 좋은 일은 아직 일어나지 않았지. 블레셋 사람들은 하나님의 백성이 지녔던 가장 거룩한 것을 빼앗았단다. 언약궤 말이다. 언약궤는 하나님의 집에 보관했었는데, 하나님은 그분의 백성과 함께하려고 하실 때 그 언약궤 위에 내려오셨단다. 이스라엘은 그 언약궤를 빼앗겼을 때, 마치 하나님을 잃은 것 같았지. 일어날 수 있는 일 중에 가장 안 좋은 일이었단다."

"그래서 언약궤를 다시 찾았나요?"

"그래, 다시 찾았단다. 블레셋 사람들은 언약궤를 자신들이 섬기는 다곤 신의 신전에 두었단다. 그런데 이튿날 아침에 보니, 다곤 신상이 언약궤 앞에서 얼굴을 땅에 처박은 채 엎어져 있었어. 굉장히 놀랐겠지? 블레셋 사람들은 다곤 신상을 다시 일으켜 세웠지만, 이튿날 아침에 보니 다시 얼굴을 땅에 처박은 채 엎어져 있지 않겠니! 그뿐 아니라, 이번에는 아예 머리가 잘려 바닥에 떨어져 있었단다. 어디 머리뿐이었겠니? 두 손까지 떨어져 나가 버렸어. 웃고 있니?"

"네." 조지아가 웃음을 감추려고 애쓰며 말했다.

"조금 우스운 얘기이기도 해. 어쨌든, 블레셋 사람들은 어떻게 된 일인지 알아차렸단다. 그래서 언약궤를 돌려보냈지. 사무엘은 믿을 수 없었단다. 하나님이 그분의 백성을 영원히 떠나신 것처럼 보였지만, 그때 하나님은 그분의 백성을 그들의 원수에게서 구원하려고 돌아오신 거잖아! 하나님은 그런 분이시란다. 그렇지 않니? 하지만 사무엘은 이스라엘 백성이 언약궤를 돌려받을 자격이 전혀 없다는 것을 알았단다. 그래서 이스라엘 백성 모두에게 거짓 신들을 버리고 한 분이신 참 하나님을 섬기라고 외쳤지. 믿거나 말거나 간에, 이스라엘 백성은 듣고 순종했단다. 언약궤가 돌아왔을 때 사무엘은 이스라엘의 후손이 대대로 볼 수 있게 돌을 세웠고, 그 돌을….”

"에벤에셀이라고 불렀죠?"

"그래, 맞다. 사무엘은 그 돌을 에벤에셀이라고 불렀어. 그가 '여호와께서 여기까지 우리를 도우셨다.'라고 했기 때문이지. 그날부터 수백 년 동안, 너 같은 어린 소년이나 소녀는 엄마나 아빠에게 왜 마을 중앙에 거대한 돌이 있느냐고 물을 때마다 이 이야기를 들었단다. 이 돌은 그냥 돌이었지만 한낱 돌인 것만은 아니었단다. 이 돌은 위대한 하나님이 누구이시며 무엇을 하셨는지 그들이 늘 기억하도록 도왔지. 그리고 그들이 자신들의 이야기, 곧 가문의 유산을 절대 잊지 않도록 도왔단다."

"정말 멋진 이야기예요."

"그렇지? 내가 아주 좋아하는 이야기란다. 잊지 말아라. 너의 이야기이기도 하니까."

사무엘상 6장과 7장은 실제로 내가 아주 좋아하는 이야기다. 그러나 내가 그 이유를 깨달을 수 있도록 어린 딸이 도와주었다. 하나님은 유산에 깊은 관심을 두신다.

당신의 유산은 중요하다. 이것은 당신의 이야기이기도 하다. 어느 날엔가는 당신의 자녀들의 이야기일 테고, 그들은 이 이야기를 자신의 자녀들에게 들려줄 것이다. 그렇게 이 이야기는 대대로 전해질 것이다. 우리 삶의 이야기, 우리가 물려받고 참여하는 이야기는 우리에게 유산을 남기며, 그 유산은 우리가 누구이며 누구일지를 어느 정도 결정한다.

그렇다면 당신은 어떤 신학 유산을 물려받았거나 물려줄지 생각해 보았는가? 이 책을 읽고 있으니 당신의 유산도 나의 유산처럼 복음주의적일 것이다. 우리의 복음주의 유산을 자랑스러워해야 할 이유는 많다. 복음주의는 그리스도인이 되려면 반드시 거듭나야 한다고 주장하며, 성경을 최고의 권위로 여기고, 예수님의 십자가를 늘 중심에 두며, 예수님이 우리의 죄를 위해 죽으셨다는 좋은 소식을 열방에 열심히 전한다. 이런 표식들이 우리의 복음주의 이야기를 정의한다.

우리의 복음주의 유산은 가톨릭(catholic) 유산이기도 하다. 그렇지 않다면 대대로 이어지지 못한다. 여기서 가톨릭은 소문자 c로 시작하며, 교회가 태동할 때부터 고백해 온 보편적인 신앙을 가리킨다. 교회는 성경에 충실했기에 보편의 교회가 모든 시대, 모든 곳에서 고백할 뿐 아니라, 교회를 이단의 위협, 즉 성경적 가르침이라면서 제시되기 일쑤인 위협으로부터 지켜 내도록 이러한 신앙을 신앙 고백(creed, 신경) 형태로 만들었다. 그래서 이것을 정통 신앙이라고 부른다. 문제는 이것이다. 우리 복음주의자들의 신앙은 교회가 처음부터 소중히 여기며 고백해 온 이러한 성경적 정통 신앙과 일치하는가? 그리고 우리의 정체성은 바로 이 신앙으로 특징지어질 것인가?

미리 밝히진 않았지만 앞서 언급한 네 가지 표식은 복음주의 사각형을 이룬다. 이는 회심주의(conversionism), 성경주의(biblicism), 십자가 중심주의(crucicentrism), 행동주의(activism)다. 역사가들에 따르면, 이들 네 표식이 어떤 사람이 복음주의자인지 아닌지를 결정한다.

그러나 주목하라. 삼위일체는 언급되지 않았다. 삼위일체는 도대체 어디 갔는가?

젊고 열정적인 개혁주의자…그러나 삼위일체론자인가?
표류하는 삼위일체

복음주의 사각형의 각 표식에는 삼위일체가 전제되어 있을 것이다. 그러길 바란다. 그러나 이 표식에 삼위일체가 없다는 사실 자체가 오늘날 복음주의 문화에 삼위일체가 없다는 사실과 무관하지 않다는 것을 당신은 반드시 인정해야 한다.

나는 수십 년간 복음주의자로 살아왔다. 그리고 복음주의 진영 밖에서, "복음주의자들이 가지각색일지 몰라도 철저히 삼위일체론자들이라는 데는 의문의 여지가 없다."라고 말하는 사람을 전혀 만나지 못했으며, 누군가 이렇게 말했다는 얘기도 전혀 듣지 못했다. 나는 이들이 우리를 숱한 이름으로 부르는 것을 들었다. 그러나 우리를 삼위일체론자들이라고 부르는 것은 전혀 들어 보지 못했다.

인정하듯, 많은 복음주의 교회와 목회자가 삼위일체를 단언해야 한다는 것을 알 뿐만 아니라 삼위일체를 단언한다. 그러나 솔직히 이들은 "성경이 어디선가 그렇게 말하지 않나요?"라고 말할 뿐(이들은 그렇게 말하는 성경 구절을 정확히 알지 못한다) 삼위일체를 단언해야 하는 다른 이유를 알지 못한다. 이들에게 동일한 삼위일체를 성경적 정통에 따라 분명하게 표현하라고 해보라. 멍한 시선이 돌아올 것이다. 당신이라면 삼위일체를 지금 당장 분명하게 표현할 수도 있을 것이다.

당신은 이의를 제기할는지 모른다. "교수님, 잠깐만요. 최근 몇 년 사이 신학이 되살아나지 않았나요?" 맞는 말이다. 세기가 바뀔 무렵, 단지 우유가 아니라 고기에 굶주리고 영양실조에 걸린 젊은이들이 교회에서 신학을, 단지 아무 신학이 아니라 개혁주의 신학을 되살리려고 깊이 파고들었다. 그러나 이제 세기가 바뀌고 20년이 지났다. 되돌아보면 전에 보이지 않던 큰 구멍들이 보인다. 사각지대들이다. 무시하기엔 구멍이 너무 크다. 다시 말해, 우리는 구원사에서 초점을 온통 하나님의 크심에 맞춘 나머지 삼위일체 하나님이 영원 가운데 누구이신지 놓쳐 버렸다. 이 얼마나 역설적인가! 구원 이야기는 삼위일체 하나님이 무엇을 성취하셨는가 하는 것뿐 아니라 그분이 그분 자체로, 아버지와 아들과 성령으로서 그분이 누구이신지 계시한다. 얼마나 멋진가! 되살아난 개혁주의는 개혁주의의 전부가 아니거나 적어도 마땅히 개혁되어야 할 만큼 개혁되지 못했다.

그러나 삼위일체가 젊고 열정적인 개혁주의자들 사이에서 거의 주목받지 못한 데서 그친 것은 아니다. 개혁주의가 되살아난 와중에도, 이것이 초래한 모든 흥분에도 불구하고, 우리가 성경적 정통 삼위일체 교리로부터 표류했다고 믿어야 할 이유가 있다. 내가 그렇게 부르길 좋아하듯, 삼위일체의 표류(Trinity drift)는 갑작스럽고 폭발적이지 않았으며 오히려 점진적이었다. 마치 한 쌍의 남녀가 미풍이 살랑대는 파란 바다에서 돛단배를 탄 채 서로의 존재를 기뻐하는 것과 같았다. 이들은 미리 준비한 이 멋진 외출을 즐긴다. 그러나 정작 눈을 들었을 때, 더는 해안선이 보이지 않는다. 엎친 데 덮친 격으로, 어떻게 되돌아가야 할지 전혀 모른다.

내 말을 못 믿겠는가? 우리의 이야기로 되돌아가 보자. 시간을 거슬러 올라가 우리의 미래를 결정하자.

백 투 더 퓨처

내 인생 최고의 순간 중 하나는 아빠와 함께 '백 투 더 퓨처'(Back to the Future)라는 영화를 처음 보았을 때다. 그때 나는 겨우 열두 살이었고, 이제는 고전이 된 그 영화를 보리라고는 전혀 예상치 못했다.

마티 맥플라이와 브라운 박사는 멋진 타임머신 덕분에 시간의 한계를 뛰어넘었다(아인슈타인이라는 개도 잊지 말자). 그러나 박사와 마티가 고생고생해서 깨달았듯이, 시간 여행은 위험으로 가득했다. 위험이 얼마나 컸던지, 브라운 박사는 자신이 시간 여행을 가능하게 하는 핵심 장치인 유동 콘덴서(flux capacitor)를 애초에 발명하지 않았으면 했을 정도다. 과거를 조금이라도 바꾸면 미래가 위험에 처하기 때문이다. 마티는 1985년을 떠나 1955년에 갔을 때 끔찍한 실수를 하는데, 그것은 미래의 자신이 존재하지도 못하게 할 만한 실수였다.

우리는 마치 들로리언을 타고 역사 속을 활보할 기회를 잡기라도 하듯이 시간을 거슬러 올라가 복음주의의 미래를 바꿀 수는 없다. 그러나 시간을 거슬러 과거를 들여다보면서 만약 현재 상황이 바뀌지 않으면 미래가 어디로 갈지 볼 수는 있다. 우리가 우리의 가까운 과거를 계속 모방하는 현재 궤도를 고집한다면 복음주의자들의 미래는 어떤 모습이겠는가? 이 질문에 답하려면 지난 40년을 냉정하고 정직하게 들여다보아야 한다. 그래야 삼위일체 신학의 미래가 왜 위험에 처하게 되는지 알 수 있기 때문이다.

브라운 박사의 들로리언이 당신을 21세기로 넘어오는 시점으로 데려가 어느 복음주의 대학에 내려 준다면 당신의 눈에 무엇이 보이겠는가? 아마 지금보다 한결 젊은 내가 구내식당에 앉아 파란 하드커버의 두꺼운 책을 읽는 모습이 보일 것이다. 표지에는 모세가 광야를 바라보는 네모난 그림이 있다. 모세의 그림만 없다면 이 큰 책을 의학 백과사전이라고 생각하게 될지도 모른다. 그러나 우리는 모두 그 책을 안다. 웨인 그루뎀(Wayne Grudem)의 『조직신학』(Systematic Theology)이다. 이 책은 성경의 교리를 명료하고 신뢰할 수 있게 요약했고, 그래서 복음주의자들 사이에서 인기가 있다.

그러나 당신의 들로리언이 아주 섬세해서 단지 어느 대학 캠퍼스가 아니라 신학 대학이 있는 캠퍼스에 당신을 내려 준다고 하자. 당신은 들로리언에서 내려 이동식 커피 판매대를 지나 도서관 열람실에 들어간다. 거기서 나를 다시 발견한다. 이번에도 나는 여전히 두꺼운 책에 파묻혀 있다. 그러나 이번 책은 표지에 파랗고 붉은 스테인드글라스 그림이 있고 그 중앙에 십자가가 자리한 게 다르다. 밀러드 에릭슨(Millard Erickson)의 『조직신학』(*Systematic Theology*)이다. 이 책은 교리에 철학적 풍미를 가미하고 추론을 통해 엄밀하고 논리적인 결론을 내리는데, 이 때문에 인기가 있다.

나는 이런 책들을 통해 삼위일체 교리를 처음 접했다. 물론, 나는 삼위일체를 믿었다. 어쨌거나 나는 그리스도인이었다. 그러나 내가 왜 그리스도인인지 몰랐다. 그래서 젊고 야심 찬 학생으로서 기독교 신학을 배우려는 열정으로 거침없이 돌진했다. 노란색과 핑크색 형광펜을 들고서 말이다. 강의실에서도 집중력을 잃지 않았으며, 그리스도인으로서의 정체성에 너무나 중요한 삼위일체를 더 배울 기회를 찾고 또 찾았다.

그러나 내가 배운 삼위일체의 접근 방식은 자연과학과 흡사했다. 사람들은 삼위일체를 수수께끼처럼, 심지어 문제처럼 여겼다. 정확한 공식으로 풀 수 있는 문제처럼 취급했다. 성경의 단 한 구절도 삼위일체를 가르치지 않았고, 그래서 삼위일체를 다루는 사람들은 수학적이어야 했다. 첫째, 하나님은 한 분이라고 말하는 구절들을 더하고 나열하라. 둘째, 아버지와 아들과 성령이 각각 완전히 하나님이시라고 말하는 구절들을 더하고 나열하라. 그러면…자, 어떤가! 우리는 하나님이 한 본질에 세 위격(one essence and three persons)이심을 알게 된다. 끝.

나는 그렇게 생각했다.

돌아보면, 당시 이런 접근법이 다소 강제적이라고, 심지어 내가 성경의 삼위일체를 처음 만난 방식과 전혀 다르다고 느꼈다. 나는 어린 나이에 삼위일체를 알게 되었다. 그러나 그것은 반대되는 방식이었음을 분명히 해야겠다. 그러니까 삼위일체가 나를 알게 되신 것이었다. 나의 회심과 관련해 특별했던 점은 아주…평범했다는 것이다. 부모님은 내게 성경을 부지런히 읽어 주셨고 특히 요한복음을 좋아하셨다. 요한복음 3장과 같은 본문을 읽은 후, 성령이 나의 눈을 열어 예수님을 하나님의 아들로 보게 하셨고, 그분을 나의 구주로 믿었을 때 아버지가 나를 용서하셨다는 것을 알았다. 나는 삼위일체 설교를 들은 기억이 없다. 부모님이 삼위일체를 설명해 주셨던 기억도 없다. 그러나 나는 복음을 만났을 때 삼위일체를 만났다. 하지만 방금 말했듯이, 정반대였다. 삼위일체가 나를 만나셨고, 삼위일체가 나를 구원하셨다. 내가 삼위일체를 사랑한 것은 삼위일체가 나를 먼저 사랑하셨기 때문이었다.

그러나 이런 교과서들에서 삼위일체에 관해 읽었을 때, 나는 삼위일체가 억지, 즉 임의적 증거 본문을 수집한 긴 목록의 총합이라고 느껴졌을 뿐 아니라, 속임수 마술의 결과처럼 느껴졌다. 마치 삼위일체가 어디선가 느닷없이 휙 튀어나온 것 같았다. 검은 모자에서 튀어나온 토끼처럼 말이다.

나는 또 이상하고 불안하기까지 한 것도 보았다. 대학교와 신학교에서 읽은 교과서마다, 전혀 들어 본 적 없는 오래된 기독교 신앙, 곧 아들이 아버지로부터 영원히 출생하심을 믿는 신앙을 거부해야 한다고 했다. 이 책들은 단순히 많이 사랑받는 교과서 정도가 아니라, 존 페인버그(John Feinberg), 브루스 웨어(Bruce Ware), 로버트 레이몬드(Robert Reymond), 윌리엄 레인 크레이그(William Lane Craig), J. P. 모어랜드(J. P. Moreland)를 비롯해 복음주의 신학자들과 철학자들이 가장 높이 추천하는 신론(神論) 책이었다. 이 사상가들을 비롯한 그와 같은 사람들은 다양한 방식으로 도움이 되었으며, 신뢰할 이유가 충분한 교수들이 이들의 책을 교재로 사용했다.

그러나 이들은 공통된 약점이 있었다. 다시 말해, 이들은 영원한 출생(eternal generation)이라는 오래된 교리를 거부했다. 이 교리를 뒷받침하는 성경 본문을 찾을 수 없다는 것이 이유였다. 증거 본문이 한 장은 고사하고 한 절도 없기에 이 교리는 이들의 목차에 포함될 수 없었다. 이들의 공식에 들어맞지 않았던 것이다. 또 어떤 사람들은 이러한 교회의 신앙을 합리적으로 타당하지 않다는 이유로 거부했다. 합리적이지 않으면 타당하지 않다는 것이었다.[1]

영원한 출생이 무엇인지 모르더라도 걱정하지 말라. 실제로는 그렇게 복잡하지 않다. 사실, 뭐라고 말할 필요도 없을 만큼 단순하다. 자신에게 물어보라. 왜 성경은 아버지, 아들, 성령이라는 이름을 사용해 삼위일체를 표현하는가? 대답은 이렇다. 성경에서, 특히 요한복음 같은 책에서, 아버지가 아버지라고 불리시는 것은 그분이 아들의 아버지이시기 때문이다. 아버지들이 그렇듯이, 그분은 자신의 아들을 낳으신다. 결국, 이것이 아버지라는 말의 뜻이다. 그러나 이분은 유한한 존재가 아니라 우리가 말하는 하나님이기에 영원 전에(from all eternity, 영원 전부터) 아들을 낳으신다. 아버지는 그 누구에 의해서도 나지 않지만, 자신의 아들을 영원히 낳으신다. 이것은 아버지가 근원 또는 기원이시기 때문이다. 이것을 '아버지되심'(paternity, 성부되심)이라고 한다.

성경에서 아들이 아들이라고 불리는 것은 그분에게 아버지가 계시기 때문이다. 이것을 이렇게 생각해 보라. 아들은 영원 전부터 자신의 아버지에게서 나오며, 자신의 아버지에 의해 나신다. 이렇게 말할 수도 있겠다. 아들은 영원 전부터 아버지의 신적 본성으로부터 출생하신다. 여기서 '나다.'(begotten)와 '출생하다.'(generated)는 동의어다. 결국, 이것이 아들이라는 말의 뜻이다. 이것을 '아들되심'(filiation, 성자되심)이라고 한다.

---

[1] 이 책 8장을 참고하고, 다음도 보라. Grudem, *Systematic Theology* (1994), 245, 251; (2000) appendix 6 (cf. chapter 14); Erickson, *Systematic Theology*, 308(새판에서는 영원한 출생이 완전히 빠졌다); Erickson, *Who's Tampering with the Trinity?*, 179-184, 251; Erickson, *God in Three Persons*, 309-310; Feinberg, *No One Like Him*, 112-114, 490-491, 498; Reymond, *New Systematic Theology*, 325-326, 335; Craig and Moreland, *Philosophical Foundations*, 593. 다음과 같은 인기 있는 접근법도 보라. Mark Driscoll and Gerry Breshears, *Doctrine: What Christians Should Believe* (Wheaton: Crossway, 2010), 27-28. 그 외에, 존 프레임(John Frame) 같은 사람들은 이 교리를 받아들이지만 무비판적으로 받아들이지는 않으며, 우리가 말장난하고 있을 뿐인 건 아닌지 의심한다. Frame, *Doctrine of God*, 707-714를 보라.

성경에서 성령이 성령이라고 불리시는 것은 그분이 영원 전부터 아버지와 아들로부터 발출(發出)하시기 때문이다. 성령은 또 하나의 아들(형제)이 아니며 손자도 아니다(그러면 기괴할 것이다). 그러므로 성령이 영원히 출생하신다거나 나신다고 말해서는 안 된다. 오히려 성령은 아버지와 아들로부터 출송되신다. 이것을 '출송'(出送, spiration)이라고 하는데, '영'(Spirit)이라는 단어의 성경적 의미를 내포하는 용어다.

우리는 지금 핵심 단어들을 말하고 있다. 그러므로 이러한 성경적 이름 셋 모두를 요약하는 어구도 언급해야겠다. '기원의 영원한 관계들'(eternal relations of origin)이다. 이는 기억해야 할 어구다. 이 어구에 밑줄을 긋고 형광펜으로 칠하라. 동그라미도 치라. 복잡한 듯 보이지만 실제로 의미는 아주 단순하다. '기원'(origin)이라는 단어가 적절한 것은 세 위격이 어디에서 왔는지 기술하기 때문이다(예를 들면, 아들은 아버지로부터 나온다). '영원한'(eternal)이라는 단어가 적합한 것은 우리가 염두에 두는 하나님이 이러하시기 때문이다. '관계'(relation)라는 단어는 삼위일체의 위격들, 구체적으로 각 위격의 고유한 것을 가리키는 또 다른 방식이다(예를 들면, 아버지는 나지 않으시고, 아들은 나시며, 성령은 출송되신다).

이제 들로리언으로 돌아가 보자. 나는 나 자신의 방식으로 이것을 파 내려가면서, 삼위일체를 기술하는 이 고대의 방식이 내가 그렇게 표현하듯이 '규범'이라는 것을 발견했다. 2천 년 동안, 교회에서 성경을 가장 잘 해석하는 사람들은 이것이 삼위일체를 정의하는 가장 좋은 방식이라고 믿었다. 나는 입이 쩍 벌어져 턱이 빠질 지경이었다. 내게 삼위일체를 소개하는 교과서들과 선생들은 마치 과학적이고 수학적인 자신들의 접근 방식이, 영원한 출생을 기꺼이 몰아내는 접근 방식이 표준인 것처럼 행동했다. 주변 사람들도 다 그렇다고 생각했다. 그러나 그렇지 않았다. 비슷하지도 않았다. 삼위일체가 급진적 방식들로 재구성된 것은 지난 세기에, 우리 세대에 일어난 일일 뿐이다.

그러나 나는 더 깊이 파 내려갈수록 더 많은 것을 발견했다. 다시 말해, 기독교 최고의 성경 해석자들이 교회가 태동했을 때부터 영원한 출생 같은 교리를 고백했을 뿐 아니라 이 교리가 그리스도의 신성을 가장 위험한 이단들로부터 지켜 낸다고 믿었다는 것이다.

분명히 말하건대, 우리는 삼위일체에 더없이 본질적인 신앙을 말하고 있다. 아들이신 아들을 아버지이신 아버지와 구분하는 것이다. 이것이 삼위일체에 더없이 본질적이었다. 그래서 4세기에 그리스도의 신성에 의문이 제기되었을 때, 교부들은 325년 니케아 공의회(Council of Nicaea, 기독교 역사에서 가장 중요한 공의회일 것이다)로 모여 영원한 출생을 진정한 정통의 조건으로 확정하는 신경을 작성했다(2장을 보라). 이들은 아들이 영원 전에 아버지의 신적 본질(divine essence)로부터 나지 않으면 신성(deity)에서 아버지와 동등하지 않다고 주장했다. 이 교리는 아들의 위격을 아버지의 위격과 구분했을 뿐 아니라 두 위격이 신성과 능력과 의지와 영광과 권세에서 함께 영원하고(coeternal) 동등하다(coequal)는 것을 확실히 했다.

'영원한 출생을 단언하는 것은 자신이 그리스도인이라고, 그것도 성경을 믿는 그리스도인이라고 고백하는 것과 같았다. 영원한 출생을 부인하는 것은 이단을 공개적으로 지지하는 것이었다.'

또다시 내 턱이 바닥에 떨어졌다. 오늘의 복음주의자들이, 십자가 중심적이라고 주장하는 바로 그 사람들이 어떻게 이런 신앙을 무시할 수 있단 말인가? 이런 삼위일체의 기본이 복음주의 교과서들에서 잘려 나갔고 복음주의 강의실, 내가 삼위일체를 배워야 했던 강의실의 화이트보드에서 지워졌다는 것은 아무리 줄여 말해도 기겁할 일이었다. 그때 우리가 삼위일체의 표류를 겪었고 여전히 겪고 있다는 생각이 들었다.

그러나 잠깐만! 상황이 더 안 좋아진다. 표류가 계속된다.

해변이, 아니 책이 부르니…나는 가야 해

나는 로스앤젤레스 토박이다. 그래서 어딜 가더라도 로스앤젤레스로 돌아가려는 마음이 늘 앞선다는 것은 놀랄 일도 아니다. 탁 트인 중서부의 평원을 갈망하는 사람들에게는 이상해 보일지도 모른다(어쨌든 나도 탁 트인 평원을 좋아한다). 그러나 나는 비행기를 타고 프리웨이 교차로가 복잡하기 이를 데 없는 콘크리트 도시로 돌아올 때마다 집에 돌아오는 느낌이다.

남부 캘리포니아는 역설적이다. 햇볕에 달궈진 콘크리트 도로가 길게 뻗어 있다. 그러나 어느 콘크리트 도로든지, 금빛 모래가 반짝이고 하얀 파도가 부서지는 해변으로 연결되리라는 것을 늘 기대할 수 있다. 여름마다 우리 가족은 숨 막히는 중서부의 습기를 피해 햇볕 내리쬐는 남부 캘리포니아로, 늘 24도 언저리를 오가는 날씨로 유명한 그곳으로 달아났다. 거기엔 그만한 가치가 있었다. 그곳에서 나는 매일 책을 읽고 글을 쓴다. 그러나 늦은 오후가 되면, 우리 가족은 해변으로 나가 태평양 공기에 열기를 식히며 해넘이 쇼를 구경한다. 태양은 런웨이를 걷는 로스앤젤레스 패션모델인 양, 오렌지빛과 핑크빛과 노란빛이 어우러진 캔버스를 자랑한다.

어느 여름, 이것이 우리 비치족에게 습관으로 단단히 굳어져서 우리 딸은 "해변이 부르니 나는 가야 해."라고 적힌 티셔츠를 사겠다고 했다. 엄마 아빠에게는 안타깝지만, 아이들은 형세를 뒤집는 묘책을 가지고 있다. 쓰레기를 버려야 하거나 어린 여동생에게 시리얼이 필요할 때, 우리 딸은 음흉한 미소를 지으며 이렇게 말하곤 했다. "엄마, 미안해요. 아빠, 미안해요. 책이 부르니 나는 가야 해요."

그해 여름, 무엇보다 해변이 줄곧 우리를 불렀고 우리는 하나같이 그 부름을 받고 싶었다. 그러나 이따금 그 부름은 뒤바뀌어 나는 글쓰기를 멈추고 그 지역 서점을 찾아가 서가를 훑곤 했다. 우리 가족이 어느 도시에서 휴가를 보내든, 이것은 내 습관이었다. 나의 불치병이다. 휴가가 끝날 때마다 아이들은 조개껍데기를 잔뜩 챙기지만, 아빠는 이미 빵빵한 여행 가방에 책 더미를 대책 없이 욱여넣으려고 한다.

어느 오후, 나는 높은 빌딩들 사이에서 작은 서점을 발견했다. 바닥부터 천장까지 책이 빈틈없이 빼곡하게 들어차 있었다. 내가 어떻게 했을 것 같은가? 소설책 구역에서부터 시작해서 읽어야 하는 고전들을 뽑았다. 물론, 한쪽 구석에서 찬밥 신세를 면하지 못하는 신학 구역이 선데이 아이스크림에 얹히는 체리처럼 나를 기다리고 있음을 알았다. 그런데 놀랍게도, 이 특별한 서점에는 체리들로 가득한 창고가 있었다. 앞의 벽 쪽에 방이 하나 있었고 책이 빼곡한 선반 칸칸은 지난 50-70년 동안 어떤 생각들이 사람들을 매료시켰는지 속삭이고 있었다. 나는 과자 가게에 들어간 아이처럼, 책을 한 줌씩 움켜쥐기 시작했다. 그러나 벌써 네 시간이 지났고 이제 떠나야 했다. 계산대에서 책을 잔뜩 사 들고 밖으로 나왔다. 피시앤칩스의 짭조름한 냄새가 나를 반겨 주었다.

가족 휴가를 마치고 햇볕에 그을린 자국과 넉넉한 비타민 D를 얻어 돌아왔을 때, 나는 서재에 틀어박혀 책장 하나를 모두 비워 나가며 구매한 책들을 훑었다. 물론, 몇 년에 걸쳐 수집한 책도 적지 않았다. 펼쳐 본 책 하나하나의 저자와 제목을 열거하며 당신을 괴롭히지는 않겠다. 그러나 그중 몇 권은 어쨌든 3장에서 만날 것이다. 그때 발견한 것을 당신과 나누어야겠다. 책마다 패턴이 있었고 책장마다 이야기가 있었다.

먼저, 20세기 말에 아주 영향력이 컸던 신학자의 책을 펼쳤다. 그의 논지는 분명했다. 삼위일체는 정치를 위한 우리의 마스터플랜이다. 삼위일체가 서로 협력하는 동등한 위격들의 공동체나 사회이듯이, 인간 사회의 권력 구조도 협력과 동등성(평등)의 공동체를 지향해야 한다. 하나님은 일신론(monotheism)이 말하는 단일 군주가 아닐뿐더러 삼위일체는 (아버지가 권위를 갖는) 계층 구조도 아니다. 이는 둘 다 사회에서 독재를 낳는다. 오히려 위격들 사이에 동등성이 있고, 이 공동체 내의 동등성이 사회주의 사회를 위한 우리의 모델이다. '삼위일체가 이렇게 정치적일 수 있는지 누가 알았겠는가?'

다음으로, 나는 탐욕스럽게 한 번에 책을 잔뜩 집어 들었다. 책마다 '에큐메니컬'(ecumenical)이라는 단어가 전체 페이지에 퍼져 있었기 때문이다. 이 저자들도 삼위일체 위격들 간의 협력적 일치(cooperative unity)에 호소했으나 이번에는 삼위일체가 에큐메니즘(ecumenism), 곧 다양한 종교 간의 일치를 위한 마스터플랜이었다. 삼위일체처럼, 각 종교 진영 간의 구분을 잃어버릴 필요는 없다. 그런데도 협력과 상호 의존이 주를 이루며 각 진영(사람)이 다른 진영과의 일치를 받아들이는데, 이 경우는 선교를 위해서다. 어떤 사람들은 심지어 우리가 삼위일체라고 부르는 일체화된 사회(unified society)에 존재하는 복수성(plurality)이 세상에서 종교 다원주의(religious pluralism)를 받아들이기 위한 우리의 청사진이라고 믿었다. '삼위일체가 이렇게 포용적일 수 있는지 누가 알았겠는가?'

이 책들을 내려놓았다. 그 순전한 무게 때문이기도 했고 책장 위쪽 오른편 구석에 숨어 있는 이상한 책 몇 권이 눈에 들어왔기 때문이기도 했다. 처음에는 이 책들이 자리를 잘못 잡았다고 생각했다. 환경에 관한 책이었기 때문이다. 그런데 내가 틀렸다. 저자들은 생태학에 맞추기 위해 삼위일체를 변형했다. 인간을 환경보다 우월한 존재로 여기고 자연을 인간의 권력에 종속시키는 생태적 이단들(ecological heresies)을 조심하라고 이들은 경고했다. 창조 세계와 인류는 동일한 본질을 공유하며 삼위일체에서 아들과 아버지가 갖는 동등함을 그려 낸다는 것이다. '삼위일체가 이렇게 녹색일 수 있는지 누가 알았겠는가?'

다음으로 집어 든 책은 대부분 표지가 파란색과 초록색이고 색상이 밝았지만, 완전히 희거나 검은 책들도 있었다. 이번에도 이 책들이 자리를 잘못 잡았다고 생각했다. 각 책에서, 저자는 젠더와 성 정체성에 초점을 맞추었기 때문이다. 이번에도 내 생각이 틀렸다. 책을 하나씩 훑어보다가 신학에서 성 정체성만큼 섹시한 주제가 없음을 금세 알아차렸다. 이 저자들은 삼위일체 위격들 간의 동등성이 사회뿐 아니라 교회에서도 성별 간의 동등성(평등)을 정당화한다고 확신했다. 삼위일체 안에 동등한 위격들의 사회가 있듯이, 인간 사회에서도 남성과 여성이 동등하다. 평등한 삼위일체는 평등한 사회를 낳아야 한다. 이 책장의 어떤 책들은 대담하게도 하나님을 여자라고 불렀다. '삼위일체가 이렇게 페미니스트적일 수 있는지 누가 알았겠는가?'

같은 책장의 어떤 책들은 복음주의자들의 저작이었으나 삼위일체를 이용해 남녀평등을 주장하는 게 아니라 계층 구조를 제시했다. 이들은 영원에서 아들이 아버지께 기능적으로 종속되며, 이것이 아내가 남편에게 종속되고 여성이 목회자에게 종속되는 것에 정당성을 부여한다고 주장했다. 아버지와 아들이 본질에서 동등하지만 역할에서 구별되듯이, 아내는 한 인격체로서 동등하지만 역할에서 남편의 권위에 종속된다는 것이다. 이전의 많은 이들처럼, 이 저자들은 정통 삼위일체론을 재정의하고 (단순성과 영원한 출생 같은) 정통적 범주들을 사회적 범주들(관계성으로서의 역할들)로 대체했다. '삼위일체가 이렇게 가부장적일 수 있는지 누가 알았겠는가?'

다 끝났다고 생각했을 때, 제목에 '섹슈얼리티'(sexuality)라는 단어가 박힌 책들을 집어 들었다. 방금 내려놓은 책들은 계층 구조를 뒷받침하려고 종속을 활용했지만, 이 책들은 비슷한 방법을 사용하되 동성애를 뒷받침하려고 아버지와 아들 상호 간의 사랑에 호소했다. 이 저자들은 신격(Godhead) 내부의 기능적 역할들을 토대로 게이 결혼과 레즈비언 결혼을 옹호했다. 삼위일체 위격들 간의 차이점이 이들의 동등성을 배제하지 않듯이, 이성애자와 동성애자 사이의 차이점도 다양한 성적 지향 간의 동등성(평등)을 배제하지 않는다. 이들은 동등성을 유지하는 동시에 서로 구분되며, (삼위일체처럼) 자신

들의 개인적 정체성을 유지한다. '삼위일체가 이렇게 성적일 수 있는지 누가 알았겠는가?'

사회주의, 에큐메니즘, 다원주의, 환경 보호주의, 평등주의, 상호 보완주의, 동성애…. 책들을 내려놓을 때 나의 신학 영혼은 조금 메스꺼움을 느꼈다.[2] 이 책들은 지난 두 세대의 교인과 목회자와 학생과 교수들이 소중히 여겼던 책들이다. 교회와 학문의 전당이 삼위일체를 이해하려고 펼쳤던 책들이다. 무엇보다도 이 책들은, 다음 세대에게 그들이 가장 중요하다고 믿는 사회적 의제를 완수하려면 삼위일체를 어떻게 사용해야 하는지 가르쳐 준 책들이다. 지금껏 우리는 우리의 사회적 의제를 충족하려고 삼위일체를 숱한 방식으로 사용했다(오용했다). 그 순간, 우리가 삼위일체의 표류를 경험하고 있을 뿐 아니라, 삼위일체를 재정의함으로써 삼위일체를 조작해도 좋다는 허가증을 받았다는 생각이 퍼뜩 들었다.

복음주의자와 자유주의자 모두에게 삼위일체는 밀랍으로 만든 코가 되어, 성경적이고 정통적인 삼위일체를 알아볼 수 없게 될 때까지 멋대로 비틀리고 빚어졌다. 선의로 현대 사상가들은 신학을 인류학으로 변형시켰다. 삼위일체는 거울이 되었고, 거기 비친 것은 우리 자신의 형상이었다. 우리는 삼위일체 교리를 붙잡는다. 그러나 우리가 붙잡는 것은 우리 자신의 형상일지도 모른다. 우리는 더는 삼위일체의 형상으로 지음 받은 존재가 아니다. 오히려 삼위일체가 우리의 형상으로 지음 받을 때까지, 우리는 삼위일체를 재해석하고

---

[2] 나는 서재를 다 훑어본 후, 키스 존슨(Keith Johnson)의 *Rethinking the Trinity and Religious Pluralism*을 읽으면서 내가 경험하고 있었던 것을 그가 연대순으로 기록했다는 것을 알았다. 이런 탐구를 하는 사람은 나 혼자가 아니었다. 자료 조사가 필요하다면, 존슨의 책을 보라.

수정한다. 결과는 무엇인가? 사회적 의제 수만큼 삼위일체가 있다. 심지어 이러한 사회적 의제들이 견인력을 갖도록 삼위일체 자체를 사회적으로 재정의했다. 우리는 삼위일체를 사회와 연관시키려고 무수히 노력했고, 그 결과는 하나다. 우리가 역사에서 우리를 위해 활용되길 원하는 삼위일체 하나님이 영원의 삼위일체 하나님을 삼켜 버렸다.

'삼위일체는 우리의 사회 프로그램이다.'

호흡하지만 볼 수 없는 그 모든 공기

남부 캘리포니아에 얽힌 나의 모든 이야기에도 불구하고 고백할 게 있다. 나는 사실 샌프란시스코에서 자랐다. 잘 모르는 사람들을 위해 얘기하자면, 로스앤젤레스는 캘리포니아의 아래쪽에 위치하고 샌프란시스코는 꼭대기에 위치한다. 그래서 더없이 아름다운 풍경을 만끽하는 자동차 여행이 가능하다. 만약 중간에 여기저기 둘러보지 않는다면(그럴 것 같지는 않지만), 롬바드 스트리트에서 할리우드까지 자동차로 여섯 시간밖에 안 걸린다. 그러나 그 도중에 잠이 들면 깜짝 놀랄 역설을 놓치게 된다. 캘리포니아 토박이라면 누구라도 그 사실을 알지만 이따금 여행자들에게는 충격으로 다가오는 역설 말이다.

남부 캘리포니아에서 5번 고속도로를 굼벵이처럼 기어가는 자동차에 앉아 있거나, 25센티미터쯤 되는 다저 도그(Dodger Dog)를 먹으며 다저 스타디움에 앉아 있거나, 디즈니랜드에서 괴성을 지르는 아이들과 함께 마터호른 봅슬레이를 탈 때, 당신은 자신이 들이마시는 그 모든 스모그를 보지 못한다. 그러나 샌프란시스코에 자리한 금문교와 앨커트래즈섬과 피셔맨스 워프에 먼저 들렀다가 차를 타고 남부 캘리포니아로 내려오는 사람들에게는 다른 그림이 펼쳐진다. 그레이프바인을 날듯이 내려오면서 브레이크를 밟고 로스앤젤레스를 처음 볼 때쯤, 당신은 눈에 보이는 그 모든 스모그에 숨이 턱 막힐 것이다. 천사의 도시가 전혀 천사답지 않다.

사회 모든 구성원이 바쁘게 살아가느라 그들이 볼 수 없는 모든 공기에 전혀 의문을 제기하지 않을 수도 있다. 다시 말해, 새로운 시각을 갖기 전까지는 그런 일이 가능하다. 그러나 좋은 시각은 모든 것을 바꿔 놓을 수 있다.

이것은 삼위일체와 우리의 기독교 유산에도 적용된다. 우리가 30년을 호흡해 온 복음주의 공기는 모든 면에서 현대적이다. 그러나 우리는 이것을 알아채지 못한다. 모두 똑같은 공기를 호흡하고 괜찮아 보이기 때문이다. 우리는 자신이 들이마시고 내뱉는 삼위일체가 성경적 삼위일체라고, 심지어 선조들의 삼위일체라고 생각한다. 우리가 들이마시고 내쉬는 삼위일체 공기는 현대성이라는 바람을 타고 우리의 복음주의 대기권에 들어왔다. 그러나 스모그로 가득한 이 바람은 성경 및 기독교 정통과는 까마득하게 멀다.

우리는 선조들의 삼위일체를 사회적 삼위일체, 곧 우리의 사회적 의제를 충족시키기 위해 조작해도 되는 삼위일체와 맞바꿈으로써 성경적 정통에서 벗어나 표류했다. 우리는 삼위일체를 관계성들의 사회로 재정의했다. 여기서 각 위격은 각자 의식과 의지의 중심으로서 서로 협력하며, 이로써 우리는 삼위일체를 우리가 가장 좋다고 생각하는 인간 사회의 원형으로 활용할 수 있었다. 각 위격이 각자 의식과 의지의 중심으로서 서로 협력한다는 생각에 대해 이전 세대는 '삼신론'(tritheism)이라는 꼬리표를 붙였다.

우리가 깨닫든 그렇지 못하든 간에, 복음주의자들도 사회적 삼위일체의 공기를 호흡해 오면서도 우리의 삼위일체가 바르고, 다른 것이 섞이지 않았으며, 산의 공기처럼 맑고 성경적이라고 줄곧 확신했다. 그 이상도 이하도 아니다. 그러나 스모그가 사라질 때(실제로 최근 몇 년 사이 스모그가 얼마간 사라졌다), 복음주의 삼위일체 교리가 성경적 정통과 까마득히 멀다는 게 분명해진다. 이것을 이렇게 생각해 보라. 스모그(현대 신학)가 로스앤젤레스를 휩싼다. 마치 두꺼운 담요가 로스앤젤레스 주민들을 뒤덮듯이 말이다. 그러나 우리의 반응은 둘 중 하나였다. 다시 말해, 다른 사람들이 이 도시에 들어와 우리에게 해 주는 말에도 불구하고, 우리는 "무슨 스모그가 있다고 그래?"라고 하며 무시하거나, "내 장담하건대 괜찮아!"라고 하며 공기 질이 좋다고 스스로를 확신시켰다.

이는 우리가 호흡하는 모든 삼위일체 스모그를 보는 새로운 시각뿐 아니라 새로운 공기 자체가 필요하다는 뜻이다. 성경적 정통의 옛 바람만 이 공기를 공급할 수 있다. 정확히 말하면, 니케아 정통이다. 진짜 삼위일체가 일어나야 할 때다. 교회가 '단순한 삼위일체'(simply Trinity) 하나님과 얼굴을 마주해야 할 때다.

섞이지 않은 삼위일체, 오염되지 않은 삼위일체, 조작되지 않은 삼위일체를 말이다.

드림팀

이 책을 쓴 것은 새로운 바람을 불러와 우리를 깨우고 우리에게 새로운 관점을 제시하며 우리가 다시 호흡하게 도울 수 있는 신선한 공기를 공급하기 위해서다. 교만이 아니라 겸손으로, 그리고 나 자신이 조금 당혹해하며 하는 말이다.

내가 이 책에서 나의 이야기를 하게 될 때, 당신은 나에게 과거가 있음을 알 수 있을 것이다. 나도 여느 사람들처럼 현대 신학의 스모그를 들이마셨다. 그러나 우리 가족의 이야기를 여러 해 깊이 파 들어간 끝에, 나는 분명히 깨달았다. 내가 선의의 복음주의자들에게 배운 삼위일체는 성경의 삼위일체가 아닐뿐더러, 기독교 교부들이 고백했고 피 흘려 지켰으며 이단의 위협에 맞서 목숨을 버리면서까지 지켜 낸 삼위일체도 아니었다. 침묵은 무책임해 보인다. 우리는 표류하고 있다. 교회가 집으로 돌아가는 길을 찾아야 할 때다.

나와 함께 이 탐험에 나서겠는가? 그렇다면 기꺼이 당신을 데리고 시간을 거슬러 현대보다 훨씬 더 이전으로 돌아가 당신의 이야기를 다시 들려주고, 당신의 기독교 유산을 소개하겠다. 말하려니 흥분되는데, 우리는 그러려면 들로리언을 타고 여행을 떠나야 한다. 우리가 할 수 있는 가장 중요한 여행일 것이다. 우리의 이야기, 곧 우리의 교부들을 재방문할 뿐 아니라 성경에서 듣는 옛 목소리를 다시 들려주는 이야기를 모른다면, 우리의 복음주의 미래는 여전히 위험에 처할 것이기 때문이다.

지금쯤이면 짐작했겠지만, 내가 기억하기로 나는 지금껏 프로 농구팀 로스앤젤레스 레이커스(Los Angeles Lakers) 팬이었다. 우리 집안은 대대로 자주색과 황금색 피가 흐른다. 나의 아버지, 그리고 아버지와 쌍둥이였던 삼촌은 어린 시절 레이커스 경기 때 골대 뒤쪽 바닥에 앉곤 했다. 1960년대와 1970년대로 돌아가 보면, 이들의 우상은 제리 웨스트(Jerry West)였다. 그가 드리블하는 실루엣은 지금도 모든 NBA 유니폼에 붙어 있다. 그는 미스터 클러치(Mr. Clutch)로 더 유명하다. 경기 시간이 몇 초 남지 않은 순간에 승리를 결정짓는 득점을 했기 때문이다. 1970년, 레이커스는 뉴욕 닉스(New York Knicks)와 NBA 챔피언 결정전에서 맞붙었다. 그런데 최종전, 그러니까 7차전에서, 제리 웨스트는 18미터 거리에서 헤일 메리(Hail Mary, 경기 종료 직전 마지막 희망을 걸고 시도하는 장거리 패스)를 성공시켜 경기를 연장전으로 끌고 갔다.

나는 윌트 체임벌린(Wilt Chamberlin)과 카림 압둘자바(Kareem Abdul-Jabbar), 누구도 막을 수 없었던 이들의 스카이 훅 슛에 관해, 어빈 '매직' 존슨(Earvin 'Magic' Johnson, Jr.)의 속공과 쇼타임의 시작에 관해, 페인트 존(paint zone)의 헤라클레스였던 샤킬 오닐(Shaquille O'Neal)에 관해 얼마든지 얘기할 수 있다. 누가 코비 브라이언트(Kobe Bryant)를 잊을 수 있겠는가? 그는 GOAT(greatest of all the time), 즉 역사상 가장 위대한 선수로서 마이클 조던(Michael Jordan)의 명성을 훔치기에 가장 근접한 선수였다.

그러나 그 후 10년간 가뭄이 계속되었다. 챔피언에 오르지 못한 것이다. 챔피언 반지도 없었다. 레이커스는 선수들에게 돈을 쏟아부었고, 곧 명예의 전당에 오를 베테랑을 영입해서 적어도 서류상으로 드림팀처럼 보이는 팀을 꾸렸다. 그러나 효과가 없었다. 농구에 열광적인 팬들은 알듯이, 챔피언팀에는 올스타팀을 능가하는 그 무엇이 있다. 그러나 거대한 예외가 있었다. 드림팀이다. 1992년, NBA는 올스타팀을 꾸려 올림픽에 출전했다. 스페인 바르셀로나로 날아간 이 팀에 마이클 조던(Michael Jordan)과 매직 존슨(Magic Johnson) 같은 가드, 래리 버드(Larry Bird)와 찰스 바클리(Charles Barkley) 같은 포워드, 패트릭 유잉(Patrick Ewing)과 데이비드 로빈슨(David Robinson) 같은 센터들이 포함되어 있었다. 효과가 있었다. 드림팀은 금메달을 따서 돌아왔다.

드림팀		
포인트 가드	매직 존슨 존 스톡턴	아타나시우스 푸아티에의 힐라리우스
스몰 가드	마이클 '에어' 조던 클라이드 '더 글라이드' 드렉슬러	히포의 아우구스티누스 니사의 그레고리오스
스몰 포워드	크리스 멀린 스코티 피펜 래리 버드	가이사랴의 바실레이오스 안셀무스 토마스 아퀴나스
피워 포워드	찰스 바클리 크리스천 레이트너 칼 '더 메일맨' 멀론	나지안조스의 그레고리오스 다마스쿠스의 요한네스 프랑수아 투레티니
센터	데이비드 로빈슨 패트릭 유잉	존 오웬 존 길

1. 표류하는 삼위일체   47

왜 삼위일체를 다루는 책에서 드림팀을 언급하는가? 무엇이든 우리가 바라는 사회 프로그램에 기여하도록 삼위일체를 조작하고픈 유혹을 물리치고, 성경의 정통적 하나님으로 돌아가는 길을 찾으려면, 도움이 필요하다. 아무 도움이나 필요한 게 아니라 올스타팀, 절대로 질 수 없는 팀의 도움이 필요하다. 이러한 신학 드림팀을 꾸리려면, 시간을 거슬러 올라가 위대한 전통의 위인들, 즉 이단들과 싸웠으며 교회가 끝까지 성경에 충실하도록 전선에서 생명까지 바친 교부들을 만나 보아야 한다.

왜 그저 성경을 인용하기만 하면 안 되는가?

'성경에 충실한.' 이제 이것이 핵심 어구다. 우리의 드림팀은 성경의 대체물이 아니라 성경 해석 분야에서 시간의 검증을 통과한 길라잡이다. 성경만이 우리의 최종적이고 오류 없는 권위다. 그러나 속담처럼, '모든 이단에게도 성경 구절이 있다.' 이는 2장에서 살펴볼 텐데, 가장 위험한 이단들은 어떻게 성경을 인용할지 그 누구보다 잘 알았다. 그래서 성경의 삼위일체가 조작되지 않게 지키려면 성경 밖 단어들을 사용하는 것이 필수였다.

그러므로 마치 누구든지 가장 많은 성경 구절을 인용하는 사람이 우승하는 것처럼 성경 구절 인용 대회를 여는 것은 별 도움이 안 된다. 어쨌거나 우리는 이런 방식으로 삼위일체를 알게 되지 않는다. 다시 말해, 삼위일체라는 표현은 성경에 없지만 복음 이야기가 삼위일체를 우리에게 계시한다(4장을 보라). 그러나 이단들은 복음 이야기를 숱하게 사용해 삼위일체를 왜곡하려고 했다.

이 사실을 고려할 때, 우리는 성경을 해석하면서 교만해져서 도움이 필요 없다고 생각해서는 절대로 안 된다. 우리는 도움이 절실히 필요하다. 도움이 필요함을 인정하는 것은 겸손하게 성경에 다가가는 첫걸음이며, 믿음을 구하는 이해가 아니라 이해를 구하는 믿음으로 성경에 다가가는 것이다. 우리의 형상대로 삼위일체를 만들지 않도록, 과거에 성경을 해석하며 범했던 실수를 통해 배울 것이다(3장을 보라). 앞서간 그리스도인들과 함께 성경을 들여다보고, 그렇지 않으면 볼 수 없을 삼위일체의 아름다움을 보도록 눈을 열어 달라고 이들에게 부탁할 것이다. 이렇게 하면서 성경에 깊이 뿌리내린 전통, 곧 위대한 전통을 요청할 것이다. 이것이 핵심이다. 다시 말해, 하나님의 의도대로 겸손하게 성경을 해석한다는 말은 교회와 함께 성경을 해석한다는 뜻이다.

많은 현대인이 소리 지르며 항변할 것이다. "신경이 아니라 성경이라고!" 그러나 이 외침은 이기적 개인주의 또는 나의 표현을 쓰자면 성경적 권위의 이름 뒤에 숨는 조잡하고 편협한 성경주의다. 솔라 스크립투라(sola scriptura, 오직 성경)는 지금껏 오해되고 심지어 급진화되어 '오직 나와 내 성경'(me and my Bible alone)을 의미하게 되었다. 이것은 우리 문화의 신에 사로잡힌 사고방식이다. 다시 말해, 자율적 개인주의다. 성경을 집어 드는 모든 사람이 역사 속에 자리하고 구체적 전통에 포함된다는 사실을 인식하지 못하는 것이다. 나쁜 일이 아니다. 사실, 축하할 일이다.[3] 유일한 질문은 이것이다. 그것이 바른 전통인가 아닌가? 그것이 하나님의 의도대로 성경을 읽는 데 도움이 되는가 아니면 성경 읽기를 멀리하게 하는가?

그러나 훨씬 중요한 것은, 성경에 다가가는 개인주의적 접근법은 성경적이지 않다는 것이다. 아이러니다. 예를 들면, 사도 바울은 여러 방식으로 말한다. 자신이 '주께 받은' 복음을 교회에 '전했다.'(delivered) 또는 '건넸다.'(handed on, 라틴어로 *trado*)라는 것이다(고전 11:23). 나중에, 바울은 교회에 다시 상기시킨다. 이들이 받은 복음은 자신이 전하고 물려준 복음이라는 것이다(고전 15:1).

---

[3] Holmes, *Listening to the Past*, 13.

솔라 스크립투라는 실제로 무엇을 뜻하는가?

솔라 스크립투라(Sola Scriptura)는 성경이 유일한 권위라는 뜻으로 자주 오해된다. 그러나 이것은 **솔라 스크립투라**에 관한 급진주의자들의 시각이다. **솔라 스크립투라**는 교회 내 다른 권위들(신경, 공의회, 목회자 등)을 배제하지 않는다. 오히려 **솔라 스크립투라**는 성경만이 하나님의 계시이며 오류가 없기에 우리의 최종 권위라는 것을 의미한다. **솔라 스크립투라**는 전통을 거부하지 않고 오히려 전통을 보는 바른 시각을 지지한다.

전통 0. 급진주의자와 합리주의자
사도들 이후로 교회를 잃어버렸으므로 교회를 다시 만들어야 한다. 전통은 쓸모없고 악하며, 기껏해야 조금 가치 있을 뿐이다. 오직 성경만이 신학의 권위요 근원이다.

전통 1. 프로테스탄트 종교개혁자
교회를 잃어버린 게 아니라 교회 개혁이 필요하다. 전통은 개혁에 필수이며 성경을 바르게 해석하도록 돕고 교회에서 권위를 갖는다. 그러나 성경이 최종 권위다.

전통 2. 로마 가톨릭 신자
전통은 무오한 계시의 두 번째 근원이며 성경과 동등하거나 심지어 성경 위에 있다.

바울은 교회에 이렇게도 말한다. 교회가 굳건하게 서려면, "말로나 우리의 편지로 가르침을 받은 전통을 지키라"(살후 2:15)라고 말이다. 바울은 디모데를 훈련시키면서 그에게 일깨운다. 디모데가 성경의 삼위일체 하나님을 처음 믿은 것은 외할머니 로이스와 어머니 유니게가 자신들이 다른 사람들에게 받았던 믿음을 충실하게 물려주었기 때문이다(딤후 1:5; 참조. 딤후 3:15). 바울은 디모데에게 거듭 확인시킨다. "성령으로 말미암아 네게 부탁한 아름다운 것을 지키라"(딤후 1:14). 바울처럼, 유다는 교회에 명한다. "성도에게 단번에 주신 믿음의 도를 위하여 힘써 싸우라"(유 1:3).

'성도에게…주신'. 전통처럼 들린다. 이런 이유로, 성도들은 '다른 사람에게 물려주다.'라는 뜻을 가진 라틴어 **트라디티오**(traditio)를 사용하기 시작했다. 이들은 예수님이 사도들에게 주신 복음을 예수님의 의도대로 사도들이 교회에 주었음을 인지했다. 말할 필요도 없이, 이 복음은 처음부터 끝까지 삼위일체적이었다. 이 삼위일체적 복음 전통이 '믿음의 규범'으로 알려졌고 교회는 모일 때마다 진심으로 기뻐하며 이 규범을 암송했다. 사도신경에서 보듯이, 이 규범은 기록된 형태를 띠기까지 했다. 이단들이 복음을 요약한 이 규범의 삼위일체적 핵심을 위협했을 때, 온 교회가 모여 또 하나의 신경, 곧 니케아 신경(Nicene Creed)을 작성했다. 이 신경은 성경에 충실했고, 그래서 언제 어디서나 그리스도인들에게 권위가 있었다. '니케아 신경을 떠나는 것은 성경의 가르침 자체를 떠나는 것이었다. 니케아 신경을 버리는 것은 복음의 하나님 바로 그분을 버리는 것이었다.'

따라서 니케아 신경은 목회적 권위이며, 그리스도인들로 성경의 궁극적인 (명쾌한) 권위에 복종하게 한다. 성경과 니케아 신경을 이 위대한 전통, 곧 신학 드림팀처럼 충실하게 해석한 사람은 아무도 없다. 이들은 성경에 철저히 집중함으로써 성경을 토대로 삼위일체 교리를 세우는 법을 교회에 가르치는 면밀한 계획을 펼쳤다. 이렇게 하면서, 이들은 교회가 조작으로 왜곡된 삼위일체에 맞서 성경의 삼위일체에 변함없이 충실하도록 도왔다.

그들은 지금도 이렇게 할 수 있다. 그러나 경고하건대, 그러려면 얼마간 시간 여행이 필요하다.

들로리언에 타세요!

들로리언을 타고 다시 여행을 떠나려고 한다. 당신도 나만큼 신나길 바란다. 가려는 날짜를 유동 콘덴서에 입력하기 전에, 어디로 가려는지 말해야겠다.

첫째, 내가 말했듯이, 우리는 이제 더는 들리지 않는 목소리를 들어야 한다. 교부들의 목소리 말이다. 우리는 시간을 거슬러 4세기로 돌아갈 것이다.

교부들이 성경의 삼위일체를 이단들로부터 지키려고 왜 특정 단어와 어구를 선택했는지 이해하기 위해서다. 이들이 우리에게 삼위일체 문법을, 정확히 말하면 한 언어를 남겼다는 사실도 알게 될 것이다. 이 문법, 곧 언어는 삼위일체 하나님의 하나됨(oneness), 곧 단순성(simplicity)을 훼손하지 않으면서 성경이 하듯 아버지와 아들과 성령을 어떻게 구분해야 하는지 가르친다. 다음 장에서 이 위대한 전통, 곧 신학 드림팀의 교부들을 만날 것이다. 혹평에도 불구하고 이들은 한 팀이다. 자신들만의 방식으로 각자 니케아 신경의 성경적 가르침을 되찾기 때문이다. 우리는 드림팀이 어떻게 패스하고, 어떻게 하나로서 움직이며, 팀 전체가 어떻게 동일한 경기 규칙인 니케아 신경을 따르고, 팀의 각 구성원이 어떻게 니케아 신경의 근본 요소를 완벽히 정리해서 우리가 성경에 충실할 수 있게 했는지 볼 것이다.

둘째, 들로리언은 우리를 미래로 데려가 교부들의 성경적 정통과 현대 사상가들이 삼위일체에 가한 급진적 변화들을 비교하게 해줄 것이다. 그러나 현대 사상가들만 이런 게 아니다. 복음주의 사상가들도 다르지 않다. 우리가 지금껏 들은 것에도 불구하고, 삼위일체에 대한 많은 현대적이고 복음주의적인 묘사들이 성경에 충실한 신경 및 신앙 고백으로 교회가 고백해 온 것들과는 정반대라는 것이 분명해질 것이다.

셋째, 들로리언은 우리를 성경 자체로 데려갈 것이며, 우리는 거기서 가장 많은 시간을 보낼 것이다. 우리가 도착하면, 1세기 히브리 여인 십보라가 우리를 안내할 것이다. 십보라는 예수님이 그분의 아버지에 관해서 하시는 말씀을 직접 들었으며, 그 얘기를 우리에게 들려줄 것이다. 그녀는 오순절에 성령이 임하시는 장면도 목격했으며, 그때 자신이 무엇을 보았는지도 우리에게 들려줄 것이다. 십보라의 눈과 귀를 통해 세밀한 주해와 신학적 엄밀함으로 무장한 채, 우리는 '전체가 하나'(as a whole)인 성경에 접근하고 '교회와 함께'(with the church) 성경을 읽으면서 어떻게 하나님이 자신을 아버지와 아들과 성령으로 계시하셨는지 알아갈 것이다. 그러나 이렇게 하면서, 우리의 사회 프로그램들을 위해 우리가 원하는 하나님을 내세워 하나님이 그분 자체로 누구이신지를 조작하고픈 유혹과 싸울 것이다.

이 여정, 이 탐험이 끝날 때, 진정한 삼위일체가 우뚝 서고, 당신은 조작되지 않은 삼위일체, 단순한 삼위일체이신 분을 만날 것이다. 이해를 구하는 믿음을 가져야 한다. 그러면 단순한 삼위일체이신 그분을 볼 때 단순하게 믿을 것이다.[4]

그리고 이제…이 말을 늘 하고 싶었다.

"들로리언에 타세요!"

---

4) "단순하게 믿다."(believe simply)라는 어구는 Bonaventure, *The Tree of Life*, in Bonaventure, 126 (1)에서 가져왔으며, Swain, *Retrieving Eternal Generation*, 42에 인용되었다.

1부

우리는 어떻게 표류했는가?

"내가 보기에, 많은 개신교회가 전통적인 것들을 어색해하고,
오랜 세대를 거친 것들은 연관성을 잃어버린다.
…우리의 정체성이 크게 상실될 뿐 아니라 잘못 표현된다."

마릴린 로빈슨(Marilynne Robinson)

"대대로 주께서 행하시는 일을 크게 찬양하며
주의 능한 일을 선포하리로다."

시편 145편 4절

2

교부들의 하나님을 믿을 수 있는가?
성경적 정통 회복하기

"(삼위일체와 관련해서) 이에 관한 오류보다 더 위험한 것이 없고,
이에 관한 연구보다 더 수고스러운 것이 없으며,
이에 관한 탐구보다 더 풍성한 열매를 맺는 것이 없다."

아우구스티누스(Aurelius Augustinus), 『삼위일체론』(The Trinity)

"오늘의 기독교 신학이 때로 혼란에 빠진다면,
한 가지 중요한 이유는…그 뿌리가 부족하다는 것이다.
…성경을 비롯해 기독교 고전을 경외심을 갖고 읽는 마음을 불러일으키는 것만큼
기독교 신학의 갱신에 꼭 필요한 것도 없다."

존 웹스터(John Webster), 『신학의 문화』(The Culture of Theology)

들로리언에 타세요!

목적지: 니케아 신경(주후 4세기)

요점: 이단들은 아들을 종속시키려고 성경을 이용했다. 교부들은 성경의 삼위일체를 지키려고 성경 밖 단어들을 사용했다. 각 위격은 단순한 동일 본질의 한 실재다. 오직 기원의 영원한 관계들(eternal relations of origin)만이 각 위격을 구분한다. 다시 말해, 아버지는 나지 않으시고(unbegotten Father), 아들은 나시며(begotten Son), 성령은 출송되신다(spirated Spirit). 아들은 아버지의 본질로부터 나시기 때문에 아버지와 구분되는 동시에 동등하다.

할머니의 성경

내 책상에는 낡은 성경이 한 권 있다. 대다수에게 이것은 그저 한 권의 성경일 뿐이다. 그러나 내게는 훨씬 큰 의미가 있다. 이것은 내 할머니의 성경이다. 할머니는 돌아가시기 전에 이 성경을 내게 주셨다. 나는 이 성경을 볼 때마다 하나님이 어떻게 할머니를, 그리고 특별히 어머니를 사용해서 나에게 예수님에 관해 들려주셨는지를 떠올린다. 이분들이 없었다면 나는 전혀 그리스도인이 아니었을 것이다.

디모데도 똑같이 느꼈다는 것을 아는가? 사도 바울은 디모데에게 쓴 편지에서 "누가 네게 복음을 처음 전했는지 잊지 말라."라고 했다. 누가 디모데에게 그리스도를 처음 전했는가? 바울이 아니었다. 어느 사도도 아니었다. 디모데의 외할머니 로이스와 그의 어머니 유니게였다(딤후 1:5). 자신의 유산을 기억할 때, 디모데는 복음을 부끄러워하지 않고 복음에 담대해졌다(딤후 1:7-8). 물려받은 신앙 유산 덕분에, 디모데는 자신에게 맡겨진 아름다운 것을 지킬 준비가 되었다(딤후 1:14).

내 할머니든지 디모데의 외할머니든지 간에, 우리가 예수 그리스도의 복음에 충실한가는 우리보다 앞서간 사람들에게 달렸을 경우가 적지 않다. 이들이 예수님을 잘못 이해한다면 우리도 그럴 것이다. 이들이 성경을 잘못 읽는다면 우리도 그럴 것이다. 모든 것이 달라질 수 있다. 다시 말해, 우리가 성경에 충실하지 않고 바른 교리를 다음 세대에게 충실하게 가르치지 않으면, 모든 것을 잃을 수 있다.

가볍게 하는 말이 아니라 나 자신의 개인적 경험에서 하는 말이다. 앞장에서 말했듯이, 나는 한때 성경과 그 신학에 주린 학생이었다. 그러나 복음주의 선생들이 내 손에 쥐여 준 표준 교과서들은, 교회가 거의 2천 년 동안 가르친 성경적 삼위일체 교리에 의문을 제기하거나 심지어 이 교리를 거부한 것이었다.

그들은 신뢰해도 좋다며 내게 삼위일체 교리를 제시했다. 그러나 나는 그것을 깊이 파고드는 가운데, 내가 배운 삼위일체가 많은 면에서 기발하며, 다양한 의제에 맞게 조작되었음을 발견했다. 나는 정상적인 그리스도인이라면 누구라도 물려받았어야 하는 유산을 강탈당했다. 내가 삼위일체를 거의 깡그리 잃었다고 생각하니 섬뜩하다.

바울이 디모데에게 편지를 쓴 지 겨우 몇 세기 후인 옛날에, 우리는 거의 모든 것을 잃었다고 말해도 지나치지 않다. 어느 목회자가 성경을 부정확하게 읽고 이단적 삼위일체관을 다음 세대에 물려주었다. 그는 산불을 놓았고, 그 불은 기독교 신앙의 핵심을 삼킬 기세였다.

그러나 감사하게도 드림팀 선수들이 일어나 자신들에게 맡겨진 아름다운 것을 지켜 냈다. 이 장에서 우리는 이들의 발치에 앉아 가르침을 들을 것이다. 이들은 성경의 삼위일체에 충실하게 성경을 읽는 법을 우리에게 가르쳐 준다.

모든 것이 성경 공부에서 시작되었다: 아리우스, 산불을 일으킨 불똥

4세기 초, 교회가 아직 어릴 때, 우리가 아는 기독교의 생존을 위협하는 논쟁이 벌어졌다. 318년 무렵, 알렉산드리아 감독 알렉산드로스(Alexandros)가 자신이 관할하는 장로들(목회자들)에게 난해한 구약성경 본문을 선택해 해석하라고 했다. 나쁜 생각이 아니었다. 그러나 이 기본적인 성경 공부가 온 세상에 불을 놓으리라고는 아무도 예상하지 못했다.

산불을 놓은 목회자는 알렉산드로스보다 나이가 많은 아리우스(Arius)였다.[1] 아리우스가 어느 본문을 해석했는지 단언하기는 어렵다.

---

1) 이어지는 내용에 관해서는 다음을 참고하라. Arius, "Arius's Letter to Eusebius of Nicomedia," in William G. Rusch, ed., *The Trinitarian Controversy*, 29-30; Arius, "Arius's Letter to Alexander of Alexandria," 31-32; Arius, "Arius's Letter to the Emperor Constantine," 61; Arius, *Thalia*, in John Behr, *Formation of Christian Theology*, 2.1:140-141. Cf. Athanasius, *Defence of the Nicene Definition* 3.6 (*NPNF2* 4:154). 논쟁이 어떻게 전개되었는지에 관해서는 다음을 보라. Hanson, *The Search for the Christian Doctrine of God*, 134-135; Williams, *Arius*, 48-61; Ayres, *Nicaea*, 15-20, 55.

지혜를 의인화하는 잠언 8장이었을 수 있는데, 아리우스 이전과 이후의 교회는 이 지혜를 그리스도로 해석했다.[2] 그리스도는 하나님의 지혜이시며, 하나님은 지혜를 통해 우주를 창조하셨다. 아리우스는 잠언 8장 22-25절의 지혜/그리스도를 다르게 해석했다. 하나님이 지혜를 낳으셨다고 본문이 말할 때, 아리우스는 아들이 나거나(begotten) 창조되셨다(created)고 결론지었다(아리우스는 두 단어를 동의어로 취급했다).

아들은 시간이 시작되기 전, 또는 우주가 창조되기 전에 나셨을/창조되셨을 테지만, 그분에게는 시작, 곧 존재하게 된 시점이 있다. 하나님은 언제나 존재하셨지만, 아들은 그렇지 않으며, 이것은 하나님이 아버지가 되신 시점이 있었다는 뜻이다.

이 해석은 알렉산드로스와 잘 맞지 않았다. 자신의 설교에서 알렉산드로스는 예전의 많은 사람처럼 성경의 이름들, 곧 아버지와 아들과 성령은 임의적이고 무의미한 발명품이 아니라고 가르쳤다. 오히려 이들 이름은 삼위일체가 누구이신지 계시한다는 것이다. 예를 들면, 아들이 아들이신 것은 그분이 영원 전에 아버지로부터 나오시며, 만세 전에 아버지에 의해 나시고, 하나님의 영원한 아들이시기 때문이다. 이것이 성경이 그리스도를 아들이라고 부를 때마다 의미하는 것이다.

그러나 이런 가르침이 아리우스에게는 아주 혼란스러웠다.[3] 이 가르침은 일신론의 핵심을 파괴하며 한 신이 아니라 두 신을 만들어 낸다. 아리우스는 하나님의 군주되심에 집중했다. 하나님은 단지 하나의 원리가 아니라 유일한 원리이시다. 그러므로 하나님 외에 그 어떤 원리도 있을 수 없다. 하나님이 하나님이려면 절대로 나지 않으셔야 한다. 하나님만이 **아나르코스**(*anarchos*),

---

2) Dünz, *Trinity in the Early Church*, 42.
3) 아리우스(Arius)의 결론을 오리게네스(Origenes)까지 거슬러 올라가는 것이 일반적이다. 그러나 에어스(Ayres)는 이것을 받아들이기 어려운 신학적·역사적 이유를 제시한다(*Nicaea and Its Legacy*, 21).

즉 원인과 시작이 없는 존재이시다. 그러나 아들은 아르케(arche), 즉 원인이 있어 존재하게 되었고 시작이 있는 존재다.[4]

아리우스는 알렉산드로스가 창조자와 피조물의 구분을 없앴다고도 확신했다. 단일 군주 하나님은 무한하고, 영원하며, 불변하고, 무감동하시다. 따라서 그분은 유한하고, 일시적이며, 변하고, 유감동한 피조물이 이해할 수 없는 분이다. 그런데 알렉산드로스는 성육하신 아들도 하나님이시며 아버지와 하나이시라고 주장함으로써 하나님의 본성 자체에 변화를 일으켰다는 것이다. 단지 그 어떤 변화가 아니라 가장 안 좋은 변화, 곧 유감동성(passibility, 감정 변화와 고난)이었다.

어쨌든 우리는 예수님이 십자가에서 돌아가셨다는 것을 안다. 그래서 아리우스는 아버지가 하나님인 것처럼 아들이 그렇게 하나님일 수는 없다고 했다. 그렇다. 아들은 아버지에 의해 나셨고 무시간적으로 나셨다. 아리우스는 인간 예수 그리스도가 성육신이 시작될 때 하나님의 아들로 선언되었다고 보는 양자론자(adoptionist)가 아니었다. 그러나 아리우스에게, 아들은 영원 전에 나신 것도 아니었다. 아들은 시작이 있다. 이렇게 되면, 변화와 고난이 아들의 특징이지만 아버지의 특징은 아닐 터였다. 두 분, 곧 아버지와 아들은 반드시 분리되어야 한다. 두 분이 동일한 신적 본성에서 나올 수는 없으며, 그러면 신적 본성이 변화와 고난을 겪을 터였다.

더 나아가, 아리우스는 아들이 아버지로부터 영원 전에 나지 않으셨다면 '무로부터'(out of nothing, 라틴어로 ex nihilo) 나신/창조되신 것이 틀림없다고 했다. 그러면 아들은 본성에서 군주(하나님)와 하나가 아니라 창조된 영역에 존재한다. 비록 하나님과 나머지 창조 세계 사이에 첫 창조물(피조물)로 존재하더라도 말이다. 아들은 아버지 앞에서 창조 세계의 중재자다. 아들은 하나님

---

4) Dünz, *Trinity in the Early Church*, 43.

의 존재 자체로부터 나온 게 아니라 하나님의 의지가 낳은 결과(또는 산물)이며, 따라서 하나님 밖에 존재한다. 단일 군주, 곧 하나님은 아들에게 이해될 수 없다. 아들은 본성적으로(by nature) 아들인 것이 아니라 은혜로(by grace) 아들이기 때문이다.

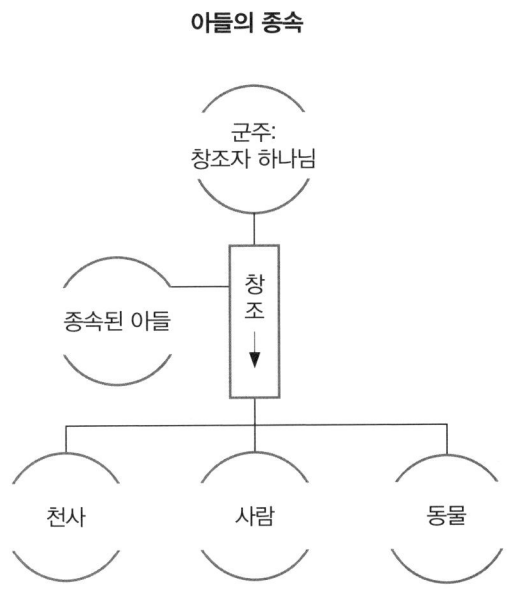

아들의 종속

그렇더라도 질문이 따른다.

질문: 아리우스는 성자의 종속을 강조하는데, 그렇다면 무엇이 아버지와 아들을 하나되게 하는가?
아리우스주의의 답변: 이 하나됨(unity, 일치, 일체)은 존재의 하나됨일 수 없고 의지의 하나됨일 수 있을 뿐이다.

하나님은 한 분이라는 것이 무슨 뜻인가?
존재의 일치 대 의지의 일치

아리우스에게, 아들은 영원히 나지 않았을 뿐 아니라 아버지의 신적 본성으로부터 영원히 나지도 않는다. 그러므로 아들은 신성에서 아버지와 동일 본체일 수 없다(같은 본성과 본체로부터 나올 수 없다). 아버지에게서 영원히 나신 아들로서 아버지와 함께 영원하지 않다면, 아들은 아버지와 동등할 수도 없다. 아들은 아버지의 신적 본성으로부터 나지 않았으며 아버지와 함께 영원하지도 않고 아버지와 동등하지 않으므로, 아들과 아버지의 일치(unity)는 결코 존재나 본성이나 본질의 일치 또는 신학자들이 그렇게 부르길 좋아하는 존재론(ontology)의 일치일 수 없다. 기껏해야, 아들은 의지의 일치를 공유하며 아버지의 의지에 협력한다. 이 일치는 기능적일 뿐이다.

따라서 아들은 나머지 피조물과 다른 범주가 아니다. 아들은 첫째이자 최고의 피조물일 뿐이다. 아버지가 낳았기에, 아들은 창조 질서(created order, 창조 세계, 피조 세계)의 정점이지만, 그렇더라도 여전히 창조 세계의 일부이며, 여전히 나머지 우주와 마찬가지로 신적 의지의 결과다. 아버지가 낳으셨기에/창조하셨기에, 아들은 아버지와 동일한 신적 속성들을 갖지 못한다. 신적 본성의 특징은 무한(하나님은 측량될 수 없다), 영원(하나님은 시간을 초월한다), 불변성(하나님은 변하지 않는다), 무감동성(하나님은 감정의 변화가 없으며 고난받지 않는다) 등이다. 그러나 아들에 관해서는 똑같이 말할 수 없다. 아들은 피조물이며, 피조물은 이런 신적 속성들이 없기 때문이다. 나머지 피조물처럼, 아들은 무한하지 않고 영원하지 않으며(아들이 존재하지 않았던 때가 있었다), 불변하지 않고(아들은 변한다), 무감동하지 않는다(아들은 고난받는다).

아들에게 어떤 의미로든 신성이 있다면, 그 신성은 아들의 본성에 의한 것이 아니라 은혜로 부여된 것일 뿐이다. 아들은 첫 피조물이었기 때문에 특별하며 하나님의 영광에 특별하게 참여하도록 허용된다. 그렇더라도 이 허용은 선물, 곧 아들이 받는 것이다. 이것은 아들의 본성에 고유한 것은 아니다.[5] 그분이 아들인 것은 본성이 아니라 은혜다. '본성이 아니라 은혜'(grace rather than nature), 이것이 문제의 핵심이다. 이 때문에, 아리우스는 삼위일체의 일치가 본성의 일치라고 말할 수 없다. 이것은 의지의 일치일 수 있을 뿐이다. 이것을 놓치지 말라. 이렇게 의지를 강조하기 때문에, 아리우스주의는 아들의 존재론적 종속만이 아니라 기능적 종속도 주장한다. 바꾸어 말하면, 아들은 위격으로서만이 아니라 행위에서도 열등하다.

나셨으나 창조되지 않으셨다: 니케아

아리우스와 그를 지지하는 자들의 가르침은 다이너마이트만큼 폭발적이었으며, 교회의 일치를 날려 버렸다. 잃어버린 일치를 되찾으려는 노력으로, 콘스탄티누스(Constantinus) 대제는 교회 공의회를 소집해서 보편 교회를 대표하는 동방과 서방의 신학자들을 불러 모았다. 325년, 역사에 길이 남을 해에, 감독들과 대표들이 지금의 튀르키예에 자리한 니케아에 모였다. 아리우스가 아연실색하며 맨 처음 반발했던 알렉산드리아의 알렉산드로스는 당연

---

[5] 다음을 보라. Anatolios, *Retrieving Nicaea*, 17. 니케아 교부들에게 본성의 일치를 단언한다는 것은, 마치 아버지가 원치 않는데도 아들을 낳으시는 것처럼 출생(generation)이 하나님의 의지에 역행한다는 뜻이 아니다. 오히려 출생을 신적 본성의 행위로 단언하면, 마치 아들이 피조물이고 아버지의 의지 밖에 있으며 그 의지의 결과일 뿐이라는 듯이 출생을 단순히 의지의 산물로 보는 아리우스주의 믿음이 배제된다. "아버지의 출생 행위(아들을 낳는 행위)는 그분의 본성의 일이며, 아주 조심스럽게 명시된 의미에서만 그분의 의지의 행위라고 불릴 수 있다. 창조자가 되려는 것이 하나님의 본질에 내재되어 있지 않다는 점에서, 창조는 하나님의 의지의 일이다. 다른 한편으로, 창조는 하나님의 본질을 구성하는 위격적 특성과 관계들에 내재되어 있다. …이것을 말하는 한 방식은 출생이 '필연적으로' 일어난다고 말하는 것이다. 그러나 '필연적으로'는 '자발적으로'와 모순되지 않고, 오히려 신적 의지의 작동을 '무관심의 자유'(무차별적 자유)가 아니라 '자발성의 자유'로, 본성과 일치하지만 이로써 자유가 결핍되지는 않는 행동으로 규정한다" (Webster, *God without Measure*, 34; cf. 89).

히 참석했고, 알렉산드로스를 이을 신학자 아타나시우스(Athanasius)를 비롯해 여러 집사(deacon, 부제)도 환영받았다.

아리우스가 공의회 현장에 나타났는가? 그렇다. 니코메디아의 에우세비오스(Eusebios)를 비롯해 마음 맞는 동료들과 함께 나타났다.[6] 그러나 공의회는 아리우스주의자들 편이 아니었다. 깊은 심사를 거쳐, 공의회는 아리우스주의가 성경에 위배되며 심지어 이단이라고 결정했다. 또한, 성경이 삼위일체에 관해 무엇을 가르치는지 교회가 알도록 돕기 위해, 신경을 작성해 모든 교회에서 고백하게 했다. 신경의 내용은 다음과 같다.

우리는 한 분이신 하나님 아버지를 믿습니다. 그분은 전능하시며, 보이거나 보이지 않는 만물의 창조자이십니다.

그리고 우리는 한 분이신 주 예수 그리스도를 믿습니다. 그분은 독생자로서 아버지로부터, 즉 아버지의 본질로부터(*ek tēs ousias tou patros*) 나신 하나님의 아들이시고, 하나님으로부터 나온 하나님이시며, 빛으로부터 나온 빛이시고, 참 하나님으로부터 나온 참 하나님이시며, 나셨으나 창조되지 않으셨고, 아버지와 동일 본질(*homoousion tō patri*)이시며, 그분을 통해 하늘과 땅의 만물이 존재하게 되었습니다. 그분은 우리 인간과 우리의 구원을 위해 내려와 성육하여 사람이 되셨습니다. 그분은 고난을 받으셨고, 셋째 날에 다시 살아나셨으며, 하늘에 오르셨습니다. 그분은 살아 있는 자들과 죽은 자들을 심판하러 오실 것입니다.

그리고 우리는 성령을 믿습니다.

그러나 그분이 존재하지 않았던 때가 있었다거나 그분이 나시기 전에는 존재하지 않았다거나 그분이 무로부터 나오셨다고 말하는 자들, 또는 하나님의 아들이 다른 **휘포스타시스**(*hypostasis*)나 **우시아**(*ousia*)에 속한다거나 그분이 피조

---

[6] 아리우스의 지지자들 가운데에는 니코메디아의 에우세비오스(Eusebios), 가이사랴의 에우세비오스(Eusebios), 아스테리우스(Asterius)가 있었다. 이들은 에우세비오스파(Eusebians)로 알려지게 되었다.

물이라거나 변할 수 있다거나 달라질 수 있다고 단언하는 자들은 보편적 사도 교회(the Catholic and Apostolic Church)가 파문하노라.[7]

무엇보다도 아들의 영원한 출생이 강조된다는 데 주목하라. 그분은 아버지로부터 나셨다. 그러나 니케아 교부들은 '나셨다.'라는 표현으로 아리우스주의자들이 의미한 것, 즉 아들이 창조되었다는 것을 의미하지 않았다. 그게 아니었다. 아들은 만들어진 것이 아니라 나셨다. 차이가 있다. 우리 피조물에 있어, '나다.'라는 말은 처음으로 존재하게 된다는 뜻이다. 아리우스는 사고가 아주 문자적이었기에 성경의 은유가 하나님께 적용될 때 우리의 세계에서 가질 수 있을 그 어떤 한계라도 초월한다는 것을 이해할 수 없었다. 그렇다. 아들은 나셨다. 이것이 아들이라는 표현 자체의 정의다. 그러나 이분은 우리가 말하는 영원하고 무한하며 불변하고 무감동한 하나님이시기 때문에, 아들의 출생은 영원하고 무한하며 불변하고 무감동하다. 이것은 그분이 피조물과 달리 시작이 있을 수 없음을 의미한다.

이 신경이 아들이 아버지의 **우시아**(*ousia*)로부터 나셨다고 말한다는 데도 주목하라. 이 부분이 지극히 중요하다. 이들이 헬라어 단어 우시아를 사용해 가리킨 것은 하나님의 본질이었다. 다시 말해서, 이 단어는 신성의 본질을 나타낸다.

> **핵심 용어** **본질**(Essence)
>
> **우시아**(*ousia*) = 하나님의 **본질**(essence), 본성(nature). 아들은 아버지의 **우시아**(본질)로부터 나신다. 이런 까닭에, 아들은 **호모우시오스**(*homoousios*)이며 아버지와 동일한 본질에서 나온다.

기억하라. 아리우스는, 아들이 피조물로 나셨고 아버지의 의지가 낳은 산물이며, 따라서 아버지와 동일한 본질일 수 없다고 생각했다. 그러나 니케아 교부들은 아들이 아버지의 동일한 본질에서 나셨다고 주장했다. 영원한 출생은

---

7) "The Creed of Nicaea (325)," in John H. Leith, ed., *Creeds of the Churches*, 28-30. 읽기 쉽도록, 리스(Leith)가 괄호 안에 넣은 헬라어 단어들을 모두 그대로 표기하지는 않았다.

아들이 아버지와 함께 영원하고 아버지와 동등하다는 것을 약화시키지 않는다. 다시 말해, 영원한 출생은 아들이 아버지와 함께 영원하고 아버지와 동등하심을 강화한다. 아들이 온전히 하나님이려면 아버지의 본질로부터 영원히 나셔야 한다.

이것은 니케아 신경의 표현 중에서 자주 간과되는 부분이다. 마치 아들이 아버지와 동등하다는 것이 니케아 공의회가 말한 전부였다는 듯이 말이다. 그러나 니케아 공의회는 더 많은 것을, 훨씬 많은 것을 말했다. 아들이 아버지와 동등한 것은 아들이 아버지로부터 나신 아버지와 동일 본질이기 때문이다. 마치 용어를 충분히 연구하면 삼위일체 공식에 이를 수 있기라도 하듯이 우시아 같은 용어에 초점을 맞추는 것으로는 부족하다. 이러한 접근법은 무엇이든 우리가 원하는 삼위일체 개념을 우시아 같은 단어들에 욱여넣어 해석하는 조작의 문을 활짝 연다. 훨씬 나은 접근법, 훨씬 더 니케아적인 접근법은 이 용어들을 문맥 속에서 읽고 해석하는 것이다. 니케아 신경에서, 우시아 같은 단어의 문맥은 분명하다. 영원한 출생이다.[8] 이 신경이 아들에 관해 가장 먼저 말하는 것은 '나심'(begotten)이다. '나심'을 말한 후에야 호모우시오스(homoousios)라는 단어를 아들에게 적용한다. 이 단어는 잠시 후 살펴보겠다. 아들이 아버지의 본질로부터 나지 않으셨다면 신성에서 아버지와 동등하다고 말할 수 없다.

니케아 교부들은 성경 이미지를 근거로 아들이 나신 분(the begotten one)이라는 점을 확고히 했다. 니케아 교부들은 요한복음 1장과 히브리서 1장 같은 본문을 염두에 두고 아들을 빛으로부터 나온 빛이라고 고백할 때, 아들이 참 하나님으로부터 나온 참 하나님이라는 결론에 이르렀다. 아들은 빛으로부터 나온 빛이며, 따라서 아버지로부터 나온 분이다.[9] 그렇다. 아들은 나신 위격

---

8) 다음을 보라. Ayres, *Nicaea and Its Legacy*, 90; Anatolios, *Retrieving Nicaea*, 15-31.
9) Basil of Caesarea, *Against Eunomius* 2.25.

으로서 구분되지만, 아들이 나셨다는 사실은 아들이 동일한 본질로부터 나오셨다는 의미를 내포하며, 아들의 동등성(coequality)을 강조한다. 아들이 빛으로부터 나온 빛이라면, 그분을 **호모우시오스**라고 부르는 것도 적절하다. 이것은 헬라어 단어이며, **호모**(*homo*)는 '동일한'(same)이라는 뜻이고 **우시아**(*ousia*)는 '본질'(essence)이라는 뜻이다. 아들이 아버지와 다른 본질에서 나오신 것이 아니다. 아들이 아버지와 비슷하거나 일치하지 않는 본질에서 나오신 것도 아니다. 아버지의 **우시아** 또는 본질에서 나신 분으로서, 아들은 반드시 아버지와 동일한(일치하는) 본질에서 나오셔야 한다.

이것을 이렇게 생각해 보라. 아들은 동일 본질적(coessential)이다. 같은 신적 본질(divine essence)을 공유하신다는 뜻이다. 아들은 동일 본체적(consubstantial)이다. 같은 신적 본체(divine substance)를 공유하신다는 뜻이다. 아들은 아버지의 본질로부터 영원 전에 나셨기에, 아들의 존재는 아버지와 동일하고 신적 본질로부터 기원한다. 아들이 참 하나님의 동등한 참 하나님이시라는 뜻이다. 우리가 이것을 의심하지 않도록, 니케아 신경은 하나님의 일들을 생각할 수 있게 우리를 이끈다. 다시 말해, 하나님은 자신의 아들을 통해 세상을 창조하신다. 아리우스는 아들을 창조 세계 편에 두었다. 반면에, 니케아 교부들은 아들을 창조자와 동일시하며 실제로 창조자로 규정한다.

결국, 아리우스는 이 신경을 거부했고, 아리우스 편에 선 두 감독도 마찬가지였다. 이들은 유배되었고, 콘스탄티누스 대제는 추구하던 일치를 성취한 것으로 보였다. 그러나 니케아 공의회 이후 수십 년간, 논쟁이 아리우스 너머로 확대되면서 격렬해졌다.[10] 아리우스는 논쟁의 불씨를 지폈으나 많은 사람이 그 불길에 기름을 끼얹었다.

---

10) 반스(Barnes)는 "The Fourth Century as Trinitarian Canon," 51-62에서 니케아 공의회 이후에는 아리우스가 주된 초점이 아니었다고 설명한다.

문제를 찾아내려 하고 어디서나 찾아내다: 니케아 공의회 이후

코미디언 그루초 막스(Groucho Marx)는 이렇게 말했다. "정치는 문제를 찾아내려 하고, 어디서나 찾아내며, 부정확하게 진단하고, 엉뚱한 해결책을 적용하는 기술이다." 그루초가 니케아 공의회의 여파를 염두에 두지 않았을까 하는 의심이 드는데, 어쩌면 그랬을 수도 있겠다. 처음에는 아리우스주의자들이 추방되었다. 그러나 얼마 후에는 아타나시우스 같은 니케아 지지자들이 추방되었다. 누가 정치 권력을 잡느냐에 따라 오락가락했다.

그러나 정치만이 엉망이 된 게 아니었다. 신학도 마찬가지였다. 모든 사람은 선과 악의 대결 이야기를, 착한 놈이 마침내 나쁜 놈을 이기는 이야기를 좋아한다. 그러나 이런 깔끔한 범주들이 늘 믿을 만한 역사를 구성하지는 않는다. 모든 싸움에는 경쟁하는 진영이 등장했고, 어느 쪽이 마지막에 승리할지 늘 분명하지는 않았다.[11]

예를 들면, 어떤 사람들은 아리우스의 견해를 취해 그 논리적 결론에 이르렀고, 아들이 아버지와 다른 본질에서 나왔다고 주장했다. 이들은 신아리우스주의자들(Neo-Arians)로 알려졌으며, 아들이 아버지와 다르고 아들이 아버지에게 종속된다고 강조했다.[12]

그러나 어떤 사람들은 반대하며, 아들이 아버지와 같다고 했다. 그런데도 이들은 분명하게 선을 그었다. 다시 말해, 아들은 아버지와 같다. 그러나 단

---

[11] 네 가지 견해 모두에 관한 개괄은 다음을 보라. Fairbairn and Reeves, *The Story of Creeds*, 67; Dünz, *Trinity in the Early Church*, 87–115; Smith, "The Trinity in the Fourth-Century Fathers," 109–122.

[12] 이들은 아들이 본질에서 전혀 "같지 않다."(*anhomoios*)라고 했으며, 그래서 이 그룹은 때로 반(反)유사 본질파(Anhomoeans)라고 불렸다. 이들은 상이 본질파(Heterousians)라고도 불렸다. 대표자들로 아에티오스(Aetios)와 에우노미오스(Eunomios)를 들 수 있다. 때로 이들은 에우노미오스파(Eunomians)라고 불렸다. Dünz, *Trinity in the Early Church*, 89; Ayres, *Nicaea and Its Legacy*, 144–149, 198.

지 '행위'(activity)에서 같을 뿐이다.[13] 유사 본질파(Homoians)로 알려진 이 진영이 갈수록 인기를 끌었다. 어쨌든 이들은 성경적으로 보였고, 아들이 구원사에서 하는 일에 초점을 맞추었으며, 아들을 기능적으로 종속시켰다.

또 어떤 사람들은 더 많은 것을 말하고 싶었다. 다시 말해, 아들이 기능에서 아버지와 같을 뿐 아니라 본질에서도 아버지와 같다는 것이다. 자신과 유사한 아들을 낳는 것이 아버지의 의도였다.[14] 니케아 교부들과 달리, 이들은 아들이 아버지의 본질에서 나셨다(*homoousios*)고 말하려 하지 않았다. 이들은 이렇게 말하면 아들과 아버지 사이에 혼란이 일어나거나 둘 사이에 차이가 없어질까 봐 걱정했다. 대신에, 아들은 본질에서 아버지와 유사할 뿐이어야 한다(*homoiousios*).[15] 헬라어 전문가가 아니더라도 둘의 차이가 단 한 글자(*i*)로 귀결된다는 것을 알 수 있다. 작은 헬라어 알파벳 하나가 정통과 이단을 가르는 차이일 수 있으리라는 것을 누가 알았겠는가?

머리가 빙빙 도는가? 좋은 신호다. 당신에게도 명료함이 필요하다는 뜻이다. 아타나시우스와 동방의 세 현자도 이런 필요를 느꼈다. 이들을 만나서, 교회가 이 안개에서 벗어나도록 돕기 위해 이들이 무엇을 했는지 알아보자.

헬라어 표현 정리

우시아(*ousia*) = 본질(essence)
호모우시오스(*homoousios*) = 동일 본질
호모이우시오스(*homoiousios*) = 유사 본질
헤테로우시오스(*heteroousios*) = 상이 본질

---

13) 헬라어로 호모이오스 카트 에네르게이안(*Homoios kat' energeian*).
14) Dünz, *Trinity in the Early Church*, 90–91; Ayres, *Nicaea and Its Legacy*, 149–153.
15) 헬라어로 호모이오스 카트 우시안(*Homoios kat' ousian*). 대표자들로 안키라의 바실레이오스(Basileios), 라오디게아의 게오르기오스(Georgios)를 들 수 있다.

'단순한' 삼위일체

아타나시우스가 중요한 걸음을 내디뎠다. 그는 신적 단순성(divine simplicity)을 토대로 아들이 아버지로부터 영원히 나셨다는 것을 변호했다.

신학에서, 단순성은 하나님이 초보적이거나 기본적이라는 뜻이 아니다. 단순성은 하나님이 부분들로 구성되거나 조직되거나 합성되지 않는다는 뜻이다. 예를 들면, 하나님은 단지 속성들을 소유하시는 게 아니다. 마치 하나님의 속성들이 그분의 서로 다른 본질의 부분들이고 각 부분이 서로 양립할 수 있기라도 하듯이 말이다. 이것은 단순성이 아니라 합치성(congruence)일 뿐이다.

오히려, 단순성은 하나님의 본질이 그분의 속성들이고 하나님의 속성들이 그분의 본질이라는 뜻이다. 예를 들면, 성경은 단지 "하나님이 사랑을 소유하신다."라고 말하지 않고 "하나님은 사랑이시다."라고 말한다. 하나님은 단지 선한 행위들을 하시는 게 아니다. 하나님은 선이시다. 바꾸어 말하면, 하나님의 속성들과 그분의 본질이 서로 다른 게 아니라 하나님 안에 있는 모든 것이 하나님이시다. 무형이며 불변하기에, 하나님은 그분의 완전하신 것들과 동일하시다.[16] 하나님은 한 분이라는 말이 이런 뜻이다.

왜 아타나시우스는 삼위일체를 말할 때 단순성을 토대로 삼았는가? 아들이 아버지의 본질로부터 나셨다는 것을 보여 주기 위해서였다. 아들이 아버지와 **호모우시오스**라는 것이 이런 뜻이다. 다시 말해, 아들은 영원 전에 아버지의 본질(essence, 헬라어로 *ousia*)로부터 나셨다.

이 책의 제목(*Simply Trinity*)이 이 부분과 연결된다. 하나님이 '단순한 삼위일체'(simply Trinity)이며, 본질에서는 단순성을 갖고 위격에서는 삼위일체라

---

16) 단순성에 대한 반(反)수정주의적 해석들. 예를 들면, Frame, *The Doctrine of God*, 229.

고 단언할 때, 우리는 아리우스주의 같은 이단들을 피한다. 삼위일체 하나님이 단순하시다고 말하는 것은 신적 본질에 참인 모든 것(영원성, 불변성 등)이 하나님의 각 위격과 모든 위격에도 참이라고 말하는 것이다. 아들도 이 규범에서 예외가 아니다. 스티븐 홈즈(Stephen Holmes)가 말하듯이, 아들도 "단순한 하나님이시며, 모든 신적 특성에서 동등하게 동일하시다."[17)]

단순성이 영원한 출생 같은 교리들과 무슨 상관이 있는가? 많은 관련이 있다. 단순성은 예를 들면 인간의 출생(human generation)과 하나님의 출생(divine generation)을 구분하도록 돕는다. 아타나시우스의 말을 들어 보자. "인간의 창조와 하나님의 창조가 다르고 인간의 존재와 하나님의 존재가 다르듯이, 인간의 출생과 아들이 아버지로부터 나오심도 다르다. 인간의 후손은 선조들의 일부다. 몸의 본성 자체는 복합되지 않은 게 아니라 유동적 상태이며 부분들로 구성되기 때문이다. 인간은 태어날 때 자신의 본체(substance)를 잃고 음식 섭취에서 본체를 다시 얻는다. 이 때문에, 인간은 또한 많은 자녀의 아버지가 된다."[18)]

> **핵심 용어** **단순성**(Simplicity)
>
> 하나님의 본질에는 부분들이 없다. 하나님께는 구성(composition, 합성)이 없다. 하나님 안에 있는 모든 것이 하나님이시다. 단순성은 삼위일체의 각 위격에 적용된다. 각 위격은 신적 본질의 한 실재이시기 때문이다. 위격들은 하나님을 구성하는 '부분들'이 아니며, 한 위격이 다른 위격의 한 '부분'도 아니다.

아타나시우스가 무엇을 말하는가? 출생을 인간에게 적용하는 방식과 똑같이 삼위일체에 적용할 수는 없다는 것이다. 삼위일체 하나님은 단순하시기(simple) 때문이다. "하나님은 부분들이 없기에 나뉨이나 감정의 동요 없이 아들의 아버지이시다. 인간들 사이에서와 달리, 비물질이신 분에게는 유출이

---

17) Holmes, *The Quest for the Trinity*, 95.
18) Athanasius, *Defence of the Nicene Definition* 5.11 (*NPNF2* 4:157). 아타나시우스의 단순성 정의에 관해서는 5.22 (*NPNF2* 4:165)를 보라.

없고 외부로부터의 유입도 없으며 본성이 구성되지 않기 때문에, 그분은 독생자의 아버지이시다."19)

나중에, 아타나시우스는 더 구체적으로 말한다. 예를 들면, 왜 성경은 아들이 아버지로부터 나오셨다고 말하는가? 니케아는 이 질문에 다음과 같이 답했다. 아버지로부터 나오셨다는 것은 아버지의 본질로부터 나셨다는 것이다. 아리우스주의자들은 성경을 보면 피조물이 하나님으로부터 나오듯이 아들이 '하나님으로부터' 나오셨다며, 마치 하나님의 말씀이 우리와 전혀 다르지 않은 것처럼 생각했다. 정반대로, 니케아는 영원한 출생을 말할 때 아들과 피조물 전체를 구분하려고 우시아(ousia), 곧 '본질'이라는 용어를 사용했다. 아타나시우스는 이렇게 말했다. "만물이 하나님으로부터 나온다고 말할 수 있다. 그렇더라도 아들이 아버지로부터 나오셨다는 것은 이런 의미가 아니다. 아들은 피조물이 아니기 때문에, 아들만이…아버지로부터 나오셨다." 우리는 아들이 '아버지의 본질로부터' 나오셨다고 말해야 한다.20)

그러므로 우리는 '본질에서 하나'(one in essence)라는 어구를 들을 때마다 마치 물질적인 무엇인가를 염두에 두는 것처럼 신격의 분할이나 분리를 상상해서는 안 된다. 오히려 "우리의 생각이 비물질적인 것들로 향하게 함으로써, 나뉘지 않는 본성의 단일성(oneness)과 빛의 동질성을 보존하자. 이것이 아버지와 관련하여 아들을 이해하는 적절한 방식이며, 여기서 하나님이 참으로 말씀의 아버지라는 사실이 드러나기 때문이다."21)

니케아 공의회 이후 몇십 년간, 아타나시우스만 단순성을 토대로 삼위일체를 말한 게 아니었다. 카파도키아 출신의 세 신학자 니사의 그레고리오스

---

19) Athanasius, *Defence of the Nicene Definition* 5.11 (*NPNF2* 4:157).
20) Athanasius, *Defence of the Nicene Definition* 5.19 (*NPNF2* 4:163).
21) Athanasius, *Defence of the Nicene Definition* 5.23 (*NPNF2* 4:166). 아타나시우스는 *Letters to Serapion on the Holy Spirit* 1.2.4, 1.16.4-7, 1.17.4, 1.20.4, 1.28.2, 1.30.3, 1.32.1-6에서도 단순성에 호소한다.

(Gregorios), 가이사랴의 바실레이오스(Basileios), 나지안조스의 그레고리오스(Gregorios)가 그를 뒷받침했다. 카파도키아 신학자들에게, 삼위일체의 단순성을 단언한다는 것은 단지 위격들이 본질을 공유한다는 뜻이 아니었다. 이것은 더 많은 것을 의미했다. 위격들이 의지와 능력에서 하나이기 때문에 서로 동일 본체라는 뜻이었다.[22] 의지와 능력은, 마치 이것들이 위격들 사이에서 서로 다른 수준으로 분리될 수 있기라도 하듯이, 본질과 분리되지 않는다. 그럴 수 없다. 의지와 능력은 한 본질과 일치한다. 우리 유한자들은 이해와 명료함을 위해 본질과 의지와 능력을 구분하는 경향이 있다. 그러나 본질과 의지와 능력이 하나님 안에서는 부분들이 아니라는 것을 기억해야 한다. 실제로, 본질과 의지와 능력은 하나이며 동일하다. 하나님은 한 분이시며, 세 위격은 한 본질과 의지와 능력을 갖는다.

다음 장에서 보게 되겠지만, 많은 현대인이 하나님의 단순성을 거부했으며, 복음주의자들도 예외가 아니다.[23] 이들은 "그건 말이 안 된다!"라고 항변했다. 이들은 "게다가 우리는 단순성(simplicity) 곧 단일성(oneness)이 아니라 삼위일체 위격들 곧 삼위성(threeness)에 초점을 맞춰야 한다."라고 투덜댔다. 그래서 많은 사람이 하나님께 단순성이란 전혀 없고 의식과 의지의 구분된 세 중심이 있을 뿐이라고 했다. 세 위격 각자는 스스로 결정하고 스스로 의지를 발휘하는 주체라는 것이다. 어떤 사람들은 세 위격을 너무 심하게 분리한 나머지 하나님 안에 권력 서열을 만들어 냈다(8장을 보라).

시대를 앞서간 카파도키아 신학자들은 이런 주장을 전혀 하지 않았다. 이런 생각을 할 수 없었다. 예를 들면, 나지안조스의 그레고리오스는 아들이 아

---

22) Basil of Caesarea, *Against Eunomius* 2.30.
23) 예를 들면, 다음과 같다. Plantinga, *Does God Have a Nature?*; Feinberg, *No One Like Him*, 326-327; Moreland and Craig, *Philosophical Foundations for a Christian Worldview*, 524. 비판에 관해서는 Dolezal, *All That Is in God*을 보라.

버지와 다른 의지를 갖는다고 말하는 아리우스주의자들을 논박하며 "하나님은 한 분이며, 따라서 의지도 하나다."라고 했다.[24)

본질이 하나뿐이라면 의지도 하나뿐이어야 한다. 그렇지 않으면 위격들이 나뉘거나(삼신론) 종속된다(아리우스주의). "나는 어떻게 둘(아버지, 아들)에게 공통된 것이 하나(아버지)에게만 속한다고 말할 수 있는지 알 수 없기 때문이다."[25)

능력에 관해서도 같은 말을 할 수 있는가? 그래야 한다. "하나는 더하고 하나는 덜한 하나님이 아니고, 하나가 먼저고 하나가 나중이 아니며, 이들은 의지나 능력에 있어 나뉘지 않으시기 때문이다." 뒤이어 그레고리오스는 이들의 단순성을 단언하며 결론을 내린다. "그러나 이 위격들 각자는 일체성(Unity)을 지니시며, 본질과 능력의 일치 때문에, 연합된 것에 있어서는 물론이고 그 위격들 자체에서도 그러하시다."[26)

삼위일체의 위격들이 본질과 의지와 능력에서 하나라면, 즉 단순한 삼위일체라면, 위격들이 창조와 구원에서 불가분하게 일하신다는 귀결로도 이어진다. 교부들은 본질에서 나뉠 수 없고 활동(operation, 작용)에서 나뉠 수 없다고 말하길 좋아했다. 본질과 의지에서 하나이기 때문에, 위격들은 단일한 행동을 하신다. 분리되고 개별적인 의식과 의지의 중심들이 창조된 인간들(created persons)에게는 적용될 수 있겠지만 하나님의 위격들(divine persons)에는 적용될 수 없으며, 만약 적용될 수 있다면 하나님이 나뉠 것이다.[27) 신학자들이 '나뉠 수 없는 활동들'(inseparable operations, 불가분적 작용들)이라고 부르는 것이 카파도키아 신학자들이 니케아 신경을 변호하는 데 필수였다. 그

---

24) Gregory of Nazianzus, *Theological Orations* 4.12 (*NPNF2* 7:314).
25) Gregory of Nazianzus, *Theological Orations* 4.12 (*NPNF2* 7:314).
26) Gregory of Nazianzus, *Theological Orations* 5.14; 5.16 (*NPNF2* 7:322-733). 가이사랴의 바실레이오스(Basileios)에 따르면, 위격들이 동등한 것은 이들 사이에 능력의 동질성이 있기 때문이다. "능력과 본체가 같다"(*Against Eunomius* 2.32; 2.23).
27) Ayres, *Nicaea and Its Legacy*, 296-297, 358.

래서 니사의 그레고리오스는 삼위일체가 취하는 단일 행동의 동일성에서 삼위일체가 갖는 본성의 단일성을 추론해야 한다고 했으며, 나지안조스의 그레고리오스는 삼위일체의 단순성을 발판으로 무엇이 위격들을 구분하게 하는지를 논했다.[28]

이러한 나뉠 수 없는 활동들이라는 개념이 너무나 중요하므로 10장 전체에서 이 부분을 살펴보겠다. 확신컨대, 이것은 정통의 핵심 요소다. 세계적인 삼위일체 전문가 루이스 에어스(Lewis Ayres)가 친니케아적이 되기 위한 필수 조건 셋을 열거했을 때, 나뉠 수 없는 활동들에 대한 믿음이 그중 하나였다.[29]

단순한 '삼위일체'

교부들은 니케아의 신경(the creed of Nicaea, 저자는 381년에 제정되었으며 흔히 니케아 신경이라 불리는 니케아-콘스탄티노플 신경과 구분하기 위해 325년 니케아 공의회에서 제정된 신경을 이렇게 표현한다-옮긴이)에 담긴 모든 좋은 내용에도 불구하고 한 문장이 모호하며 한층 더 명료할 필요가 있다고 결정했을 때, 더 명료함에 이르기 위해 필수적인 둘째 걸음을 내디뎠다. 그 부분은 이 신경 맨 뒤에 나오는 파문이었다.

이 파문은 아리우스주의를 정죄하며, 아리우스주의의 문장을 인용하기까지 한다. 여기까지는 아주 좋았다. 그러나 이 파문은 또한 아들이 아버지와 "다른 휘포스타시스(hypostasis)나 우시아(ousia)에 속한다."라고 말하는 자들을 정죄한다. 니케아 공의회 당시, 두 헬라어 용어는 동의어로 취급되었고, 그래

---

28) Gregory of Nyssa, *On the Holy Trinity*; Gregory of Nazianzus, *Theological Orations*; Basil of Caesarea, *Against Eunomius* 2.34; cf. Ayres, *Nicaea and Its Legacy*, 245, 280.
29) Ayres, *Nicaea and Its Legacy*, 245, 280.

서 니케아 공의회 이후 많은 혼란과 논쟁을 불러일으켰다. 어떤 사람들에게 이것은 니케아의 신경이 아들의 위격과 아버지의 위격이 같다고 말하는 것처럼 들렸다. 어떤 사람들은 이 신경이 사벨리우스주의(Sabellianism), 곧 하나님의 위격은 (셋이 아니라) 하나뿐이며 서로 다른 세 방식으로 자신을 계시할 뿐이라고 했던 초기 교회 이단에 굴복했다고 생각했다.[30] 이 신경은 영원한 출생을 통해 아들과 아버지의 동등성을 강조하려다가, 마치 아버지와 아들이 동일 위격이기라도 한 것처럼 아버지와 아들을 혼동하게 한 것인가?[31]

그러나 니케아의 신경은 사벨리우스주의를 옹호하지 않았으며, 이후 몇 년간 이런 혐의를 벗는 것이 중요해졌다. 기억하라. 니케아의 신경은 아들이 아버지로부터 나셨다고 말할 때 위격들을 구분했다. 반대로, 사벨리우스주의는 마치 하나님을 아버지와 아들과 성령이시게 하는 것은 하나님이 인간을 창조하거나 구원할 때 취하는 다양한 양태이기라도 하듯이 위격들을 단지 '기능들'로 보았다.

그러나 니케아의 신경이 두 헬라어 단어 **우시아**와 **휘포스타시스**를 동의어로 사용했기 때문에, 많은 사람이 이 신경을 진지하게 받아들이는 데 애를 먹었다. 모두가 게임에서 졌다고 생각할 때 스페이드 에이스 한 장을 내려놓듯이, 카파도키아 신학자들은 정확히 이 부분에서 중요한 기여를 했다. 한편으로, 이들은 많은 사람을 설득해 신경의 본래 언어를 고수하게 했다. 아들은 아버지와 **호모우시오스**(*homoousios*, 본질에서 하나)다. 그러나! 아들은 아버지와 동일

---

30) Ayres, *Nicaea and Its Legacy*, 101에서 니케아 공의회 직후에 기록된 소조메노스(Sozomenos)의 글을 보라. 니케아 공의회 이후, 안키라의 마르켈로스(Markellos)에 관한 논쟁과 사벨리우스주의에 대한 규탄이 많이 일어났다. 콘스탄티노플은 마르켈로스와 분리되는 언어를 선택했다. Barnes, "The Fourth Century as Trinitarian Canon," 50–53을 보라.
31) 어떤 사람들은 자신들만의 신앙 고백을 작성하기로 했다. 예를 들면, 헌신 신경(Dedication Creed, 341), 사르디카 신경(the creed of Sardica, 343), 장행 신경(Macrostich/Long-Line Creed, 344)이 있다. Fairbairn and Reeves, *The Story of Creeds*, 64를 보라. 이들은 사르디카 신경이 니케아의 신경의 대체물이 아니라 해설이었을 뿐이라고 본다.

위격이 아니시다. 본질은 오직 하나(*mia ousia*)지만 위격은 셋(*treis hypostaseis*)이다. 이러한 구분은 경이감을 일으켰고 심지어 대적들을 결집시켰다.

> **성경은 위격들을 어떻게 구분하는가?**
>
> 나지 않으심(unbegotten) = 아버지
> 나심(begotten) = 아들
> 출송(spiration) 곧 발출(procession) = 성령

카파도키아 신학자들의 기여는 이것만이 아니었다. 이들은 본질과 위격을 구분했을 뿐 아니라 표현 하나를 도입했는데, 이 표현은 뒤이은 위대한 전통과 더불어 교회가 위격들을 혼동하지 않도록 지켜 주었다. 이 표현은 사변적이지 않았고, 오히려 성경이 하나님을 아버지와 아들과 성령이라고 부를 때 의미하는 바를 설명하는 또 다른 방식일 뿐이었다.

> 아버지는 나지 않으셨다(unbegotten). 성경이 아버지를 아버지라고 부르는 것은, 자신은 그 누구에 의해서도 나지 않았지만, 그분이 자신의 아들을 낳으셨기 때문이다. 아버지되심(paternity).
> 아들은 나셨다(begotten). 출생하셨다(generated). 성경이 아들을 아들이라고 부르는 것은 그분이 자신의 아버지에 의해 나셨기 때문이다. 아들되심(filiation).
> 성령은 출송되신다(spirated). 성경이 성령을 성령이라고 부르는 것은 그분이 아버지와 아들에 의해 내쉬어지시기(breathed out) 때문이다. 출송(spiration).

이러한 구분을 요약하기 위해, 교회는 이러한 성경적 이름들을 기술하는 데 사용할 어구를 열심히 궁리했다. 니케아 교부들과 뒤이은 위대한 전통은 세 어구를 찾아냈다.

1. 실재(존재)의 양태들(modes of subsistence)[32]
2. 기원의 영원한 관계들(eternal relations of origin)
3. 위격적 특성들(personal properties)[33]

이 표현들은 이상하게 들릴는지 모르지만 필수적이다. 어떤 사람들은 '실재(존재)의 양태들'이라고 불렀으며, '실재'라는 단어는 하나님의 한 본질이 각 위격에서 고유한 방식으로 실재하는 또는 존재하는 방식을 가리킨다. 어떤 사람들은 '기원의 영원한 관계들'이라는 표현을 사용했으며, 여기서 '관계들'이란 관계성들(이것은 현대적이고 심리학적인 범주다)이 아니라 각 위격의 영원한 출처를 가리킨다.

어떤 사람들은 심지어 두 표현을 결합해 위격들을 실재하는 관계들이라고 했다. 또 어떤 사람들은 아버지되심(paternity), 아들되심(filiation), 출송(出送, spiration)이 각 위격의 고유한 특성이라고 했다. 위격들은 이러한 위격적 특성들을 제외한 모든 것에서 동일하다.[34]

---

32) 투레티니(Turrettini)는 이렇게 말한다. "따라서 위격이 본질과 실제로(*realiter*), 즉 사물과 사물이 다르듯이 본질적으로(*essentialiter*) 다른 게 아니라 양태와 사물이 다르듯이(*modus a re*) 양태적으로(*modaliter*) 다르다고 할 수 있겠다"(*Institutes*, 1:278). "실재의 양태 또는 존재의 양태는…하나님의 존재에 내재하는 관계다"(Muller, *PRRD*, 4:184). 이런 이유로, 위격들 간의 구분은 양태적 구분(modal distinctions)이다(4:190-191). "마치 본질이 하나(*res*)이고 세 위격이 또 다른 하나이기라도 하듯이, 세 위격들과 신적 본질 사이에 그 어떤 실제적 구분도 있을 수 없다. 하나님은 단순한 존재, 즉 합성되지 않은 존재이시기 때문이다. 오히려 위격들은 합리적으로 또는 개념적으로(*ratione*) 구분되며, 단지 유한한 인식자의 지성에서가 아니라 문제 자체에서(*in ipsa re*), 즉 신격이나 신적 본질 자체에서 구분된다"(4:191). 조건이 하나 있다. 우리는 '양태'(modal)라고 할 때 사벨리우스주의 이단을 의미하는 게 아니다. 정통적 양태는 내적(*ad intra*) 하나님을 가리킨다. 반면에, 사벨리우스주의에서는 이것이 외적(*ad extra*) 하나님을, 멀러(Muller)가 '자기표현의 양태들'(modes of self-presentation)이라고 부르는 것을 가리킨다. "정통 개혁주의가 말하듯이, 사벨리우스주의자들은 신격의 위격들 간의 양태적 구분을 주장한 게 아니라 오히려 위격들이 외적 표현이나 역할에서 순전히 합리적으로 구분된다고 주장했으며, 이것은 위격들이 내적으로(*ad intra*) 서로 구분되지 않는다는 주장과 짝을 이루었다"(Muller, *PRRD*, 4:194). 다음도 보라. Webster, *God without Measure*, 87-88; Dolezal, "Trinity, Simplicity and the Status of God's Personal Relations," 79-98.
33) 때로 위대한 전통도 반대 관계들을 언급할 것이다.
34) 엄밀히 말하면, 위격적 특성들은 기원의 영원한 관계들의 한 표현이다. Aquinas, *Summa* 1a.40.2를 보라.

> ### 셋을 기억하라
>
> 실재(존재)의 양태들(modes of subsistence)
> 기원의 영원한 관계들(eternal relations of origin)
> 위격적 특성들(personal properties)
>
> 이 표현들은, 아버지는 나지 않으셨고(unbegotten), 아들은 나셨으며(begotten), 성령은 출송되신다(spirated)고 말하는 서로 다른 방식이다. 오직 이것들만 위격들을 구분한다.

예를 들면, 카파도키아 신학자 중 한 명을 생각해 보라. 니사의 그레고리오스는 삼위일체의 단순성을 변호하지만, 뒤이어 무엇이 위격들을 구분하는지 묻는다. 그는 위격들의 '존재 양태'(mode of existence)라고 답한다. 예를 들면, 아버지는 나지 않으셨다고 말할 때, 우리는 "그분이 어떤 양태로 존재하시는지 배운다." "아들은 출생 없이 존재하지 않으신다."라고 말할 때, 우리는 이것이 아들의 존재 양태라고 말하는 법을 배운다.[35]

한편으로, "존재의 문제는 하나다"(단순성). 다른 한편으로, "존재의 양태는 다른 하나다"(삼위일체). 예를 들면, 성령을 생각해 보라. "위격들을 서로 분명하고 뚜렷하게 구분하는 속성들만 제외하고, 모든 탁월한 속성이 아버지와 아들에게 속하듯이 성령에게도 속한다"(단순성).[36] 그레고리오스는 본질적 특성들, 신적 본질과 같은 속성들(능력, 거룩 등), 세 위격이 공유하는 속성들과 위격적 특성들, 아버지는 나지 않으셨고 아들은 나셨으며 성령은 출송되신다는 특성들을 구분하는데, 오직 이것만이 위격들을 구분한다. '오직'(alone)이라는 단어가 핵심이다. 당신은 종교개혁의 5대 솔라(sola)를 말할 때 이 단어를 사용했을 것이다. 솔라 그라티아(sola gratia), 즉 '오직 은혜'(grace alone)라고 말할

---

35) Gregory of Nyssa, *On Not Three Gods* (*NPNF2* 5:336).
36) Gregory of Nyssa, *On the Faith to Simplicius* (*NPNF2* 5:339). Cf. Gregory of Nyssa, *Against Eunomius* 1.22 (*NPNF2* 5:94).

때처럼 말이다. 그러나 솔라라는 단어는 여기에도 적용될 수 있다. 각 위격을 나머지 위격들과 유일하게 구분하는 것은 실재의 양태들, 영원한 관계들, 또는 위격적 특성들이다.

카파도키아 신학자들이 이런 도약을 이루었는데도, 어떤 사람들은 여전히 의문을 품었다. 아들이 아버지와 다른 위격이라면, 아들과 아버지가 본질에서 하나이시게(*homoousios*) 하는 것은 무엇인가?

왜 아들이 본질에서 아버지와 하나인가?

이 질문에 답하려면 오해를 바로잡아야 한다. 다시 말해, '한 본질, 세 위격'(one essence, three persons)은 그 자체로 모토가 아니었다. 마치 이 주문을 내뱉기만 하면 니케아 지지자가 되기라도 하듯이 말이다.

기억하라. 구분 자체가 문맥에 들어 있었다. 영원한 출생(eternal generation)이다. 아들이 본질에서 아버지와 하나인 것은 아들이 영원히 아버지의 본질로부터 나셨기 때문이다. 바로 이것이다. 영원한 출생은 아들을 구분할 뿐 아니라 아들의 동등성을 확보한다.

아타나시우스가 말했듯이, "아들은 늘 아버지의 본질의 적자이시다."[37] 이것이 성경적 은유 자체의 기본이다. "사람은 조언으로 집을 짓지만 본성(본질)로 아들을 낳는다. …이 아들은 아버지의 본질의 적자이며 아버지 밖에 있지 않다."[38] 카파도키아 신학자들도 똑같이 말했다. 니사의 그레고리오스는 독생하신 아들이 아버지 안에 있으며, 따라서 그분의 본성(본질)으로부터 나오

---

37) Athanasius, *Against the Arians* 1.9.29 (*NPNF2* 4:324). Cf. Athanasius, *Defence of the Nicene Definition* 5.19 (*NPNF2* 4:162-163); *Letters to Serapion on the Holy Spirit* 2.5.2; 2.6.1.

38) Athanasius, *Against the Arians* 3.62 (*NPNF2* 4:427).

셨고, 이런 이유로 아들이 존재하지 않았던 때가 결코 없었다고 했다.39)

서방 사람들이 동의했는가? 동의했다. 어쨌든 이들은 동일한 신경을 말하고 있었다. 예를 들면, 아우구스티누스는 영원한 "출생에서, 시간 속의 그 어떤 시작도 없이, 본성의 그 어떤 변화도 없이, 아버지가 아들에게 존재를 부여하

> **핵심 용어** **실재**(Subsistence)
>
> 라틴어로 **수브시스텐티아**(subsistentia), 헬라어로 **휘포스타시스**(hypostasis). 신적 본질은 실재의 세 양태를 갖는다. 각 위격은 신적 본성의 한 실재다. 예를 들면, 아들은 아버지의 본질로부터 나셨다. 이런 이유로, 아들은 아버지와 본질에서 하나이고 (homoousios), 동등하며(coequal), 함께 영원하다(coeternal).

신다."라고 썼다. 영원한 출생뿐 아니라 영원한 출송(eternal spiration)도 마찬가지다. "두 분(아버지와 아들) 모두로부터의 발출이 성령께 존재를 부여하셨고, 이 일은 시간의 그 어떤 시작도 없고 본성의 그 어떤 변화도 없이 이루어졌다."40) 아우구스티누스 이후, 무수한 사람들이 똑같이 말했다.41)

영원한 출생을 통해, 하나인 본질이 아버지에게서 아들에게 전달된다.42) 아버지가 이렇게 하실 수 있는 것은 자신에게서 나오는 신적 본질을 갖고 계시기 때문이다. 아버지는 이 본질을 다른 위격에게서 받지 않으셨고 나지 않으셨다.43)

아리우스주의자들은 이러한 출생이 아들을 반드시 종속시킨다고 항변했으나(지금도 비평학자들이 제기하는 혐의다), 이 교부들은 이에 답해 자신들 이전에 니

---

39) Gregory of Nyssa, *Against Eunomius* 1.39 (*NPNF2* 5:94).
40) Augustine, *The Trinity* 15.47. 다음도 보라. Hilary, *On the Trinity* 11.25 (*NPNF2* 9:224); cf. 9.27 (*NPNF2* 9:164). 힐라리우스(Hilarius)는 아버지를 "그분(아들)의 존재의 근원"이라고 부른다.
41) Anselm, *Monologion* 45, in *Works*, 58; Aquinas, *Summa Theologiae* 1a.41.5; Turretin, *Institutes,* 1:272 (cf. 1:292-293).
42) 분명히 하자면, 낳는 것은 본질이 아니다. 마치 본질이 넷째 위격이기라도 한 것처럼 말이다. 오히려, 아버지가 아들을 낳으시지만, 자신의 신적 본질로부터 낳으시며, 아들이 자신과 동일한 신적 본질로부터 나온 실재이게 하신다. Aquinas, *Summa* 1a.41.3-5; Hilary, *On the Trinity* 7.28, 7.31 (*NPNF2* 9:131); van Mastricht, *Theoretical-Practical Theology*, 2:503, 533-534.
43) Dünz, *Trinity in the Early Church*, 107.

케아 신경이 말한 것을 제시했다. 아버지의 **우시아**(본질)로부터의 출생하심은 영원하며 불변한다. 이것은 인간의 출생과 다르다.

핵심은 이것이다. 본질과 위격을 구분하지만 이들 둘을 분리해서는 안 된다. 이러한 믿을 만한 표현 중 하나를 사용하여, 하나이며 단순한 본질이 실재의 세 양태를 갖는다거나 한 본질이 세 위격으로 실재한다고 말한다면 본질과 위격을 하나로 유지할 수 있다. 그렇지 않고 더없이 괴이해져 이 표현을 뒤섞기 시작하면, 각 위격이 실재하는 관계라고까지 말할 수도 있겠다. 왜 이런 전문 용어를 사용하는가? 하나님이 단순한 삼위일체라고 말하기 위해서다.

포화를 받는 성령

그러나 카파도키아 신학자들은 종속론에 맞서 아들을 변호했을 뿐 아니라 성령도 변호했으며, 이로써 최고의 순간 중 하나를 맞는다.

이미 한 그룹이 시끄러운 교회적·정치적 토양에서 돋아나 아리우스주의 논리를 성령에 적용했을 때, 삼위일체를 둘러싼 싸움이 한층 더 복잡해졌다. 이들은 특히 370년대에 목소리를 높였고, '성령과 맞서 싸우는 자들', 즉 **프뉴마토마키**(*Pneumatomachi*)라고 불렸으며, 성령의 동등성(coequality)과 영원성(coeternality)에 의문을 제기하면서 성령을 **호모우시오스**(*homoousios*)라고 할 수 없다고 주장했다. 성령은 피조물일 뿐이며 아버지와 아들보다 아래라는 것이다.

이들의 주장은 카파도키아 신학자들의 문학적 반발을 촉발했으며, 카파도키아 신학자들은 아들의 영원한 출생뿐 아니라 성령의 영원한 출송을 변호했다. 성령은 태어나지 않으셨기 때문에 둘째 아들이 아니다. 대신에, 성경에서 성령을 가리키는 이름(*pneuma*)이 암시하듯, 성령은 영원 전부터 아버지에게서 출송 곧 발출되어 우리의 구원을 위해 역사 속에서 우리에게 주어지신다. 성령은 선물이시다.

성령의 출송(spiration) 또는 발출(procession)은 성령의 위격적 특성 또는 기원의 영원한 관계로 여겨졌으며, 성령을 한 **휘포스타시스**(*hypostasis*)로 구분했을 뿐 아니라 성령을 아버지와 아들과 함께 영원하고 동등한 분으로 보호했다. 성령은 다르거나 단지 유사한 신적 본질로부터 발출하신 것이 아니라 아버지와 아들의 신적 본성으로부터 발출하셨기 때문이다. 성령의 출송은 성령이 아버지 및 아들과 동일한 신적 본성을 공유하신다는 것을 확실히 한다. 때로, 카파도키아 신학자들은 **호모우시오스** 언어를 성령에 사용하지 않았지만, 이것은 단지 이 어휘에 걸려 넘어질 법한 자들을 설득하려고 했기 때문이다.

그런데도 카파도키아 신학자들은 성령에 적용되는 신적 칭호들뿐 아니라 특히 성령에게 돌려지는 신적 사역들, 즉 창조, 구원 등에 호소함으로써 성령의 동등성을 변증적으로 변호하기 시작했다. 성령은 하등한 신이 아니고 창조된 존재도 아니기에 우리는 아버지와 아들과 더불어 성령을 예배해야 한다. 그렇지 않으면 우리의 예배는 온전히 삼위일체적이지 못하다.

아들의 경우에서처럼, 카파도키아 신학자들은 구원을 위한 결과들이 중요하다고 믿었다. 나지안조스의 그레고리오스는 "성령을 예배하지 않는다면 어떻게 성령이 세례를 통해 나를 신성하게 하실 수 있겠는가?"라고 물었다. "성령으로부터 우리의 거듭남이 나오고, 거듭남으로부터 새로운 창조가 나오며, 새로운 창조로부터 이것을 유효하게 하신 분의 가치에 대한 인식이 나온다."[44]

---

44) Gregory of Nazianzus, *On God and Christ* 4.31.28 (p. 139).

마침내: 콘스탄티노플

니케아와 관련된 이러한 진전들, 곧 단순성과 삼위일체의 연결, 본질과 위격의 구분, 성령의 영원한 발출에 대한 단언은 또 한 번의 공의회로 이어졌다. 이 공의회는 니케아의 신경을 재확인하지만, 이번에는 성령에 관해 더 정교하게 기술할 터였다.[45]

콘스탄티노플은 이런 공의회가 열릴 만한 분위기로 무르익어 있었다. 테오도시우스(Theodosius) 황제 덕분이었다. 381년, 감독들이 다시 소집되었다. 이번에는 콘스탄티노플(지금의 이스탄불)에서였다. 안타깝게도, 아타나시우스와 가이사랴의 바실레이오스는 세상을 떠나고 없었다. 그런데도 이들의 기여는 잊히지 않았고 콘스탄티노플에 도착한 동방 감독들이 그것을 되울리며 기념했다.

많은 면에서, 콘스탄티노플 공의회(Council of Constantinople)는 325년의 니케아의 신경을 되살렸고 이 신경이 구속력과 권위가 있음을 재확인했다. 그러나 콘스탄티노플이 탄생시킨 신경은 니케아-콘스탄티노플 신경(Nicene-Constantinopolitan Creed)으로, 더 정확하게는 니케아 신경(Nicene Creed)으로 알려져 있다.

적절하다. 콘스탄티노플은 새로운 신경을 작성한 것이 아니라 니케아에서 말한 것을 재확인했을 뿐이지만 여기서 보듯 한층 더 명확히 했다.

---

[45] '아버지의 우시아로부터'와 '하나님으로부터 나온 하나님' 같은 표현이 빠진다. 교부들이 이 표현에 관해 생각을 바꾸었는가? 아니다. 신경이 아들은 참 하나님으로부터 나온 참 하나님, 빛으로부터 나온 빛이며, 아버지로부터 영원히 나셨기 때문에 아버지와 **호모우시오스**(*homoousios*)라고 할 때, 동일한 개념들이 381년의 신경에 여전히 담겼다. 그렇다면 왜 이 표현들을 뺐는가? 공의회 회의록이 없기 때문에 정확한 이유를 규명하기란 어렵지만, 어떤 역사가들은 교회의 전례와 예배에 더 적합하도록 신경을 줄이고 싶어 했다고 생각한다. 신학이 아니라 실용이 동기였을 가능성이 크다. 어떤 사람들은 이 표현들이 빠진 것은 **호모우시오스**가 어쨌든 동일한 개념을 전달하기 때문이라고 믿는다. Fairbairn and Reeves, *The Story of Creeds*, 63, 75를 보라. 어떻게든, 니케아 교부들은 자신들의 저작 전체에서 '아버지의 우시아로부터'라는 개념을 무수한 방식으로 되풀이했으며, 이들을 이은 위대한 전통도 다르지 않았다. 다음을 보라. Hanson, *The Search*, 817; Ayres, *Nicaea and Its Legacy*, 256–257.

> **니케아 신경**(381년)
>
> 우리는 한 분이신 하나님 아버지를 믿습니다. 그분은 전능하시며, 하늘과 땅, 보이거나 보이지 않는 만물의 창조자이십니다.
> 그리고 우리는 한 분이신 주 예수 그리스도를 믿습니다. 그분은 하나님의 독생자이시고, 만세 전에 아버지로부터 나셨으며, 빛으로부터 나온 빛이고, 참 하나님으로부터 나온 참 하나님이시며, 나셨으나 창조되지 않으셨고, 아버지와 동일 본질(*homoousion tō patri*)이시며, 그분을 통해 만물이 존재하게 되었습니다. 그분은 우리 인간을 위해, 우리의 죄 때문에 하늘에서 내려오셨고, 성령으로 동정녀 마리아에게 잉태되어 사람이 되셨습니다. 그분은 우리를 위해 본디오 빌라도 치하에서 십자가에 못 박히셨고, 고난당하셨으며, 장사되셨고, 성경대로 셋째 날 다시 살아나셨으며, 하늘에 오르셨고, 아버지 오른편에 앉아 계시며, 영광 중에 다시 오셔서 살아 있는 자들과 죽은 자들을 심판하실 것입니다.
> 그리고 우리는 성령을 믿습니다. 그분은 주님이요 생명을 주시는 분이며, 아버지로부터 발출하시고, 아버지와 아들과 함께 예배와 영광을 받으시며, 선지자들을 통해 말씀하셨습니다. 그리고 우리는 하나이고 거룩하며 보편적이고 사도적인 교회를 믿습니다. 우리는 죄를 사하는 하나의 세례를 고백합니다. 우리는 죽은 자들의 부활과 오는 세상의 생명을 고대합니다. 아멘.
> (John H. Leith, ed., *Creeds of the Churches*, 30-31.)

콘스탄티노플은 니케아의 대의에 중요한 진전을 이룬 것으로 드러났다. 381년 이후로 논쟁이 그친 게 결코 아니었다. 그러나 니케아 신경은 아타나시우스가 처음 변호했고 카파도키아 신학자들이 발전시킨 정통적 주장을 한층 더 견고히 했으며, 이러한 주장은 위대한 전통에 의해 동방과 서방 양쪽 모두에 뿌리내렸고 알려졌다. 이러한 주장을 이 책의 나머지 부분에서 살펴보겠다.

그렇다면 위대한 전통은 니케아 신경이 교회에서 어떤 권위를 가져야 한다고 믿었는가? 이것은 오늘의 교회와 관련이 있는 질문이다.

니케아 신경이 사도적 교회에서 갖는 권위, 어제와 오늘

니케아 신경 끝에 있는 다음 고백을 간과해서는 안 된다. "우리는 하나이고 거룩하며 보편적이고 사도적인 교회를 믿습니다." 대수롭지 않게 집어넣은 문구가 아니다. 로마 가톨릭교회를 가리키는 표현도 아니다. 로마 가톨릭교회를 가리킨다면 시대착오적일 것이다. 이때는 지금의 가톨릭교회가 존재하지 않았기 때문이다. 오히려 이것은 보편 교회를 가리키며, 이 교회는 보편적일 뿐 아니라 거룩하며 사도적이다. 이 교회가 보편적인 것은 거룩하고 사도적이기 때문이다. 바꾸어 말하면, 교부들은 자신들이 고백하는 삼위일체가 다름 아닌 성경의 삼위일체이며, 사도들이 쓴 바로 그 성경의 삼위일체라고 주장한다. 이런 이유로, 이 신경은 교회에서 권위를 가지며, 4세기 교회뿐 아니라 모든 지역과 모든 시대, 동방과 서방을 아우르는 보편 교회에서 권위를 갖는다.

그러므로 니케아 신경은 죽은 문자가 아니다. 오히려 니케아 신경은 오늘도 권위를 갖는다. 그렇다고 니케아 신경이 성경과 동등한 것은 아니다. 니케아 신경은 신적 계시의 원천이 아니다. 그러나 니케아 신경은 성경에 부합하기 때문에, 오늘도 교회는 이 신경을 고수하고 고백하며 기려야 한다. '이 신경을 떠나는 것은 성경의 가르침 자체를 떠나는 것이다.'

3장과 8장에서 보게 되겠지만, 우리 시대에 너무 많은 복음주의자가 영원한 출생을 비롯해 니케아 신경의 여러 부분을 받아들이지 않는다. 어떤 사람들은 삼위일체를 무엇인가와 연관시키려는 목적에서, 어떤 사람들은 성경주의적 개인주의에서 이렇게 한다. 이것을 가볍게 여겨서는 안 된다. 우리의 뿌리는 모든 면에서 보편적이며, 교부들과 그들의 사도적 신앙 고백까지 거슬러 올라간다. 우리의 기본 본능은 의심의 해석학이 아니라 신뢰의 해석학이어야 하며, 겸손을 기르고, 정통의 주인으로서 정통 위에 군림하기보다 정통의 제자로서 정통의 발치에 앉으려는 열망을 기르는 해석학이어야 한다. 그러므로 누구라도, 그 이름에 아무리 많은 직함이 붙는 사람이라도 니케아 신경을 묵살하거나 거부하는 말을 할 때, 우리의 자연스러운 사도적 본능이 끼어들어 우리는 이렇게 물어야 한다. "형제님, 자매님, 왜 당신의 첫 본능은 선조들과 그들의 신앙 고백(credo)을 불신하는 쪽이신가요?"

우리가 어느 한쪽으로 방향을 잡으려면, 이단 쪽이 아니라 정통 쪽이어야 한다. 안타깝게도, 현대와 함께 현대 신학자들의 폭풍우가 몰려와 선조들의 하나님을 향한 불신의 해석학이 교회를 채웠으며, 정통을 완전히 몰아내거나 자신들의 사회적 의제를 충족시킬 수 있도록 정통 삼위일체를 수정하려고 했다.

이제 그 이야기를 살펴보겠다.

> **핵심 용어** **이단**(Heresy)
>
> 이단은 에큐메니컬 교회 공의회가 성경적이며 기독교에 본질적이라고 선언한 교리를 반박하거나 부정하거나 훼손하는 믿음이다. 왜 이단이 그렇게 교묘하고 위험한가? 이단은 교회 안에서 양육되고 기독교 어휘로 포장된다. 이단의 대표들은 심지어 성경을 인용한다. 이단은 반쪽짜리 진리인데도 자체를 온전한 진리로 제시하기 일쑤다.

3

언제부터 삼위일체가 사회화되었는가?

조작된 삼위일체

"나는 20세기에 일어난 삼위일체 신학의 갱신을 본다.
이 부흥은 주로 교부 시대나 중세 시대나 종교개혁 시대의
삼위일체 교리에서 볼 수 없는 개념과 관념에 의존한 것이다.
실제로 몇몇 경우는 이런 개념과 관념이 분명하고 강력하게 잘못된 것으로 논박되고,
때로는 이단으로 공식 규정되기까지 했다."

스티븐 홈즈(Stephen Holmes), 『삼위일체를 찾아서』(The Quest for the Trinity)

"내재적 삼위일체 교리를 받아들이는 것이 지혜롭지 않겠습니까?"

카를 바르트(Karl Barth), 위르겐 몰트만(Jürgen Moltmann)에게 보낸 서신(1964)

> **들로리언에 타세요!**
>
> **목적지**: 20세기-가까운 과거
>
> **요점**: 삼위일체의 표류(Trinity drift). 사회적 삼위일체론은 성경적·정통적 삼위일체를 재정의했다. **위험**: 삼신론. 사회적 삼위일체론은 숱한 사회적 의제를 위해 삼위일체를 조작했다. **위험**: 우리의 형상대로 만들어진 삼위일체.

과거의 정통 유령이 따라다니다

우리 가족이 매년 눈이 빠지게 고대하며 기다리는 날이 있다. 한 주는 너끈히 먹을 수 있는 남은 추수감사절 음식으로 배가 부르면, 나는 아이들에게 때가 되었다고, 마침내 때가 되었다고 선언한다. 아이들은 도토리만큼 큰 눈으로 나를 쳐다보며 소파에서 뛰어내려 재빨리 겨울 외투를 입고 하이킹 부츠를 신는다. 우리는 모두 안다. 날씨가 춥지만 추울 만한 가치가 있다는 걸 말이다.

우리가 성탄 트리 농장에 도착하면 콘테스트가 시작된다. 누가 그 해의 완벽한 성탄 트리를 찾을 것인가? 색색의 전구를 세 줄이나 네 줄 정도 걸 수 있을 만큼 커야 하지만, 천사 장식을 꼭대기에 달기도 전에 거실 천장에 닿을 만큼 크지는 않은 침엽수여야 했다. 우리가 이런 적절한 나무를 찾아내면 하늘이 열리고 하나님이 친히 내려다보며 좋다고 하신다. 우리가 찾는 것은 그런 나무다.

이런 일이 일어난다. 거의 매년, 각자 원하는 나무를 두고 싸우는 아이들에게 나는 그만하라고 소리 지르지만, 나 자신도 몸통 지름이 15센티미터 남짓한 나무를 전혀 찾지 못해 어쩔 줄 모른다. 그러나 일단 내가 자연을 정복하고 이를 증명할 만큼 두 손에 수액을 잔뜩 묻히면, 그리고 일단 엄마와 아빠가 성탄절 환호와 함께 아이들에게 평생 남을 흔적을 안기면, 우리는 차를 몰고 집으로 돌아와 그 나무를 거실로 옮기고 장식을 시작한다.

그 후에 엄마는 모두에게 핫초콜릿을 만들어 주고, 우리는 난롯가에 앉아 성탄절 이야기를 들으며 이제 빨강, 오렌지, 파랑, 초록으로 반짝이는 성탄 트리를 바라본다. 성탄절에 적합한 멋진 이야기가 많다. 그러나 찰스 디킨스(Charles Dickens)의 『크리스마스 캐럴』(A Christmas Carol)만큼 적절한 이야기는 드물다. 이야기는 스크루지에서 시작한다. 그는 매정한 장사꾼이다. 그런 사람이 있었다면 말이다. 스크루지가 처음부터 그렇지는 않았다. 그러나 살면서 연이은 결정을 통해 돈을 향한 사랑에 마음을 빼앗겼고, 그 바람에 인간관계를 잃어버렸다. 그래서 스크루지는 부싯돌처럼 단단하고 날카로워졌다. 그는 일 년 중 나눔의 계절이 가장 불편했다.

그러나 어느 해 성탄절 전날 밤, 오랜 동업자 말리의 유령이 스크루지를 찾아왔다. 엄청나게 섬뜩하고 무서운 유령이었다. 그가 내는 소리 자체가 섬뜩했다. 그의 두 발에는 사슬이 뱀처럼 감겨 있었고, 그가 발을 옮겨 놓을 때마다 짤그락 소리가 났다. 말리가 이렇게 말한다. "나는 살아생전 스스로 만든 사슬을 차고 있다네. 내가 한 고리, 한 고리 만들어 1미터씩 늘였지. 나 자신의 자유 의지로 이 사슬을 찬 거라네. 나 자신의 자유 의지로 말일세." 스크루지도 다르지 않다. 말리처럼 스크루지도 머지않아 쉼도 없고 평화도 없으며, 끝없는 후회에 시달리는 곳으로 갈 것이다.[1] 떠나기 전, 말리는 세 유령이 스크루지를 찾아와 그의 과거와 현재와 미래를 보여 줄 거라고 약속한다.

그날 늦은 밤에 스크루지는 밝고 맑은 빛에 잠이 깬다. 그 빛은 큰 촛불 덮개를 모자로 쓰고 있는 과거의 크리스마스 유령이다. 이들은 시간을 거슬러 스크루지의 인생이 절정에 올랐던 바로 그 시점에 멈춘다. 젊은 여인이 눈물이 가득한 채 젊은 스크루지 옆에 앉아 황금 우상이 자신의 자리를 차지했다며 한탄한다. 최선을 다하지만, 그녀는 이 우상과 더는 경쟁할 수 없다. 재물이 스크루지의 사랑이 되었다.

스크루지는 자기 아내가 될 수도 있었을 여자보다 재물을 더 사랑했던 냉혹한 자신을 보며 더는 견딜 수 없었다. 그래서 과거의 크리스마스 유령에게 여기서 자신을 데려가 달라고 애원한다. 유령은 스크루지를 데려가지만 이번에도 시간을 옮겨 고통스러운 그의 또 다른 과거로 데려갈 뿐이다. 그는 유령의 밝은 빛을 그의 모자로 꺼보려고 하지만 자신의 과거에서 벗어날 수 없다는 것을 알게 된다. 그의 과거가 지금의 그를 영원히 빚어 놓았고 그의 필연적 미래도 빚어 놓았다.

매년 성탄절에 새롭게 읽는 스크루지 이야기는 우리에게 무엇을 위해 살아야 하고 삶에서 정말 중요한 것이 무엇인지 일깨워 준다. 인생을 거의 마무리하는 시점에 온통 후회뿐이고 과거에 시달린다면, 이보다 안 좋은 일이 어디 있겠는가? 과거의 크리스마스 유령 덕분에 스크루지는 정신이 번쩍 들었고, 그의 길을 바꿀 시간은 아직 충분했다. 그래서 그는 달라진다.

---

1) Charles Dickens, *A Christmas Carol* (London: Arcturus, 2018), 34-35.

그러나 이처럼 과거에 시달리는 것은 개인만이 아니다. 역사의 모든 운동과 시대도 그럴 수 있다. 때로 우리는 너무나 근시안적이어서 우리가 어디를 지나왔고 어디로 향하는지에 대해 큰 그림을 보지 못한다. 그래서 시달리기 시작한다. 유령이 나타나 우리를 질겁하게 할 만큼 우리가 운이 좋다면 말이다.

나는 등골이 오싹해지고 싶지 않다. 어쨌든 우리는 핼러윈이 아니라 성탄절 얘기를 하고 있다. 그러나 이 장을 과거의 정통 유령으로 생각해 보라. 이 시대 최고의 삼위일체 전문가로 꼽히는 루이스 에어스(Lewis Ayres)는 니케아 신경으로 거슬러 올라갈 수 있는 성경적·정통적 삼위일체 교리와 지난 백여 년 사이에 형성된 현대적 삼위일체의 이해 사이에 큰 차이가 있다고 말한다. 그러나 이러한 현대적 삼위일체는 성경적·정통적 삼위일체를 밀어내고 심지어 자신이 정통적 삼위일체인 척했으며, 그래서 정통적 삼위일체가 거의 남아 있지 않은 지경에 이르렀다. 단지 현대적 삼위일체론이 친니케아 신학과 나쁘게 연결된 것이 아니다. 상황은 이보다 더 나쁘다. "거의 연결되지 않았다." "그 결과, 니케아의 유산이 역설적으로 현대적 삼위일체 향연에서 눈에 띄지 않는 유령으로 남아 있다."[2]

그리 오래되지 않은 과거에, 이 유령은 삼위일체 파티에 눈에 띄지 않게 들어왔다. 그러나 이제 이 유령이 우리를 따라다니고, 이 유령의 신음이 점점 커지고 있으며, 눈을 멀게 하는 이 유령의 빛이 너무 밝아 그 어떤 촛불 덮개로도 끌 수 없다. 왜인지 알려면 우리가 현대 기독교라고 부르는 이 유령 붙은 집의 방들, 가까운 과거를 설명하고 드러내는 방들을 다니며 살펴보아야 한다. 그러나 속지 말라. 이것은 우리의 가까운 과거다. 앞에서 말했듯이, 나는 삼위일체를 보는 현대의 한 시각을, 마치 그것이 삼위일체를 보는 성경의

---

2) Ayres, *Nicaea and Its Legacy*, 7.

시각인 것처럼 배웠다. 그러나 과거의 정통 유령이 나를 계속 따라다녔다. 나는 이 유령 붙은 방에서 우리를 깜짝 놀라게 할 것을 발견했다. '성경의 삼위일체, 우리의 삼위일체가 알아보지 못할 정도로 조작되었다. 삼위일체 향연의 게스트는 성경적 · 정통적 삼위일체가 전혀 아니다. 삼위일체의 표류는 실재다. 우리는 그 희생자다.'

질문은 이것이다. 우리가 어쩌다 이 지경에 이르렀는가? 이것은 과거의 정통 유령이 답할 수 있는 질문이다.

첫 번째 방: 삼위일체는 사변적이며 사회와 무관하다
프로테스탄트 자유주의는 성경적 정통을 버린다

1600년 동안, 위대한 전통은 하나님이 성경에서 자신을 삼위일체로 계시하셨다고 믿었다. 그런데 18세기에 이르러 계몽주의라는 지적 혁명이 일어나면서 이러한 믿음에 의문이 제기되었다. 이 혁명은 사상가들이 (인간의 이성에 자리한) 절대적 진리와 (역사에 자리한) 우연적 진리를 분리하는 넓고 험한 도랑이 있다고 가르치면서 시작되었다. 이성은 우리에게 보편적 진리를 줄 수 있지만, 역사는 그러지 못한다. 역사는 변덕스럽다. 왜 그런가? 입증될 수 없기 때문이다. "역사의 우연적 진리는 결코 이성의 필연적 진리의 증거가 될 수 없다."[3] 설령 당신이 세계 최고의 올림픽 높이뛰기 선수라도 이 도랑을 건너뛸 수 없다. 불가능하다.

기독교는 이 도랑에 머리부터 처박혔고, 이와 함께 삼위일체 교리가 무너졌다. 삼위일체에 관한 성경의 주장들은 모세부터 예수와 사도 바울까지 역

---

3) G. E. Lessing, "On the Proof of the Spirit and Power," in *Lessing's Theological Writings*, 55.

사의 인물과 사건들을 통해 전달된 계시에 뿌리를 둔다. 그러나 역사는 믿을 수 없으며, 우리로 보편적 진리에 이르게 하지 못한다. 보편적 진리는 오로지 우리의 이성을 통해 올 수 있다.

기독교에서 이렇게 도랑에 처박힌 후 표면에 떠오른 이성적으로 보이는 부분, 즉 보편적으로 합리적인 것처럼 보이는 부분이 있다면 회수해서 보관할 수 있을지 모른다. 그러나 이런 부분의 어느 하나도 삼위일체 같은 교리들을 포함하지 않았고, 예를 들면 예수의 가르침에서 발견되는 것 같은 성경 윤리를 포함했을 뿐이다. 삼위일체는 도랑 밑창에 가라앉았고 거기 그대로 있어야 했다.

이 도랑이 이렇게 막고 있으니, 그리스도인들이 무엇을 해야 했겠는가? 많은 사람이 계몽주의 규칙대로 경기하려고 했다. 다시 말해, 우리가 이성을 충분히 적용하면 하나님이 이성적이고 인간의 지성에 감지될 수 있음을 증명할 수 있다는 것이다. 그러나 이러한 생각은 이신론적 하나님, 초자연적인 것이 제거된 하나님을 낳았다. 초자연적인 것은 결코 감지될 수 없기 때문이다. 어떤 사람들은 이성으로는 삼위일체를 알 수 없으므로, 눈을 감고 달리기 시작해 맹목적인 믿음의 도약을 해야 한다고 했다.[4] 또 어떤 사람들은 해답이 훨씬 더 경건한 것이라고 했다. 다시 말해, 해답이 저 바깥 어딘가에 있지 않고 안에 있으며, 신적인 것을 절대적으로 의지하는 우리의 종교적 경험이나 느낌을 살펴야 한다는 것이다.

영향력이 있다고 증명된 것은 이 마지막 답이었다. 그 영향력이 너무나 강해 기독교를 지금까지 장악했을 뿐 아니라 기독교와 그 삼위일체 교리를 신학적 자유주의의 영토에 몰아넣기까지 했다. 말하자면, 과거의 정통 유령이 계속해서 우리를 따라다니는 신학적 자유주의의 방으로 몰아넣었다.

---

[4] 예를 들면, 쇠렌 키르케고르(Søren Kierkegaard)가 있다. 그의 저서 *Concluding Unscientific Postscript*를 보라.

자유주의 창시자는 프리드리히 슐라이어마허(Friedrich Schleiermacher)이며, 그는 기독교의 믿음과 그 삶의 핵심을 담는 단어가 있다고 믿었다. 즉, '게퓔'(Gefühl)이다. 이 독일어 단어는 '스스로 의식하는 절대 의존 감정'을 가리킨다.[5] 무엇에 의존한다는 말인가? 누구에게 의존한다는 말인가? 무한한 것, 신적인 것, 또는 어떤 사람들이 하나님이라고 부르는 것이다.[6] '게퓔'은 예를 들면 예수를 다른 관점에서 본다. 예수는 무한한 것과 접촉한 인간의 궁극적 본보기, 스스로 의식하는 절대 의존 감정을 보여 주는 전형적 인물이다.[7]

그러나 전통적 교리들과 교조가 방해가 된다. 최고 존재 안에서, 삼위일체의 위격들 간의 영원한 구분을 보라. 아버지는 나지 않으셨고, 아들은 나셨으며, 성령은 출송되신다.

이런 구분은 종교적 의식(religious consciousness)과 무관하다. "여기서는 종교적 의식이 절대로 나타날 수 없기 때문이다."[8] 이런 구분은 스스로 의식하는 절대 의존 감정에 내재하지 않는 사변적이며 비현실적인 지식이다. 그뿐 아니라, 이런 구분은 성경의 관심사도 아니다. 성경은 하나님의 존재나 본질에 관한 교리적 사변이 아니라 그리스도인의 경건과 관련이 있기 때문이다. 설령 삼위일체 같은 "그 어떤 초월적 사실에 관한 지식이 없다."라고 하더라도, 설령 삼위일체에 관한 정통적 견해가 이단 자체이더라도, 여전히 "그리스도를 믿는 우리의 믿음과 우리가 그분과 나누는 살아 있는 교제는 그대로일 것이다."[9] 슐라이어마허에 따르면, 삼위일체는 "기독교 교리에서 아무 쓸모가 없다."[10]

---

5) Schleiermacher, *The Christian Faith*, 745. Cf. *On Religion: Speeches to Its Cultured Despisers*. 「종교론」, 최신한 옮김(대한기독교서회, 2002).
6) Schleiermacher, *The Christian Faith*, 738.
7) Schleiermacher, *The Christian Faith*, 738.
8) Schleiermacher, *The Christian Faith*, 739.
9) Schleiermacher, *The Christian Faith*, 741.
10) Schleiermacher, *The Christian Faith*, 741.

그러나 논의를 위해, 삼위일체가 사변적이 아니며, 알 수 있는 것이라고 하자. 이럴 때라도 슐라이어마허는 삼위일체가 내적 모순으로 넘친다고 확신한다. 예를 들어, 삼위일체 위격들을 구분하면 동등성이 사라진다. 슐라이어마허는 영원한 출생을 문제 삼는다. 영원한 출생이 나지 않으신 아버지를 나신 아들보다 우월하게 하기 때문이다. 그는 교부들이 영원한 출생을 믿었음을 인정하지만, 영원한 출생이 아들로 의존하게 만들며, 의존하면 열등하다고 주장한다. 성령에 관해서도 마찬가지다. 요약하면, "이런 구분을 하면 위격들 간의 동등성이 사라진다."라는 것이다.[11] 반대로, 슐라이어마허는 동등성을 선택한다. 사실, 그는 한발 더 나아가, 사벨리우스주의(Sabellianism) 이단이 어쨌든 삼위일체를 보는 바른 시각일 수도 있다고 생각한다.[12] 교회는 유니테리언주의(Unitarianism)를 성급하게 단죄해서도 안 된다. 이들은 하나님의 단일성을 보존했을 뿐 아니라 "하나님 의식(God-consciousness)에서 나오는 모든 영적 감정과 단절하지도 않았다."[13] 결국, 정말로 중요한 것은 바로 이것이다.

19세기에 많은 신학자가 슐라이어마허의 사고에 속도를 더했다.[14] 어떤 사람들은 자유주의에 그 어떤 것과도 다른 도덕주의적 의제를 부여했다. 기독교는 삼위일체 같은 사변적 교조가 아니라 하나님 나라의 윤리와 어떻게 이 윤리가 사회를 변화시키는지에 관심이 있다. 삼위일체가 연관성을 갖지 못하는 이유는 기독교적 가치로 사회의 도덕적 발전에 기여할 것이 전혀 없기 때문이다. 기독교는 하나님이 누구이신가(이것은 교부들을 사로잡았던 형이상학적 집착이다)에 관한 게 아니라 사회에서 하나님이 무엇을 하시며 사회가 하나님과

---

11) Schleiermacher, *The Christian Faith*, 743.
12) Schleiermacher, *The Christian Faith*, 750.
13) Schleiermacher, *The Christian Faith*, 749.
14) Albrecht Ritschl, *The Christian Doctrine of Justification and Reconciliation*. 리츨(Ritschl)과 라우선부시(Rauschenbusch)에 관한 더 광범위한 개괄은 Olson and Hall, *The Trinity*, 93-96을 보라.

협력해서 무엇을 해야 하느냐에 관한 것이다. 간단히 말해, 기독교는 교조가 아니라 윤리에 관한 것이며, 교리가 아니라 가치에 관한 것이다.

이러한 사고가 월터 라우션부시(Walter Rauschenbusch)가 제시한 사회 복음(Social Gospel)을 통해 20세기에 들어왔다.[15] 라우션부시에게 있어, 삼위일체가 교회와 더 넓은 공동체에서 사회적 관심사에 필요하다고 증명되지 않으면, 그것은 전혀 필요 없다. 그러면 삼위일체는 쓰러져 썩어 가는 나무에 붙은 죽은 가지처럼 썩어 간다. '쑥'(wormwood, 단어적으로는 '쑥'을 가리키지만 문맥에 따라 '벌레 먹은 나무'라고 이어 읽도록 일종의 언어유희를 한 것으로 보인다. 한편 요한계시록 8장 11절에서 '쑥'은 물을 쓰게 해 많은 사람을 죽게 만드는 것으로 나와 있다-옮긴이)이다. 삼위일체가 절대 의존 감정이나 사회 정의의 윤리와 무관하기 때문이다.

두 번째 방: 우리는 삼위일체를 다시 연관성 있게 할 수 있다
현대인들은 사회적 삼위일체로 정통을 대체한다

삼위일체가 영원히 사라지고 또는 영원 속에 사라지고, "사변이다!"란 한 마디 외침으로 묵살된 것처럼 보일 바로 그때, 새로운 바람이 아카데미 회랑과 교회 회중석에 불어 들어, 어쨌든 삼위일체가 중요하다고 말했다. 이렇게 삼위일체의 르네상스가 시작되었다.

현대 신학자들은 신론과 사회를 위한 교회의 의제가 서로 단절된 것을 보면서 자신들이 해답을 찾았다고 믿었다. 자유주의자들이 삼위일체가 윤리와 사회 정의에 적합하다고 증명되지 않는 한 연관성을 갖지 못한다고 말했다면, 20세기 신학자들은 "연관성을 갖는다. 정말로, 정말로 그렇다!"라고 외쳤다.

---

15) Walter Rauschenbusch, *A Theology for the Social Gospel*.

그러나 이들은 이것을 증명하기 위해 역사적·정통적 모델과 전혀 다른 삼위일체가 필요했다. 이들은 자신들의 사회적 비전에 맞는 사회적 삼위일체가 필요했다. 무수한, 때로는 다양한 신학자와 목회자들이 이 새로운 도전을 받아들였다.

그러나 이 거친 물살에 뛰어들기 전에 잠시 곁길로 나가서, 왜 삼위일체와 사회가 애초에 그렇게 단단히 연결되었는지 살펴보자.

모든 규칙을 바꾸는 규칙

1960년대, 나팔바지와 비틀스(Beatles) 마니아 사이 어디쯤에서, 로마 가톨릭 신학자 카를 라너(Karl Rahner)가 삼위일체에 관한 책을 썼으며, 이제 스콜라주의적 사변의 족쇄를 끊어 삼위일체를 해방해야 할 때라고 선언했다. 거의 모든 현대 신학자처럼, 라너도 아우구스티누스(Aurelius Augustinus)부터 아퀴나스(Thomas Aquinas)까지의 서방 신학자들에게 비판적이다. 그의 주장에 따르면 이들은 하나님의 한 본질에서 시작하기 때문이다. 라너는 자신이 세 위격에서, 특히 아버지에서 시작함으로써 동방 신학자들의 편에 서겠다고 말한다.

서방이 세 위격에 초점을 맞추는 점에 대해서도, 라너는 이들이 역사 속 삼위일체가 아니라 영원 속 위격들을 숙고할 뿐이라고 불평한다.[16] 이들은 삼위일체를 "그 자체 안에, 거창한 고립에 가두었고" 우리 피조물은 "배제되었다."[17] 라너는 항변한다. "합리주의다!"[18] 이것이 삼위일체가 애초에 연관성을 갖지 못하게 된 이유이지 않은가?

---

16) Rahner, *The Trinity*, 17.
17) Rahner, *The Trinity*, 18.
18) Rahner, *The Trinity*, 69.

동방 대 서방? 신화 부수기

동방과 서방이 정반대 방식으로 삼위일체에 접근하듯이, 많은 현대 신학자들이 동방과 서방 사이에 담을 세웠다. 사회적 삼위일체론자들은 그리스(동방) 사람들이 세 위격에서 시작해서 한 본질로 옮겨 갔다면, 반면에 라틴(서방) 사람들은 한 본질이라는 추상적 개념에서 시작해서 세 위격으로 옮겨 갔다고 주장한다. 그리고 이들은 동방의 편에 서서 서방 사람들, 특히 아우구스티누스(Aurelius Augustinus)를 비난하는데, 아우구스티누스 때문에 수 세기 동안 일체성(unity)과 단순성(simplicity)이 강조되었다는 것이다. 최근에 콜린 건턴(Colin Gunton)을 통해 대중화된 이러한 역사 해석과 삼위일체 접근 방식은 9세기의 테오도르 드 레뇽(Theodore de Régnon)까지 거슬러 올라갈 수 있다. 그러나 많은 연구 끝에, 역사가들은 이러한 현대적 패러다임이 틀렸으며 실제적 증거가 없다는 것을 알아냈다. 우리가 보았듯이, 아타나시우스(Athanasius)와 카파도키아 신학자들(동방)은 단순성(한 본질)을 토대로 아들의 영원한 출생을 주장했다. 아우구스티누스의 경우, 니케아와 다른 삼위일체를 만든 것이 아니라 니케아의 삼위일체 교리를 되살렸다. 오늘의 교부 학자들은 이러한 거짓 패러다임을 비판하지만, 신학자들은 이들의 연구를 신속하게 따라잡지 못해 이들의 연구에 주목하지 않았다.

그러나 라너는 이러한 서방 바이러스, 곧 라틴 전염병을 고칠 치료제가 자신에게 있다고 주장한다. 삼위일체가 영원에 갇혀서는 안 되고 역사 속에서 해방되어야 한다는 것이다. 어떻게? 라너는 해답을 제시한다. "경륜적 삼위일체(economic Trinity)가 내재적 삼위일체(immanent Trinity)이고, 내재적 삼위일체가 경륜적 삼위일체이다."[19]

잠깐만! 내재적 삼위일체는 무엇이고 경륜적 삼위일체는 또 무엇인가? 내재적 삼위일체란 삼위일체 하나님이 그분 자체로, 창조 세계나 구원 경륜과 상관없이 누구이신지를 가리킨다. 경륜적 삼위일체란 삼위일체 하나님이 창조 세계와의 관계에서, 그리고 구원의 경륜에서 어떻게 행동하시는지를 가리킨다. 과거에, 신학자들은 둘이 혼동되거나 융합되거나 무너지지 않도록

---

[19] Rahner, *The Trinity*, 22.

내재적 삼위일체와 경륜적 삼위일체를 조심스럽게 구분했다. 우리는 창조 세계의 특성들을 창조자에게 투영해 우리 자신의 형상대로 하나님을 창조하길 원치 않을 것이다.

그러나 라너는 수용된 패러다임에 자신의 논제(규칙)로 도전한다. 라너는 자신의 논제의 모든 부분을 구체화하거나 아주 세세하게 들어가지는 않기 때문에, 그를 어떻게 해석하는지를 두고 상당한 논쟁이 있다. 관대한 독자라면, 그가 전달하려고 했던 것은 경륜적 삼위일체만이 우리가 내재적 삼위일체에 이르는 유일한 통로라는 것이었다고 말할는지 모른다. 그러나 많은 사람은 라너가 더 많은 것을 의미했다고 믿는다.[20] 어떤 의미에서, 라너는 내재적 삼위일체와 경륜적 삼위일체가 같고 둘이 하나이자 동일하다고 볼 정도다. "삼위일체 교리와 구원의 경륜 교리 사이에 그 어떤 적절한 구분도 있을 수 없다."[21]

그러나 논쟁의 여지가 없는 사실이 있다. 라너의 규칙이 현대 신학자들에게 모든 것을 다시 생각할 기회를, 가장 중요하게는 창조자와 피조물의 간극을 좁힐 기회를 주었다는 것이다.[22] 라너의 이름으로, 오늘날 어떤 사람들은 내재적 삼위일체를 완전히 거부하기까지 한다. 하나님은 하나님이 행하시는 그대로다. 더 이상 그 무엇도 아니다. 기능이 전부다. 어느 현대 저자가 주장했듯이, "아들의 영원한 출생과 성령의 내쉬어짐(출송, 발출)은 하나

---

20) 내재적 삼위일체와 경륜적 삼위일체가 정확히 일치한다는 것을 지지하는 학자들로는 캐서린 라쿠나(Catherine LaCugna), 위르겐 몰트만(Jürgen Moltmann), 로버트 젠슨(Robert Jenson), 에버하르트 윙겔(Eberhard Jüngel), 볼프하르트 판넨베르크(Wolfhart Pannenberg) 등이 있다. 경륜적 삼위일체가 내재적 삼위일체라고만 말하는(내재적 삼위일체가 경륜적 삼위일체라고는 말하지 않는) 학자들로는 폴 몰나르(Paul Molnar), 발터 카스퍼(Walter Kasper), 토머스 위넌디(Thomas Weinandy), 토머스 토렌스(Thomas Torrance), 데이비드 코피(David Coffey), 한스 우르스 폰 발타자르(Hans Urs von Balthasar) 등이 있다. 다음을 보라. Johnson, *Rethinking the Trinity and Religious Pluralism*, 66 n.3; Sanders, *The Image of the Immanent Trinity*; Sanders, *The Triune God*, 152; Jowers, *Karl Rahner's Trinitarian Axiom*.
21) Rahner, *The Trinity*, 24 (cf. 120).
22) LaCugna, *God for Us*, 6.

님의 경륜 가운데 일어난다."[23] 하나님은 역사에서 한 분처럼 행동하실 때 삼위일체가 되신다.

내재적 삼위일체와 경륜적 삼위일체 간의 간극이 메워졌기에 삼위일체와 사회가 하나로 연결되었고, 그러므로 사회의 어떠함이 삼위일체의 어떠하심이어야 하며 삼위일체의 어떠하심이 사회의 어떠함이어야 한다. 그러나 이 연결 고리가 유지되려면, 훨씬 더 급진적인 움직임이 필요했다. 삼위일체의 DNA 자체가 재규정되어야 했다. 더 이상 역사적 정통을 따를 수 없었다. 그러나 적어도 삼위일체가 사회의 사회적 관심사와 연관이 있다면, 새로운 교리, 곧 사회적 삼위일체 교리가 그 방편이었다. 수많은 예를 생각할 수 있겠지만, 라너의 가장 똑똑한 학생 중 하나에 초점을 맞춰 보자.

삼위일체가 사회화되다

지난 세기에 가장 영향력이 컸던(절대 과장이 아니다) 신학자 중 한 사람은 고난받는 하나님에 대한 믿음으로 유명한 위르겐 몰트만(Jürgen Moltmann)이다.[24] 알려져 있듯이, 몰트만은 학생 시절 두 명의 카를, 곧 카를 라너(Karl Rahner)와 카를 바르트(Karl Barth)에게서 삼위일체를 배웠다.[25] 그러나 몰트만은 멘토들이 삼위일체를 오해했다고 믿었다. 다시 말해, 이들이 "한 분이신 하나님의 주권"에서 시작함으로써 "한 분이신 하나님의 '존재의 세 양태' 또는 '실재의 세 양태'로서의 삼위일체만 말할 수 있었다."라는 것이다.[26] (2장에서 우리는 '실재의 양태'란 한 본질이 '나지 않으신 아버지'와 '나신 아들'과 '출송되신 성령'에서 존재하는 방식을 가리키는 표현이라는 것을 배웠다.) 몰트만은 두 명의 카를이, 슐라이어

---

23) LaCugna, *God for Us*, 354. 다음에서 대응을 보라. Webster, *God without Measure*, 40.
24) Moltmann, *The Trinity and the Kingdom*, 21-60, 160; Moltmann, *The Crucified God*. 나는 나의 책 *None Greater*에서 몰트만에게 답했다.
25) Moltmann, *The Trinity and the Kingdom*, 139.
26) Moltmann, *The Trinity and the Kingdom*, viii.

마허와 아주 비슷하게, 하나님의 단일성에 초점을 맞춤으로써 사벨리우스주의에 빠질 위험이 크다고 결론을 내린다.[27]

> **카를 바르트**
>
> 20세기에 카를 바르트(Karl Barth)만큼 영향력이 컸던 신학자는 없다. 당시의 자유주의가 하나님의 내재성을 지나치게 강조하는 데 맞서(바르트는 이러한 지나친 강조가 신학을 인간학으로 바꾼다고 믿었다), 바르트는 교회의 관심을 하나님의 초월성 쪽으로 되돌려 놓았다. 그러나 바르트의 삼위일체론은 지금까지 논쟁거리다. 한편으로, 바르트는 정통으로 들릴 수 있다. 반면에, 어떤 사람들은 사벨리우스주의자라며 바르트를 비난한다. 그가 '위격'(person)이라는 단어를 너무 현대적이라고 생각해서 이 단어에 반발했기 때문이다. 삼위일체론을 비롯해 바르트 신학 전체의 중심에는 말씀, 곧 그리스도 예수 안에 나타난 하나님의 자기 계시가 있다. 바르트는 성육신에 초점을 맞추면서, 순종이 아들의 경륜적 파송(economic mission)뿐 아니라 내재적 삼위일체를 규정한다고 결론짓는다. 이런 이유로, 어떤 비평학자들은 종속론(subordinationism, 성자 종속론)에 굴복했다며 바르트를 비난한다.

몰트만이 바르트의 삼위일체론을 가장 싫어하는 이유는, 바르트의 삼위일체론이 하나님이 자신을 주(Lord)로 계시하시는 방식을 자랑하기 때문일는지 모른다. 주되심(lordship)에 대한 이러한 집착은 하나인 신적 본체와 군주에 대한 서방의 개인주의적 집착이 낳은 산물일 뿐이다. 몰트만은 정통의 역사적 기준인 니케아 신경조차 하나님의 일체성과 관련된 부분에서 양면적이라며 비판한다. 니케아 신경이 아버지와 **호모우시오스**(동일 본질)이고 영원 전에 아버지의 본질로부터 나신 아들에 관해 그 모든 말을 하면서도, "아버지와 아들과 성령 사이의 본체의 일체성을 암시하기" 때문이다.[28]

---

27) Moltmann, *The Trinity and the Kingdom*, 144. 그가 라너(Rahner)를 어떻게 비판하는지는 144-148을 보라.
28) Moltmann, *The Trinity and the Kingdom*, 149.

몰트만이, 서방이 이렇게 주되심을 강조하는 데 반발하는 것은, 이러한 강조가 일신론(monotheism, 몰트만이 생각하기에 아주 섬뜩한 단어다)에 대한 흔들리지 않는 헌신에서 비롯되기 때문이다.[29] "절대 주체(absolute subject)의 일체성이 지나치게 강조되어, 삼위일체 위격들이 한 주체의 측면들로 해체된다." 이렇게 일체성을 강조하면 "의도적이지 않더라도 필연적으로 삼위일체 교리를 일신론으로 환원하게 된다."[30] 대조적으로, 몰트만은 "삼위일체에 우호적인 쪽으로 결정했다." 스스로를 그리스도인이라고 부르는 사람이라면 누구라도 삼위일체에 비우호적인 쪽으로 결정하지 않는다. 그렇다면 몰트만의 말이 정확히 무슨 뜻인가? "나는 사회적 삼위일체 교리를 전개했다. 이에 따르면, 하나님은 아버지와 아들과 성령의 공동체이며, 상호 내주(mutual indwelling)와 상호 침투(reciprocal interpenetration)가 이들의 일체성을 구성한다."[31]

사회적 삼위일체관이란 무엇인가?

"나는 사회적 삼위일체 교리를 전개했다. 이에 따르면, 하나님은 아버지와 아들과 성령의 공동체이며, 상호 내주(mutual indwelling)와 상호 침투(reciprocal interpenetration)가 이들의 일체성을 구성한다."
위르겐 몰트만(Jürgen Moltmann)

몰트만 같은 사회적 삼위일체론자들이 삼위일체를 정의하면서 어떤 단어를 사용하는지 주목하라. '공동체'(community)다. 삼위일체는 공동체 또는 사회, 즉 신적 위격들의 연합이며, 각각은 자신만의 의식과 의지의 중심

---

[29] Moltmann, *The Trinity and the Kingdom*, 16; cf. 77-79. 몰트만은 동방에 호소한다. 그의 뒤를 따르는 사람들이 있다. 젠슨(Jenson), 건턴(Gunton), 판넨베르크(Pannenberg), 라쿠나(LaCugna), 맥클렌던(McClendon), 브라운(Brown), 플래처(Placher), 코피(Coffey). 그러나 에어스(Ayres)의 비판을 보라(*Nicaea and Its Legacy*, chap. 16).
[30] Moltmann, *The Trinity and the Kingdom*, 18.
[31] Moltmann, *The Trinity and the Kingdom*, viii.

을 갖는다. 이 사회에서 각 위격은 나머지 위격과 동등하다. 따라서 동등성(equality)이 분배되고 계층성(hierarchy)이 제거된다. 몰트만은 페리코레시스(perichoresis, 삼위일체의 관계성을 표현하는 헬라어 단어. peri는 '원'을 choresis는 '춤'을 의미하며, 따라서 문자적으로는 '둘러서서 추는 춤' 곧 '윤무'를 뜻한다. 한 단어로 옮기기 어렵다. '변용', '변화', '상호 침투', '상호 내주' 등으로도 번역된다—옮긴이) 개념에 호소하지만, 위대한 전통이 호소했던 방식(각 위격이 다른 위격과 하나인 것은 이들이 공유하는 단순한 본질 때문이다)으로 하지는 않는다. 그렇게 하면 일신론과 형이상학(존재론)으로 돌아가게 될 것이다(이번에도, 몰트만의 판단에서 악명 높은 두 단어가 사용된다). 대조적으로, 몰트만은 페리코레시스에 강한 사회적 강조점을 부여한다. 다시 말해, 삼위일체는 위격들이 서로의 관계에서 호혜적 공동체라는 것이다. 초점은 존재론적 부분(단순성, 실재의 양태들)이 아니라 공동체적 부분에 맞춰진다. 다시 말해, 삼위일체는 서로 협력하는 사랑의 사회다.

> **비속어?**
>
> 이 책에서 우리는 '존재론'(ontology), '존재론적'(ontological)이라는 용어와 '형이상학'(metaphysics), '형이상학적'(metaphysical)이라는 용어를 동의어로 사용할 것이다. 이것들은 그 무엇이나 그 누구의 '무엇임'(whatness)을 가리킨다. 신학에서 이 단어들은 하나님의 본질을, 그리고 그분의 본질이 세 위격으로 어떻게 존재하는지(실재하는지)를 가리킨다. 온갖 기괴한 이유로, 오늘의 그리스도인들은 이 단어들을 비속어로 여기도록 배웠다. 그러나 위대한 전통은 동의하지 않는다. 다시 말해, 이 단어들은 하나님을 길들이고 우리의 사회 경험을 창조자에게 부가하는 것에 맞서 싸운다.

몰트만은 삼위일체가 사회적이라고 재정의함으로써, 이제 사회를 괴롭히는 악을 해결하는 방법을 갖게 되었다. "삼위일체 교리가 하늘의 큰 보편 군주의 일신론 개념과 세상에서 그의 신적 족장들을 없앨 때 비로소 세상의 통치자와 독재자와 폭군들이 자신들을 정당화해 주는 종교적 전형을 더는 찾지 않는다."32) 몰트만의 사회적 삼위일체가 가야 할 길이라면, "우리는 이러한 신적 사회성이 땅에 투영된 것을 단일 통치자의 전제 정치가 아니라 자유로운 사람들의 민주 공동체에서, 여자에 대한 남자의 주권(lordship)이 아니라 남녀의 동등한 관계에서, 교회의 계층 구조가 아니라 교제하는 교회에서 찾는다."33) 몰트만은 삼위일체가 위격들의 동등한 사회이기 때문에 이제 페미니스트 신학자들이 성 평등을 위해 싸울 수 있음을 기뻐한다. 하나님 자신은 더는 가부장적이지 않고 양성적이며, 가모장제에 신적 음성을 부여하신다. 몰트만은 또한 해방의 복음(liberation gospel)에 환호한다. 삼위일체 공동체에는 계층 구조가 없기 때문에, 우리는 이제 사회에서 억압받는 자들의 대의를 위해 정치적 일신론에 맞서 싸울 수 있다.34)

자유를 향한 몰트만의 첫걸음은 사도신경 첫 줄 "전능하사…하나님 아버지를 내가 믿사오며"를 거부하는 것이다. 여기서 문제는 한 어구에 싸여 있다. 전진하는 길은, 하나님이나 삼위일체를 '능력'이라는 면에서가 아니라 '사랑'이라는 면에서, 자신의 뜻을 전달하고 고난당하는(유감동한) 사랑의 견지에서 생각하는 것이다.35) 능력(power, 권력, 힘)은 한 통치자가 사회에서 억압받는 자들에게 휘두르는 무기다. 몰트만은 이것을 일신론적 단일신론(monotheistic monarchianism)이라고 부른다. 하지만 사랑은 하나님과 사회에서 공동체를 회복시키는 치료 약이다. 어떤 종류의 공동체 말인가? 사회주의적 공동체다. "삼위일체 하나님에 상응하는 것은 한 통치자의 군주제가 아니다. 남자들과 여자들로 구성된 공동체, 특권도 없고 예속도 없는 공동체다." 이번에도 삼위일체가 우리의 패러다임이다. "세 위격은 위격적 특성들 외의 모든 것을 공

---

32) Moltmann, *The Trinity and the Kingdom*, 197.
33) Moltmann, *The Trinity and the Kingdom*, viii. 교회에 관해서는 202를 보라.
34) Moltmann, *The Trinity and the Kingdom*, viii, 193 (cf. 164). 다음도 보라. Boff, *Trinity and Society*, 170ff.
35) Moltmann, *The Trinity and the Kingdom*, 108.

유한다. 그러므로 삼위일체는 사람들이 상호 관계를 통해, 서로를 위한 의미라는 견지에서 정의될 뿐, 상호 대립에서, 능력과 소유라는 견지에서 정의되지 않는 공동체와 일치한다."36)

몰트만의 사회적 의제에 참여한 사람은 몰트만뿐인가? 알려졌듯이, 몰트만은 사회적 십자군 운동을 시작했고, 그의 제자이자 우리 시대에 매우 인기 있는 사상가가 이 운동을 전개했다. 미로슬라브 볼프(Miroslav Volf)다.

삼위일체는 우리의 사회 프로그램이다

미로슬라브 볼프는 크로아티아 태생이지만 미국에서 영향력을 끼쳤다. 사실, 그는 미국에서 영향력이 아주 커서 신앙에 기초한 파트너십을 전담하는 백악관의 한 부서로부터 자문 요청까지 받았다. 그는 경력 중 많은 부분을 정치·공공 신학(political and public theology)에 쏟았고, 따라서 그가 삼위일체와 사회에 관해 할 말이 적지 않다는 것은 놀랍지 않다. 사실, 그의 저서 제목이 이 모든 것을 말해 준다. 『우리의 모양대로: 삼위일체의 형상으로서의 교회』(*After Our Likeness: The Church as the Image of the Trinity*). 볼프는 적어도 삼위일체가 교회와 사회를 위한 모델 역할을 하려면(반드시 해야 한다) 역사적 삼위일체 교리가 수정되거나 심지어 거부되어야 한다고 확신한다. 적어도 어떤 의미에서, 삼위일체는 우리의 사회 프로그램이어야 한다.37) 특히 교회를 겨냥하면서, 볼프는 우리가 교회에서 보는 공동체 유형과 삼위일체 사이에 직접적 상응 관계가 있어야 한다고 결론짓는다.38) 무슨 유형 말인가?

---

36) Moltmann, *The Trinity and the Kingdom*, 198 (cf. 217). 그러고 나서 몰트만은 **짐줌**(*zimzum*), 곧 만유재신론적(panentheistic) 개념을 토대로, 자신의 사회적 삼위일체가 세상을 향해 "열려 있다."라고 말하는데, 이것은 궁극적으로 성육신에서 성취되는 개념이다(19, 64, 90, 99, 106-121).
37) 다음을 보라. Volf, "The Trinity Is Our Social Program," 403-423. 다음도 참고하라. Volf, *Exclusion and Embrace*, 25ff; Volf, "Being as God Is: Trinity and Generosity," in Volf and Welker, eds., *God's Life in Trinity*, 3-12.
38) Volf, *After Our Likeness*, 191.

이 질문에 답하려면, 볼프가 무엇에 답하는지 알아야 한다. 어떤 사회적 삼위일체론자들은 삼위일체에 이르는 비결은 이것이라고 말한다. 즉 우리는 하나님의 존재를 친교(communion, 연합, 교제, 공동체)로 재정의해야 한다.[39] '존재를 친교로'라는 말이 무슨 뜻인가? 삼위일체의 존재를 위대한 전통처럼 실재의 세 양태를 가진 한 본질로 정의하기보다(형이상학을 주의하라!), 위격들 간의 대인적 사랑(interpersonal love)의 관계나 친교를 가리킨다고 보아야 한다는 것이다. 이 사랑의 사회 이외에서는, 아버지가 맨 위에 계시게 된다. 삼위일체와 교회와 사회를 잇는 직선을 긋는다고 상상해 보라. 삼위일체에 계층성(hierarchy, 계층 구조)이 있고 아버지가 맨 위에 계시듯이, 이 그룹은 교회에도 계층성이 있고 감독이 맨 위에 있다고 주장한다. 몰트만이 칠판에 손톱을 긁는 소리가 아직도 들리는가?

이제 크로아티아 사상가 볼프에게 돌아가 보자. 여기 아이러니한 것이 있다. 볼프도 사회적 삼위일체론자다. 그는 대인적·사회적 사랑의 관계에 "아멘!" 한다. 그는 친교로서의 존재에도 "아멘!" 한다. 그러나 삼위일체의 친교(trinitarian communion)는 계층성의 친교가 아니라 동등성의 친교이며 삼위일체는 교회와 사회를 위한 패러다임이기 때문에 교회 정치도 이런 동등성을 반영해야 한다. 권위는 맨 위에 자리한 한 사람의 가장이나 감독에게 있는 것이 아니라 전체 회중에게 있다. 한마디로, 교회는 삼위일체만큼 회중적이어야 하고 삼위일체는 교회만큼 회중적이어야 한다. 교회에 관해 이만큼 말했으니, 진짜 문제, 즉 '교회의 의제를 충족시키려고 삼위일체를 재정의했다.'라는 것을 놓치지 말라. 그러나 아이러니도 놓치지 말라. '사회적 삼위일체론자들은 정반대 결론에 이르고 있으니, 더러는 계층성을 원하고 더러는 동등성을 원한다.'

---

39) Zizioulas, *Being as Communion*.

이런 수정주의를 아주 명쾌하게 들여다보기 위해, 브라질에 가서 한 신학자를 만나보자. 우연하게도, 그의 이름은 미로슬라브 볼프와 비슷하게 들린다. 그의 이름은 레오나르도 보프(Leonardo Boff)다. 보프는 아주 특별한 부분이 있다. 그는 삼위일체가 교회뿐 아니라 정치를 위한 원형이라고 믿는다. 보프는 오랫동안, 특히 남미에서 해방신학을 주창했다. 해방신학자들은 성경을 읽고서, 성경의 주 메시지가 사회의 억압받는 자들이 억압하는 자들에게서 해방되리라는 약속과 희망이라고 결론짓는다. 복음이란 삼위일체 하나님이 자신의 아들을 보내서 마치 예수가 우리를 대신하듯이 우리의 죄를 짐으로써 우리가 용서받고 영원한 생명을 얻게 하려는 계획이 아니다. 오히려 복음이란 사회적·정치적 해방, 사회의 억눌린 자들을 권력자들에게서 해방하는 것이다. 그렇다면 예수는 왜 죽었는가? "성육한 아들은 하나님의 자녀들에게 부가된 노예 신분에 맞서는 항변으로 죽었다."40) 복음에 대한 이러한 재정의는 분명히 삼위일체에 대한 재정의를 상정한다.

삼위일체에 대한 재정의는 위격(person, 인격체)에 대한 정통적 정의를 현대적 정의로 바꾸는 데서 시작한다. "현대의 위격 개념은 기본적으로 '관계 안에 있음'(being-in-relationship, 관계 내 존재)이다. 한 위격은 자치의 중심으로 존재하는 주체이며 의식과 자유를 갖는다."41) 이 한 문장으로, 보프는 사회적 삼위일체론을 요약한다.

그러나 보프는 반대를 예상한다. 위격에 대한 이러한 현대적 재정의가 삼위일체에 적용되면, 어떻게 그 결과가 삼신론(tritheism)이 아닐 수 있는가? 보프는 "강조점이 관계성들에 있고, 한 위격이 또 다른 위격에 완전히 열려 있

---

40) Boff, *Trinity and Society*, 229.
41) Boff, *Trinity and Society*, 115. 정확히 말하면, 보프(Boff)는 '위격의 현대적 개념'을 설명하고 있다. 나중에, 그는 자신이 새로운 출발점을 제시하고 있다고 말한다. 그러나 보프 자신의 관점이 아무리 새롭더라도, 그는 여전히 위격에 대한 이러한 현대적 개정판 내에서 움직인다.

음에 놓이기" 때문에 자신이 이러한 이단을 피한다고 확신한다.[42] 보프는 자신의 의도에 관해 완전히 정직한 순간에 실제로 이단으로 오해받을 위험이 있음을 인정한다. "고전 신학은 '위격'(person)이라는 용어를 사용할 때, 지금 우리가 이해하는 방식으로 이해하지 않았다. 그러므로 우리가 이 용어를 사용할 때마다 설명하지 않으면, 사람들이 우리의 말을 이단적 의미로 이해할 위험이 있다."[43] 그렇더라도 보프는 이단 혐의를 감수할 만한 가치가 있다고 확신한다.

> **사회적 삼위일체론자는 삼위일체 위격들을 어떻게 재정의하는가?**
>
> "현대의 위격 개념은 기본적으로 '관계 안에 있음'(being-in-relationship, 관계 내 존재)이다. 한 위격은 자치의 중심으로 존재하는 주체이며 의식과 자유를 갖는다."
> **레오나르도 보프**(Leonardo Boff)

보프는 위격을 다른 위격들과의 관계성 안에 있는 위격으로 재정의한 후, 삼위일체를 '사회'(society) 또는 '공동체'(community)로 재정의한다. 보프는 인간 사회에 도움을 구한다. "사회는 단지 그 사회를 구성하는 개개인의 총합이 아니라 함께 사회적·정치적 공동체를 구성하는 개개인 사이의 관계와 기능과 제도라는 여러 가닥으로 엮어진 고유한 영역이다." 그 결과 "모두의 협력과 합력이 공동선을 낳는다."[44]

삼위일체의 경우도 다르지 않다. 삼위일체는 신적 사회이고, 여기서 개개인은 서로와의 관계성 속에 있는 위격들이며, 인간 공동체처럼 협력하고 합력하는 위격들이다. 인간 사회는 삼위일체를 가리키는 '지시봉'이고 삼위일체

---

42) Boff, *Trinity and Society*, 115.
43) Boff, *Trinity and Society*, 117.
44) Boff, *Trinity and Society*, 119.

는 사회를 위한 '모델'이다.[45] 삼위일체는 '공동체 비전'이다. "하나님은 위격들의 공동체이며 단순히 한 분이 아니다. 하나님의 일체성은 친교, 공동 연합이라는 양식에 있다."[46]

삼위일체에 대한 이러한 재정의만이 "표면상 신적 일신론에 기초한 그 어떤 전체주의도, 그리고 모두 복종하고 모두 의존해야 하는 아버지의 군주제에 기초한 그 어떤 가부장주의도 막는다." 간단히 말해, "지배 모델이 친교 모델로 대체된다."[47] 이러한 공동체는 아버지와 아들과 성령 사이에 전적 호혜성(total reciprocity)이, 서로 간에 사랑의 관계성(loving relationship)이 있음을 의미한다.[48]

'사랑의 관계성'이라는 어구가 핵심이다. 위대한 전통에서 많은 사람이 말한 것과 같이, 위격들은 "한 분(본성, 본체, 절대적 영, 주체)의 체현들이 아니라 영원한 (그러므로 본질적인) 친교를 나누며 언제나 서로 연합하고 침투하는 세 주체다."[49] 이들이 분리된 세 주체라면, 어떻게 실제로 한 하나님일 수 있는가? 보프는 이렇게 생각한다. "영원한 사랑의 친교가 이 셋이 한 분 하나님이게 한다."[50] 비틀스가 자랑스러워했을 것이다. 보프에게 필요한 것은 사랑뿐이다(all you need is love, 비틀스의 노래 중에 이와 같은 제목의 곡이 있다—옮긴이). 그러나 주목하라. 사회적 삼위일체론자들에게 '사랑'은 단지 기원의 영원한 관계들(나지 않으신 아버지, 나신 아들, 출송되신 성령)이 아니라, 내재적 삼위일체 내에서의 이차적이며 부가적인 구분 또는 표식이 된다.

---

45) Boff, *Trinity and Society*, 119.
46) Boff, *Trinity and Society*, 119. 몰트만에게 빚을 졌다.
47) Boff, *Trinity and Society*, 120 (cf. 130).
48) Boff, *Trinity and Society*, 120. 그의 사회적 순환에 관해서는 134 이하를 참조하라.
49) Boff, *Trinity and Society*, 139.
50) Boff, *Trinity and Society*, 145.

> ### 사회적 삼위일체는 세상의 정치적 희망인가, 아니면 위험인가?
>
> "삼위일체를 사회 프로그램으로 직접 옮기는 것은 문제가 있다. 삼위일체의 평화롭고 완벽한 사랑의 호혜성과 달리, 인간 사회는 고통과 갈등과 죄로 가득하기 때문이다. 삼위일체를 사회적 관계의 모델로 바꾸는 것은 비현실적이고 대책 없이 순진해 보이며, 그래서 정치적으로 위험해 보이기까지 한다. 폭력적이고 부패했으며 이기적인 사람들의 세상에, 삼위일체는 '우리 모두 사이좋게 지내는 게 어때요?'라는 허약한 계획을 제시할 뿐인 것처럼 보인다."
>
> **캐스린 태너**(Kathryn Tanner), "사회적 삼위일체론과 그 비판자들"(Social Trinitarianism and Its Critics)

삼위일체를 사회적 범주들로 재정의할 때, 보프에게는 사회를 위한 자신의 모델이 있다. 사회적 삼위일체는 자본주의 사회, 즉 "국가의 통제 메커니즘이 그들의 개인적·사업적 이익을 늘 뒷받침하는 유산 계급의 독재"를 단죄한다. 보프는 "이러한 체제들이 역사에서 부자들과 가난한 자들 간에, 인종들 간에, 성별 간에 가장 큰 분열을 일으켰다."라고 경고한다. 그러나 문제는 단지 분열만이 아니다. 자본주의는 세계 곳곳에서 권리를 박탈당한 사람들의 불행에 책임이 있다.[51] 자본주의 사회는 본질적으로 삼위일체와 맞지 않다. "자본주의 체제는 삼위일체적 친교의 도전 및 초대와 모순된다."[52]

그렇다면 어떤 종류의 사회가 우리를 삼위일체로 이끌 수 있는가? "사회주의 체제를 갖춘 사회들은 바른 원리 위에, 모두가 친교하고 모두가 생산 수단에 참여한다는 원리 위에 세워진다."[53] 이것은 삼위일체 자체가 사회주의 공동체, 능력이 배제되고 모든 것이 동등하게 분배되는 공동체이기 때문이다. 보프의 논리는 다음과 같다.

---

51) Boff, *Trinity and Society*, 149.
52) Boff, *Trinity and Society*, 150.
53) Boff, *Trinity and Society*, 150.

삼위일체의 작동 방식: 삼위일체에서는 어느 한쪽이 지배하는 것이 아니라 셋이 서로 주고받는 융합이 있다. 이들은 서로 다르지만, 어느 하나도 더 크거나 더 작지 않고, 앞이거나 뒤가 아니다.

사회의 작동 방식: 그러므로 삼위일체의 친교로부터 영감을 받는 사회는 계급 차이, 즉 힘을 행사하는 자들과 다른 자들을 종속시키고 후자를 전자로부터 소외시키는 (경제적, 성적, 이데올로기적) 힘에 기초한 지배를 용인할 수 없다.[54]

사회주의와 사회적 삼위일체 간의 이러한 끊을 수 없는 고리는 보프가 말하는 해방의 복음에 더없이 적절하다. "사회는 궁극적으로 불의하고 불평등한 관계에 고착되는 것이 아니라, 사회적·역사적 진보의 목표인 삼위일체의 친교에서 얻는, 열려 있고 동등한 관계에 비추어 자신을 변혁하라는 명령을 받는다. 삼위일체가 좋은 소식이라면, 특히 억압받는 자들과 소외된 자들에게 좋은 소식이다."[55] 이 잔인한 세상을 둘러볼 때, 억압받는 자들이 잿더미에서 불사조처럼 일어나 이 세상의 강한 권력자들에게 맞서는 곳마다 삼위일체가 보인다. "삼위일체는…억압받는 자들과 이들의 동맹이 폭정과 압제에 맞서 싸우는 곳마다 자신을 알린다."[56] 억압받는 자들이 이렇게 할 힘과 용기를 어디에서 얻는가? 이들이 그 대신 어떤 종류의 사회를 세워야 하는지 알기 위해 어디를 보는가? "그러므로 삼위일체의 친교는 이들에게 영감의 근원이고, 이들 저항의 한몫이며, 이들이 세우려는 것의 패러다임이다."[57] 보프는 이 모두를 요약하면서, 삼위일체는 우리의 해방 프로그램이라고 결론짓는다.[58]

---

54) Boff, *Trinity and Society*, 151.
55) Boff, *Trinity and Society*, 159.
56) Boff, *Trinity and Society*, 163.
57) Boff, *Trinity and Society*, 163. 보프는 또한 영원한 출생과 세상이 억압에서 해방되는 것을 연결한다 (225).
58) Boff, *Holy Trinity, Perfect Communion*, xv.

그러나 잠깐! 과거의 정통 유령을 아직 다 살펴보지 못했다. 또 하나의 방이 여전히 우리를 괴롭힐 것이다.

세 번째 방: 역사화 패밀리

우리는 지금까지 20세기 중심에서 두드러진 인물들을 살펴보았다. 그러나 삼위일체 르네상스에 동참했으며 영향력이 상당했던 또 다른 그룹이 있다. 이들을 '역사화 패밀리'(historicizing family)라고 부르고 싶다. 앞서 두 방에서 만난 사람들 가운데 역사화 패밀리와 연결되는 사람들이 많다.

사회적 삼위일체의 표식들

사회적 삼위일체론은 다양하며, 어떤 버전은 다른 버전들보다 급진적이다. 그러나 대다수는 다음 여덟 가지 표식 중 몇 가지 또는 전체의 특징을 띈다.

1. 출발점은 또는 최소한 강조점은 단순성이 아니라 세 위격이다. 더러는 단순성을 완전히 거부한다.
2. 삼위일체를 인간 사회와 유사한 사회 및 공동체로 재정의한다.
3. 위격들을 의식과 의지의 세 중심으로 재정의한다.
4. 위격들을 그들의 관계성들에 따라 재정의한다. 다시 말해, 상호성, 사회적 상호 작용에 초점을 맞춘다.
5. 일체성을 위격들 간의 대인적 사랑의 관계성들로 재정의한다. **페리코레시스**(perichoresis)를 재정의한다.
6. 내재적 삼위일체와 경륜적 삼위일체가 크게 겹친다. 때로는 무너진다.
7. 동방을 서방 위에 두며, 동방 교부들에게 호소한다.
8. 사회적 삼위일체는 사회 이론(교회론, 정치학, 젠더 문제 등)을 위한 패러다임이다.

혐의: 사회적 삼위일체 = 삼신론

역사화 패밀리에 속한 첫 번째 신학자를 만나려면 코네티컷주 뉴헤이븐의 오렌지색과 노란색이 어우러진 가을 낙엽 사이를 지나 예일 대학교에 들어서야 한다. 20세기 후반에는 한스 프라이(Hans Frei)의 강의를 아이비리그에서 들을 수 있었다. 프라이는 한 세대를 형성하는 주축이었기 때문에 그의 사상은 예일 신학파의 동의어가 되었다. 프라이의 신학은 성경 내러티브를 강조했으므로 '내러티브 신학'(narrative theology)이라고도 불린다.[59] 자유주의는 복음서 이야기와 복음서에 나오는 예수에 관한 역사 기사의 신뢰성을 무시했다. 이러한 자유주의의 여파 속에서, 프라이는 신선한 후기 자유주의 신학자였다. 그는 자유주의가 성경 내러티브의 빛을 가린다고 경고했다.[60]

프라이의 자유주의 비판은 칭찬할 만하다. 그렇더라도 프라이의 접근 방식은 기독교의 고전적 신론(神論)에 부정적 결과를 초래한다. 예를 들면, 프라이는 자신 이전의 위대한 전통이 하나님이 그분 자체로 누구이신지를 강조함으로써 교회와 아카데미를 신학적 사변으로 몰아넣었다고 믿는다. 대신에, 성경이 제시하는 내러티브에 주목해야 한다고 본다. 프라이는 예수님의 가르침에, 심지어 그 자신에 관한 예수님의 가르침에 초점을 맞춰서는 안 된다고 생각한다. 대신에, 예수님이 취하신 행동, 특히 수난에서 취하신 행동을 기술하는 내러티브에 초점을 맞춰야 한다고 여긴다. 그리스도가 누군지 알고 싶다면, 그리스도께서 무엇을 하시는지 보면 된다. 내재적 삼위일체와 아들의 위격에 관한 논의가 신경과 공의회의 일이다. "형이상학이다! 존재론이다!" 프라이는 항변한다. 반면에, 성경은 하나님이 역사 속에서 하시는 일, 특히 성육하신 그리스도께서 역사 속에서 하신 일에 초점을 맞춘다.

---

[59] 후기 자유주의 신학(postliberal theology)으로도 알려져 있다. 다음은 프라이의 대표작이다. Frei, *The Identity of Jesus Christ*; Frei, *The Eclipse of Biblical Narrative*.

[60] 나는 매우 개략적으로 그리고 있다. 더 자세한 배경은 다음을 참고하라. John Webster and George P. Schner, eds., *Theology After Liberalism*. 조지 A. 린드벡(George A. Lindbeck), 윌리엄 C. 플래처(William C. Placher) 같은 다양한 대표자들도 참고하라.

주목하라. 프라이는 우리의 관심을 좋은 곳, 즉 내러티브로 이끌었다. 구체적으로, 예수님의 인간 경험에 관한 성경 이야기들로 이끌었다. 그래서 뭐가 문제인가? 문제는 프라이가 '단지' 내러티브에만 초점을 맞췄다는 것이다. 그 결과, 프라이는 성경의 다른 부분들, 인간과 무관하게 하나님이 누구이신지를 말하는 부분들을 (다른 내러티브들을 비롯해서) 무시했다. 성경 독자로서, 우리는 예수님이 하시는 일뿐 아니라 하시는 말씀에, 특히 자신이 창조와 성육신 이전에 누구인지에 관해서 하시는 말씀에 주목한다(예를 들면, 그분이 하신 "나는… 이다."라는 여러 말씀을 보라). 예수님의 인간 경험에만 초점을 맞추면, 아들뿐 아니라 삼위일체의 신적이며 영원한 정체성을 약화할 위험이 있다. 간단히 말해, 우리는 단지 역사에 초점을 맞추고, 프라이처럼 내재적 삼위일체에 관한 모든 논의에 대해 인내심을 잃음으로써 하나님을 인간화한다. 요약하면, 지나친 강조가 문제다. 예수님의 인간 경험을 지나치게 강조하면 인간과 별개인 하나님의 신성을 소홀히 여기거나 노골적으로 수정하게 될 수 있다.

역사화 패밀리에 속한 두 번째 신학자를 만나려면 예일을 떠나 프린스턴으로 향해야 한다. 이번에 만나는 신학자는 루터교 교인이며 이름은 로버트 젠슨(Robert Jenson)이다. 21세기로 넘어올 때, 그는 프린스턴 신학교와 연결된 신학연구소에 들어갔다. 젠슨도 곧바로 성육신으로 향했다. 그리스도와 십자가에 못 박히신 그분 안에서 우리는 하나님의 계시를 받는다. 또는 젠슨의 표현을 빌리자면, 하나님의 자기 명시(self-identification)를 받는다. 따라서 자연스럽게, 우리는 성경 내러티브에 초점을 맞추고, 성육하신 아들이 무엇을 하며 어떻게 기능하시는지 살펴야 한다.[61] 마치 세상과 무관하게(*ad intra*, 내적으로) 삼위일체 하나님이 누구이신지 알 수 있기라도 하듯이 내재적 삼위일체에 초점을 맞추어서는 안 된다. 니케아에서 아우구스티누스까지 동방과 서방

---

61) Jenson, *The Triune Identity*, 22.

의 위대한 전통은 이렇게 한 것을 부끄러워해야 한다. 대신에, 우리는 복음을 조절해야 하며, 그러려면 (하나님의) 존재를 재해석해야 한다.[62] 예를 들면, 기원의 영원한 관계들은 무시간적이거나 불변적이지 않으며, 창조 세계와 무관하게 무엇이라고 고정되어 있지 않다. 그게 아니다. 삼위일체 하나님이 역사 속에서 하시는 일이 그분이 영원에서 누구이신지를 구성한다.[63] 관계는 창조 세계 안에서 이뤄질 때 관계가 된다. 삼위일체의 위격들은, 진정한 의미에서, 시간적이다(temporal).[64] "영원한 아들의 정체성은 인간 예수다."[65]

하나님이 역사 속에서 하신 일을 이렇게 극단적으로 강조하면 위험이 따르지 않는가? 당연히 따른다. "따라서 역사 서술에만 초점을 맞추면 환원주의(reductionism)에 빠질 위험이 있다."[66] 우리가 라너의 규칙이 생겨날 때부터 보았듯이, 내재적 삼위일체가 무너져 경륜적 삼위일체가 되고, 젠슨의 경우, 경륜적 삼위일체가 내재적 삼위일체를 구성한다고 한다. 하나님이 영원 속에서 누구이신지가 그분이 역사 속에서 하시는 행위들로 축소된다. 실제로, 하나님이 역사 속에서 하시는 행위들이 그분이 삼위일체로서 누구이신지를 결정하기까지 한다. 하나님의 삼위일체적 관계들이 시간적이 된다. 그분의 존재는 되어 가고 있다. 불변하고 영원한 삼위일체는 이제 없다. 복음에 대한 젠슨의 모든 강조에도 불구하고 삼위일체가 복음으로 축소되었고, 복음의 정체성도 구원 역사 정도로 격하되었다.[67]

---

62) Jenson, *ST*, 1:212.
63) Jenson, *ST*, 1:64.
64) Jenson, *The Triune Identity*, 126.
65) Jenson, *ST*, 2:99.
66) Swain, *The God of the Gospel*, 85.
67) 다음을 보라. Jenson, *The Triune Identity*, 125. 젠슨 외에 브루스 L. 매코맥(Bruce L. McCormack)도 내재와 경륜 사이의 '형이상학적 간극'을 부정한다("Grace and Being," in John Webster, ed., *The Cambridge Companion to Karl Barth*, 92–100). 이에 대한 답변은 Duby, *God in Himself*, 48–57을 보라.

사회적 빙산의 일각: 복음주의도 예외가 아니다

복음주의 그리스도인들은 사회적 삼위일체론의 영향을 피했는가? 그러지 못했다. 이들도 삼위일체의 표류에 한몫했다.

니케아 정통과 사회적 삼위일체론

	니케아 정통	사회적 삼위일체론(일부 복음주의자)
언제?	초기 교부들부터 종교개혁 이후 개혁자들까지(1세기부터 18세기까지)	계몽주의부터 현재까지(18세기부터 21세기까지)
무엇이 삼위일체의 위격들을 구분하는가?	기원의 영원한 관계들. 아버지는 나지 않으셨고, 아들은 나셨으며, 성령은 출송되신다.	공동체와 관계성들. 위격들이 한 사회를 형성하며, 사랑의 (또는 계층적) 나-너 관계성들 속에서 서로 협력한다.
위격이란 무엇인가?	위격은 신적 본질의 실재이며 실재하는 관계다. 실재의 세 양태가 있다. 나지 않으신 아버지, 나신 아들, 출송되시는 성령	위격은 의식과 의지의 뚜렷이 구분되는 중심이며, 상호 의존적인 사랑의 (또는 계층적) 관계성들 속에 있는 위격성이다.
삼위일체에 몇 개의 의지가 있는가?	본질이 하나이듯이, 의지도 하나다. 위격들은 의지와 활동(작용)에서 분리되거나 나뉘지 않는다.	사회적 삼위일체론자들: 의식의 세 중심이 있기 때문에 의지가 셋이다(그리고 어떤 모델에서는 위격들 간에 계층이 있다). 수정된 사회적 삼위일체론자들: 의지는 하나지만 서로 다른 세 행위자가 있다(그리고 어떤 모델에서는 위격들 간에 계층이 있다). **혐의**: 삼신론, 종속론

예를 들면, 오늘의 무수한 기독교 철학자들이 삼신론의 위험을 무릅쓰면서

까지 사회적 삼위일체론을 받아들였다.[68] 이들은 아버지와 아들과 성령이 지식과 의지와 사랑과 행동의 개별 중심들(distinct centers, 서로 다른 중심들)인 사회적 삼위일체를 제안한다. 무엇이 위격들을 위격들로 정의하는가? 위격들은 뚜렷이 구분되는 의식의 중심들이다.[69] 위격들은 함께 한 공동체 또는 사회를 형성하며, 따라서 "거룩한 삼위일체는 완전히 인격적이고 완전히 신적인 세 독립체의 신적이고 초월적인 사회 또는 공동체다."[70] 뚜렷이 구분되는 의지와 의식의 중심들을 이처럼 강조하기에, 단순성에 대한 역사적 니케아 단언이 더는 유효하지 못할 것이다. 단순성은 "결국 삼위일체 교리를 거의 불필요할 정도로 복잡하게 하며, 따라서 그것을 임대하는 기간이 연장되어서는 안 된다."[71] 단순성이 어떤 의미에서든 단언된다면, 겸허해야 하며 위격들을 보는 사회적 시각에 부합해야 한다.[72]

어떤 사람들은 더욱 대담하다. 윌리엄 레인 크레이그(William Lane Craig)와 J. P. 모어랜드(J. P. Moreland)는 사회적 삼위일체론의 핵심적 확신은 "하나님 안에 뚜렷이 구분되는 자의식의 세 중심이 있으며, 각각은 고유한 지성과 의지가 있다."라는 것이라고 주장한다.[73] 세 의지, 자의식의 세 중심, 이것이 사회적 삼위일체론의 DNA이다. 이것이 없으면 삼위일체도 없다. 이들은 하나님의 단순성에 대한 고전적 단언을 거부하며 이렇게 결론짓는다. "하나님

---

68) 예를 들면, 리처드 스윈번(Richard Swinburne), 스티븐 데이비스(Stephen Davis), 에드워드 위렝가(Edward Wierenga), 피터 반 인와겐(Peter van Inwagen). 어떤 철학자들은 사회적 삼위일체론을 반대한다. 사라 코클리(Sarah Coakley), 마이클 레이(Michael Rae), 브라이언 레프토(Brian Leftow), 제프리 브라워(Jeffrey Brower), 대니얼 하워드스나이더(Daniel Howard-Snyder), 키스 얀델(Keith Yandell).
69) Plantinga, "Social Trinity and Tritheism," 22. Cf. Thompson and Plantinga, "Trinity and Kenosis," in Stephen Evans, ed., *Exploring Kenotic Christology*, 179.
70) Plantinga, "Social Trinity and Tritheism," 27.
71) Plantinga, "Social Trinity and Tritheism," 43.
72) 그 어떤 겸허한 단언이라도 하위 이론(sub-theory)이어야 한다. Plantinga, "Social Trinity and Tritheism," 22.
73) Moreland and Craig, *Philosophical Foundations for a Christian Worldview*, 583.

은 세 세트의 인지 능력을 가진 비물질적 실체 또는 영혼이며, 각각은 위격성에 충분하다. 따라서 하나님은 자의식과 의도와 의지의 세 중심을 갖는다."[74] 그러나 이들은 의지가 셋이고 의식의 중심이 셋인데도 왜 삼신론이 아닌지를 설명해야 하는 압박을 느낀다. 이들은 자신들의 관점이 (5장에서 논의함) 아타나시우스 신경(Athanasian Creed)을 비롯해 교회의 많은 신경과 모순된다는 것을 인정하기까지 한다. 그런데도 이들은 **솔라 스크립투라**(*sola scriptura*)에 호소하며 위안을 찾는다.[75]

복음주의 신학자들도 예외가 아니다. 스탠리 그렌츠(Stanley Grenz)를 예로 들어 보자. 그는 지난 세기에 가장 유명한 복음주의 사상가 중 하나였다. 그는 삼위일체가 사회적 현실이며 이 공동체를 정의하는 표식은 사랑이라고 했다.[76] 사랑은 모든 것을 주관하는 하나님의 속성이자 우리가 삼위일체라고 부르는 사회를 정의하는 표식이며, 위격들을 하나로 묶는다. 이들의 자애로운 교제, 특히 성령이 결속하는 교제가 위격들을 단일한 존재로 묶는다. 그러나 여기에는 자기 헌신이 필요하다. 다시 말해, 각 위격은 사회적이며 협력적인 사랑의 관계성들에 헌신해야 한다. 그렌츠는 하나님의 존재, 실재의 세 양태를 가진 존재를 강조했다며 위대한 전통을 비판한다. 그렌츠에 따르면, 그렇게 하는 경우 넷째 위격이 만들어진다. 그 대신에, 우리는 위격들을 서로 영원한 사랑의 관계성들을 추구하는 위격으로 정의해야 한다.[77]

---

74) Craig, "Trinity Monotheism Once More," 101. Cf. Craig, "Toward a Tenable Social Trinitarianism," 89-99.
75) Moreland and Craig, *Philosophical Foundations for a Christian Worldview*, 592-593.
76) 이어지는 내용은 다음을 보라. Grenz, *Theology for the Community of God*, chaps. 2, 3, 13. 다음도 보라. Grenz, *The Named God and the Question of Being*; Grenz, *The Social God and the Relational Self*.
77) 예상치 못한 죽음을 맞기 전, 그렌츠(Grenz)는 자신의 사회적 삼위일체론을 완화했으며, 다른 사회적 삼위일체론자들에게서 뒷걸음질 치기까지 했으나, 그럼에도 삼위일체를 관계적으로 보는 시각을 유지했다. 그렌츠는 콜린 건툰(Colin Gunton)에게 환멸을 느낀 것으로 보였으며, 존 지지울라스(John Zizioulas)를 비판했다. 섹스턴(Sexton)은 이런 이유에서 그렌츠를 사회적 삼위일체론자보다 삼위일체 혁신자로 분류하는 게 더 낫다고 믿는다. 다음을 보라. Sexton, "Beyond Social Trinitarianism," 473-486.

신칼뱅주의(New Calvinism) 운동도 그들이 스스로 생각하는 것만큼 사회적 삼위일체에 면역되어 있지 못하다. 8장에서 보게 되겠지만, 웨인 그루뎀(Wayne Grudem)과 브루스 웨어(Bruce Ware) 같은 복음주의자들도 삼위일체를 사회적 역할들과 관계성들로 정의되는 개별 행위자들로서, 서로 협력하는 위격들의 사회로 재정의했다. 20세기, 사회적 삼위일체론자들은 삼위일체를 상호성과 사회에서 특히 성별 간의 평등을 뒷받침하며 자신을 내어 주는 사랑의 관계들로 재정의했다.[78] 그러나 그루뎀과 웨어는 삼위일체 내 이러한 관계성들의 사회가 기능적 계층 구조로 정의된다고 믿는다. 예를 들면, 아들은 내재적 삼위일체 안에서 아버지의 절대 최고 권위에 종속되는데, 이런 시각을 가리켜 EFS(eternal functional subordination, 영원한 기능적 종속)이라고 한다. 따라서 삼위일체 안에, 전체 신격 안에 있는 권위-복종이 사회, 특히 아내가 남편에게 복종하는 가정에 존재하는 계층 구조의 패러다임이자 전형이라고 그들이 주장할 때, 그들의 사회적 의제는 이들 이전의 사회적 삼위일체론자보다 더 강하지는 않더라도 강하게 대두한다. 비평가들은 EFS를 역사화 패밀리와 같은 부류로 분류한다. 왜냐하면 EFS 주창자들은 자신들이 깨닫든 그렇지 못하든 간에 성육신 기간에 나타나는 아버지에 대한 아들의 기능적 종속을 영원한 내재적 삼위일체까지 거슬러 올라가 투영하고, 다시 역사로 돌아와 이들의 계층 구조를 성 역할에 적용하기 때문이다.

우리는 얼마든지 계속할 수 있다. 지금까지 살펴본 것은 사회적 삼위일체라는 빙산의 일각일 뿐이다. 이 빙산은 너무나 거대해 얼어붙은 덩어리가 복음주의라는 물에도 밀려왔다. 아이러니하게도, 어떤 사람들은 이 빙산을 보고 우리가 삼위일체의 부흥을, 심지어 르네상스를 경험하고 있다고 결론짓는다.

---

78) 예를 들면, Johnson, *She Who Is*; Wilson-Kastner, *Faith, Feminism and the Christ*; LaCugna, *God for Us*. 비판에 관해서는 다음을 보라. Coakley, "'Persons' in the 'Social' Doctrine of the Trinity," 123-144; Tanner, "Social Trinitarianism and Its Critics," 368-386.

부활인가, 이탈인가?

많은 사람이 삼위일체에 관한 관심이 다시 일어나는 현상을 경험하고서 삼위일체 사상의 부흥이 일어났다고 결론지었다. 잃었던 삼위일체를 되찾았으며, 케케묵은 개신교 자유주의가 무시하는 태도에도 불구하고 어쨌거나 삼위일체가 중요해졌다. 교리적 심폐 소생술로 삼위일체가 되살아났고, 지금처럼 삼위일체가 사회와 연관되었던 적이 없었다.

그러나 이들이 되살려 낸 삼위일체는 정통적 삼위일체가 아닐뿐더러 성경적 삼위일체도 아니다(2장을 보라). 사실대로 말하면, 이들은 정통적 삼위일체를 살려 낸 게 아니라 죽였으며, 정통적 삼위일체를 전혀 다른 삼위일체(사회적 삼위일체)로, 사회의 가두연설에 맞추어 주조되고 심지어 조작될 수 있는 삼위일체로 대체했을 뿐이다.

21세기가 시작되면서, 현대 신학자들만큼 삼위일체도 많아진 것이 분명하다. 새로운 삼위일체가 나올 때마다 새로운 사회 프로그램이 나온다. 삼위일체 탐구는 결국 하나님에 관한 것이 아니라 나와 나의 사회적 의제에 관한 것이다.[79] 삼위일체는 이제 하나의 구실이다. 다시 말해, 우리는 "하나님의 내적 본성을 보는 새로운 통찰력"을 가졌다고 주장한다. 그러나 "사회 체제나 정치 체제나 교회 체제를 촉진하는 데 이것을 사용할 수 있을 뿐이다."[80] 이 여정을 시작하며 말했듯이, 나는 이것을 직접 경험했다. 복음주의 진영들 내에서, 강의실과 교회 두 곳 모두에서, 삼위일체를 숙고하고 찬양하는 것은 (당연히 그러해야 하는데도) 목적이 아니었고, 삼위일체는 다른 목적들을 위한 수단으로 이용될 뿐이었다.

---

[79] Levering, *Scripture and Metaphysics*, 236.
[80] Kilby, "Perichoresis and Projection," 444. 그러나 레버링(Levering)은 킬비(Kilby)의 해결책이 그녀 자신의 비판에서 자유로운지 묻는다.

나만 이런 결론을 내린 것이 아니다. 스티븐 홈즈(Stephen Holmes)도 현대 사상을 세밀히 분석한 후 똑같이 애통해한다. "최근 수십 년간 삼위일체 교리를 되찾는 신학 연구가 폭발적으로 늘어났다. 그러나 이러한 신학 연구는 사실 전통적 교리를 아주 심하게 오해하고 왜곡하며, 따라서…이것이 오래된 전통의 부활이 아니라 그 전통을 벗어난 철저한 이탈이라는 것을 알지 못할 정도다."[81] 홈즈는 이러한 이탈, 부활인 체하는 이탈이 얼마나 심각한지 놓치지 않도록 이렇게 경고한다. "나는 20세기에 일어나는 삼위일체 신학의 부흥을 본다. 이 부흥은 주로 교부 시대나 중세 시대나 종교개혁 시대의 삼위일체 교리에서 볼 수 없는 개념과 관념에 의존한 것이다. 실제로 몇몇 경우에, 예전 전통은 이런 개념과 관념을 잘못된 것으로 분명하고 강력하게 논박했고, 때로 이단으로 공식 규정하기까지 했다."[82]

삼위일체의 표류는 실재다. 우리는 성경적·정통적 삼위일체로부터 표류했을 뿐 아니라 우리의 사회적 의제들을 충족시키려고 삼위일체를 조작하기까지 했다.

문제는 이것이다. 이제 우리는 어떻게 집으로 가는 길을 찾을 것인가?

---

81) Holmes, *The Quest for the Trinity*, xv, xvi.
82) Holmes, *The Quest for the Trinity*, 2.

2부

우리는 어떻게 집으로 가는 길을 찾을 것인가?

"삼위일체를 믿음으로 받아들이고 사랑으로 흠모해야 한다."
프랑수아 투레티니(François Turrettini), 『**변증신학 강요**』(*Institutes of Elenctic Theology*)

"삼위일체는 우리가 본받을 하나의 모델로서
우리의 수준으로 끌어내릴 수 있는 것이 아니다.
우리의 바람은 우리가 어느 날 삼위일체의 수준으로 끌어올려지는 것이다."
캐스린 태너(Kathryn Tanner),
"**사회적 삼위일체론과 그 비판자들**"(Social Trinitarianism and Its Critics)

4

하나님은 어떻게 자신을 삼위일체로 계시하시는가?
영원성과 복음의 신비

"아리우스주의자여, 요단으로 가라. 그러면 삼위일체를 볼 것이다."

고대 교부들

"삼위일체 교리는 흔히 사변적일 뿐이며
믿든 믿지 않든 전혀 중요하지 않은 것으로 제시되기 일쑤다.
…그런데 그게 아니다.
삼위일체 교리는 우리의 구원 전체에, 모든 부분에, 복음의 모든 교리에 관여한다."

존 길(John Gill), 『신론』(Body of Divinity)

> **들로리언에 타세요!**
>
> **목적지**: 예수님이 이 땅을 걸으시던 때. 1세기에 살았던 (가공인물) 십보라가 성경의 삼위일체를 우리에게 소개해 줄 것이다.
>
> **요점**: 삼위일체가 복음에 계시되지만, 우리는 세상과 별개인 하나님 그 자신(내재적 삼위일체)과 창조 세계와 구원을 향한 하나님의 행위들(경륜적 삼위일체)을 융합하거나 무너뜨려서는 안 되며, 만약 이렇게 한다면 삼위일체를 조작하는 것이다.

요단으로 가라

옳지 않아 보였다. 적어도 그곳에 있던 우리 중 불신앙으로 바라보는 사람들에게는 그렇게 보였다. 예수님이 요한에게 세례를 받으신다고?

나는 주위를 둘러보았다. 그날 나와 함께 요단강에 나온 사람들도 똑같이 당혹스러운 표정이었으며, 찌푸린 이마와 눈썹은 이들의 불신앙에 명중한 화살 같았다.

사흘 전, 나는 회당에서 이사야 선지자의 글을 들은 후 바로 이 물에서 요한에게 세례를 받았다. 그때 회당에서 들은 두루마리는 바로 이 부분이었다.

외치는 자의 소리여 이르되,
너희는 광야에서 여호와의 길을 예비하라.
사막에서 우리 하나님의 대로를 평탄하게 하라.[1]

듣는 순간, 이 말씀이 요한을 가리킨다는 것을 알았다. 요한은 백성에게 회개를 선포하고 우리에게 약속된 분, 기름 부음 받은 이스라엘의 구원자, 주님 자신이 오셔서 이스라엘을 구속하실 날이 다가오고 있다고 했다.

세례를 받은 후 줄곧, 요한의 메시지를 최대한 많은 사람과 나누었다. 매주 내 가족과 친구들과 이웃들이 요단강에 나가 더 많은 세례를 목격했다. 나는 이스라엘의 구속자가 오시는 것을 보리라는 희망을 늘 품고 있었다. 많은 기대 끝에, 마침내 그날이 왔다. 요한은 다시 요단강에서 세례를 주고 있었다.

그때 갈릴리에서 온 예수라는 분이 요한을 향해 걸어가셨다. 요한은 하던 일을 멈추었고, 잠시 어색한 침묵이 흘렀다. 그 누구도 왜 요한이 그렇게 한참을 그 자리에 얼어붙었는지 알지 못했다. 마침내, 요한이 예수님을 가리키며 소리쳤다. "보라, 세상 죄를 지고 가는 하나님의 어린 양이로다. 내가 전에 말하기를 내 뒤에 오는 사람이 있는데 나보다 앞선 것은 그가 나보다 먼저 계심이라 한 것이 이 사람을 가리킴이라. …내가 보고 그가 하나님의 아들이심을 증언하였노라."[2] 요한은 전에 우리에게 말했다. 약속하신 분이 오시면, 메시아가 주실 세례가 자신의 세례보다 훨씬 크리라는 것이었다. 기름 부음

---

1) 이사야 40장 3절.
2) 요한복음 1장 29-30절, 34절.

받은 분은 성령과 불로 세례를 주실 것이기 때문이었다. 이스라엘의 구속자로서, 그분은 악인들을 심판하고 회개하는 자들을 구원하실 터였다. 마침내, 구원의 날이 눈앞에 닥쳤다.

아니면, 이날이 그 날인가?

모든 시선이 예수님께 고정되었고, 뜻하지 않은 일이 일어났다. 예수님이 물에 들어가 요한을 향해 자신에게 세례를 주라고 하셨다. 나의 언니 나오미가 물었다. "십보라, 저분 지금 뭘 하시는 거야? 왜 요한한테 자신에게 세례를 주라고 하시는 거지? 거꾸로 된 거 아냐?" 나도 어찌 된 영문인지 모르긴 마찬가지였다.

요한 자신도 혼란스러웠다. 그가 이렇게 말하는 소리가 들렸다. "내가 당신에게서 세례를 받아야 할 터인데 당신이 내게로 오시나이까?"[3]

앞서 말했듯이, 옳지 않아 보였다. 모든 게 거꾸로였고 반대였다. 그러나 예수님은 고집하셨다. "이제 허락하라. 우리가 이와 같이 하여 모든 의를 이루는 것이 합당하니라."[4] 요한이 어떻게 "안 됩니다!"라고 하겠는가? 그래서 요한은 예수님께 세례를 주었다. 예수님이 물에서 나오실 때, 하늘이 열렸고 마치 여호와께서 친히 내려오시는 것 같았다. 바로 그때, 요한은 하나님의 성령이 비둘기처럼 내려와 예수님께 임하시는 것을 보았다. 요한은 하늘에서 나는 음성도 들었다. 아버지가 친히 말씀하시는 음성이었다. "이는 내 사랑하는 아들이요 내 기뻐하는 자라."[5]

이 광경이 내 눈앞에서 펼쳐지자 나의 모든 가정이 뿌리째 뽑혔다. 예수님은 세례를 받으셨다. 그러나 나와 달리, 그분이 죄인이셨기 때문에 세례를 받으신 것이 아니었다. 주님으로서, 나와 우리 백성을 위해 세례를 받으셨다.

---

3) 마태복음 3장 14절.
4) 마태복음 3장 15절.
5) 마태복음 3장 16-17절.

마치 그분이 나의 가족사를 일일이 되짚으시는 것 같았다. 물에 들어가셨으니, 이제 이스라엘처럼 광야에 들어가 시험을 받고, 그 후에 모세처럼 하나님의 산에 올라 우리에게 하나님 나라에서 어떻게 살아야 하는지 가르치실 것인가? 아담과 하와의 자녀인 우리, 아브라함의 모든 자녀가 실패한 곳에서, 그분이 성공하실 것인가? 그렇다면 그분이 율법에 순종하시는 것은 이스라엘의 의를 위해, 나의 의를 위해 무슨 의미를 지닐까? 시간이 말해 줄 터였다.

그러나 그날, 예수님은 나의 또 다른 가정을 허무셨다. 이스라엘 사람으로서, 나는 율법을 안다. 율법의 중심에 내 백성의 만트라, 곧 쉐마가 있다. "이스라엘아 들으라 우리 하나님 여호와는 오직 유일한 여호와이시니."[6] 주변 모든 민족, 숱한 신을 믿는 민족들과 달리, 우리는 한 분이신 하나님을 믿는다. 그런데 하늘이 열리고 하나님의 음성이, 이사야의 예언에서 말하듯이 주님이신 분에게 복을 선포하셨는데, 어떻게 요한이 옳을 수 있는가? 이제 주님이 둘이신가? 단지 둘이 아니라 셋이다. 비둘기가 예수님 위에 내려앉았다고 요한이 말했기 때문이다. 어떤 사람들은 이 비둘기가 성령이라고 말한다. 요한은 틀림없다고 했다.

가슴이 벅찼다. 나는 그날 해답보다 많은 의문을 품고 돌아왔다.

나는 아버지의 음성을 들었고, 그분의 아들과 함께 걸었으며,
이제 성령이 내 속에 계신다

그 후로 여러 달, 여러 해, 나는 예수님을 계속 따라다녔다. 큰 무리 속에 숨어 그림자처럼 그분을 따라다녔다. 그런데도 점차 그분의 제자가 되었다.

---

6) 신명기 6장 4절.

나 혼자가 아니었다. 한 무리의 여자들이 함께 그분을 따랐다. 우리 가운데 어떤 사람들은 예수님이 성경이 말하는 바로 그분이라는 것을 다른 사람들보다 더 굳게 믿었다.

그러나 내게는 여전히 풀리지 않는 의문들이 있었다. 한편으로, 하나님은 한 분이시라는 우리 백성의 믿음을 예수님이 확인해 주시는 것을 들었다. 다른 한편으로는, 예수님이 그분의 아버지께 기도하시는 것을 들었을 뿐 아니라 자신이 아버지로부터 왔으며, 그래서 자신이 아버지와 동등하다고 주장하시는 것도 들었다. 이런 주장들은 예수님을 거의 죽음으로 몰아넣었다. 예수님의 대적들은 그분을 오해했다. 마치 예수님이 스스로 둘째 하나님이라고 주장하시기라도 하듯이 말이다. 그러나 나는 이 말씀을 생각해 보았다. 그리고 마침내, 예수님의 말씀이 무슨 뜻인지 이해했다. 그러니까 예수님은 그분의 아버지와 뚜렷이 구분되지만, 아버지와 하나이시기도 하다. 예수님은 쉐마를 거스르셨던 게 아니라 자신이 하나님과 하나라는 데 비추어 쉐마에 대한 우리의 이해를 확장해 주셨다.

예를 들면, 어느 날 시장에서 장을 보고 나오다가 예수님을 보았다. 그분의 대적들(회의주의자들에 가까운 자들)이 다시 그분 뒤를 밟는 것은 놀랍지 않았다. 하지만 예수님은 인내와 지혜를 잃지 않으셨다. 이들은 신학적 난제로 예수님을 옭아맸다고 생각했다. 그런데 바로 그때, 예수님이 날카로운 신학적 질문을 던지셨다.

사람들이 어찌하여 그리스도를 다윗의 자손이라 하느냐?
시편에 다윗이 친히 말하였으되, 주께서 내 주께 이르시되
내가 네 원수를 네 발등상으로 삼을 때까지 내 우편에 앉았으라 하셨도다.[7]

---

7) 누가복음 20장 41-43절.

그곳에 모인 사람들 모두 예수님이 시편 110편을 인용하신다는 것을 알았다. 회당에서 자주 암송하는 시편이었다. 그러나 예수님이 이 시편에 관해 질문하시는 방식이 새로운 빛을 비추었다. 그때껏 이 시편에서 두 주님을 왜 전혀 보지 못했는지 나도 모르겠다. 나는 다윗의 시편을 수없이 암송했다. 그러나 우리가 예배하는 한 분 하나님 안에 있다고 다윗이 상정하는 복수성에 주목해 본 적이 전혀 없었다.

그러나 예수님은 그렇게 하셨다. 그뿐 아니라, 예수님은 자신이 그 주님 중 하나, 정확히 말하면 다윗의 주님이라는 인상을 주셨다. 다윗은 아버지와 아들 사이에 오가는 신적 대화를 엿들은 게 틀림없다. 그것은 아버지가 성취하리라고 약속하신 승리, 예수님이 이제 역사 속에서 시작하러 오신 승리에 관해 아버지와 아들이 영원에서 나누시는 대화였다. 모든 시간이 시작되기도 전에 아버지 바로 그분께서 외아들에게 하시는 말씀을 다윗이 전달할 때, 마치 성령이 다윗을 통해 말씀하신 것 같다. 어쨌든, 나는 시편 110편을 정확히 기억한다. 아버지가 뒤이어 아들에게 말씀하신다. "여명을 머금은 샛별이 나타나기 전에 내가 너를 낳았도다."[8]

얼마 지나지 않아, 나의 패러다임이 단번에 영원히 산산조각 났다. 나는 예수님이 우리 민족을 로마인들에게서 구해 낼 거라고, 마땅히 그래야 한다고 생각했다. 그러나 예수님은 그러지 않으셨다. 대신에, 자신을 원수들에게 순순히 내맡기고 십자가에 못 박혀 돌아가셨다.

나는 그 십자가 아래에서 예수님을 올려다보았다. 그분의 얼굴은 피투성이였다. 마지막 호흡을 내쉴 때까지, 그분은 고개를 떨궜다 세웠다 하셨다. 눈물이 내 뺨을 타고 흘러내렸다. 그렇게 할 수는 없었지만, 예수님을 향해 삿대질하며 소리치고 싶었다. 그분은 나를 속였다. 나는 그분을 믿었다. '나는

---

8) 70인역 시편 109편 3절; Bates, *The Birth of the Trinity*, 53 (cf. 62).

그분을 믿었다.' 요한이 틀렸다. 예수님은 왕이 아니었다. 그분은 다윗의 보좌에 영원히 앉으리라고 약속된 분이 아니었다.[9]

그러나 나의 슬픔과 좌절이 뒤섞일 때, 강둑에서 예수님을 처음 본 날이 또다시 떠올랐다. "보라 세상 죄를 지고 가는 하나님의 어린 양이로다." 요한은 흥분해서 외쳤었다. 나는 울음을 그치고 예수님을 올려다보았다. 이제 그분의 살갗은 창백하고 차가웠으며, 눈물 가득한 나의 분노는 가라앉았다. 내가 틀렸다면 이제 어떻게 되는 걸까? 요한은 예수님이 '어린 양', 유월절 어린 양이라고 했다.

그때 이런 생각이 퍼뜩 들었다. 저분은 자신의 생명을 내려놓음으로써, 자신의 생명을 제물로 드림으로써 이스라엘을 구속하신 거야! 이사야 선지자가 똑같이 말했었다.[10] 예수님은 이것을 내내 알고 계셨던 것이다. 이것으로 왜 예수님이 자신이 죽으리라고 예언하셨는지, 왜 체포될 때 저항하지 않으셨는지, 왜 십자가에서 "다 이루었다."[11]라고 외치셨는지 설명된다.

주저했으나 새롭게 발견한 나의 희망이 사흘 후 확실해졌다. 예수님의 무덤이 비어 있었다. 예수님과 가까웠던 한 무리의 여인들이 그분을 보았다고까지 했다. 그때 나는 예수님도 그렇게 예언하셨다는 게 기억났다. 우리가 당시에는 알지 못했을 뿐이었다. 아무도 몰랐다. 요한이 내내 옳았다. 예수님은 하나님의 아들이시다.

몇 주 후, 예수님을 직접 보았다. 내가 본 것을 뭐라고 말로 표현할 길이 없다. 죽은 사람, 그러니까 내가 죽는 것을 봤는데 지금 살아 있는 사람이랄까? 예수님을 시야에서 놓치고 싶지 않았다. 그분을 다시 잃을까 봐 두려웠고, 그분이 어디론가 사라지실까 봐 두려웠다. 그러나 예수님은 떠나려고 하셨다.

---

9) 사무엘하 7장.
10) 이사야 53장.
11) 요한복음 19장 30절.

그분은 우리에게 떠난다고 말씀하시면서, 이제 아버지께 돌아가야 할 때라고 설명하셨다. 나는 또다시 혼란스러웠다. 그러나 이번에는 혼란에 염려가 동반되었다. "예수님, 제발 떠나지 마세요. 적어도, 아직은 떠나지 마세요. 방금 돌아오셨잖아요. 우리는 당신이 필요해요. …저는 당신이 필요해요."

그러나 마치 우리 마음의 염려를 다 아시는 듯이, 예수님은 우리를 홀로 버려두지 않겠다고, 우리가 고아처럼 이 세상을 목적 없이 집도 없이 떠돌게 하지 않겠다고 하셨다. 그분은 예루살렘에서 기다리라고 말씀하셨다. 그러면 돕는 분, 위로자, 성령이 오셔서 너희와 함께하시고 너희를 인도하기까지 하실 것이라고 하셨다.[12] 예수님은 죽기 전에 이 돕는 분을 약속하셨다. 그러나 이제 다시 살아나셨기에 우리에게 다시 한 번 일깨우셨고, 그분의 말씀은 새로운 의미로 다가왔다. 그 후, 예수님은 우리를 떠나 하늘로 올라가셨다. 그때만큼 강하게 혼자라고 느낀 적이 없었고, 그때만큼 이 위로자가 오시길 갈망했던 적이 없었다.

그래서 우리는 기다렸다. 예수님이 말씀하신 대로 위로자가 오셨다. 내가 생각했던 방식으로 오시지는 않았지만 말이다. 나는 제자들이 모여 있던 방과는 다른 방에 있었다. 그때 이상한 소리가 들렸다. 바람이 벽을 강하게 치는 소리였다. 나는 현장으로 달려갔다. 제자들의 머리 위에 불이 있었다. 이상하게 들리겠지만, 그 불은 이글대는 혀처럼 보였고 소리만큼이나 이상했다. 집을 뒤흔들던 바람이 그치고 이글대는 불길이 사그라졌을 때, 제자들이 방을 나섰다.

무리가 앞을 막아섰다. "이게 어찌 된 일이오?" 한 사람이 물었다. 모든 사람이 묻고 싶은 질문이었다. 모든 사람의 당혹스러운 표정을 보고, 베드로가 일어났다. 그리고 오늘이 오리라고 했던 요엘 선지자의 예언에 관해, 마치 우

---

[12] 요한복음 16장 7-13절.

리가 목격한 모든 것이 하나님의 계획인 것처럼 성경에서 예수님을 가리키는 많은 부분을 들려주었다.[13] 그날, 베드로는 내가 전혀 들어 본 적 없는 설교를 했다. 베드로 자신이 새 사람 같았다. 그는 이 구원 계획이 다름 아닌 아버지와 아들과 성령이신 하나님의 계획이라고 설명했다. 예수님이 하셨듯이 베드로는 성경으로, 특히 시편으로 돌아가 다윗의 말을 암송했다. "주께서 내 주에게 말씀하시기를 내가 네 원수로 네 발등상이 되게 하기까지 너는 내 우편에 앉아 있으라 하셨도다."[14]

이 좋은 소식을 들을 때, 우리 가운데 많은 사람이 자기 마음이 찔려 이제 어떻게 해야 하느냐고 물었다. 아니, 우리 모두 그렇게 한 것 같다. 베드로가 말했다. "너희가 회개하여 각각 예수 그리스도의 이름으로 세례를 받고 죄 사함을 받으라. 그리하면 성령의 선물을 받으리니."[15] 그날, 3천 명이 세례를 받았다. 3천 명이!

나도 그중 하나였다. 나는 요한을 따랐었고 요한에게 세례까지 받았었다. 그러나 이제 나는 예수님을 따르는 자였다. 나는 요한이 내내 의도했던 것이 바로 이것이라고 생각할 수밖에 없다. 베드로가 나를 물에 넣었다가 꺼낼 때, 나는 예수님이 아버지께 올라가 성령을 보내시기 직전에 하신 말씀이 떠올랐다. "그러므로 너희는 가서 모든 민족을 제자로 삼아 아버지와 아들과 성령의 이름으로 세례를 베풀고 내가 너희에게 분부한 모든 것을 가르쳐 지키게 하라. 볼지어다. 내가 세상 끝날까지 너희와 항상 함께 있으리라."[16]

그날을 절대 잊지 못할 것이다. 성령은 내게, 십자가에 달려 죽고 다시 살아나신 아들, 주 예수, 아버지 앞에서 나를 중보하시는 분, 세상이 창조되기

---

13) 사도행전 2장 14-36절.
14) 사도행전 2장 34-35절; 참조. 시편 110편 1절.
15) 사도행전 2장 38절.
16) 마태복음 28장 19-20절.

도 전에 나를 사랑하신 그분을 믿는 믿음을 주셨다. 어린 양의 피로 씻음을 받았기에, 나는 그 이후로 그분의 자녀다. 내가 더는 예수님을 볼 수 없지만, 그분은 자신이 약속하셨듯이 자신의 거룩한 영을 통해 계속 나와 함께하신다. 어떤 날들은 다른 날들보다 더 힘들다. 그러나 그렇게 힘든 날에는 위로자께서 내가 혼자가 아님을, 내가 보이지 않는 하나님의 참 형상이신 예수님의 형상을 점점 더 닮아 가고 있음을 재확인해 주신다.

합리주의자와 경건주의자처럼 삼위일체에 접근하기를 그치라: 복음은 삼위일체적이다

십보라 같은 1세기 여인의 입장이 되어 보는 게 어떻겠는가? 그렇게 하면, 우리 그리스도인의 이야기 안에 삼위일체가 어떻게 각인되어 있는지 아는 데 도움이 된다. 예수님의 세례부터(마 3:14-17; 요 1:29-34) 그분이 죽으며 남기신 말씀(요 19:30), 그분의 지상명령(마 28:19-20), 오순절에 성령을 보내심까지(요 16:7; 행 2:1-4), 구원 이야기는 처음부터 끝까지 삼위일체적이다. 삼위일체는 경건하지 못한 자들의 구속에서 계시된다. 다시 말해, 아버지와 아들과 성령이 인간의 구원에서 드러나신다.[17]

1세기 신자에게 그리스도인이 된다는 것은 삼위일체 하나님, 곧 아버지와 아들과 성령이 주시고 성취하시는 구원을 받아들인다는 것이었다. 은혜의 보좌에 나아가려면 독생자를 믿음으로써 아버지께 나아가야 했으며, 이것은 성령이 닫힌 마음의 눈을 열어 아들의 구원하는 부활 생명을 보게 해주실 때만 가능했다. 초기 그리스도인들에게 복음을 믿는다는 것은 한 분이신

---

17) Warfield, "The Biblical Doctrine of the Trinity," in *Biblical and Theological Studies*, 33.

이스라엘의 하나님이 삼위일체이심을 믿는다는 것이었다. 이에 미치지 못하는 그 무엇도 기독교적이지 않았다. 삼위일체적이지 않은 복음은 결코 복음이 아니었다.[18]

이 점이 더없이 중요하다. 우리는 '복음주의자' 표식을 다는 한 처음부터 끝까지 삼위일체적인 복음을 믿는다. 그러나 오늘의 복음주의자들은 우리처럼 일종의 삼위일체 알츠하이머병에 걸려 이것을 잊는다. 몇 가지 이유가 있다. 때로 우리는 삼위일체를 '합리주의자'처럼 대한다. 다시 말해, 마치 삼위일체가 풀어야 하는 수수께끼인 것처럼, 아무렇게나 흩어져 있는 성경 본문들을 마침내 마법 같은 수학 공식에 이를 때까지 맞춰 나가야 하는 신적 루빅 큐브인 것처럼 대한다. 일단 각 위격의 신성에 관해 정제된 명제들을 정리해서 한데 모으면, "짠!" 하고 삼위일체가 나타난다.

그런가 하면 때로 우리는 삼위일체를 '경건주의자'처럼 대한다. 다시 말해, 우리의 여정을 시작할 때 삼위일체를 무시한다. 삼위일체가 순전히 사변일 뿐, 기도든 예배든 좋은 소식 자체를 전하는 것이든 간에 복음이나 그리스도인의 삶과 무관하다고 본다.

어느 길이든 파괴적이다. 어느 길이든 종착지는 하나다. 삼위일체가 종이 위에서는 단언되지만, 그리스도인의 삶과 관련된 실제 문제에서는 영원히 각주로 남는다. 각각의 길은 삼위일체 교리에 냉담하거나, 그 의미에 관해 혼란스럽거나, 그 중요성에 관해 어정쩡한 복음주의를 낳는다.[19] 내 경험으로 볼 때, 많은 교수와 목회자가 전자(냉담하고 혼란스러운)인 경향이 있는 반면에, 교회에 다니는 보통 사람들은 후자(어정쩡한)인 경향이 있다.

---

18) Kevin Vanhoozer, *The Drama of Doctrine*, 43-44. 다른 사람들도 똑같이 말한다. Johnson, *Rethinking Trinity*, 216; Sanders, *The Deep Things of God*, 9-10; Emery, *The Trinity*, ix.
19) Sanders, *The Deep Things of God*, 14. 증거 본문을 쌓는 식의 접근법에 관한 반박은 33-36, 43을 보라. 경건주의적이고 합리주의적인 접근 방식에 관해서는 38도 보라.

십보라의 경우에서 보았듯이, 복음 자체가 모두 삼위일체에 대한 것이므로 삼위일체가 복음을 규정해 준다. 아버지가 우리를 구속하기 위해 자신의 독생자를 보내셨고, 아버지와 아들이 우리 안에서 그 구속을 적용하기 위해 성령을 보내셨다. 우리의 구원을 위해 삼위일체의 개입이 있었다.

이 객관적 복음을 주관적으로 받아들이고 이것을 교회의 삶에서 우리에게 지속적으로 적용하는 것까지도 삼위일체적이다. 성령으로 거듭나 새 생명을 얻었기에, 우리는 아들에게로 부르심을 받고, 우리의 구원자 그리스도를 믿는 믿음을 얻으며, 그분의 삶과 죽음과 부활에 근거해 아버지의 은혜의 보좌 앞에 나아간다. "이는 그(그리스도)로 말미암아 우리 둘이 한 성령 안에서 아버지께 나아감을 얻게 하심이라"(엡 2:18). 성령의 능력으로 그분의 아들에게 연합되었기에, 우리는 신격의 하나 또는 두 위격이 아니라 세 위격 모두와 교제하기 시작한다. "너희도 성령 안에서 하나님이 거하실 처소가 되기 위하여 그리스도 예수 안에서 함께 지어져 가느니라"(엡 2:22; 참조. 엡 3:14-17).

그 결과, 그리스도인의 삶에서 가장 실제적인 요소가 영향을 받는다. 예를 들면, 우리는 성령으로 아들을 통해 아버지께 기도한다. 예배하러 모일 때, 성례들은 우리를 같은 방향으로 이끄는데, 성령의 능력으로 우리가 회개하며 우리와 우리의 구원을 위해 아버지가 보내신 독생자를 믿게 한다. 바울이 말하듯이, 우리는 하나님의 성령으로 봉사하며(worship, 예배하며) 그리스도 예수로 자랑한다(빌 3:3). 가이사랴의 바실레이오스(Basileios)는 우리가 "성령의 비췸을 받아 아들을 보고, 형상이신 그분에게서 아버지를 본다."라고 말한다.[20] 복음이 삼위일체적 하향을 계시한다면, 우리가 그 복음을 받아들임에는 하나님의 삼위일체적 삶으로 들어가는 상향이 포함된다.

---

20) Basil of Caesarea, *Letter* 26.3에 나오는 말이며, Emery, 11에서 인용했다. 다음도 보라. Irenaeus of Lyons, *On the Apostolic Preaching* 7, trans. John Behr (Crestwood, NY: St. Vladimir's Seminary Press, 1997), 44.

더욱이 복음의 삼위일체적 성격은 삼위일체 하나님이 그분 자체로, 창조 및 구원과 별개로 누구이신지에 관해 복음이 우리에게 무엇인가를 말해 준다는 뜻이기도 하다. 우리는 예수 그리스도의 복음의 신비에 깊이 들어갈수록 구원사에서 아들의 파송(mission), 즉 아버지가 아들을 보내셨다는 사실이 아들의 영원한 기원, 곧 그분이 영원 가운데서 아버지로부터 나오셨음을 반영한다는 것을 더 많이 발견한다.

이 패턴은 전체 삼위일체에 적용된다. 다시 말해, 아버지가 아들을 보내시고 아버지와 아들이 성령을 주신다. 이러한 파송은 임의적이지 않고 오히려 하나님의 삼위일체성에 관해 고유한 무엇인가를 계시한다. 아버지가 아들을 세상에 '보내신다.' 세상과 별개로 아버지에 의해 영원히 '나신'(출생하신) 분이 아들이시기 때문이다. 마찬가지로, 아버지와 아들이 성령을 '주시며' 성령이 세상에 내려오신다. 아버지와 아들이 세상과 별개로 성령을 영원히 '내쉬거나' '출송하시기' 때문이다. 핵심은 시간적 파송들이 영원한 관계들을 계시한다는 것이다.[21]

그런데도 많은 그리스도인에게 장벽이 남아 있다. 그리스도인들은 복음이 처음부터 끝까지 삼위일체적이라는 것을 알고 흥분하며, 구원사에서 일어나는 파송들이 삼위일체 하나님이 그분 자체로 누구이신가에 관해 우리에게 뭔가 영원한 것을 말해 줌을 발견하고 너무 기뻐서, 성경 페이지마다 삼위일체가 튀어나오리라고 기대하며 성경으로 달려간다. 그러나 창세기부터 시작해 수백 페이지를 읽어도 삼위일체가 어떤 식으로도 분명하고 웅장하게 드러나지 않는 것에 실망하게 된다.

그래서 새롭게 발견한 삼위일체적 열정이 식기 시작한다. 피곤하고 좌절해 있을 때 의심이 기어든다. '삼위일체라는 게 신약성경의 발명품일 뿐인 건 아

---

21) "작용(operating)의 양태는 실재(subsisting)의 방식을 닮는다"(van Mastricht, *Theoretical-Practical Theology*, 2:505).

닌가? 삼위일체가 내가 믿는 복음의 핵심이라고 들었는데, 도대체 왜 내 성경에는 200페이지밖에 남지 않은 시점까지 삼위일체가 웅장하게 등장하지 않는 거야?'

내부 장식이 무슨 상관이지?

때로 역사의 전환점이 그 이야기의 배경에서 발견된다는 데 주목해 보았는가? 종교개혁이 한 예다. 우리는 무명의 독일 수도사 마르틴 루터(Martin Luther)와 그가 비텐베르크 성(城) 교회 문에 내건 95개조 반박문 이야기나, 젊고 감수성 예민한 장 칼뱅(Jean Calvin)의 상아탑 같은 열망을 하나님이 저주하지 않으시도록 그를 위협해서 제네바에 남아 목회하게 했던 불같은 기욤 파렐(Guillaume Farel)의 이야기를 하길 좋아한다.

그러나 가장 확실한 개혁의 표식은 때로 가구에서 일어나는 미묘하고 조용한 변화였다는 것을 명심하라. 그렇다. 가구다. 16세기에 살았다면 로마의 어느 성당에 들어가든지 가장 먼저 마주하는 대상 중 하나는 앞쪽 중앙에 자리한 제단이었을 것이다. 화체(transubstantiation)의 기적, 빵과 포도주가 예수님의 몸과 피로 바뀌는 기적이 제단 위에서 일어난다고 했기 때문이다. 그러나 종교개혁에 참여한 교회에 들어간다면 설교단과도 마주했을 것이다. 하나님의 모든 백성이 하나님의 모든 말씀을 들을 수 있도록 설교단이 때로 기둥에 붙어 있었다.

이 단순한 (그러나 논란이 많은) 건축 양식의 변화는 최종 권위가 어디에 있는지 말해 주었다. 하나님의 말씀이었다. 복음 자체를 성경에서 찾을 수 있기에, 루터는 성경, 구체적으로 구약성경이 그리스도께서 탄생하신 포대기라고 했다.

내부 장식이 우리의 삼위일체 교리에도 중요하다는 것을 아는가? B. B. 워필드(B. B. Warfield)는 삼위일체의 계시를 방 안에 자리한 가구들에 비유했다.[22] 처음에는 불이 침침하다. 그래서 방 안의 사물이 보이더라도 그리 잘 보이지 않는다. 그러나 불이 밝아지면서 가구들을 식별할 수 있고, 점점 더 밝아지면서 처음부터 어떤 가구들이 어떻게 배치되어 있었는지 더 잘 알게 된다. 불이 켜질 때 가구들이 갑자기 생겨난 게 아니었다. 가구들은 늘 그 자리에 있었다. 그렇다면 무엇이 달라졌는가? 우리의 시력이 달라졌다. 방 안이 어두울 때는 우리가 가구를 볼 수 없었지만, 빛이 조금 비치자 새로운 가구로 보이는 것들이 나타났다. 사실, 벨벳 소파, 오크 책장, 벽에 걸린 고흐(Vincent Willem van Gogh) 그림은 내내 그곳에 있었다.[23]

내부 장식은 삼위일체가 역사에서 우리에게 어떻게 계시되는지에 관해 세 가지 핵심을 가르친다.

1. **두 세계 사이에서.** 한 분 하나님 안에 복수성이 있다는 숱한 암시가 구약성경 전체에 나타나지만, 삼위일체는 역사상 특별한 시점에 풍성히 계시된다. 구약성경과 신약성경 사이다(흔히 알고 있는 신구약 중간기가 아니라 구약성경이 완결된 후 신약성경이 기록되기 이전까지를 말하며, 여기에는 예수님의 생애도 포함된다-옮긴이). 삼위일체가 아들 예수 그리스도의 성육신으로 충만한 빛을 내기 시작하면서, 자신의 삼위일체성을 드러내는 하나님의 충만한 계시는 구약성경이 기록된 후 신약성경이 기록되기 전에 일어난다. 아들의 성육신과 성령의 강림으로 삼위일체가 하나님 백성의 구원에서 계시되고, 이로써 신약성경 기자들은 각자의 서신에서 아버지와 아들과 성령에 관해 말하고 고백할 게 많아진다.[24]

---

22) Warfield, "The Biblical Doctrine of the Trinity," in *Biblical and Theological Studies*, 33.
23) Bavinck, *Reformed Dogmatics*, 2:261.
24) 요한복음 15장 26절; 고린도후서 13장 14절; 요한일서 5장 1-12절. Bavinck, *Reformed Dogmatics*, 2:269.

우리는 21세기 그리스도인으로서 이것을 상기해야 한다. 십자가 이편에서, 우리는 완결된 정경, 즉 우리가 말하는 영감된 성경에 포함된 모든 책을 손에 든 채 구약 끝 페이지에서 신약 첫 페이지까지 몇 초 만에 넘어간다. 그러나 잊지 말라. 그 한 페이지 사이에 수백 년이 흐른다. 다름 아닌 그리스도 바로 그분이 구약과 신약을 하나로 묶으신다. 그분은 기독론적 죔쇠이시다.[25] 그리스도의 오심은 하나님이 구약에서 하신 모든 언약의 약속이 성취되었다는 뜻일 뿐 아니라, 하나님 자신이 아버지와 아들과 성령으로 완전히 계시되셨다는 뜻이다. 구속을 통해 계시가 오고 계시를 통해 구속이 온다.[26] 삼위일체는 단지 구원에 이르는 수단이 아니다. 삼위일체는 하나님의 백성에게 구원이다.

성경은 삼위일체적인가?

"책(성경) 전체가 속속들이 삼위일체적이다. 성경의 모든 가르침이 삼위일체라는 전제 위에 세워진다. 성경은 삼위일체를 빈번하고 신속하게, 쉽고 확실하게 암시한다."
B. B. 워필드(B. B. Warfield), "성경적 삼위일체론"(The Biblical Doctrine of the Trinity)

2. **완전해지고 확대되며 커졌다.** 많은 회의주의자가 생각하듯이, 삼위일체가 발명품이며 신약성경이 구약성경의 일신론을 수정한 것이라고 여겨서는 안 된다. 오히려 삼위일체가 불을 밝히고 빛을 발하는 완전한 모습으로, 삼위일체 계시의 광휘로 우리의 눈앞에 다가왔다고 생각해야 한다. 워필드는 이렇게 말한다. "삼위일체의 신비는 구약성경에 계시되지 않는다. 그러나 삼위일체의 신비가 구약 계시의 기저를 이루며 여기저기서 드러나 보인다."

앞서 언급한 십보라를 기억하는가? 십보라는 십자가에 달리신 그리스도를 보며 요한의 말을 떠올렸다. "보라 세상 죄를 지고 가는 하나님의 어린 양이

---

[25] Barrett, *Canon, Covenant, and Christology*.
[26] Barrett, *God's Word Alone*; Barrett, *Canon, Covenant, and Christology*.

로다." 그러자 빛이 비쳤다. 이사야 같은 선지자들뿐 아니라 제사 제도 전체가 이 캄캄한 구속의 날을 가리켰다. 이런 이유로, "구약성경에서 하나님의 계시는 이어지는 더 완전한 계시에 의해 수정된 게 아니라, 완전해지고 확장되며 커졌을 뿐이다."[27]

구약성경이 삼위일체를 가리키는가?

삼위일체의 여러 자취가 구약성경에 나타난다.

- 이름 간의 구분: 엘로힘과 여호와
- 복수형 엘로힘
- 하나님의 사자
- 욥기 28장 12-27절과 잠언 8장에서 의인화된 지혜
- 의인화된 하나님의 말씀(신적 속성들을 가짐)
- 하나님의 영
- 하나님이 자신을 복수로 말씀하심
- 거명된 여러 위격
- 거명된 세 위격

게할더스 보스(Geerhardus Vos)의 『개혁 교의학』(*Reformed Dogmatics*)에서 이것을 비롯한 더 많은 것을 찾아볼 수 있다.

'확대되었다'(extended). 나는 이 단어를 좋아한다. 하나님의 삼위일체성(triunity)이 구약성경의 토양에 뿌려졌고 때가 되자 아들의 빛에 싹이 트고 꽃이 피었다. 이것이 히브리서가 말하는 것이 아닌가? "옛적에 선지자들을 통하여 여러 부분과 여러 모양으로 우리 조상들에게 말씀하신 하나님이 이 모든 날 마지막에는 아들을 통하여 우리에게 말씀하셨으니"(히 1:1-2). 히브리서의 범주에서 생각하면, 삼위일체는 신약성경의 발명품이 아니라, 그분의

---

27) Warfield, "The Biblical Doctrine of the Trinity," 142.

아들이 오심으로써 하나님의 옛 약속이 성취될 때 총천연색으로 계시되는 것이다.[28]

3. 당신의 품에 성경을 안겨 주었다. 삼위일체는 신약성경과 구약성경 사이에서 적어도 충만하게 드러났다. 그렇더라도 성경은 하나님이 자신의 백성에게 자신의 삼위일체성을 알리신 기록된 하나님의 결정적 계시다. 신약성경에서, 구약성경의 삼위일체 하나님은 이 세상 무대의 밝은 빛으로 나오셔서 이전에 예표되었던 자신의 삼위일체성을 드러내신다. 그러나 이렇게 하신 후, 하나님은 우리에게 성경, 곧 삼위일체 하나님 자신의 감동으로 된 성경을 주심으로써 자신의 삼위일체성에 관한 영구적 증언을 남기신다. 아버지는 자신의 성령으로 자신의 말씀을 계시하셨다.

이 마지막 핵심을 과소평가해서는 안 된다. 그렇다. 우리의 하나님은 자신의 삼위일체성을 다름 아닌 복음에 더 자세히 계시하신다. 성육신에서, 우리는 아들뿐 아니라 아버지와 성령도 만난다. 그러나 이제 그리스도께서 승천해 아버지 오른편에 앉아 계시는데 어떻게 이 삼위일체 복음이 우리에게 오는가? 대답은 이것이다. 성경에서다. 성경은 성문화된(inscripturated) 삼위일체 복음이다. 기록된 하나님의 말씀(그 자체가 특별 계시의 한 형태다)은 하나님이 정하신 매체이며, 우리는 이것을 통해 가장 충만하고 가장 결정적인 삼위일체 지식을 얻는다. 하나님은 참으로 기발하시다. 성경은 우리와 우리의 구원을 위해 삼위일체가 저자이심을 계시할 목적으로 삼위일체 하나님이 내쉬신 것이다.[29]

복음과 그 복음이 삼위일체를 어떻게 계시하는지를 이렇게 강조하더라도 또 다른 질문이 제기된다. 우리가 바로잡아야 하는 질문이다.

---

28) 개혁파 스콜라주의자들, 특히 존 오웬(John Owen)이 이 점을 강조했다. Muller, *PRRD*, 4:216을 보라.
29) 삼위일체와 일반 계시에 관해서는 다음을 보라. Aquinas, *Summa* 1a.32.1; 1a.39.7; Turretin, *Institutes*, 1:266; Muller, *PRRD*, 4:165; Swain, "Divine Trinity," 82.

질문: 삼위일체는 구원의 경륜, 특히 복음에서 우리에게 계시된다. 그러나 우리는 하나님이 영원에서 누구이신지와 구원사에서 행하시는 하나님의 행위를 융합해야 하는가?

답변: 아니다.

눈앞의 위험: 융합

우리는 계시의 선물, 곧 삼위일체 하나님을 아는 지식을 주는 선물에 흥분한 나머지 거만해져서 성육신(복음)에서 일어나는 것이 삼위일체에 관한 전부라고 생각할는지 모른다. 마치 삼위일체 자체로 누구이신가 하는 것은 상관이 없고, 무엇이든 삼위일체 하나님이 창조와 구원에서 하시는 일이나 예수 그리스도께서 지상 사역 중에 하시는 일에만 함몰하기라도 하듯이 말이다. 많은 신학자가 말한다. 존재론은 잊어라. 기능이 핵심이다.

극단적으로, 우리는 삼위일체 하나님이 구원사에서 하시는 행동들이 영원에서의 삼위일체 위격들을 단지 '계시하는'(reveal) 것이 아니라 '구성한다.' (constitute)라고 생각할는지 모른다(3장을 보라). 어느 쪽의 위험이든 한 단어로 요약될 수 있다. '융합'(conflation)이다. 삼위일체 하나님 자신이 누구이신지가 역사에서 일어나는 일과 융합된다. 사실 그대로 말하면, 영원한 하나님이 '역사화된다'(historicized). 그것도 복음의 이름으로.

다른 사람들을 손가락질하기 전에, 이 위험이 저 밖 어딘가에 있는 게 아니라는 것을 깨달아야 한다. 우리 자신의 진영 안에 도사린 위험이다. 개인적인 경험으로 말하건대, 성경을 믿고 복음 중심적이며 그리스도께 온통 몰입된 우리 복음주의자들은 이 위험, 곧 융합에 취약하다. 이 말이 얼마나 혼란스럽게 들리는지 나도 안다. 어쨌든 내가 방금 복음을 강조했고 복음이 어떻게 삼위일체를 계시하는지 강조하지 않았던가? 그러나 주목하라. (1) 복음이 삼위일체를 계시한다는 말과 (2) 복음이 삼위일체를 구성한다는, 심지어 창조한다는 말은 전혀 다르다. 이상하게 들릴는지 몰라도, 우리 복음주의자들은 복음의 범주들을 벗어나 표류한다는 사실을 숨기면서 (1)에서 (2)로 표류하기 쉽다.

하나님이 우리를 구원하려고 하신 일에 건강하게 초점을 맞추더라도, 우리의 구원을 거듭 말하면서 정작 복음이 경배하는 궁극적 대상인 삼위일체 하나님을 말하는 것을 잊을는지 모른다. 복음은 우리로 우리 자신을 넘어 하나님을 알고 하나님이 그분 자체로 누구이신지 알게 해야 한다. 우리는 하나님이 우리를 위해 하시는 일에 초점을 맞추더라도, 그분이 우리와 별개로 누구이신지, 왜 후자가 없이는 복음도 없는지를 이따금 잊는다.

우리는 어떻게 융합을 피하는가?

융합의 위험을 피하려면, 신학적으로 엄밀해야 하는데, 엄밀함이 필요할 때마다 명확히 하는 데 도움이 되는 단어와 어구도 필요하다.

우선, '내재적 삼위일체'(immanent Trinity)와 '경륜적 삼위일체'(economy Trinity)를 구분해야 한다. 내재적 삼위일체란 삼위일체 하나님이 영원에서, 창조 세계와 별개로 누구이신지를 가리킨다. 때로 내재적 삼위일체를 '존재론적 삼위일체'(ontological Trinity)라고 부른다. 기억하라. 존재론은 존재 연구를 의미하며, 이 경우 하나님의 존재, 곧 그분의 본질이나 본성에 관한 연구를 가리킨다. 따라서 내재적 삼위일체를 말한다는 것은 삼위일체 하나님이 내부적으로, 그분 자신에 따라, 그분 자체로, 창조 세계와 별개로 누구이신지를 말한다는 것이다.

경륜적 삼위일체란 삼위일체 하나님이 창조 세계를 향해 어떻게 행동하시는지를 가리킨다. 경륜적 삼위일체는 삼위일체 하나님이 창조와 섭리와 구속에서 하시는 외적 활동을 기술한다.

라틴어가 이해에 도움이 된다. 우리는 창조 세계와 별개로 영원의 삼위일체(내재적 삼위일체)를 말할 때, 오페라 아드 인트라(opera ad intra), 곧 삼위일체의 내적 활동(사역, 작용)을 가리킬 수 있다. 그러나 삼위일체가 그분의 창조 세계를 향해 어떻게 행동하시는지(경륜적 삼위일체) 말할 때는, 오페라 아드 엑스트라(opera ad extra), 곧 삼위일체의 외적 활동(사역, 작용)을 가리킬 수 있다.

백만 달러짜리 질문이 있다. 내재적 삼위일체와 경륜적 삼위일체는 어떤 관계인가? 3장에서 배웠듯이, 카를 라너(Karl Rahner)는 이렇게 말했다. "경륜적 삼위일체가 내재적 삼위일체이고, 그 역도 성립한다." 라너는 이것이 삼위일체 신학의 '근본 공리'(fundamental axiom)라고 했다.[30] 다른 곳에서, 라너는 자세하게 말한다. "두 신비, 곧 우리의 은혜라는 신비와 하나님 자신이라는 신비가 똑같이 무한한 신비다."[31]

라너의 규칙을 어떻게 이해해야 하는가? 그의 말이 단지 두 삼위일체가 아니라 한 삼위일체가 있을 뿐이고 삼위일체 하나님의 경륜적 사역 곧 세상과 관련된 그분의 외적 활동이 그분이 그분 자체로 누구이신지(내재적 삼위일체)에 관해 참된 것을 계시한다는 뜻이라면 아주 공정하다. 내재적 삼위일체와 경륜적 삼위일체를 둘로 나누는 위험을 피해야 한다. 예를 들면, 하나님의 말씀의 커튼 뒤에 다른 삼위일체, 곧 이중적이며 성경에서 계시된 삼위일체와 상충하는 제2의 삼위일체가 있는 것이 아니다. 삼위일체는 두 얼굴을 하고 있거나 조현병 환자가 아니다.

---

30) Rahner, *The Trinity*, 24.
31) Rahner, *Theological Investigations*, 4:98.

게다가, 삼위일체를 아는 지식과 관련해, 하나님이 아버지와 아들과 성령으로서 그분 자체로 누구이신지를 조금이라도 참되게 알 수 있는 방법은 하나뿐이다. 하나님의 계시 행위(예를 들면, 성육신과 오순절)와 말씀(그리스도와 성경)을 통하는 것이다.

삼위일체 불가지론자(trinitarian agnostics)가 되어서는 안 된다. 마치 내재적 삼위일체와 경륜적 삼위일체의 구분이 하나님을 아는 참 지식을 전혀 얻지 못하는 결과를 낳기라도 하듯이 말이다.

그뿐 아니라, 삼위일체 이분법(trinitarian dichotomy)을 만들어 내려고 해서도 안 된다. 마치 삼위일체 하나님이 그분의 창조 세계를 향해 참된 것을 전혀 말씀해 주시지 않으며 또한 이 영원의 삼위일체 하나님이 누구이신지를 어떤 비유로도 묘사할 수 없기라도 하듯이 말이다.

이러한 변질된 견해들이 참이라면, 이 책은 실제로 매우 짧을 것이다. 나는 할 말이 그리 많지 않을 것이다.

그렇더라도 라너의 규칙을 의심할 이유가 있다.

'–이다.'라는 단어의 의미가 무엇이냐에 달렸다

미국 대통령들은 하나같이 논쟁의 대상이었다. 그런데 악명 높은 온갖 스캔들이 때로 단 한 줄로, 때로 단 한 단어로 기억된다는 사실에 주목해 보았는가?

예를 들면, 워터게이트 스캔들은 리처드 닉슨(Richard Nixon)이 민주당 선거 운동 지휘 본부에 잠입한 계략을 폭로했다. 이 사건과 무관해 보이려고, 닉슨은 미국 전역에 방송되는 텔레비전에서 "나는 사기꾼이 아닙니다!"라고 주장했다.

빌 클린턴(Bill Clinton)과 모니카 르윈스키(Monica Lewinsky)의 성관계에 관한 대배심 재판을 생각해 보라. 클린턴의 변호사는 이렇게 말했다. "클린턴 대통령과의 그 어떤 종류, 그 어떤 방식, 그 어떤 형태의 섹스도 절대 있지 않았습니다." 이 말에 관해 질문을 받았을 때, 대통령은 이렇게 답했다. "그건 '있다.'라는 단어의 의미가 무엇이냐에 달렸습니다."

라너의 규칙에 대해서는 정치적으로 스캔들이 될 만한 게 전혀 없다. 그러나 이제는 우스갯소리가 되어 버린 클린턴의 말과 달리, 라너의 규칙은 '-이다.'라는 단어의 의미가 무엇이냐에 달렸다. 라너의 규칙이, '-이다.'라는 단어가 내포하는 것처럼, 경륜적 삼위일체가 내재적 삼위일체와 동일시되어야 한다는 의미라면 문제가 있다. 라너의 규칙이 "그 역도 성립한다."(vice versa)라고 했다는 데 주목하라. 이것은 경륜적인 것이 내재적일 뿐 아니라 내재적인 것이 경륜적이기도 하다는 뜻이다. 삼위일체 하나님이 그분 자체로 누구이신가 하는 것은 삼위일체 하나님이 역사에서 누구이신가 하는 것이다. 이것이 미심쩍은 이유는 많다.[32]

첫째, 이것은 삼위일체 하나님이 창조 세계와 별개로 누구이신지와 그분이 창조 세계에서 무엇을 하시는지를 융합함으로써 계시의 목적을 왜곡한다. 결국, 남아 있는 게 거의 없다. 하나님이 자신의 피조물에게 자신의 능한 일과 말씀을 통해 자신의 삼위일체성을 말씀하시는 것은 영원의 삼위일체 하나님에 관해 참된 것을 계시한다(7장을 보라). 그러나 하나님이 창조 세계를 향한 계시적 행위에서 누구이신지가, 그분이 창조 세계와 별개로 누구이신지를 고갈시킨다고 생각해서는 안 된다.

바꾸어 말하면, 삼위일체의 경륜적·외적 일들이 삼위일체에 관해 참인 그 무엇을 계시할 수 있겠지만(그 무엇이 정확히 무엇인지에 관해서는 신중해야겠지만),

---

32) 다음 비판은 Emery, *The Trinity*, 177에 신세를 졌지만, 나의 핵심은 그의 핵심과 정확히 일치하지는 않으며, 때로 계시에 더 초점을 맞춘다.

이 삼위일체 하나님이 그분 자체로 누구이신지가 그분이 역사에서 하시는 외적 행위들, 곧 일시적일 수 있기까지 한 행위들로 격하될 수 있다고 생각해서는 안 된다. 이렇게 생각한다면, 인간의 한계나 특징을 하나님께 부가하는 꼴일 것이다.

예를 들면, 몰트만 같은 현대 사상가를 생각해 보라. 위르겐 몰트만(Jürgen Moltmann)은 십자가를 보면서 아들이 그분의 인성에서 고난받으신다면 그분의 신성에서도 고난받으셔야 할 뿐 아니라 삼위일체 전체도 고난받는다고 생각했다. 하나님이 십자가에 달리셨다. 하나님이 돌아가셨다. 몰트만은 내재적 삼위일체를 경륜적 삼위일체에 밀어 넣었고, 이로써 그리스도께서 성육신 때 취한 인성이 영원에서 전체 삼위일체의 신성을 규정하게 했다.

EFS주의자들을 보라. 이들은 아들이 구원을 위해 성육신 중에 아버지께 복종하신 것을 보면서 아들이 영원에서도, 심지어 내재적 삼위일체 안에서도 아버지의 권위에 종속되어야 한다고 생각한다(8장을 보라). 아들의 하위성이 아들이 세상과 별개로 누구이신지를 규정한다. 이것이 아들을 아들이게 한다. 몰트만처럼, EFS(eternal functional subordination, 영원한 기능적 종속)는 성육신(이 경우, 복종) 중의 인간 특성을 취해 창조 세계와 별개인 아들의 신적 위격에 투영하며, 그 결과 계층 구조가 영원에서의 삼위일체의 내적 삶을 규정한다. 이것들은 영원을 역사에 가두며, 따라서 인성의 특성과 한계가 신성에 투영되는 예다. 그리스도의 인간 경험에서 일어나는 일이 전체 신격의 신성에 투영된다. 근본적으로, 이것은 '종'의 형체를 띤 그리스도와 '하나님'의 형체를 띤 그리스도를 구분하지 못하는 것이다.

기독론이 삼위일체를 삼켰다. '우리의 삼위일체 하나님은 길들여졌고 우리의 형상으로 창조되었다.'

이 첫째 문제는 아이러니를 드러낸다. 다시 말해, 라너는 스콜라주의가 삼위일체를 영원에 가두었다고 믿었기에(위대한 전통을 생각하라) 삼위일체를 해방하려고 했다. 그런데 라너의 규칙도 하나님을 가두었다. 차이라면 삼위일체의 감옥이 영원이 아니라 역사라는 것이다. 하나님 자신은 땅에서 이뤄지는 그분과 피조물 간의 상호 작용에 지나지 않는다.

내재적 삼위일체와 경륜적 삼위일체

내재적 삼위일체	경륜적 삼위일체
내적 활동들(opera ad intra)	외적 활동들 또는 파송들(opera ad extra)
그분 자체로서의 삼위일체 하나님	창조 세계와 연결되는 삼위일체 하나님
삼위일체 하나님의 영원한 삶	삼위일체 하나님이 역사에서 하시는 행위들: 창조, 섭리, 구속
경륜적 삼위일체에 의해 고갈될 수 없다.	내재적 삼위일체에 관해 무엇인가 참된 것을 계시하지만 내재적 삼위일체를 고갈시키지 않는다.
삼위일체에 의해서만 완전하게 알려지는 하나님의 숨겨진 깊은 것들	삼위일체 하나님의 능한 행위와 말씀에 의해 피조물들에게 계시된다.

둘째, 영원의 하나님과 그분이 역사에서 하시는 행위들을 융합하면, 하나님을 창조 세계 자체보다 크지 않게 할 위험이 있다. 이것은 하나님이 그분 자체로 영원에서 갖는 무한한 삼위일체성을 그분이 자신의 피조물들을 향해 취하시는 행동의 결과로 축소한다.

(우리가 말했듯이) 경륜적 삼위일체가 내재적 삼위일체를 어느 정도, 어떤 특별한 방식으로 계시한다고 말할 수 있다. 예를 들면, 아들을 보내심은 아들의 영원한 출생을 반영한다. 그러나 경륜적 삼위일체가 내재적 삼위일체를 구성한다고 말하거나, 마치 아버지를 아들 및 성령과 구분하는 것이 그분이 세상에서 하시는 행위들이기라도 하듯이 경륜적 삼위일체 안에 있는 어떤 것, 그리고 모든 것(고난, 복종)이 다시 내재적 삼위일체에 투영되어야 한다고 말하는

것은 전혀 다르다.[33] 질 에므리(Gilles Emery)는 이렇게 경고한다. "구원사는 삼위일체를 드러내지만 아버지와 아들과 성령에게 뚜렷이 구분되는 위격성을 부여하는 것은 구원의 경륜이 아니다. …경륜이 삼위일체를 구성하는 것이 아니다."[34] 하나님이 역사에서 하시는 행위들은 그분의 삼위일체성에 관해 무엇인가를 계시할 테지만 하나님의 삼위일체성이 역사에 달려 있지 않을 뿐더러 역사에서 일어나는 모든 일이 삼위일체의 내재적이며 영원한 정체성에 투영되어야 하는 것도 아니다.

하나님은 당신을 필요로 하지 않으신다. 이것은 좋은 소식이다

우리는 내재적 삼위일체와 경륜적 삼위일체를 구분함으로써 하나님의 자존성(aseity)을 지킨다. 자존성은 하나님이 그분 자체로 생명이시라는 뜻이다. 하나님은 자신의 존재나 행복을 그 누구나 그 무엇에도 의존하지 않으신다(행 17:24-29). 피조물들은 창조자가 아니라 파생되고 의존하는 존재다. 내재적 삼위일체와 경륜적 삼위일체를 구분하지 않으면, 창조자와 피조물 간의 이러한 핵심적 차이가 없어지고 하나님의 자존성이 사라진다.

관계와 파송

라너의 규칙이 일으킨 모든 혼란에, 어떤 사람들은 내재와 경륜이 아닌 다른 용어, 더 구체적이며 과거의 융합과 투영의 함정을 피하는 어휘를 사용하는 게 지혜롭지 않을까 생각했다. 내재와 경륜을 잘못 사용하면 경륜의 우산

---

33) 자일스(Giles)는 *The Eternal Generation of the Son*, 224에서 다음에 맞서 이렇게 주장한다. Feinberg, *No One Like Him*, 448-498; Erickson, *God in Three Persons*, 309-310; Erickson, *Who's Tampering with the Trinity?*, 179-184. 마셜(Marshall)도 "The Unity of the Triune God: Reviving an Ancient Question," 14-15에서 비슷한 주장을 한다.
34) Emery, *The Trinity*, 177.

아래 있는 것은 무엇이든(고난, 종속, 변화 등) 내재에 투영하고 "경륜이 내재를 계시하는 게 맞지? 맞아!"라고 주장하기 쉽다.

내재와 경륜이라는 용어를 완전히 버리지 않으면서 '관계'(relation)와 '파송'(mission) 같은 훨씬 구체적인 용어를 사용하는 게 지혜로울 수도 있다.[35] 기억하라. 내재적 삼위일체란 하나님이 그분 자체로 누구이신지, 즉 오직 기원의 영원한 관계들에 의해 세 위격으로 구분되는 한 분 하나님을 가리킨다. 이는 나지 않으신 아버지, 나신 아들, 출송되시는 성령이시다(2장을 보라). 이러한 기원의 영원한 관계들, 오직 이러한 관계들만이 삼위일체 내부의 내적이며 영원한 배열(발출)을 설명한다(아버지되심, 아들되심, 출송). 그러나 이 관계들은 삼위일체의 외적이고 시간적인 파송들도 설명한다.

예를 들면, 아버지가 아들을 보내어 역사에서 성육하게 하시는 것이 적절한 이유는, 아버지가 아들을 영원에서 낳으시기 때문이다. 아버지와 아들이 역사에서 성령을 보내시는(주시는) 것이 적절한 이유는, 아버지와 아들이 함께 (한 근원으로서) 영원에서 성령을 출송하시기 때문이다. 그러나 융합을 피하기 위해 아주 분명히 해야 한다. 영원에서 낳음(begetting)과 출송(spirating)은 구원사에서 보냄(sending)과 줌(giving)과 같지 않다. 낳음과 출송은 영원하고 내적이며, 삼위일체 하나님 안에서 만세 전에, 세상과 별개로, 세상과 독립적으로 일어났다. 그러나 보냄은 아들과 성령이 단번에 영원히 성취해야 하는 구체적 사명을 안고 세상에 보내졌다는 의미에서 시간적이고 외적이다.

우리는 자신을 너무 대단하게 생각하지 않도록 정신을 차리고, 설령 우리의 삼위일체 하나님이 우주를 창조하지 않으셨더라도, 설령 우리의 삼위일체 하나님이 세상을 구원하려고 자신의 아들을 보내지 않으셨더라도, 기원의 영원한 관계들이 여전히 참이라는 것을 기억해야 한다. 기원의 영원한 관계들

---

[35] 이전 신학자들은 신학(theology)과 경륜(economy), 발출(procession)과 파송(mission)이라는 용어를 사용했다.

은 창조 및 구원과는 독립적이다. 하나님은 창조하시거나 구속하시는 것과 상관없이 삼위일체이시다. 우리는 아버지가 아들을 세상에 보내심이 아들을 영원 전에 낳으신, 나지 않으신 아버지로서 그분의 관계를 구성한다거나, 또는 아버지와 아들이 성령을 세상에 보내심이 영원 전에 출송되신 성령으로서 그분의 관계를 구성한다는 현대의 믿음을 거부한다. 이렇게 함으로써, 우리는 삼위일체 하나님의 자유와 자존성(자존과 자기 충족)을 지킨다.

다시 말해, 창조하거나 구원하시든지 또는 그러지 않으시든지 간에 하나님은 삼위일체이시다. 시간을 초월하는 영원한 하나님으로서, 하나님의 삼위일체성은 결코 세상의 창조나 구원에 달려 있지 않다. 존 길(John Gill)이 말하듯이, "단 한 피조물도 창조되지 않았더라도, 단 한 영혼도 구원받지 않았더라도, 단 한 죄인도 성화되지 않았더라도, 하나님은 지금의 그분 그대로이며 세 위격으로 계시는 한 분 하나님이셨을 것이다."36) 삼위일체 하나님은 선택적으로 은혜를 베푸시지만, 본성적으로, 필연적으로 살아 계신다.37)

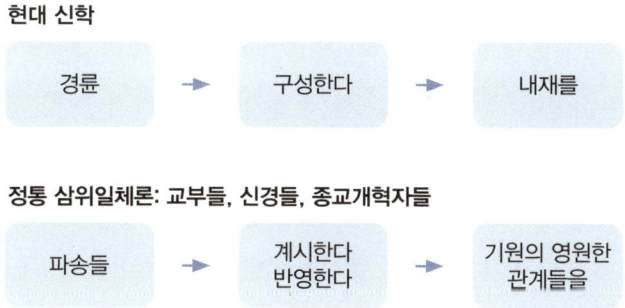

파송들이 관계들을 계시한다

---

36) Gill, *Body of Divinity*, 141.
37) Gill, *Body of Divinity*, 142.

그러나 이것은 기원의 영원한 관계들이 삼위일체의 시간적 파송들에 반영되지 않는다는 뜻이 아니다. 파송들은 관계들을 계시한다. 동일한 파송들이 결코 관계들을 구성하지 않더라도 말이다. 예를 들면, 6장에서는 영원한 출생, 곧 아들의 기원의 영원한 관계(또는 위격적 특성)에 초점을 맞출 것이다. 거기서 아들의 시간적 파송(아버지에 의해 보내지심)이 그분이 영원 전에 아버지에 의해 나신 아버지의 독생자로서 갖는 기원의 영원한 관계를 계시하기 위해(구성하기 위해서는 아니다) 계획된다는 것을 배울 것이다. 아우구스티누스 (Aurelius Augustinus)가 말하듯이, "아버지가 낳으셨고 아들이 나셨듯이, 아버지가 보내셨고 아들이 보내지셨다."38) 성령의 경우도 다르지 않다. 아버지와 아들이 구원 사역을 완성하도록 성령을 보내심과 주심이 성령의 기원의 영원한 관계, 즉 출송, 영원 전부터 아버지와 아들로부터 발출하심을 계시하기 위해(구성하기 위해서는 아니다) 계획된다. 아우구스티누스는 "성령이 하나님의 선물이라는 것이 성령이 아버지로부터 발출되심을 의미하듯이, 성령이 보내지신다는 것도 성령이 아버지로부터 발출되시는 것으로 알려짐을 의미한다."라고 말한다.39) 보내지심(아들)과 주어지심(성령)이라는 성경적 언어에 관해서는 몇 장에 걸쳐 살펴볼 것이다.40)

요약하면, 시간적 파송들, 즉 아들을 보내심과 성령을 주심은 기원의 영원한 관계들(영원한 출생과 출송)을 계시할 수 있지만, 시간적 파송들은 결코 기원의 영원한 관계들을 구성하지 않는다. 시간적 파송들은 부수적이지만(하나님은 창조하고 구원하실 필요가 없다) 영원한 관계들은 필수다(하나님은 영원한 관계들과 별개로 삼위일체일 수 없다). 이와 비슷하게, 경륜에서 일어나는 그 어떤 것(아들이 십자가에서 당하신 인간적 고난, 아들이 구원을 성취하려고 종으로서 아버지께 겸손히 복종하심, 빌 2장)

---

38) Augustine, *The Trinity* 4.29, 174. Cf. Johnson, *Rethinking the Trinity*, 75.
39) Augustine, *The Trinity* 4.29, 175. Cf. Johnson, *Rethinking the Trinity*, 75.
40) Johnson, *Rethinking the Trinity*, 75-76.

도 다시 내재에 투영되어야 한다고 생각하지 말라. 우리는 이러한 모호함을 피했으며, 대신에 구체적이려고 노력했다. 다시 말해, 영원한 관계들을 구체적으로 계시하는 것은 구체적 보내심이다. 성육신의 그 무엇도 결코 거꾸로 영원에 투영되지 않으며, 보내지신 아들은 나신 아들의 반영이자 확대다. 마찬가지로, 주어진 성령은 출송된 성령의 반영이다. 오직 이러한 관계들이 파송들에서 계시된다. 다른 무엇이라도 거꾸로 관계들에 집어넣어 읽으면 융합이 일어난다.

알레르기 있나요? 요한복음 1장과 하나님의 말씀

우리 복음주의자들은 융합하려는 경향이 있다. 우리는 본문에 접근할 때 역사가 본문의 유일한 초점이라고 생각한다. 결과는? 우리는 영원한 것들에 알레르기를 일으킨다. 아이러니하게도 이러한 접근법, 곧 일종의 거친 성경주의는 충분히 성경적이지 못하다.

그렇다. 성경 줄거리는 내러티브 형태를 띠며 구원사에 초점을 맞춘다. 그러나 성경 기자들은 결코 여기서 멈추지 않을 뿐만 아니라 내러티브도 그 자체가 목적이 아니다. 성경 기자들은 결코 무한하고 이해할 수 없는 삼위일체를 역사라는 우리의 작은 상자에 욱여넣은 채 하나님이 누구이신지를 하나님이 무엇을 하시는지로 제한하여 기능을 존재보다 우선시하지 않는다. 자신들의 전제든(시편을 생각해 보라) 신학적 결론이든(바울 서신들을 보라) 간에, 성경 기자들은 독자가 신학적으로 읽도록 의도한다. 더 핵심적으로 말하면, 성경 기자들은 영원이나 존재론(하나님의 존재)에 대해 아무런 알레르기도 없다. 성경 기자들은 그리스도의 삶과 관련된 역사적 사실들에 지나치게 초점을 맞춘 나머지 성육신 이전의 그리스도의 영원한 삼위일체적 기원에 관심이 없는 게 아니다. 이들은 땅의 것에 지나치게 마음을 쏟는 나머지 하늘의 좋은 것에 마음이 없는 것도 아니다. 우리도 이렇게 해서는 안 된다.

예를 들면, 요한복음 첫 부분을 생각해 보라. 나는 목회자들이 전도하려는 사람에게 요한복음을 들려주라며 교인들에게 조언하는 것을 자주 듣는다. 거기엔 그럴 만한 이유가 있다. 요한복음은 복음을 명쾌하고 확실하게 제시하며, 불신자들이 십자가에 못 박혀 죽으시고 부활하신 그리스도와 그분의 은혜를 받는 모두에게 주시는 많은 선물을 대면하게 한다. 이런 이유로, 우리는 요한복음 3장 16절 같은 본문을 사랑한다. 우리는 세상이 영생을 얻도록 세상을 향해 하나님의 아들에 관해 말하고 싶어 한다.

그러나 우리는 서둘러 영원한 생명을 말하느라 때로 요한복음 3장 16절의 후반부로 바로 건너뛰어 영원한 아들에 관해 말하는 것을 깜빡한다. 요한복음 3장 16절 전반부가 말하듯이, 하나님이 독생자를 주셨다. 이 부분을 차근히 생각해 보자. 하나님이…독생자를…주셨다. 아들이 가져다주시는 혜택들로 서둘러 달려가느라 아들이 영원에서 갖는 정체성을 간과할 때, 우리는 요한복음 3장 16절 전반부뿐 아니라 요한복음 3장 앞에 나오는 첫 두 장, 곧 1, 2장마저 소홀히 한다.

예를 들면, 요한이 자신의 복음서를 시작할 때, 우리가 받는 영원한 생명이 아니라 삼위일체 하나님이 영원에서 누리시는 삶에서 시작한다는 것을 아는가? 요한복음 1장 첫 부분으로 돌아가 다시 읽어 보라. 어떻게 되어 있는가? "태초에 말씀이 계시니라 이 말씀이 하나님과 함께 계셨으니 이 말씀은 곧 하나님이시니라 그가 태초에 하나님과 함께 계셨고"(요 1:1-2).

예수님에 관한 좋은 소식과 그분이 주시는 영원한 생명을 살펴보기 전에, 한걸음 물러나 요한처럼 예수님이 애초에 어디에서 기원하시는지 생각해 보자. 쉽지 않은 일이다. 그러나 하나님이 창조에서 하신 일을 잠시 뒤로 미루고 먼저 하나님이 창조와 별개로 누구이신지에 초점을 맞추자. 왜 우리가 이렇게 하려고 하는가? 그 이유는 다음과 같다. 하나님이 당신과 별개로 누구이신지 이해하지 못하면 하나님이 당신을 위해 하신 일의 중요성을 적어도 완전하게는 이해하지 못하기 때문이다. 구속사, 곧 당신의 역사를 제쳐두고 영원한 것들에 관해 얘기하는 게 얼마나 직관적이지 않게 들리는지 나도 안다. 어쩌면 추상적이고 난해하다. 그러나 요한은 이렇게 하면 이 말씀이 누구이며 왜 육신이 되어 우리 가운데 거하셨는지 우리가 더 잘 알게 되리라고 확신한다.

더욱이, 많은 교부들도 요한의 접근 방식이 더러운 이단들의 늪을 피한다고 믿는다. 많은 이단이 하나님이 그분 자체로(ad intra) 누구이신지와 하나님이 자신의 창조 세계를 향해 외적으로(ad extra) 어떻게 행동하시는지를 융합하겠다고 위협한다.

요한이 처음에 무엇을 하는지 주목하라. 요한은 태초에서 시작한다. 그러나 요한이 태초에서 의미하는 것은 당신이 생각하는 게 아닐 것이다. 요한은 창세기의 창조 언어를 가져와 세상을 창조하신 영원한 하나님을 말한다. 장미 덤불이나 종려나무가 존재하기 전에 하나님이 누구이셔야 하는지 이야기한다.

만세 전에, 하나님만 계셨고 아무것도 없었다. 우주가 존재하기 전에, 하나님이 계셨고 그분 혼자 계셨다.[41] 혼자 계셨다니 마치 하나님이 외로우셨을 것처럼 들린다. 하나님은 외롭지 않으셨다. 요한은 태초에 말씀이 계셨다고 말하기 때문이다. 말씀은 요한이 아들을 말하는 방식이다. 함께 영원하기에, 이 말씀이 하나님과 함께 계셨다. 동등하기에, 이 말씀이 하나님이셨다. 말씀과 하나님을 이보다 더 긴밀하게 동일시하기 어렵다. 그분은 하나님 자신이신 분으로 하나님과 동등하셨다.

---

41) Basil of Caesarea, *Against Eunomius*, 2.14–15.

7장에서 보게 되겠지만, 요한의 언어 선택(말씀)은 전략적이다. 그는 곧 독자에게 이 말씀이 하나님 자신의 아들이라고 말할 것이기 때문이다. 말은 말하는 사람이 하며, 이것은 말에 근원이 있다는 뜻이다. 말씀도 마찬가지다. 하나님의 말씀으로써, 그분은 역사 속에 있는 자들에게 하나님을 계시하려고 영원 전에 하나님으로부터 나오신다.

요한은 그분의 이미지를 말씀에서 아들로 바꿀 때 이것을 더 자세히 설명할 것이다(요 1:14). 아들로서, 그분은 아버지로부터 나오신다. 어쨌든 아들이라는 말이 이런 뜻이기 때문이다. 그러나 이분은 우리가 말하는 하나님이시기 때문에, 아들은 만세 전에 아버지의 본성으로부터 나신다.

아버지가 자신의 말씀 없이 계셨던 때는 없었다. 아버지가 자신의 말씀을 낳지 않으신 때가 없었기 때문이다. 만약 있었다면, 요한은 결코 말씀(아들)이 하나님과 함께 계셨을 뿐 아니라 하나님이셨다고 말할 수 없었을 것이다. 요한의 생각에, 말씀(아들)은 아버지와 뚜렷이 구분될 뿐 아니라(말씀이 하나님과 함께 계셨다) 하나님과 하나이셨다(말씀이 하나님이셨다). 그러나 (위격에서의) 구분과 (본질에서의) 일치가 가능한 이유는 단 하나, 영원한 출생 때문이다. 아들이 (아버지와) 구분되시는 정확한 이유는 아들이 아버지에 의해 나셨기 때문이다. 아들이 (아버지와) 동등하신 정확한 이유는 아들이 아버지의 본성으로부터, 아들이 공유하는 동일한 신적 본성으로부터 나시기 때문이다.

요한은 요한복음 1장 1-2절에서 말씀의 기원의 영원한 관계를 확립한 후, 이제 세상을 소개할 준비가 되었다. 말씀이 영원하기 때문에(말씀이 하나님과 함께 계시지 않았던 때가 없었다), 말씀의 기원이 신적이기 때문에(말씀이 하나님이 아니셨던 때가 없었다), 만물이 그로 말미암아 지은 바 되었으니 지은 것이 하나도 그가 없이는 된 것이 없었다(요 1:3). 말씀을 통해, 하나님은 우주를 '무로부터' (*ex nihilo*) 창조하셨다. 분명히 하건대, 무로부터 창조된 것은 말씀이 아니다. 말씀이 세상을 무로부터 창조하셨다. 말씀이 창조 세계와 함께 창조되신 것이 아니며, 말씀이 창조 세계보다 앞서 창조되신(아리우스주의, 2장을 보라) 것도 아니다. 오히려 존재에 시작이 없고 신성에 시작점이 없는 말씀을 통해 창조 세계가 존재하게 되었다.

그러나 창조만 말씀에 돌려지는 것이 아니다. 구원도 말씀에 돌려진다. 그 어떤 하나님의 일도 아들과 무관하지 않다. 요한은 은유를 전환하면서 말씀을 '생명'과 '빛'(요 1:4-5), 세상에 생명을 주는 '참 빛'(요 1:9)이라고 부른다. 요한이 이렇게 할 수 있는 것은 세상이 그분으로 말미암아 지은 바 되었기 때문이다(요 1:10). 그러나 여기서 훨씬 더 주목할 만한 것이 있다. 세상에 생명을 주려고 말씀이 성육하셨다. "말씀이 육신이 되어 우리 가운데 거하시매 우리가 그의 영광을 보니 아버지의 독생자의 영광이요 은혜와 진리가 충만하더라"(요 1:14).

놀랍다! 영원한 말씀, 하나님 자신의 아들, 영원 전에 아버지로부터 나신 분이 우리로 그분이 주시는 은혜의 수혜자가 되게 하시려고 아버지에 의해 보냄을 받으셨다. 한편으로, 요한은 "본래 하나님을 본 사람이 없으되"(요 1:18)라고 말한다. 구약성경이 되풀이하는 말이다(신 4:15). 다른 한편으로, 요한은 "아버지 품속에 있는 독생하신 하나님이 나타내셨느니라"(요 1:18)라고 말한다. 그러므로 요한이 영원한 아들을 영원한 말씀이라고 부르는 것은 더 없이 적절하다. 그분이 적절한 때에 우리의 구원을 위해 성육하셔서 아버지를 우리에게 계시하실 수 있었던 것은 자신이 아버지의 독생자이시며 하나님과 함께 계셨고 하나님이신 말씀으로서 만세 전에 나셨기 때문이다. 그분은 육신으로 계시된 하나님이시다.

앞으로 여러 장에서 배우게 되겠지만, 요한복음 1장부터 요한과 예수님은 영원과 역사를 오가고, 그분 자체로서의 하나님과 우리를 향하시는 하나님을 오가면서 후자가 전자에 달려 있음을 늘 보여 준다. 그러나 절대로, 절대로 둘을 융합하지 말라. 예수님도 요한복음에서 자신이 구원에 이르는 길이라고 거듭 주장하면서 아버지로부터 비롯되는 자신의 영원한 기원에 호소함으로써 자신이 이 주장을 할 권리가 있음을 뒷받침하셨으며, 특히 종교 지도자들이 그분의 권위에 의문을 제기할 때 그렇게 하셨다. 그분이 역사에서 성육하려고 아버지에 의해 보냄을 받았다고 주장하실 수 있는 유일한 이유는 영원 전에 아버지에 의해 나셨기 때문이다. 그분과 아버지의 영원한 관계가 세상에 보냄을 받은 그분의 구속적 파송(redemptive mission)을 구성하지만, 그 역은 성립하지 않는다. 이 순서가 바르면, 복음을 적절한 삼위일체적 관점에서 본다. 이 순서가 잘못되면, 복음을 오용해 영원의 삼위일체를 재정의한다.

하나님은 우리의 틀에 맞지 않으신다

요약하면, 우리 복음주의자들은 요한복음 1장에서 많이 배울 수 있다. 우리는 좋은 의도로 복음에 초점을 맞춘 상황에서, 역사와 별개로 하나님의 성품과 삼위일체성을 많이 말하는 본문들을 소홀히 할 만큼 특정 본문이나 사건들에 특권을 부여해서는 안 된다. 만약 이렇게 하면, 삼위일체 하나님의 무한한 본질을 역사라는 우리의 작은 상자에 욱여넣어 하나님이 누구이신지를 하나님이 무엇을 하시는지로 제한하고 기능을 존재보다 우선시할 위험이 있다. 그러나 성경 기자들은 삼위일체 하나님이 그분 자체로 누구이신지가 결코 융합되거나 조작될 수 없다는 것을 안다.

융합의 위험이 드러나고 역사화하려는 경향도 막혔기에, 이제 하나님의 말씀이 우리 앞에 열려 있다. 삼위일체 하나님의 파송들이 삼위일체 하나님이 우리와 별개로 누구이시며 그분의 관계들이 그분의 무한한 존재의 단순성에 대해 무엇을 의미하는지 계시할 준비가 되었다.

5

왜 하나님은 하나이자 셋이어야 하는가?

단순한 삼위일체

"단순하다는 것은 각 위격 간의 관계와 별개로
그 존재가 그 속성들과 일치한다는 뜻이다."
아우구스티누스(Aurelius Augustinus), 『삼위일체론』(The Trinity)

"단순성은 본질에 관한 것이지만 삼위일체는 위격들에 관한 것이다."
프랑수아 투레티니(François Turrettini), 『변증신학 강요』(Institutes of Elenctic Theology)

> **들로리언에 타세요!**
>
> **목적지**: 영원. 삼위일체의 단순성을 배우기 위해.
>
> **요점**: 단순성(simplicity)이 정말, 정말 중요하다. 단순성은 삼위일체가 한 분 하나님이시고 각 위격이 동등하심을 확실히 한다. 단순성은 삼위일체의 일체성(unity)을 보존할 수 없는 사회적 삼위일체론, 삼신론, 종속론과 싸우는 데 도움이 된다.

밝히 말씀하소서

어제 나는 성전까지 내내 걸었다. 이 여정에 나선 것은 나 자신을 증명하기 위해서였다. 언니는 내가 해낼 수 있을 거라고 생각하지 않았다. 어쨌든, 우리 나이에는 무리일 거라고 생각했다.

젊었을 때, 우리 두 자매는 매주 적어도 세 번 성전까지 걸어갔다. 그 여정들을 기억한다. 봄이면 손에 손을 잡고 자줏빛 히아신스 바다를 건너곤 했다. 반쯤 건너다 올리브 고목 그늘에 누워 열기를 식히며 열매를 따 먹곤 했다. 갈색과 검은색을 띤 올리브 열매는 떫은 것도 있고 달콤한 것도 있었다. 우리는 올리브 열매를 한 번에 두 개씩 입에 넣은 채 서로의 자신 있는 예측에 웃음을 터트리곤 했다. 우리는 어느 날 잘생긴 예루살렘 청년이 우리가 사는 작은 마을까지 와서 우리 아버지에게 딸을 아내로 달라고 요청하리라고 확신했다.

아주 오래전이었다. 잘생긴 청년들은 오지 않았고, 우리 자매는 둘도 없는 친구로 남았다. 그러나 둘의 생각이 늘 일치하지는 않았다. 내가 그날 아침 성전에 간다고 했을 때 언니가 걱정한 것은 거리가 아니었다. 언니가 불안해 했던 것은 예루살렘에서 고조되는 불안한 긴장이었다. 내가 보기에, 언니는 나를 보호해야 한다는 책임감을 느끼고 있었다. 그러나 나는 언니에게 나 하나쯤은 스스로 건사할 수 있다고 귀가 따갑도록 말했다.

그러나 나는 언니가 불길한 뭔가를 생각하고 있음을 알았다. 나는 발목이 아파 잠시 쉬려고 앉았다. 발목은 거친 가죽 샌들 끈 가장자리에 쓸려 물집이 잡혀 있었다. 그때 예수라는 분이 지나갔고 한 무리의 제자들이 뒤따랐다. 마치 연못으로 향하는 오리 떼 같았다.

걱정이 높은 파도처럼 나를 덮쳤다. 내가 예수님과 마주칠 때마다 무슨 일이 일어난다. 기적이 벌어지거나 유대인들과의 싸움이 벌어진다. 대개는 둘 다 벌어진다. 발은 여전히 쉬어야 한다고 아우성이었다. 그러나 나는 샌들을 다시 신고 절룩이며 성전으로 향했다. 예수님이 이번에는 무엇을 하실지 궁금했다.

얼마 가지 못해, 종교 지도자들이 나를 한쪽으로 밀쳤다. 이들은 날카롭고 회의적인 질문으로 랍비를 함정에 몰아넣으려는 이리 떼였다.

"당신이 언제까지나 우리 마음을 의혹하게 하려 하나이까? 그리스도이면 밝히 말씀하소서."[1]

---

1) 이어지는 인용의 출처는 요한복음 10장 22-42절이다.

그러나 저들은 결코 진심이 아니었다. 내 경험으로 볼 때, 예수님이 무슨 말씀을 하시든 무엇을 하시든 간에, 저들은 그분을 믿지 않을 터였다. 저들은 마음을 열고 그분을 믿으려고 하지 않는다. 저들은 예수님이 행하신 가장 감동적인 기적들을 두 눈으로 보았는데도, 그런 초자연적 기적들 때문에 그분을 더욱더 미워한다. 저들은 그분이 죽길 원한다.

이것이 저들의 질문, 예리한 만큼 치명적인 질문 뒤에 숨겨진 동기였다. 나는 이것을 알았다. 무리도 알았다. 그러나 저들의 질문은 듣는 사람들에게, 숨은 의도 없이 온 사람들에게 액면 그대로 궁금한 사항이었다. 모두 고개를 돌려 예수님을 보았다. 곤경에 처한 예수님이 어떻게 답하실지 보려고 기다리고 있었다.

"내가 너희에게 말하였으되 믿지 아니하는도다. 내가 내 아버지의 이름으로 행하는 일들이 나를 증거하는 것이거늘 너희가 내 양이 아니므로 믿지 아니하는도다."

나는 주위를 둘러보며 무리의 반응을 살폈다. 무리는 의심할 여지 없이 쉐마를 잘 아는 이스라엘 사람들이었다. 일그러진 이들의 이맛살로 판단하건대, 예수님의 답변은 이들에게 충격이었다.

"그가 자신이 혼자가 아니라 자신의 아버지에게서 왔으며, 자신이 행하는 기적들은 모두 자신의 아버지의 이름으로 행한 것이라고, 그리고 자신은 다름 아닌 아버지의 아들이고 메시아라고 주장하는 건가?" 내 옆에 있는 남자가 물었다.

예수님은 계속 말씀하셨다. 이번에는 저들의 정체, 자신을 비판하는 자들의 정체를 겨냥해 말씀하셨다. 예수님은 저들에게 이렇게 말씀하셨다. "너희가 내 양이 아니므로 믿지 아니하는도다. 내 양은 내 음성을 들으며 나는 그들을 알며 그들은 나를 따르느니라. 내가 그들에게 영생을 주노니 영원히 멸망하지 아니할 것이요, 또 그들을 내 손에서 빼앗을 자가 없느니라."

나는 이 결론적인 답변을 듣고 주위를 둘러보았다. 저들이 무슨 생각을 하는지 표정에서 읽을 수 있었다. '네까짓 게 이것을 어떻게 아느냐?' 마치 저들이 무슨 생각을 하는지 다 아시는 듯, 예수님은 불같이 되받아치며 말씀하셨다. "그들을 주신 내 아버지는 만물보다 크시매 아무도 아버지 손에서 빼앗을 수 없느니라."

"저분이 이것을 어떻게 아시지?" 내 왼쪽에 있는 여자가 아무도 듣지 않길 바라며 낮은 목소리로 말했다.

"듣지 못했어요?" 내가 속삭이듯 되물었다. "저분은 아들이고, 아버지께서 저분에게 이 양 떼를 주셨어요."

"예수님은 이 양 떼가 자신 손에 있다고 하지 않으셨나요? 그런데 이제 양 떼가 자신의 아버지 손에 있다고 하시네요. 도대체 어느 쪽인가요?" 그녀가 되물었다.

"둘 다예요." 내가 답했다.

그때 예수님이 모두가 깜짝 놀랄 말씀을 하셨다. "나와 아버지는 하나이니라." 강펀치 같은 말씀에, 그분을 따르는 자들조차 어리둥절했다.

영원한 정적 같은 것이 지난 후, 종교 지도자들이 들릴 만큼 크게 언짢은 신음을 내며 머리를 흔들었고, 더러는 손을 내민 채 주위를 둘러보며 모두가 자신들의 불신에 공감하길 기대했다.

"저분이 무슨 말씀을 하시는 건가요?" 내 옆에 있던 여자가 다시 물었다. 조금 전보다 더 혼란스러워했으나 이번에는 더 조용한 목소리로 물었다. 종교 지도자들과 예수님 사이에 긴장이 점점 고조되는 게 보였기 때문이다.

"제 생각에는 예수님이 단지 하나님의 아들이신 자신이 아버지의 계획, 즉 자신의 양 떼를 구원하는 계획에 협력하는 방식을 말씀하시는 것 같지 않아요." 나는 분명하게 말하려고 애썼다. "예수님의 말씀은 이보다 더 적은 게 아니라 훨씬 더 많은 것을 의미한다는 생각이 들어요."

내가 옳았을까? 아니면 내가 예수님의 말씀에 너무 많은 것을 집어넣은 것일까? 뒤이어 일어난 일에 해답이 있었다.

유대인들은 돌을 집어 들었다. 누군가를 다치게 하거나 심지어 죽일 수 있을 만큼 뾰족하고 날카로운 돌이었다. 투석형은 심한 신성 모독자들, 즉 스스로 이스라엘의 메시아라고 하거나 하나님이라고 하거나 둘 다라고 주장하는 자들에게 내리는 형벌이었다. 투석형을 생각만 해도 등골이 오싹하고 식은땀이 흘렀다. 지난주에 언니가 내게 예수님을 따르길 멈추라고 했던 게 바로 이 때문이었다. 언니는 내가 단지 이분과 가까이 있다는 이유로 다칠까 봐 걱정이었다. 어쩌면 언니가 옳았다. 그러나 지금은 멈춰야 할 때가 아니었다. 나는 이미 깊이 들어와 있었다.

저들이 예수님을 겨냥하는 것을 보는 순간, 모든 게 분명해졌다. 예수님은 뭔가 의미심장한 주장, 신적이기까지 한 주장을 하셨던 것이다. 그분은 자신의 영원한 신분을 주장하셨다. 그분의 주장은 너무나 강하고, 너무나 절대적이며, 너무나 급진적이었다. 그러니까 그분은 자신이 아버지와 하나라고 믿으셨다. 나는 이것을 속으로만 생각한 게 아니라 내 생각을 말하고 있었던 게 틀림없다. 옆에 있던 여자가 내 옆구리를 찌르며 "입 다물어요!"라고 했으니 말이다.

나는 예수님을 보고 유대인들을 보고, 다시 예수님을 보았다. 그분은 이제 죽은 사람이었다. 그러나 첫 번째 돌이 날아오려는 순간, 예수님이 말씀하셨다. "내가 아버지로 말미암아 여러 가지 선한 일로 너희에게 보였거늘 그중에 어떤 일로 나를 돌로 치려 하느냐?"

이 질문은 도발적이었고, 그분을 누구라고 생각하는지 말하라며 유대인들을 다그치고 있었다. 놀랍게도, 저들은 미끼를 덥석 물었다. "선한 일로 말미암아 우리가 너를 돌로 치려는 것이 아니라 신성 모독으로 인함이니 네가 사람이 되어 자칭 하나님이라 함이로라."

나는 알고 있었다. 유대인들이 예수님의 주장을 내가 생각한 것만큼이나 급진적인 것으로 이해했음을.

"만일 내가 내 아버지의 일을 행하지 아니하거든 나를 믿지 말려니와 내가 행하거든 나를 믿지 아니할지라도 그 일은 믿으라. 그러면 너희가 아버지께서 내 안에 계시고 내가 아버지 안에 있음을 깨달아 알리라."

어떻게 아들이 아버지 안에 계실 수 있는가?

"아버지께서 내 안에 계시고 내가 아버지 안에 있다."
예수(요 10:38; 참조. 요 14:10-11, 20)

"비록 구분은 되지만, 그들(세 위격)은 서로에게서 결코 분리되지 않고 늘 공존한다. 어디든 하나가 계신 곳에 나머지도 계신다."
프랑수아 투레티니(François Turrettini)

동방과 서방의 위대한 전통은 서로 다른 단어들을 사용해서 공존(coexistence)과 상호 내주(mutual indwelling)를 표현했다.

1. 헬라어 **페리코레시스**(perichoresis)
2. 라틴어 **키르쿰인세씨오**(circumincessio)

그러나 예수님이 **페리코레시스**를 단언하실 수 있으려면 **호모우시오스**(homoousios), 즉 아버지와 동일 본질이셔야 한다. 그러나 그분이 **호모우시오스**이시려면 아버지의 **우시아**(ousia)로부터 나셔야 한다. 그게 아니라면, **페리코레시스**는 말이 안 된다. 힐라리우스(Hilarius)가 말하듯이, "아버지 안에 있는 이 특성들은 아들에게 부여된 특성들의 근원이다." 힐라리우스는 더 자세히 말한다. "아들이 아버지 안에 계시는 것은 아들이 아버지로부터 나오시기 때문이다. 아들이 아버지 안에 계시는 것은 아버지가 아들의 유일한 기원이시기 때문이다. 독생자가 나지 않으신 분 안에 계시는 것은 그분이 나지 않으신 분에게서 나온 독생자이시기 때문이다"(The Trinity 3.4). 다마스쿠스의 요한네스(Johannes)와 토마스 아퀴나스(Thomas Aquinas)도 똑같이 말한다. 아퀴나스는 힐라리우스를 인용하기까지 한다. 안타깝게도, 사회적 삼위일체론자들은 **페리코레시스**를 교부적 맥락에서 제거하고 사회적 범주들 안에서 재정의했다.

두 번째 답변에, 이미 심각하던 상황이 더 심각해졌다. 예수님은 자신이 하나님과 하나라고 더욱 직접적으로 주장하셨다. 그 어떤 유대인도 감히 이런 주장을 할 수 없었을 것이고, 이스라엘의 가장 위대한 선지자라도 이런 주장을 하지 못할 터였다. 그러나 어쩌면, 예수님은 그 이상이셨을 것이다.

논쟁은 30분 넘게 계속되었고, 마침내 유대인들은 논쟁을 멈추고 대신에 예수님을 잡으려고 했다. 나로서는 예수님이 어떻게 하셨는지 잘 모르겠지만, 어쨌든 예수님은 그 자리를 벗어나셨다. 내가 마지막으로 들은 얘기는 그분이 요단강 건너편에 이르러 훨씬 나은 환대를 받으셨다는 것이다. 내 발이 버틸 수 있다면 직접 가 볼 생각이었다. 그러나 안타깝게도 나는 아버지에게서 보드라운 발바닥을 물려받은 것 같아 걱정이었다.

아버지를 우리에게 보여 주옵소서

십보라가 성전에서 목격한 장면, 요한복음 10장에서 더 자세히 접할 수 있는 장면은 예수님을 향한 유대인들의 적대감이 고조되었다는 또 하나의 표시였다. 그러나 예수님의 대적들이 받아들일 수 없는 것을 십보라는 받아들였다. '예수님과 아버지는 하나이시다.' 요한복음에서, 예수님이 이런 대담한 주장을 하시는 것은 이게 마지막이 아닐 터였다. 교부들은 이 주장이 삼위일체 이해에 결코 적지 않은 의미를 갖는다고 믿었다. 예를 들면 요한복음 14장에서, 빌립은 자신과 동료 제자들에게 아버지를 보여 주시면 자신들이 믿고도 남겠다고 예수님께 말한다. 빌립의 요구는 유대인들이 요한복음 10장에서 했던 요구와 전혀 다르지 않지만 이들과 달리 빌립은 악의가 없다. 예수님의 답변은 똑같다. "빌립아 내가 이렇게 오래 너희와 함께 있으되 네가 나를 알지 못하느냐 나를 본 자는 아버지를 보았거늘 어찌하여 아버지를 보이라 하느냐 내가 아버지 안에 거하고 아버지는 내 안에 계신 것을 네가 믿지 아니하느냐…내가 아버지 안에 거하고 아버지께서 내 안에 계심을 믿으라 그렇지 못하겠거든 행하는 그 일로 말미암아 나를 믿으라"(요 14:9-11).

예수님의 말씀이 무슨 뜻인가? 아우구스티누스(Aurelius Augustinus)는 통찰을 준다. "아버지를 볼 때, 아버지 안에 계시는 아들도 본다. 아들을 볼 때, 아들 안에 계시는 아버지도 본다."[2] 요한복음 10장에서 보았듯이, 이 상호 내주는 아들이 아버지와 동일 본질이어야 가능하다.[3] 아퀴나스(Thomas Aquinas)는 이렇게 말한다. "신적 위격들의 공통점은 각 위격이 신적 본성으로 실재하며 다른 위격들과 구분된다는 것이다."[4] 아버지든 아들이든 성령이든 간에, 삼위일체를 한 분으로 규정하는 것은 이러한 본성의 일체성이다.[5]

나와 아버지는 하나이니라

"아들 안에서 아버지가 연결되고 보혜사(성령) 안에서 아들이 연결되기에, 일관된 세 위격이 나오시며 위격들은 서로 구분되십니다. '나와 아버지는 하나이니라'라는 말처럼, 셋은 한 본질이지만 한 위격은 아니시며, 본체의 일체성(unity of substance)에서는 하나지만 수의 단수성(singularity of number)에서는 하나가 아니십니다."

아타나시우스(Athanasius)

요한복음 말미에서, 예수님은 자신이 곧 십자가에 달릴 것을 알고 아버지께 기도하신다. "아버지께서 내게 하라고 주신 일을 내가 이루어 아버지를 이

---

[2] Augustine, *The Trinity* 1.3.18.
[3] 페리코레시스(*perichoresis*)에 관한 고전적인 시각은 다음을 보라. Hilary, *The Trinity* 3.4 (*NPNF2* 9:62-63); Aquinas, *Summa* 1a.42.6(Hilary를 인용한다); John of Damascus, *The Orthodox Faith* 8 (*NPNF2* 9:10).
[4] Aquinas, *Summa* 1a.30.4.
[5] Tertullian, *Against Praxeas* 25 (*ANF* 3:621).

세상에서 영화롭게 하였사오니 아버지여 창세 전에 내가 아버지와 함께 가졌던 영화로써 지금도 아버지와 함께 나를 영화롭게 하옵소서"(요 17:4-5). 여기서 영광의 한 유형인 십자가에 대해 할 수 있는 말이 많다. 그러나 우리의 목적을 위해, 추론되는 것을 놓치지 말아야 한다. 예수님이 성육신 전에, 창조 전에 영광을 아버지와 공유하셨다는 것이다. 이것은 신적 영광, 정확히는 삼위일체적 영광, 신격의 위격들이 공유하시는 영광이다. 예수님은 하나님의 아들인 자신의 선재(preexistence)를 가리키실 뿐 아니라 아버지와 아들과 성령으로서 하나님만 아시는 영광에 대해 특별한 신적 권리를 주장하신다. 그러나 아타나시우스 신경이 말하듯이, 세 영광이 아니라 한 영광이다.[6)]

이러한 일체성이 어떻게 가능한가? 니사의 그레고리오스(Gregorios)는 이렇게 말한다. "만세 전에 계시는 아버지가 언제나 영광 중에 계시고 시간 전에 계시는 아들이 그분의 영광이시라면, 그리고 마찬가지로 그리스도의 영이 아들의 영광이고 언제나 아버지와 아들과 함께 고려되셔야 한다면", "시간을 초월하는 것에는 예전"이 있을 수 없을뿐더러, 한 위격이 "본질적으로 모두 존귀한 것에서 더 존귀하실" 수 없다.[7)] 오직 한 신성, 한 영광, 한 존귀, 한 권위가 있을 뿐이다. 아들은 아버지와 똑같이 존귀하신데, 유대인들은 그분을 십자가에 못 박았을 때 바로 이것을 놓쳤다. 이들은 존귀하신 하나님의 아들, 곧 아버지로부터 보내심을 받았으나 모든 면에서 아버지와 동등하신 분을 욕되게 했다. 아들은 다름 아닌 아버지의 영광이기 때문이다.

그러나 예수님만 자신의 정체성을 이러한 삼위일체적 견지에서 이해하시고 자신을 한 분이신 이스라엘의 하나님과 동일시하신 게 아니다. 사도 바울도 단지 아들에 관해서만이 아니라 성령에 관해서도 할 말이 많았으며, 우리가

---

6) Emery, *The Trinity*, 7.
7) Gregory of Nyssa, *Against Eunomius* 1.26 (*NPNF2* 5:71). Cf. Gregory of Nyssa, *On the Holy Spirit*, 5:324.

삼위일체의 렌즈를 통해 이스라엘의 일신론(monotheism)을 보도록 돕는다. 그러나 바울을 이해하려면, 먼저 멕시코 음식 한두 가지를 알아야 한다.

초리소, 타말, 그리고 한 분이신 주님

아버지 쪽 혈통 때문에 전혀 알아채지 못할 테지만, 나는 사실 반은 멕시코 사람이며 이것을 자랑스럽게 말한다. 나는 이모들과 외삼촌들, 외조카들과 외사촌들, 그러니까 어머니 쪽 친척을 최대한 자주 찾아간다. 어머니는 성(姓)이 바뀌었지만, 마음으로는 언제나 세르반테스(Cervantez) 가문 사람일 테고 나도 그럴 것이다. 나는 그 친척들과 헤어질 때마다 좀 더 함께하지 못해 아쉽다. 우리는 몇 시간씩 수다를 떨고 때로 온종일 수다를 떤다. 일정을 짜지 않는다. 전화도 하지 않는다. 텔레비전도 보지 않는다. 그저 사랑하는 사람들이 함께하고 수다를 떨며 회상한다. 그게 최고다.

나는 내 친척을 다 좋아한다. 그래도 이건 꼭 말해야겠다. 레차(Lecha) 이모는 내 마음에 특별한 자리를 차지한다. 레차 이모가 내 마음에 들어오는 길을 알기 때문인데, 그것은 모든 멕시코 사람의 마음에 들어가는 길이기도 하다. 그 길은 위장을 거친다.

아침에 일어났을 때, 스토브에서 탁탁 소리를 내며 구워지는 초리소(chorizo, 멕시코식 소시지)의 자글자글하고 짭조름한 냄새만큼 좋은 게 없다. 추수감사절 저녁 식탁에 둘러앉아 칠면조를 건너뛰고 맵기로 소문난 레차 이모의 타말(tamale, 옥수수 반죽을 쪄서 만든 멕시코 전통 요리)을 집는 것보다 좋은 게 없다. 내가 두 개는 못 먹겠다고 생각할 때, 레차 이모는 이렇게 말한다. "애야, 넌 너무 말랐어. 꼭 굶어 죽어 가는 사람 같구나. 타말 하나 더 먹으렴." 나는 어쩔 수 없다. 이모의 타말은 불가항력이다. 친척과 함께하면, 삶은 언제나 그렇다.

언제나 음식을 중심으로 돌아간다. 그냥 음식이 아니다. 사랑으로 조리해서 사랑하는 사람들과 함께 먹는 음식이다.

이러한 나의 유산은 무수한 방식으로 내 눈을 열어, 성경에서 에덴동산의 나무부터 어린 양의 혼인 잔치까지 음식이 중심에 있음을 보게 해주었다. 물론, 1세기에 음식이 논쟁거리일 수도 있었다. 예를 들어, 고린도 신자들을 생각해 보라. 바울은 고린도 신자들에게 만약 덜 성숙한 형제나 자매를 넘어지게 한다면 우상에게 제물로 바친 음식을 먹지 말라고 해야 했다(고전 8장). 우리의 목적에 맞게도, 바울이 이렇게 지시하면서 하는 말이 우리의 삼위일체 교리와 연결된다. 바울은 "우상은 세상에 아무것도 아니며 또한 하나님은 한 분밖에 없는 줄 아노라"(고전 8:4)라고 말한 직후, 이렇게 말한다. "비록 하늘에나 땅에나 신이라 불리는 자가 있어 많은 신과 많은 주가 있으나 그러나 우리에게는 한 하나님 곧 아버지가 계시니 만물이 그에게서 났고 우리도 그를 위하여 있고 또한 한 주 예수 그리스도께서 계시니 만물이 그로 말미암고 우리도 그로 말미암아 있느니라"(고전 8:5-6). 바울이 쉐마를 염두에 두었다는 데는 의심의 여지가 없다. 그는 신명기 4장 35절, 39절을 인용한다.[8] 그러나 구약성경에서 누가 쉐마에 다른 이름, 다른 위격(person)을 포함시켰겠는가? 그렇게 했다면 신성 모독이었을 것이다. 그러나 바울은 그렇게 한다. 쉐마를 인용하는 그 호흡으로, 바울은 예수 그리스도를 거명한다. 그는 이렇게 말한다. "한 하나님 곧 아버지가 계시니…또한 한 주 예수 그리스도께서 계시니." 바울은 아버지와 아들을 구약성경에서 언급되고 예배받으시는 한 하나님으로 거명한다.

더욱이, 바울은 아버지를 한 하나님이라고 말할 때 그분의 창조 사역을 말한다. "만물이 그에게서 났고." 그러나 주목하라. 바울은 그리스도를 말할 때

---

8) R. Kendall Soulen, "*Generatio, Processio Verbi, Donum Nominis*," 135.

도 똑같이 말한다. "한 주 예수 그리스도께서 계시니 만물이 그로 말미암고 우리도 그로 말미암아 있느니라." 요한복음 5장에서 예수님이 자신의 아버지께서 안식일에 일하시듯 자신도 안식일에 일한다며 하나님만의 특권을 주장해서 거의 죽을 뻔하셨다. 이러한 요한복음 5장을 염두에 두고 있든 아니든 간에, 바울도 동일한 개념을 전제하는 것으로 보인다. 종교 지도자들의 추정과 달리, 예수님은 둘째 신, 곧 아버지와 경쟁하는 또 다른 신이 아니다. 그분은 하나님이라는 유일한 이름으로 불리며, 그 이름을 아버지와 공유하신다. 아버지에게 돌려지는 신적 창조 사역이 그분에게도 돌려진다.

바울은 본질적으로 고린도 신자들에게 구약성경의 한 하나님을 삼위일체적 견지에서 고백해야 한다고 말한다.[9] 바울은 예수님을 삼위일체에 추가하지 않으며, 자신의 새로운 삼위일체 교리에 맞게 쉐마를 다시 만들지도 않는다. 오히려 참되고 바른 쉐마 고백이 처음부터 끝까지 삼위일체적이라고 믿으며, 그리스도께서 오셨으므로 이것을 당연하게 여긴다. 하나님이 한 분이라고 고백하는 것은 아버지와 아들과 성령이 한 주님이라고 고백하는 것이다.

그러나 잠깐! 고린도전서 8장에서 성령은 어디 계시는가? 바울은 고린도전서 8장에서 성령을 언급하지 않는다. 그러나 바울은 이위일체론자(binitarian)가 아니다. 고린도후서에서, 바울은 동일한 주되심의 언어를 사용할 테지만, 이번에는 아들뿐 아니라 성령께도 적용할 것이다. 그 이유를 이해하려면 시간을 거슬러 모세 시대로 돌아가야 한다. 옛 언약에서, 모세는 이스라엘 자손들에게 장차 없어질 것의 결국을 주목하지 못하게 하려고 수건을 그 얼굴에 썼다(고후 3:13). 바울은 "그들의 마음이 완고하여"(고후 3:14)라고 한탄한다. 바울 당시에 뭐라도 달라졌는가? 아니다. 바울은 안타깝게도 "오늘까지 모세의 글을 읽을 때에 수건이 그 마음을 덮었도다"(고후 3:15)라고 말한다. 그러나 모

---

9) 이 부분도 요한복음 20장 28절을 보라.

든 것을 잃은 것 같더라도 소망이 있다고 말한다. "오늘까지도 구약을 읽을 때에 그 수건이 벗겨지지 아니하고 있으니 그 수건은 그리스도 안에서 없어질 것이라 오늘까지 모세의 글을 읽을 때에 수건이 그 마음을 덮었도다 그러나 언제든지 주께로 돌아가면 그 수건이 벗겨지리라"(고후 3:14-16). 얼마나 좋은 소식인가!

그러나 잠깐! 좋은 소식이 더 있는데 이번에는 성령과 연결된다. "주는 영이시니 주의 영이 계신 곳에는 자유가 있느니라 우리가 다 수건을 벗은 얼굴로 거울을 보는 것같이 주의 영광을 보매 그와 같은 형상으로 변화하여 영광에서 영광에 이르니 곧 주의 영으로 말미암음이니라"(고후 3:17-18). 성령이 우리의 얼굴에서 수건을 벗기셨고, 그래서 우리는 새 언약의 복을 받는다. 그러나 주목하라. 성령이 이렇게 하실 수 있는 것은 그분이 주님이시기 때문이다. 주님으로서, 하나님의 성령은 우리에게 새 생명을 일깨우고 우리의 닫힌 눈을 여실 뿐 아니라 우리를 거룩하게 해 그리스도의 마음을 갖게 하신다(참조. 고전 2:10-16).

요약하면, 성경은 때로 아버지를 말하고 때로 아들을 말하며 때로 성령을 말하지만, 한 위격을 말할 때마다 그 위격이 다른 위격들과 동일 본체(consubstantial, 동일 본질)이고, 신성에서 함께 영원하며(coeternal) 동등하심(coequal)을, 그리고 한 신적 본질(one divine essence)을 공유하심을 상정한다. 한 하나님, 한 주님은 다름 아닌 아버지와 아들과 성령이시다. 그러나 몇몇 경우에는, 세 위격 모두 동시에 나타나며 삼위일체의 아름다움이 한층 더 빛난다. 바울이 마지막 축복과 축언으로 고린도후서를 마무리할 때처럼 말이다. "주 예수 그리스도의 은혜와 하나님의 사랑과 성령의 교통하심이 너희 무리와 함께 있을지어다"(고후 13:13).

고린도전후서는 바울이 교회에 보낸 모든 서신에 만연해 있는 더 큰 패턴의 표본일 뿐이다. 예를 들면, 바울은 갈라디아서에서 갈라디아 신자들이 하나님의 자녀로 입양되었다고 말한다. "이와 같이 우리도 어렸을 때에 이 세상의 초등학문 아래에 있어서 종노릇하였더니 때가 차매 하나님이 그 아들을 보내사…우리로 아들의 명분을 얻게 하려 하심이라 너희가 아들이므로 하나님이 그 아들의 영을 우리 마음 가운데 보내사 아빠 아버지라 부르게 하셨느니라"(갈 4:3-6). 또는 에베소서를 생각해 보라. 거기서 바울은 에베소 신자들을 일깨운다. "그(그리스도)로 말미암아 우리 둘이 한 성령 안에서 아버지께 나아감을 얻게 하려 하심이라"(엡 2:18). 이렇게 아버지께 나아가기에, 유대인과 이방인 양쪽 모두 삼위일체 하나님이 거하시는 집, 그리스도께서 모퉁잇돌이신 집과 같다(엡 2:19-20). 그리스도 안에서, 이 집이 서로 연결하여 주 안에서 성전이 되어 간다(엡 2:21). "너희도 성령 안에서 하나님이 거하실 처소가 되기 위하여 그리스도 예수 안에서 함께 지어져 가느니라"(엡 2:22).

바울은 창의적으로 건축 은유를 사용해서 한 가족, 연합한 성전으로서 하나가 되라며 에베소 신자들을 독려한다. 이러한 하나됨(unity)은 삼위일체 하나님 자신의 일체성(unity)을 반영해야 한다. "몸이 하나요 성령도 한 분이시니…주도 한 분이시요…하나님도 한 분이시니 곧 만유의 아버지시라"(엡 4:4-6). 바울은 자신이 아버지와 하나이듯이 자신의 백성도 하나 되길 구하시는 예수님의 기도를 되풀이한다(요 17:22).

복음을 말하든 입양을 말하든 교회의 일치를 말하든 간에, 바울은 각각에서 아버지와 아들과 성령의 삼위일체성을 상정한다. 바울의 생각에는 오직 한 하나님, 한 주님이 계시며, 그분의 (한) 이름은 아버지와 아들과 성령이시다. 바울은 자신 이전의 그리스도, 즉 제자들에게 아버지와 아들과 성령의 이름(단수)으로 세례를 주라고 명하여 위임하신 분을 따라할 뿐이다(마 28:19).

교회가 대대로 고백해 왔듯이, 각 위격은 한 신적 본질의 한 실재, 곧 하나의 본질을 공유하며 서로 동일 본체(동일 본질)이신 아버지와 아들과 성령의 한 실재이시다.

성경이 삼위일체성을 분명하게 단언하는 것을 보았으니, 이제 문제의 본질을 살펴보자. 어쨌든 본질이야말로 논의가 가장 필요한 부분이기 때문이다.

단순한 삼위일체

하나님을 한 분으로 고백하는 것은 흔히 하나님은 오직 한 분밖에 없다는 뜻으로 받아들여진다. 이것은 틀림없는 사실이며, 이에 미치지 못하는 그 어떤 것도 말해서는 안 된다. 그러나 하나님의 단일성(oneness)에 관해서는 해야 할 말이 더, 훨씬 더 많다. 하나님을 한 분으로 고백하는 것은 "하나님은 한 분이시다."(God is one)라고 고백하는 것이기도 하다. 하나님은 본성적으로 한 분이시며 본성이 하나다. 하나님은 부분으로 구성된 하나님이 아니라 부분이 없는 하나님이시다. 하나님 안에는 구성(composition, 합성)이 없으며, 하나님은 부분으로 구성되실 수도 없다. 하나님이 그러실 수 있다면, 하나님은 나뉘는 존재(부분은 정의상 나뉠 수 있다), 변하는 존재(부분은 변하는 경향이 있다), 시간적 존재(부분은 구성 곧 합성을 필요로 한다), (마치 그 부분들이 그분보다 선행하는 것처럼 그 부분에 의존하는) 의존하는 존재일 것이다. 이 속성들은 유한한 피조물을 정의할 수는 있겠지만 하나님께는 적용될 수 없다. 하나님은 불변하며(변하지 않으며), 영원하고(시간을 초월하고), 자족적이며(자존하며), 신체적 형태가 없는(무형인) 하나님이시기 때문이다. 푸아티에의 힐라리우스(Hilarius)가 말하듯이, 하나님이 "단순 본질이며, 부분들이 아니고 모든 것을 담는 전체이시며, 활성화된 그 무엇도 아니고 살아 있는 모든 것"[10]이신 것은 몸이 없으시기 때문이다(우리가 경험으로 알듯이, 몸이 있는 존재는 부분으로 나뉠 수 있다).

---

10) Hilary, *On the Trinity* 9.61 (*NPNF2* 9:176).

단순성과 이상한 나라의 앨리스

앨리스가 토끼굴에 떨어져 이상한 나라로 돌아갔을 때, 매드 해터(모자 장수)는 엘리스 쪽을 보며 말한다. "넌 예전과 달라졌어. 예전에 너는 훨씬 많이(much more)…더 많이(muchier)…. 그런데 넌 네 굉장함(muchness)을 잃었어." 우리가 피조물에 관해 말할 때마다, 매드 해터의 말은 옳다. 그러나 하나님에 관해서는 아니다. 하나님의 본질은 절대 변하지 않는다. 하나님은 절대로 전보다 더 많아지지(muchier) 않으신다. 이것은 하나님의 단순성 때문이다. 하나님은 우리처럼 부분으로 구성되지 않기 때문에 절대로 자신의 많음을 잃지 않으신다. 하나님은 최대로 살아 계시거나, 교부들이 그렇게 말하길 좋아했듯이 순수 현실태(pure act, 순수 행위)이시다.

그렇다면 우리는 부분이 없는 하나님을 어떻게 묘사하는가? '단순하시다'(simple). 우리는 하나님이 '단순하시다.'라고 말한다. 초보적이거나 지나치게 단순하다(simplistic)는 뜻이 아니다. 오히려 그분은 절대적 단순성의 하나님이시다. 이것은 '하나님 안에 있는 전부가 하나님이시다.'라는 뜻이다. 하나님의 본질과 속성들은 분리된 독립체가 아니다. 하나님의 본질이 그분의 속성이고 하나님의 속성이 그분의 본질이다. 예를 들면, 하나님은 단지 사랑을 소유하시는 게 아니다. 하나님은 사랑이시다. 하나님은 단지 거룩을 소유하시는 게 아니다. 하나님은 거룩하시다. 얼마든지 추가할 수 있다. 하나님의 본체나 본질은 내재적 단일성이 특징이다. 적어도 부분적으로, 이것은 그분만이 하나님이라고 불리기에 합당하신 이유다. 창조된 존재는 이런 신적 의미에서 단순할 수 없기 때문이다. "참된 신성은 본체의 일체성에 거하고, 본체의 일체성은 진정한 신성에 거한다."[11] 그분은 '단순한 하나님'(simply God)이시다.[12]

그러나 어떤 사람들은 단순성이 의문을 낳는다고 믿는다. 하나님이 세 위격이시라면 어떻게 단순하실 수 있는가?

---

11) Richard of Saint Victor, *On the Trinity* 1.25.
12) 이런 이유로, 초기 교부와 중세 교부들은 하나님을 '순수 현실태'(pure act)라고 불렀다.

하나님이 삼중적이라면 어떻게 단순하실 수 있는가?

우리는 일신론을 고백할 때 아무 일신론이나 고백하지 않는다. 우리는 속 빈 일신론자가 아니다. 일신론은 비인격적(impersonal, 비위격적) 하나님을 위한 은폐물이 아니다. 나지안조스의 그레고리오스(Gregorios)는 이러한 잘못된 추정에 맞섰다. "우리는 일신론을, 그 단일한 지배 원리와 더불어 소중히 여긴다. 하지만 이것은 단일 위격(single person)의 주권으로 정의되는 일신론이 아니라…본성의 동등성, 의지의 조화, 행위의 일치, 일체성에서 나오는 것의 근원을 향한 수렴이 낳은 단일한 통치(single rule)다. 이들 가운데 어느 하나도 창조된 본성에서는 가능하지 않다. 결국, 수적 구분은 있어도 본체의 분리는 없다."[13] 그레고리오스가 무엇을 추구하는가? 일신론은 하나님이 세상을 다스리는 단일 위격(single person, 단일 인격체)이시라는 뜻이 아니다. 오히려 하나님의 단일 통치는 단일 본성과 단일 의지와 단일 활동(operation, 작용)을 반영한다. 그러나 세 신적 위격을 이렇게 말할 수 있으려면, 세 위격이 동일한 단일 본성과 단일 의지와 단일 활동을 공유하셔야 한다.

삼위일체 어휘를 살펴보는 여정을 한 번 더 진행해야겠다. 기억하라. 모든 성경이 하나님의 단일성(oneness)과 삼중성(threeness)을 기술하는 방식을 정당하게 평가하려고, 교부들이 하나님을 '한 본질, 세 위격'(one essence, three persons)이시라고 말한 것은 적절하다. 본질과 위격들이 분리된다는 말이 아니다(이렇게 말한다면 네 가지를 만들어 내게 되고, 그러면 사위일체가 된다). 그게 아니다. 세 위격은 하나이며 나뉘지 않는 신적 본질 또는 본성의 실재들이다. 따라서 세 위격은 성부와 성자와 성령으로 구분될 수 있지만, 한 신적 본질을 공유하신다.

---

13) Gregory of Nazianzus, *On God and Christ* 3.29.2 (p. 70).

> **반대 주장**
>
> 아버지가 자신의 아들을 낳으려고 행동한다면, 어떻게 단순성이 세 위격에 적용될 수 있는가? 영원한 출생은 삼위일체가 행동하며 무엇인가가 되신다는, 그렇게 해야만 그분이신 무엇인가가 된다는 것(신학자들이 수동적 잠재력이라고 부르는 것)을 상정하지 않는가? **대답**: 아니다. **이유**: 위격들은 각자의 의지를 가진 행위자가 아니기 때문이다. 출생은 아들에게 일어나는 일이 아니다. 오히려 아들이라는 것은 나시는 것이다. 이는 안셀무스(Anselmus)가 다음과 같이 기도한 것과 같다. "당신은 너무나 단순하셔서 당신의 어떠하심 외에 그 무엇도 당신에게서 날 수 없습니다. …그뿐 아니라 당신의 지고한 단순성이 발출하는 것 외에 그 무엇도 거기서 발출할 수 없습니다. 그러므로 각 위격이 단독으로 무엇이든 간에, 온전한 삼위일체는 아버지와 아들과 성령이십니다"
> (*Proslogion*, in *Major Works*, 23).

이것은 하나님이 셋인 것과 동일한 방식으로 하나라면, 단순성과 삼위일체가 서로 모순일 뿐이라는 뜻이다. 그러나 방금 보았듯이 그렇지 않다. 하나님은 한 분이라고 말할 때, 우리는 그분의 '본질'(essence)이나 '존재'(being)나 '본성'(nature)을 말한다(세 단어는 동의어다). 그러나 하나님이 셋이라고 말할 때, 우리는 세 '위격들'(persons), 구체적으로 단순한 본질이 각 위격에서 특별한 방식으로 실재하는(존재하는) 방식을 말한다. 하나님의 단순한 본성이 삼중적이라는 뜻이 아니다. 그럴 경우, 본질이 셋으로 늘어나 전혀 단순하지 않을 것이다. 대신에, 본질에서 단순하신(simple) 하나님이 위격들에서 삼위일체적이시라는(triune) 뜻이다. 이런 이유에서, 교부들은 "'한 본질, 세 실재'(one essence, three subsistences)라고 말하는 데 익숙했다."[14]

만일 본질과 위격의 이 같은 구분이 여전히 흐릿하다면, 몇 가지 유비가 우리를 전혀 돕지 않음으로써 우리에게 도움을 줄 수 있다.

---

14) 미안 우시안, 트레이스 휘포스타세이스(*Mian ousian, treis hypostaseis*). Turretin, *Institutes*, 254.

황철석(Fool's Gold) : 아우구스티누스, 안셀무스, 그리고 유비들

마치 유비들이 삼위일체를 설명하기라도 하듯이, 때로 그리스도인들은 더 없이 좋은 의도로 유비들에 호소한다. 다음과 같은 유비들을 모두 들어 보았을 것이다. 삼위일체는 달걀 같다. 하나의 달걀인데, 껍질과 흰자와 노른자로 구성된다. 또는 삼위일체는 클로버 같다. 하나의 클로버이지만 잎이 셋이다. 또는 삼위일체는 물 같다. 물은 증기이거나 액체이거나 얼음일 수 있다. 문제는 이런 유비들이 이단에 취약하다는 것이다. 달걀과 클로버는 삼신론을 피할 수 없고, 여러 형태로 변하는 물은 사벨리우스주의와 아주 비슷해 보인다.

분명히, 유비들은 흙만큼 오래되었다(어떤 경우, 흙만큼 쓸모 있다). 교부들의 글을 읽어 보면 알듯이, 그들도 교인들이 좋은 의도에서 제시하는 유비에 익숙했다. 예를 들면, 아우구스티누스는 다음과 같은 유비들이 유효하지 않다고(따라서 그만해야 한다고) 말한다.

- 세 친구, 공통된 우정
- 세 이웃, 공통된 이웃
- 세 친척, 공통된 가족
- 세 조각상, 공통된 황금
- 세 종(species), 한 존재
- 세 남자, 한 남성성(manhood)[15]

황금을 예로 들어 보자. 겉보기에는 유비가 아주 흥미롭다. 세 조각상이 있다. 각 조각상은 동일한 광물, 곧 황금으로 만들어졌다. 그러나 잠깐! 아우구

---

15) Augustine, *The Trinity* 7.3.11.

스티누스는 이렇게 말한다. "우리는 동일한 황금에서 나온 세 조각상에 대해 말할 수 있는 것처럼, 마치 존재가 무엇이냐와 위격이 무엇이냐가 별개라는 듯이, 동일한 존재에서 나온 세 위격을 말하지는 않습니다."

히포의 아우구스티누스

내가 보기에, 북아프리카 신학자 아우구스티누스(Aurelius Augustinus)는 교회사에서 가장 위대한 삼위일체 신학자였다. 그의 저서 『삼위일체론』(The Trinity)에 견줄 만한 책이 거의 없으며, 이 책은 니케아 정통의 가장 충실하고 성숙한 해설이다. 아우구스티누스는 마니교에 환멸을 느껴 기독교로 개종했으며, 이에 관해서는 그의 저서 『고백록』(Confessions)에서 읽을 수 있다. 그는 억지로 히포의 감독이 되어, 한 주의 대부분을 설교를 준비하고 여전히 이교도의 영향을 받는 교인들을 상담하면서 보냈다. 아우구스티누스는 당시의 마니교도, 펠라기우스주의자, 도나투스주의자, 아리우스주의자들을 논박하는 여러 책을 썼다.

"그러나 왜 안 되죠?" 4세기 히포의 교인이 묻는다.

"이 경우, 황금과 조각상은 별개입니다."

"하지만 조각상들이 똑같이 보이고 포함하는 황금의 무게도 같다면 어떻게 되나요?"

"동등한 조각상 셋에 사용된 황금을 모두 합치면 하나에 사용된 황금보다 많고, 하나에 사용된 황금이 둘에 사용된 황금보다 적습니다." 아우구스티누스가 답한다.

"무슨 말씀인지 알겠습니다."

"그러나 하나님의 경우는 이렇지 않습니다. 아버지와 아들이 함께하심이 아버지 혼자나 아들 혼자보다 더 많은 존재가 아니지만, 세 본체 또는 위격들이 함께하심이, 그렇게 불려야만 한다면, 각 위격 혼자와 동등한데, 육에 속한 사람은 이것을 이해하지 못합니다(고전 2:14)."

"육에 속한 사람이 누구인가요?" 이제 안달이 난 히포의 교인이 묻는다.

육에 속한 사람은 "머릿속에 몸체의 형상들이 유령처럼 떠돌기 때문에 오로지 덩어리와 공간을, 그것도 작거나 큰 덩어리와 공간만을 생각할 수 있습니다."[16]

"이런 이유로, 우리의 물리적 세계에서 가져온 유비들은 몸이 없는 하나님께 적용될 때 유효하지 못합니까?"

"맞습니다." 아우구스티누스가 말한다.

아우구스티누스는 황금 유비의 주요 문제를 드러낸다(대다수의 다른 유비들도 마찬가지다). 황금은 나뉠 수 있으며, 각 조각상은 여러 부분으로 나뉜 황금의 일부일 뿐이다. 모든 조각상을 거대한 화로에 넣고 녹이면, 전체 양이 각 하나의 양보다 많다. 이것은 각 조각상 자체가 셋을 모두 합친 것보다 작기 때문이다.

종이의 집: 가장 아우구스티누스적이지 않은 은행 강도

얼마 전, '머니 헤이스트'(Money Heist)라고도 하는 스페인 드라마 '종이의 집'(La Casa de Papel)[17]을 보다가 삼위일체 하나님의 단순성이 갑자기 떠올랐다. 3부에서, 교수(작전의 브레인)와 그가 이끄는 이탈리아 도둑들이 다시 모여, 뚫을 수 없는 스페인 은행을 털려고 했다. 유로폴(유럽 경찰 기구)은 이들의 조직원이었던 리오를 돌려줄 수밖에 없었다. 그런데 이들이 어떻게 금괴를 빼낼 것인가? 언제나 창의적인 나이로비에게 묘책이 있다. 가지고 나갈 수 있도록 모든 금을 녹여 작은 구슬로 만드는 것이다. 이들이 이렇게 할 때, 이들

---

16) Augustine, *The Trinity* 7.3.11 (cf. 7.4.12).
17) 이 드라마는 성인 등급이므로 시청에 주의하기 바란다.

의 반파시스트 메시지를 담은 노래 '벨라 차오'(Bella ciao)가 배경 음악으로 흐른다. 이들의 전략이 실행되는 장면을 보면서 이들이 정말이지 천재라고 생각했다. 그러나 이 장면을 보다가, 이것이 삼위일체와 관련해서는 끔찍한 예화일 거라는 생각이 퍼뜩 들었다. 감독이 너무나 아우구스티누스적이지 않은 게 틀림없다. 금덩어리가 그것을 나눈 각 부분보다 더 가치 있고 작은 금구슬 하나하나가 모든 구슬을 합친 것보다 가치가 훨씬 덜하다는 것은 누구나 알기 때문이다.

삼위일체에서, 하나님의 본질은 이런 식으로 작용하지 않는다. 하나님의 한 본질은 나뉠 수 없고 부분들도 없다. 하나님의 본질이 세 부분으로 나뉘어 세 위격을 형성하는 게 아니다. 이런 분리의 결과는 부분이 합성된 하나님이다.[18] 오히려 세 위격은 본질이 하나이며, 각각은 동일한 본질의 실재이고, 한 본질의 부분이 아니라 전체를 갖는다. 우리는 위격들과 본질을 구분하지만, 그렇더라도 본질을 위격들이 나누어 공유하는 넷째 것으로 생각해서는 안 된다. 이것은 진정한 일체성이 아니다. 이것은 진정한 단순성을 보존하지 못한다. 대신에, 존 오웬(John Owen)이 말하듯이, "한 신적 위격은 다름 아닌 신적 본질이며…특별한 방식으로 실재하신다."[19]

위격들을 보면서, 두 위격을 합치면 한 위격보다 더 많은 하나님이 된다고 생각해서도 안 된다. 이것은 황금 유비를 다시 받아들이는 것이다. 아우구스티누스(Aurelius Augustinus)는 "아버지와 아들이 함께"가 "아버지 혼자 또는 아들 혼자보다 더 참되지" 않다고 말한다. "둘이 함께가 각각 단독보다 더 큰 게 아니다."[20] 이것은 삼위일체를 덧셈이 포함된 수학 문제처럼 다룬다. 그

---

18) John of Damascus, *Exposition of the Orthodox Faith* 8 (*NPNF2* 9:10).
19) Owen, *Brief Vindication*, in *Works* 2:407. 다음도 보라. Dolezal, "Trinity, Simplicity and the Status of God's Personal Relations," 94.
20) Augustine, *The Trinity* 78.1.2.

러나 앞서 말했듯이, 각 위격은 온전히 하나님이시며, 신격의 다른 위격들과 동일한 신적 본질을 갖는 실재이시다. "삼위일체 그 자체는 어느 위격과도 크기가 같다."[21] 오히려 아퀴나스(Thomas Aquinas)는 "관계들 모두가 단 한 관계보다 크지 않을 뿐 아니라 세 위격 모두가 단 한 위격보다 크지 않으며, 신적 본성의 온전한 충만이 각 위격에 현존한다."라는 뜻이라고 말한다.[22] 예를 들면, (니케아의 신경대로) 아들은 하나님으로부터 나오신 하나님이라고 말할 때, 이것은 아들이 "부분으로부터 나온 전체로서, 전체로부터 나온 부분으로서, 또는 부분으로부터 나온 부분으로서, 하나님으로부터 나오신 하나님"이라는 뜻이 아니다. "만일 하나님으로부터 나오시는 하나님이 있다면, 전체 하나님이 전체 하나님으로부터 나오신다." 하나님께는 부분들이 없기 때문이다.[23]

벙어리 황소

토마스 아퀴나스(Thomas Aquinas)는 생김새 때문에 학교에서 놀림감이었고 별명이 '벙어리 황소'였다. 모두 알듯이, 이 벙어리 황소가 서방 세계를 뒤흔들었고 오늘까지도 교회 역사상 가장 위대한 신학자, 철학자, 성경 주석가 중 하나로 꼽힌다. 그는 『대(對)이교도 대전』(Summa Contra Gentiles)이라는 방대한 신학 변증서뿐 아니라 학생들을 위한 방대한 (미완성) 신학 지침서 『신학 대전』(Summa Theologiae)도 썼다. 안타깝게도, 오늘의 개신교인들, 특히 복음주의자들은 토마스 아퀴나스가 로마 가톨릭이라고 생각하면서 마치 전염병처럼 그를 피한다. 이는 당장 버려야 할 태도다. 그렇다. 우리는 (역사의 어느 신학자든 비판해야 하듯이) 토마스 아퀴나스를 비판해야 하지만, 그를 로마 가톨릭에 넘겨주는 것은 그의 무수한 신학적, 변증적, 주석적, 목회적 통찰을 놓치는 것이다. 삼위일체와 관련해, 토마스 아퀴나스는 고칠 게 없다. 수정처럼 투명한 정통이다.

---

21) Augustine, *The Trinity* 78.1.2.
22) Aquinas, *Summa* 1a.42.4. 돌레잘(Dolezal)도 같은 말을 했다. "아버지는 온전히 신적이지만 신성은 온전히 아버지가 아니며, 아들과 성령의 경우도 이와 같다"("Trinity, Simplicity and the Status of God's Personal Relations," 95).
23) Anselm, *On the Procession of the Holy Spirit*, 396.

바울, 안드레, 야고보? 사위일체와 거리가 멀다

영화와 달리, 값을 매길 수 없는 모든 유물이 도난당해 암시장에 나오지는 않는다. 때로 가장 값비싼 유물들이 그저 파괴되고 만다. 바르셀로나 북쪽에 인접한 비크라는 마을에 로마네스크 양식의 성당이 있었으며, 이곳에 중세 대리석 조각상이 수 세기 동안 서 있었다. 결국, 성당이 파괴될 때 아름다운 조각상도 함께 파괴되었다. 그래도 조각상의 일부는 남겨졌고, 캔자스시티에 자리한 넬슨-앳킨스 박물관에 보관되어 있다. 이 돌 조각상에 세 사도가 등장한다. 바울과 안드레와 야고보다. 나는 캔자스시티에 살 때, 이 12세기 예술품을 직접 보았다. 오래되어 색이 바랬지만 모든 곡선과 주름은 여전히 선명하다. 사도들은 복음서를 손에 든 채 옆 사람과 나란히 서 있으며, 머리에 원형 후광이 둘려 있다. 이 박물관에서 가장 귀한 유물 중 하나가 아닐까 싶다.

나는 이 조각상을 아주 귀하게 여긴다. 그렇지만 이 조각상도 삼위일체를 설명하는 좋은 유비는 아니다. 바울과 안드레와 야고보는 세 인격체이며 동일한 인간 본성을 갖는다.[24] 셋 모두 인성(humanity)이라는 본성을 갖는다고 할 수 있다. 그러나 이들이 한 사람이라고 할 수 있는가? 그럴 수 없다.[25] 바울과 안드레와 야고보 모두가 인성을 갖지만 단일한 인간 존재는 아니다. 오히려 이들은 분리된 세 개별자이며 분리된 세 존재다. 이들은 서로 구분될 뿐 아니라 독립적이다. 이들은 공통점이 많지만 하나가 아니라 셋이다. 이 예시는 삼위일체에 적합하지 않다. 인간 본성은 나뉠 수 있다. 절대로 단일한 인간 본성인 동시에 세 인간일 수는 없다. "세 인간 인격체의 공통된 인성은, 하나님의 경우 반드시 그러해야 하듯이, 본질의 수적 일체성(본질의 수적 단일성)

---
24) Gregory of Nyssa, *On Not Three Gods* (NPNF2 5:331-332).
25) Muller, *PRRD*, 4:211.

이 아니라 부류적 일체성을 나타낼 뿐이다."[26] 삼위일체 하나님을 말할 때는 부류적 일체성이 적용되지 않는다.

바울과 안드레와 야고보는 서로가 없어도 존재할 수 있다. 이들은 서로를 필요로 하지 않을뿐더러 이들의 정체성도 서로에게 달려 있지 않다. 셋 사이의 진정한 일체성이 없다. 간단히 말해, 이들은 나뉠 수 있고 분리될 수 있다. 아버지와 아들과 성령은 그렇지 않다. 셋 모두 동일한 신적 본성을 갖는다면, 아버지는 아들 없이 존재하지 않고, 아들도 아버지 없이 존재하지 않으며, 성령도 아버지와 아들 없이 존재하지 않는다.[27] 그렇다. 아버지와 아들과 성령은 구분될 수 있지만 기원의 영원한 관계들(위격적 특성들)에서 구분될 수 있을 뿐 본질(본성)에서는 구분되지 않는다. 이들은 신적 본성을 공유한다. 위격적 특성들은 공유될 수 없지만, 본질은 공유될 수 있기 때문이다.[28] 질 에므리 (Gilles Emery)는 이렇게 말한다. "아버지와 아들은 각자의 위격적 특성들을 제외하고 모든 것에서 하나다. 아들은 아버지가 아니라는 것만 제외하고 아버지이신 모든 것이다. 그러므로 아버지 안에서, 아들 안에서, 성령 안에서, 신적 본질은 일치하고 동일하다."[29]

요약하면, 마치 삼위일체 대신 사위일체를 만들어 내기라도 하듯이, 신적 본질과 세 위격은 서로 다른 게 아니다. 사위일체는 두 유비(황금 유비와 세 사도 유비) 모두를 수반하는 실제적 위험이다. 본질과 위격을 구분하는 것만큼이나 각 위격이 본질, 곧 하나지만 나뉘지 않고 나뉠 수 없는 본질의 신적 실재라는 점을 잊어서는 안 된다. 이것을 잊으면 단순성이 사라지고 삼위일체도 함께 사라진다. 다마스쿠스의 요한네스(Johannes)가 말하듯이, "셋은 각각 완전

---

26) Muller, *PRRD*, 4:211.
27) Leigh, *Treatise* 2.16 (p. 128). 다음에서 재인용했다. Muller, *PRRD*, 4:212.
28) Ursinus, *Commentary*, 130; Muller, *PRRD*, 4:326.
29) Emery, *The Trinity*, 126.

한 실재를 갖는다. …불완전한 세 요소로 구성된, 합성되어 완전한 한 본성이 아니라, 완전을 넘어서고 완전에 선행하며 완전한 세 실재로서 존재하는 하나인 단순한 본질이다."[30]

단순성이 삼위일체 이단과 싸우는 데 도움이 될 수 있는가?

적절하지 못한 바울-안드레-야고보 유비는 우리에게 중요한 진리를 가르친다. 모든 것이 이러한 본질과 위격의 구분을 중심으로 돌아간다는 것이다. 이 구분은 중요하다. 이 구분이 없으면, 길을 잃고 급진적 단일성(사벨리우스주의)이나 급진적 삼위성(삼신론)으로 향하게 된다. 단순성은 두 가지 모두로부터 우리를 지켜 준다. 바꾸어 말하면, 단순성은 삼위일체 하나님과 일치할 뿐 아니라, 아이러니하게 들릴지 몰라도 단순성은 우리가 삼위일체 하나님을 단언할 수 있는 이유다. 그뿐 아니라, 단순성은 여러 주요 삼위일체 이단으로부터 우리를 지켜 준다.

사벨리우스주의(Sabellianism). 양태론적 단일신론(modalistic monarchianism)으로도 불리는 사벨리우스주의에 따르면, 하나님은 세 위격이 아니라 한 위격이며 이것이 세 양태로 변할 뿐이다. 우리가 하나님이라고 부르는 한 위격이 세 가면을 쓰신다. 그분은 때로 가면을 쓰고 아버지가 되지만 가면을 갈아 쓰고 아들이나 성령도 되신다. 한 분 하나님은 구분되는 세 위격이 아니라 비위격적(impersonal, 비인격적)인 세 양태로 전환한다. 마치 하나님의 한 위격(한 분 하나님)이 각기 다른 세 방식으로 창조 세계와 관계하지 않으면 우리에게 삼위일체가 없다는 듯이 말이다.

---

30) John of Damascus, *Exposition of the Orthodox Faith* 8 (*NPNF2* 9:10).

하나님은 오직 한 위격이신가?

교회의 첫 3세기 동안, 그리스도인들은 여러 신을 믿는 다신교 문화에서 살았다. 다신교 문화와 대조적으로, 기독교는 하나님이 오직 한 분이시고 한 분 하나님이 만물의 통치자요 하늘과 땅의 주라고 가르쳤다. 그러나 어떤 사람들은 한 분 하나님의 통치를 보존하려다 이단에 빠졌다. 양태론적 단일신론(modalistic monarchianism)이다. 이들은 성경의 이름들(아버지, 아들, 성령)을 이해하려고 한 군주가 각기 다른 세 방식으로 기술될 뿐이라고 주장했다. 그분의 한 통치가 세 계시 양태를 띤다는 것이다. 3세기에 사벨리우스(Sabellius)가 출교당했다. 우리는 사벨리우스에 관해 많이 알지 못하지만 강화된 형태의 양태론적 단일신론이 그와 관련이 있었던 것 같다. 하나님의 한 위격이 각기 다른 세 역할을 하며 각 역할은 구원사에서 고유한 목적에 기여한다는 것이다. 그 결과, 사벨리우스주의는 성부 고난설(patripassianism)을 가르쳤다. 아들이 십자가에서 고난받으실 때 아버지가 십자가에서 고난받으셨다는 것이다. 아들과 아버지는 동일한 위격이시기 때문이다. 여러 교부들이 다양한 사벨리우스주의 대표자들에게 대응했다. 예를 들면, 테르툴리아누스(Tertullianus)는 『프락세아스를 논박함』(*Against Praxeas*)을 썼다. 이 책은 그의 타깃이 프락세아스(Praxeas, '바쁜 몸'을 의미하는 헬라어 이름)였다는 인상을 준다. 의문에 싸인 그 인물의 실명은 아마도 칼리스투스(Callistus)였을 것이다. 테르툴리아누스는 삼위일체를 이단으로부터 지키려고 라틴어로 삼위일체 문법을 개발했다.

트리니타스(*trinitas*) = 삼위일체(Trinity)
페르소나(*persona*) = 위격(person)
숩스탄티아(*substantia*) = 본체(substance)

테르툴리아누스와 오리게네스(Origenes)는 아들이 아버지로부터 영원히 나신다고도 주장했으며, 이로써 아들을 한 위격으로 구분했다. 아들은 또 하나의 신이 아니라 자신을 낳으신 아버지와 동일한 **숩스탄티아**로부터 나오는 한 **페르소나**다.
테르툴리아누스와 오리게네스 외에, 히폴리투스(Hyppolytus)도 사벨리우스주의에 대응했다.

그러나 단순성이 우리를 구하러 온다. 실재의 세 양태(three modes of subsistence, 아버지되심, 아들되심, 출송)가 있다고 단언할 때, 이것은 실재의 비위격적 세 양태(사벨리우스주의)가 아니라 실재의 위격적(personal) 세 양태를 의미한다. 바꾸어 말하면, 한 본질이 각기 다른 세 방식으로 나타나는 것(이것은 비위격적이다)이 아니다. 오히려 한 본질이 나뉘지 않으나 구분되는 세 위격들로 영원하고 온전하게 실재하며, 각 위격은 하나이며 나뉘지 않는 본질의 한 실재다.[31]

삼신론(Tritheism). 단순성은 삼신론을 피하는 방법이기도 하다. 아퀴나스(Thomas Aquinas)와 안셀무스(Anselmus)가 설명하듯이, "신성을 지니신 셋이 있다."라는 것은 "세 하나님"이 있다는 뜻이 아니기 때문이다.[32] 한 신적 본질이 세 배로 늘어나는 게 아니다. 이것은 '삼중성'(triplicity)이다.[33] 삼중성은 삼신론으로 이어진다. "하나님이 세 가지로 구성된다면 단순한 본체가 없거나 어떤 것에서 하나님의 본체를 능가하는 또 다른 본체가 있기" 때문이다.[34] 그렇게 되면 세 가지 또는 세 부분이 하나이자 단순한 하나님의 본질을 구성하게 된다.[35]

그러나 삼중성과 삼위일체는 다르다. 삼중성은 각 위격을 개별 행위자로 만듦으로써 하나님의 본질을 나눈다. 그러나 위대한 전통은 하나이자 단순한 본질이 실재의 세 양태를 갖는다는 점을 강조함으로써 이러한 함정을 피한다. 우리는 단지 하나님이 세 위격이라고 말하는 것보다 더 구체적으로 말할 수 있다. 하나이며 나뉘지 않는 본질이 세 위격으로 온전히 실재하며 각 위격은 동일하고 단순한 본질의 한 실재다. 존 길(John Gill)의 말에 귀 기울이라. "신적 본질은 오직 하나이며 나뉘지 않고 아버지와 아들과 성령께 공통이다. 이런 의미에서 하나님은 오직 한 분이시다. 실재의 각기 다른 양태들이 있고 그 양태들이 위격들이라고 불리더라도, 본질은 오직 하나이기 때문이

---

31) Duby, *Divine Simplicity*, 214-215.
32) Aquinas, *Summa* 1a.39.3 (p. 111).
33) Aquinas, *Summa* 1a.31.1; Turretin, *Institutes*, 255.
34) Anselm, *On the Incarnation of the Word* 4 (*The Major Works*).
35) Gill, *Body of Divinity*, 128.

다. 그리고 이 위격들은 나뉘지 않는 온전한 본질을 소유한다."[36] 단순성은 부분들을 배제하지만, 영원한 관계들이나 위격적 특성들을 배제하지는 않는다. 이러한 관계들은 하나님의 단일성(oneness)을 무너뜨리는 게 아니라 일체성(unity)을 뒷받침하기 때문이다.

어째서 그럴까?

기원의 영원한 관계들(나지 않으신 아버지, 나신 아들, 출송되시는 성령)이 위격들을 구분할 뿐 아니라 위격들이 동일한 신적 본질의 실재들이라는 것을 보증한다. 신적 본질이 아버지로부터 아들에게, 아버지와 아들로부터 성령에게 전달된다. 예를 들면, 영원한 출생을 생각해 보라. 아들은 아버지의 본질로부터, 또는 교부들이 아주 빈번하게 말했듯이 아버지의 우시아(ousia)로부터 나신다. 나중에 신학자들은 이 점에 주목했다. 프랑수아 투레티니(François Turrettini)는 이렇게 썼다. "출생(generation)으로써, 나신 분에게 신적 본질이 전달되는데, 존재하기(exist) 위해서가 아니라 실재하기(subsist) 위해서다."[37] 그러므로 관계들이 위격들을 유일하게 구분한다는 점을 강조할 때마다, 동일한 관계들이 본질의 단순성을 보존한다는 점을 잊지 말아야 한다.

사회적 삼위일체론(Social trinitarianism). 단순성이 삼신론을 막아준다면, 그것은 또한 우리를 사회적 삼위일체론으로부터도 보호해 준다. 하나님의 본질이 하나라면 그분의 의지도 의심할 여지없이 하나다. 존 오웬(John Owen)은 이렇게 말한다. "아버지와 아들과 성령은 구분된 의지들을 갖는 게 아니다. 셋은 한 하나님이시고 하나님의 뜻은 하나이며, 이것은 하나님의 본성이 갖는 본질적 특성이다."[38] 이것은 정통 삼위일체론의 본질적 특성이며, 삼위일체를 삼위일체의 표류뿐 아니라 이단으로부터 보호하는 핵심 기둥이다.

---

36) Gill, *Body of Divinity*, 128.
37) Turretin, *Institutes*, 301.
38) Owen, *Works* 19:87 (cf. 9:87-88; 12:497). 다음도 보라. Swain, *The God of the Gospel*, 159.

그러나 많은 형태의 사회적 삼위일체론이 이 믿음을 거부하며, 오히려 의식의 세 중심이 있기에 신격에 세 의지가 있다고 가르친다. 사회적 삼위일체론은 위격들이 하나의 공동체 또는 사회이며 각 위격이 나머지 위격들의 의지와 구분될 뿐 아니라 다른 자신만의 의지를 갖는다는 것을 강조한다(3장을 보라).

사회적 삼위일체론이 하나님을 더 또는 덜 위격적이게 하는가?

하나님이 부분들로 구성된다면, 하나님의 부분들이 실체화되어야(실현되어야) 할 것이다. 다시 말해, 하나님이 자신의 잠재력에 도달해 자신보다 큰 존재가 되어야 할 것이다. 그러나 단순성은 다음과 같이 가르친다. 하나님은 부분들이 없기에 최대치로 살아계신다. 위대한 전통이 그렇게 말하길 좋아했듯이, 하나님은 '순수 현실태'(pure act)이시다. 다시 말해, 하나님은 영원 전부터 자신보다 큰 어떤 것도 되실 필요가 없다. 이것은 하나님이 이미 영원 전부터 위격적인 것보다 조금이라도 더 위격적이 되실 수 없다는 뜻이다. 아이러니하게도, 단순성을 거부하는 사회적 삼위일체론자는 하나님을 (더가 아니라) 덜 위격적이게 한다. 사회적 삼위일체론자들은 삼위일체를 그 안에서 각 위격이 자신만의 의식과 의지의 중심인 사회나 공동체로 정의하며, 따라서 왜 위격들이 상호 의존적인 사랑의 관계성들 안에서 더 위격적이 될 필요가 없는지를 설명해야 한다. 순수 현실태이신 하나님에 관해 더 알고 싶다면 6장과 용어 정리를 보라.

엄청난 실수다. 그렇지 않다는 주장들에도 불구하고, 사회적 삼위일체론은 삼신론의 요소를 다 갖추었다. 세 의지가 있는 곳에 의식의 분리된 세 중심이 있으며, 의식의 분리된 세 중심이 있는 곳에 분리된 세 신들이 있기 때문이다. 이 견해에서, 하나님은 하나이기 때문에 하나로서 행동하시는 것(분리할 수 없는 활동들)이 아니라, 세 위격들의 세 의지들이 단지 서로 협력하기 때문에 하나로서 행동하신다.

삼위일체의 한 의지에 관해서는 10장에서 다시 살펴보겠다. 오직 한 의지만 삼위일체 하나님의 외적 사역들이 왜 나뉠 수 없는지 설명할 수 있기 때문이다. 지금은 맛보기만 제시하겠다. "하나님은 하나이며, 그러므로 모든 위격들의 능력과 활동도 하나이고 나뉘지 않는다. 각 위격은 전체 사역의 즉각적이고 완전한 원인이다."[39]

결론적으로, 진정한 일체성은 단순히 '의지(들)의 일체성'(아리우스주의자들의 주장)이 아니다. '존재의 일체성'(위대한 전통)이 있어야 한다.[40] 위격들이 하나로 행동하는 것은 위격들이 하나이기 때문이다. 즉, 본질에서 하나이고 그러므로 의지에서 하나이기 때문이다. 다마스쿠스의 요한네스는 이렇게 말한다. "본질이 하나요, 선함이 하나이며, 능력이 하나요, 의지가 하나이며, 에너지가 하나요, 권위가 하나다. 하나이며 동일하다. 거듭 말하건대, 서로 닮은 셋이 아니다. 그러나 세 실재들은 하나이자 동일한 움직임을 갖는다. 각각은 자신에게처럼 서로에게 밀접하게 연결된다. 다시 말해, 나지 않음과 출생과 발출을 제외하고, 아버지와 아들과 성령은 모든 면에서 하나이시다."[41]

서로 다른 의지들이 있는 게 아니라면 무엇이 위격들을 구분하는가? 6장에서 설명할 텐데, 위격들은 아버지되심, 아들되심, 출송이라는 기원의 영원한 관계들(위격적 특성들) 외에 모든 면에서 일치한다. 기원의 영원한 관계들, 이것들만이 위격들을 구분한다. 그 이상의 무엇이든지, 그 외의 무엇이든지 그것은 삼위일체 하나님의 일체성을 나눈다. 신적 단순성이 훼손된다. 그렇게 되면, 하나님은 더 이상 단순한 삼위일체가 아니다.

그러나 이것이 전부가 아니다. 이 관계들은 단지 구분만 하지 않고 연합한다.

---

39) Witsius, *Exercitationes*, 6.2. 다음에서 재인용했다. Muller, *PRRD*, 4:258.
40) 예를 들면, Basil of Caesarea, *Against Eunomius*, 2.14.
41) John of Damascus, *Exposition of the Orthodox Faith* 8 (*NPNF2* 9:10).

단순성은 동등성을 위해 중요하다: 아타나시우스 신경

지금까지 단순성이 중요하다는 것을 살펴보았다. 단순성은 사벨리우스주의와 삼신론뿐 아니라 사회적 삼위일체론으로부터 우리를 지켜 준다. 그러나 단순성은 또 다른 이유로 중요하다. '동등성'(equality)이다. 단순성이 없으면 동등성도 없다. 또는 당신의 주의를 집중시키기 위해 말하자면, 단순성은 아리우스주의 이단으로부터 (그리고 종속론의 그 어떤 그늘로부터라도) 우리를 지켜 준다.

하나님이 부분들로 구성되지 않고 세 위격으로 온전히 실재하는 한 신적 본질이라면, 각 위격이 온전히 하나님이시라는 추론도 반드시 뒤따라야 한다. 단순성은 우리가 본질이나 능력이나 의지나 권위에서 삼위일체의 한 위격이 다른 위격보다 우월하다거나 삼위일체의 한 위격이 다른 위격보다 열등하다고 생각하지 않게 해준다.

그러나 이번에도, 단순성이 하나님께 적용될 수 있어야 이러한 동등성을 단언할 수 있다. 하나님이 아버지와 아들과 성령이라고 불리는 부분들로 나뉜다면, 이 부분들은 온전히 하나님이 아니거나(각각은 하나님의 일부만 소유하고 모두 합산될 때 하나님을 이룬다) 각각 자체로 하나님이므로 온전히 신적이며 그 결과는 삼신론이다. 그러나 하나님이 단순하다면, 세 부분으로 구성되지 않을뿐더러 의식의 세 중심이나 각기 다른 세 의지에 의해 나뉠 수도 없다. 대신에, 하나님은 하나이시며 하나님의 본질은 합성되지 않는다. 나뉠 수 없기에, 하나님의 한 본질은 세 위격들 사이에서 나뉠 수 없을뿐더러 신성의 분리된 세 행위자들로 분해될 수도 없다. 오히려 하나이며 나뉠 수 없는 본질이 세 위격으로 온전히 실재하며, 따라서 각 위격은 하나이자 나뉘지 않는 신적 본질의 한 실재다.

이것은 우리가 아버지나 아들이나 성령에 관해 무엇을 말하든 간에 각각을 참 하나님으로 여기고 각각이 온전히 신적이라고 여겨야 한다는 뜻이다. 셋

중 어느 위격도 다른 위격보다 조금도 열등하지 않다. 아퀴나스는 이렇게 말한다. "이것은 신적 본질에서 아버지가 아들보다 크지 않기에 아들이 아버지의 크심을 가지며 아버지와 동등하기까지 하고, 따라서 아버지는 아들의 크심을 가지며 아들과 동등하시기 때문이다."[42] 각 위격이 동일하고 일치하는 신적 본성의 한 실재이신 곳에는 열등성이 있을 수 없다. 어느 위격도 다른 위격에 영원히 종속되지 않는다. 어느 위격도 다른 위격보다 덜 신적이지 않기 때문이다. 신적 본질의 단순성은 단지 한 위격이나 두 위격의 특성이 아니라 세 위격 모두의 특성이다. 모세가 "이스라엘아 들으라 우리 하나님 여호와는 오직 유일한 여호와이시니"(신 6:4)라고 고백할 때, 아버지만큼이나 아들과 성령도 이 고백에 포함되었다. 우리의 친구 십보라가 요한복음 10장을 통해 단언했듯이 말이다.[43]

교부들은 단순성이 동등성에 중요하다는 것을 이해했다. 예를 들면, 아타나시우스 신경(Athanasian Creed)을 생각해 보라.[44] 아타나시우스 신경은 송영으로 시작하며 이렇게 고백한다.

> 우리는 삼위로 계시는 한 분 하나님을, 그리고 일체이신 삼위를 예배하지만, 위격들을 혼합하지 않을뿐더러 신적 존재(divine Being)를 나누지 않습니다.

아타나시우스 신경은 하나님이 일체이신 삼위이시기에 신격(아버지, 아들, 성령)이 모두 하나이며, 모두 하나라면 전적 동등성이 있어야 한다고 말한다.

> 그 영광이 동등하고, 그 위엄이 함께 영원합니다.

---

42) Aquinas, *Summa* 1a.42.1.
43) Gill, *Body of Divinity*, 129.
44) Bray, *Creeds, Councils and Christ*, 209-211.

아타나시우스 신경

아타나시우스(Athanasius)가 이 신경을 작성했다고 말하던 때가 있었다. 그러나 이제 학자들은 아타나시우스가 이 신경을 작성한 것이 아니라고 본다. 이들은 이 신경이 동방이 아니라 서방에서 나왔으며, 5세기 말이나 6세기 초에 작성되었다고 믿는다. 그럴 더라도 이 신경의 언어는 동방과 서방 양쪽 모두에게 빚을 졌으며, 니케아 신경(Nicene Creed)과 아우구스티누스(Aurelius Augustinus)에 의존한다. 중세 교부들은 사역을 준비하는 사람이라면 누구라도 아타나시우스 신경(Athanasian Creed)을 알아야 한다고 믿었다. 어떤 사람들은 이 신경이 니케아 신경만큼 중요하다고 했다. 사도신경, 니케아 신경, 아타나시우스 신경이 3대 신경(Tria Symbola)을 형성한다. 종교개혁자들은 아타나시우스 신경이 나머지 두 신경만큼 기념비적이라고 여겼으며, 이 신경이 동일한 믿음을 가르친다고 믿었다. 더 자세한 것을 알고 싶다면 J. N. D. 켈리(J. N. D. Kelly)의 『아타나시우스 신경』(The Athanasian Creed)을 보라.

세 위격을 구분하는 하나, 즉 기원의 영원한 관계들(아버지되심, 아들되심, 출송)을 제외하면, 세 위격은 하나님의 나뉘지 않는 본성의 모든 특성을 온전히 공유한다. 이 때문에 아타나시우스 신경은 아버지와 아들과 성령이 똑같이 창조되지 않았고 무한하며, 영원하고, 전능한, 하나님이자 주님이심을 기술하는 긴 목록으로 시작할 수 있다. 각각을 숙고해 보라.

아버지의 어떠하심과 같이, 아들도 그러하며, 성령도 그러합니다.

창조되지 않으심: 아버지는 창조되지 않으시고, 아들도 창조되지 않으시며, 성령도 창조되지 않으셨습니다.

무한하심: 아버지는 무한하시고, 아들도 무한하시며, 성령도 무한하십니다.

영원하심: 아버지는 영원하시고, 아들도 영원하시며, 성령도 영원하십니다.

전능하심: 마찬가지로, 아버지는 전능하시고, 아들도 전능하시며, 성령도 전능하십니다.

주목하라. '전능'의 동의어 권위까지도 셋 모두에게서 배제될 수 없다. 아들은 아버지, 더 큰 전능자에게 종속되시지 않는다(아버지가 더 큰 전능자라면, 아버지와 아들은 두 전능자가 되고, 아들이 아버지보다 덜 전능할 것이다).

이 속성들을 세 위격 모두에게 돌린다면, 창조되지 않으신 분, 무한하신 분, 영원하신 분, 전능하신 분이 각각 셋이라는 뜻인가? 아니다.

…그러나 이분들은 영원한 세 분이 아니라, 영원한 한 분이십니다.
마찬가지로, 이분들은 창조되지 않은 세 분, 무한한 세 분이 아니라, 창조되지 않은 한 분과 무한한 한 분이십니다.

…이분들은 전능한 세 분이 아니라, 전능한 한 분이십니다.

주목하라. 신경은 신격의 구분되는 각 위격의 신적 동등성을 단언하고(각 위격은 창조되지 않고, 무한하며, 영원하고, 전능하다) 그와 동시에 무한한 세 분이나 영원한 세 분이 아니라 오직 한 분이라고 단언함으로써 삼신론 이단을 피한다. 하나님의 삼위일체성과 단순성은 늘 아주 가깝다. 하나를 단언하는 것은 동시에 다른 하나를 단언하는 것이다. 신경이 신성 자체를 다루면서 이렇게 고백하기 때문이다.

그리하여 아버지는 하나님이시고, 아들도 하나님이시며, 성령도 하나님이십니다.
그러나 세 하나님이 아니고 한 하나님이십니다.

따라서 아버지는 주님이시고, 아들도 주님이시며, 성령도 주님이십니다.
그러나 세 주님이 아니고 한 주님이십니다.

이어지는 장에서 보게 되겠지만, 이 신경은 세 위격을 구분하는 것(아버지되심, 아들되심, 출송)을 상세하게 설명한다. 그러나 예를 들면 "아들은 아버지로부터 나오십니다."(영원한 출생)라고 말할 때라도, 이 신경은 그 관계가 영원하다고 재빨리 덧붙인다. 왜 그런가? 이 관계가 영원하지 않다면 아들이 아버지보다 못하며 종속되고 열등하기 때문이다. 그러나 함께 영원하다면 세 위격 모두 동등하기도 하다. 따라서 우리는 외우기 쉬운 이 곡조에 맞춰 이렇게 결론짓는다.

이 삼위일체 안에서 누구도 앞서거나 뒤따르지 않고, 누구도 더 크거나 더 작지 않으십니다.
오히려 세 위격 모두 서로 함께 영원하고 동등하십니다.
그러므로 이미 다 말했듯이 모든 것에서, 일체 안에서 삼위께서, 그리고 삼위 안에서 일체께서 예배받으셔야 합니다.

6

아들은 아버지로부터 나시는가?

아버지되심과 아들되심 1

"그분은 낳으시며, 그러므로 아버지이시다."
토마스 아퀴나스(Thomas Aquinas), 『**신학 대전**』(*Summa Theologiae*)

"아버지는 시간 속의 그 어떤 시작도 없이 아들에게 존재를 부여하신다."
아우구스티누스(Aurelius Augustinus), 『**삼위일체론**』(*The Trinity*)

"견실하고 정통적인 모든 저자는
그리스도의 영원한 출생과 만세 전에 아들되심을 하나같이 선언했다."
존 길(John Gill), 『**그리스도의 영원한 아들되심**』(*The Eternal Sonship of Christ*)

> **들로리언에 타세요!**
>
> **목적지**: 예수님이 이 땅을 걸으시던 때. (가상의) 1세기 여인 십보라가 우리를 예수님께 소개하고, 예수님은 자신이 성육신 전에 어디에서 오셨는지 우리에게 들려주실 것이다.
>
> **요점**: 아버지는 나지 않으시며 신격에 있어 원리 없는 원리이시다. 아들은 아버지의 본질로부터 영원히 나신다(출생하신다). 우리는 건강하지 못한 출생의 아홉 가지 표식의 먹이가 되지 말아야 한다. 이러한 표식들은 아버지에 대한 아들의 영원한 동등성과 위격적 구분을 훼손할 위험이 있기 때문이다. **교훈**: 그분이 본성으로 아버지의 아들이어야 우리가 아버지의 은혜의 보좌에 은혜로 담대하게 나아갈 수 있다.

내 사랑하는 아들

우리 교회 사람들이 때로 나에게 묻는다. "정말 거기 있었어요? 정말로 예수님을 봤어요?"

"네, 거기 있었어요." 나는 머뭇거리며 답한다.

"틀림없이 아주 많은 것을 보셨겠네요. 십보라, 기억나는 대로 하나만 얘기해 주실래요?"

이기적으로 들릴지 모른다. 그러나 나는 나의 기억을 나누길 좋아하지 않는다. 나는 예수님이 하신 일을 다른 사람들이 알길 원한다. 진심으로 원한다. 그러나 나의 짧은 이야기들이 예수님을 그분 그대로, 내가 그분을 아는 그대로 그려 낼 수 있을지 두렵다.

나의 말은 태양의 스케치와 같다. 나의 말은 하늘의 빛 근원을 그리지만, 당신더러 그 열기를 느끼게 하지는 못한다. 나는 비관주의자다. 그래서 나오미 언니는 늘 눈썹을 치켜세우며 나를 쳐다보는데 마치 이렇게 말하는 것 같다. "십보라, 내가 또다시 일깨워 줘야겠니? 우리 주님은 말을 사용해서 자신이 누군지 들려주셨다고."

"예상치 못한 순간에 예수님을 본 적이 있어요." 내가 말했다. 내 얘기를 듣고 있던 사람들, 결혼한 지 얼마 되지 않았고 자녀가 있는 사람들이 놀란 표정으로 나를 보았다. 내가 의도했던 그대로였다.

"그때 난 자매님 또래였어요." 나는 짙은 갈색 머리카락에 이제 막 배가 부르기 시작한 젊은 여자를 가리키며 말했다. "지금은 사도라고 불리는 베드로와 친구가 되었지요. 지금과 달리, 그때 베드로는 전혀 확신이 없었어요. 그 시절 베드로는 정말이지 의심이 많았고 허우적대기 일쑤였어요. 그런데 언젠가 베드로가 예수님은 그리스도요 살아 계신 하나님의 아들이라고 고백했어요. 그러나 예수님이 당신의 죽음을 예언하시자 베드로가 예수님을 책망했어요. 예수님은 베드로의 말을 막으며 말씀하셨지요. '사탄아, 내 뒤로 물러가라.'[1] 베드로는 그런 사람이었어요. 한순간 열렬했다가 다음 순간 혼란에 빠지곤 했지요. 그러나 그날, 베드로는 믿음과 용기가 넘쳤어요."

---

1) 마태복음 16장 13-23절.

"베드로는 '십보라, 나는 가야 해요. 미안해요. 당신은 올 수 없어요.'라고 단호하게 말했어요."

"'왜죠?' 제가 물었어요."

"베드로는 '나도 몰라요. 하지만 예수님이 야고보와 요한과 나만 함께 갈 수 있다고 하셨어요. 아무 일도 없을 거예요. 몇 시간 후, 늦어도 내일이면 돌아올 거예요.'라고 했어요."

"저는 베드로의 말을 듣지 않고 예수님과 세 사람을 멀찍이 따라갔어요. 네 사람은 높은 산에 올랐고, 그들은 그곳에 자신들뿐이라고 생각했을 거예요. 산꼭대기에서, 저는 전혀 예상치 못한 광경을 보았어요. 절대 잊을 수 없지만, 잊고 싶지도 않은 광경이었어요."

"무슨 광경이었나요?" 젊은 남자가 물었다.

"예수님이 변형되시는 것을 보았어요."

"변형되셨다고요?"

"네. 산을 오르시는 분은 그저 예수님이었어요. 우리가 늘 보던 모습 그대로였어요. 여느 사람들과 똑같아 보였어요. 그러나 산꼭대기에서 그분의 얼굴이 해처럼 빛났어요. 그분의 얼굴을 쳐다볼 수 없었어요. 타오르고 있었거든요. 그분의 옷도 마찬가지였어요. 희게 변하며 빛이 났어요."

"나머지 사람들은요?" 조금 전 그 남자가 다시 끼어들며 물었다.

"그들은 그대로였어요. 예수님만 변형되셨어요. 그때 또 다른 일이 일어났어요. 예수님 앞에 두 사람이 나타났어요. 저는 그들이 누군지 알아볼 수 없었어요. 그래서 더 잘 볼 수 있게 가만히 기어서 좀 더 가까이 갔지요. 그리고 그들의 얼굴을 확인할 수 있는 곳에 멈췄어요. 믿기 어렵게도, 그 둘은 모세와 엘리야였어요. 그 둘은 예수님 곁에 서서 마치 이전에도 그랬던 것처럼 그분과 얘기를 나눴어요. 그러나 대화는 급박하게 끝났어요. 마치 무슨 일이 일어날 것 같았고, 이들이 그 일에 관해 예수님께 말해야 하는 것 같았어요."

"베드로와 야고보와 요한은 무엇을 했나요?" 임신한 지 얼마 안 된 젊은 여자가 물었다.

"아무것도 하지 않았어요. 셋은 나만큼 충격을 받았지요. 잠깐만요…. 다시 생각해 보니 베드로는 뭔가 했어요. 그는 뭔가 말했어요. 베드로는 흥분했어요. 이번에도, 지금 여러분이 아는 베드로가 아니었어요. 그때, 베드로는 그러니까 뭐든 생각나는 대로 말하며 반응하는 사람이었어요. 베드로는 목소리를 높이며 예수님께 자신이 예수님과 모세와 엘리야를 위해 초막 셋을 지어도 되겠느냐고 물었어요. 전형적인 베드로의 모습이었죠. 베드로는 무슨 말을 해야 할지 몰라 초막을 말한 거예요. 초막이요. 어쨌거나 베드로는 계속 중얼거렸지만 빛나는 구름이 모두를 덮었을 때 말을 멈췄어요. 나는 구름을 보자 훨씬 더 흥분했어요. 선조들을 생각해 보세요. 하나님이 광야에서 선조들에게 나타나셨잖아요. 이제 그 구름이 우리를 덮었어요. 그때 구름 속에서 음성이 들렸어요. '이는 내 사랑하는 아들이요 내 기뻐하는 자니 너희는 그의 말을 들으라.'"

나오미 언니가 다시 나를 쳐다보았다. 이번에는 눈썹을 치켜세우는 게 이렇게 말하는 것 같았다. "십보라, 내가 물었지? 너 그분 말씀을 들었니?"

"베드로와 야고보와 요한은 그 음성을 듣자 바닥에 엎드렸고 공포에 질렸어요. 그러나 예수님은 이들을 위로하셨고 이들에게 일어나라고 하셨으며 두려워하지 말라고 하셨어요. 이들은 모세와 엘리야를 다시 보리라고 기대하며 주변을 둘러보았지만, 모세와 엘리야는 오간 데 없었어요. 구름도 사라졌어요. 눈부신 하얀 빛도 사라졌어요. 예수님밖에 없었어요."[2]

"베드로가 정말로 그렇게 멍청한 말을 하셨어요?" 아이 하나가 못 믿겠다는 듯이 물었다.

---

[2] 십보라는 마태복음 17장 1-8절을 묘사하고 있다.

"그래, 내가 그렇게 말했단다." 방 저쪽에서 베드로가 자신만 아는 비밀이 이제 드러나는 게 조금 못마땅한 듯 말했다. "십보라 자매님 말이 맞아요. 마치 하늘 자체가 말하는 것 같았어요. 우리는 하늘을 쳐다보았지만 구름 외에 아무것도 보이지 않았어요."[3]

"누구의 음성이었나요?" 나이 지긋한 남자가 물었다.

"아버지의 음성이겠지요." 아이 하나가 조금 어른스러운 표정으로 말했다.

"맞아요. 아버지의 음성이었어요. 나는 그분의 음성을 들었어요. 지금 생각해 보니 예수님이 세례받으실 때 들렸던 말씀과 같은 말씀이었어요. 그런데 예수님이 곧 고난을 받으실 시점에 이 말씀이 다시 들린 거예요. 그 말씀이 그분을 위한 말씀이라기보다 우리를 위한 말씀이라고 말하고 싶어요. 베드로 사도님도 동의하시죠?" 나는 이렇게 말했지만, 방 뒤쪽을 건너다보지는 않았다.

"맞아요." 베드로가 따뜻한 시선으로 내 쪽을 돌아보며 말했다. "그리고 나는 그 이후 줄곧 들었지요." 임신한 여자가 웃었다. 그러자 그녀의 배가 오르락내리락했다. 이 광경에 아이들은 웃음을 참으려고 애썼다.

"예수님은 사역하시면서 자신은 아버지의 사랑을 받는 자라고 우리에게 여러 번 말씀하셨지요. 그분이 아버지께 입양되셨기 때문이 아니었어요. 그분은 영원 전부터 아버지의 사랑받는 아들이셨어요. 그분이 아버지의 사랑받는 아들이 아니셨던 적이 결코 없었어요. 그러나 이제 우리를 위해, 아버지께서 그분이 자신의 아들임을 확인시켜 주셨어요. 우리가 그분의 말씀에 귀 기울이도록 말이에요. 우리는 모두 들어야 했어요. 우리 모두 왜 예수님이 죽으셔야 하는지 알려고 발버둥쳤거든요. 그러나 이제 우리는 그 이유를 알아요." 내가 말했다. 베드로는 다시 나를 보았고 이번에는 고맙다는 표정을 지었다.

---

3) 베드로후서 1장 16-21절.

"여러분, 모두 내 얘기를 잘 들으세요. 하나님이 자신의 사랑하는 아들을 보내 자신의 말씀, 구원하는 말씀을 하게 하셨어요. 여러분이 그분의 말씀에 귀 기울이고, 여러분이 예수님이 베드로 사도에게 물려주신 바로 그 말씀을 받아들이면, 그분이 여러분에게 성령을 한없이 주실 거예요. 여러분은 우리가 본 것처럼 예수님을 보지는 못하지만 그분을 알 수 있어요. 그러나 더 중요하게도, 그분이 여러분을 아실 거예요."

원리 없는 원리

변형되신 예수님을 보았던 십보라의 기억, 곧 마태복음 17장에서 읽을 수 있는 기사와, 동일한 사건에 관한 베드로의 기억, 곧 베드로후서 1장에서 읽을 수 있는 기사는 베일을 벗은 자신의 영광 가운데 계신 그리스도를 얼굴을 맞대고 보게 해준다. 그러나 우리가 십보라의 청중처럼 베드로가 본 것에 한껏 초점을 맞추더라도, 이 사건의 궁극적 목적은 제자들의 믿음이 단지 보는 것을 넘어서서 예수님이 하셔야 하는 말씀에 이들이 마침내 귀 기울이게 하는 것이었다.

그러나 이를 위해, 아버지가 친히 말씀하시고 예수님이 참으로 그분의 사랑하는 아들임을 확인시켜 주셔야 했다. 이렇게 하심으로 아버지는 아들을 아들로 전제하셨을 뿐 아니라 자신을 아버지로 전제하셨다.

아버지로서 그분은 아들의 '영원한 기원'(eternal origin)이며 아들이 나신 근원이시다.[4] 2장에서 논했던 '기원의 영원한 관계들'(eternal relations of origin)이라는 표현을 기억할 것이다. 거기서 하나이며 단순한 본질을 공유하는 세

---

4) Basil of Caesarea, *Against Eunomius* 1.15–16.

위격을 기원의 영원한 관계가 구분한다는 것을 배웠다. 다시 말해, 아버지는 나지 않으시고 아들은 나시며 성령은 출송되신다. 이 관계들만이 위격들을 구분한다. 위대한 전통이 다른 어구들을 사용해 같은 것을 말했다는 사실도 발견했다. 다시 말해, 한 본질이 실재의 세 양태(위격적 특성들)를 갖는다.[5]

> **기원의 영원한 관계들**
>
> 우리가 '기원'(origin)이라고 할 때, 그것은 '다른 것의 근원'과 '다른 것으로부터 나오는 것'을 의미한다고 아퀴나스(Thomas Aquinas)는 말한다. 우리는 '관계'(relation)라고 할 때 '위격적 특성들'을 의미하는데, 이 특성들은 삼위일체에서 **휘포스타시스**(hypostasis)들 또는 위격들을 구분하거나 구성하기 때문에 위격적이다. 그러므로 '기원의 영원한 관계들'(eternal relations of origin)은 각 위격이 누구로부터 나오고 무엇이 각 위격을 나머지 위격들과 구분하는지 규정한다(*Summa* 1a.32.3). 기원의 영원한 관계만이 왜 하나님이 삼위일체이신지 말해 줄 수 있다. 나지안조스의 그레고리오스(Gregorios)는 이렇게 말한다. "목적은 신격의 단일한 본성과 특질 안에서 세 **휘포스타시스**들의 구별성을 지키는 것이다"(*On God and Christ* 4.31.9).

마태복음 17장에서, 아버지가 예수님을 자신의 사랑하는 아들이라고 하신다. 그 이유는 단 하나, 아들이 영원 전에 아버지로부터 기원하시기 때문이다. 예수님은 성육하셨기 때문에 사랑받으시는 것이 아니다. 예수님은 사랑받으시기 때문에 성육하셨다.

십보라가 말했듯이, 예수님은 아버지의 사랑받는 아들이 아니었던 적이 결코 없었다. 예수님이 여러 번 말씀하셨듯이, 아버지가 그분을 사랑하신다(요 3:35; 5:20). 아들이 영원 전에 아버지로부터 나셨기에, 아버지가 우리와 우리의 구원을 위해 아들을 역사 속으로 보내셨다.

---

5) Aquinas, *Summa* 1a.29.4 (cf. 1a.40.1-3). Cf. Gregory of Nyssa, *Against Eunomius* 2.9 (*NPNF2* 5:114); 10.3 (*NPNF2* 5:224); Anselm, *On the Procession of the Holy Spirit*, 434: John of Damascus, *Exposition of the Orthodox Faith* 2 (*NPNF2* 9:2); 8 (*NPNF2* 9:8); Turretin, *Institutes*, 1:266 (cf. 270-271).

그러나 인간 아버지와 달리, 하나님 아버지는 아버지가 없으시다. 한마디로, 그분은 '나지 않으신다'(unbegotten). 그 어느 아버지가 그분을 존재하게 한 게 아니다. 위대한 전통 곧 우리의 드림팀은 '원리'(principle)라는 단어를 사용했으며, 아퀴나스에 따르면 이 단어는 무엇인가가 나오는 근원을 의미한다. 아버지에게서 다른 것이 기원한다. 따라서 아버지가 원리이시며 삼위일체에서 원리 없는 유일한 원리 곧 그 자신이 원리를 갖지 않는 원리이시라는 추론이 뒤따른다.[6] 아버지가 이런 분이 아니라면 그리스도께서 우리에게 아들을 통해 아버지께 기도하라고 가르치지 않으셨을 것이다.[7]

> **핵심 용어** **비출생성**(Innascibility)
>
> 아버지가 그 누구로부터도 나오지 않으시며 근원 없는 근원이고 원리 없는 원리이심을 뜻하는 멋진 신학 용어다. 아들은 나시지만 아버지는 나지 않으신다. 존 웹스터(John Webster)는 이렇게 말한다. 이와 같은 용어들은 아들과 관련한 아버지의 정체성을 강조하지만, 아버지는 우월한 원리로서 아들보다 높고 아들은 이 원리에서 파생된 존재라는 의미를 결코 내포하지 않는다(*God without Measure*, 31).

그렇다면 아버지가 아들을 낳으신다는 것은 정확히 무슨 뜻인가?

---

[6] 왜 토마스 아퀴나스(Thomas Aquinas)는 '원인'(cause)이라는 단어를 사용하지 않는가? "그리스의 저자들은 신성을 말할 때 '원리'(principle)와 '원인'(cause)이라는 단어를 맞바꿀 수 있게 사용한다. 그러나 라틴 저자들은 '원인'이라는 단어를 사용하지 않고 '원리'라는 단어만 사용한다. 이에 대한 설명은 '원리'가 '원인'보다 폭넓은 용어라는 것이다"(Aquinas, *Summa* 1a.33.1). 에므리(Emery)는, 동방에서는 '원인', 즉 아이티아(*aitia*)가 사용되었지만 "라틴 신학자들은 '원리'(*principium*)라는 용어를 선호했는데…'원인'이라는 단어가 원인에 대한 결과의 의존성이나 열등성을 함축하는 반면 '원리'라는 단어는 더 명쾌하기 때문이다."라고 했다(*The Trinity*, 112). 그럼에도 불구하고, 에므리는 이 단어를 계속 사용하는 이유를 제시한다. "그러나 그리스 교부들의 용례를 고려해, 가톨릭교회는 '원인'과 '원리' 두 단어를 모두 받아들인다. 아미지뢰심(paternity, 성부뇌심)은 삼위일체에서 아버지의 우월성이나 계층 구조를 암시하는 게 아니라 아버지가 아들의 원리인 관계를 암시할 뿐이다"(*The Trinity*, 114). 어떻게 '원인'이 열등성을 암시하지 않는 방식으로 사용될 수 있는지를 보고 싶다면 Hilary, *On The Trinity* 4.21(*NPNF2* 9:77)을 보라. 그러나 힐라리우스(Hilarius)에게는 제한이 있다. 그는 누군가 인과 관계로 창조의 한 유형을 추론한다면 인과 관계가 불가능하다고 말한다. 아들의 영원한 탄생은 이런 이유에서 창조와 연결될 수 없다. 다음을 보라. 12.42 (*NPNF2* 9:229).

[7] Thomas Aquinas, *Commentary on the Sentences*, Bk. IV, dist. 15, q. 4, a. 5, quaestiuncula 3. 다음에서 재인용했다. Emery, *The Trinity*, 118 n.9. Cf. Aquinas, *Summa* 1a.39.5.

영원한 출생이란 무엇인가?

2장에서 배웠듯이, '출생'(generation)이라는 단어는 '나옴'(coming forth)을 뜻하며 삼위일체에 사용되면 아들이 아버지의 본질로부터 나오심을 가리킨다.[8] 이 개념은 아들이 아들이시라는 것이 무슨 뜻인지 그 핵심을 알려 준다. 아들은 영원히 아버지로부터 나오며, 이것이 그분이 아들이라고 불리시는 이유다. 더 구체적으로 말하면, 영원한 출생(eternal generation)에서 "아버지가 영원 전에 자신의 이름과 자신의 완전함과 자신의 영광을 아들에게 전달하셨다."[9] 영원 전에, 아버지가 하나이며 단순하고 나뉘지 않는 신적 본질을 아들에게 전달하셨다. 또는 요한복음의 어휘를 사용하자면, 영원한 출생은 아들이 아버지의 본질로부터 영원히 '나신다.'(begotten)라는 뜻이다(7장을 보라). 아들이 아버지로부터 나지 않으시면 신적 본질이 아들 안에 실재할(존재할) 수 없다.[10]

뻔한 말이지만, 정의상 아들은 아버지에 의해 태어난 존재, 아버지로부터 기원한 존재다. 인간 아들됨과 신적 아들되심의 차이를 곧 살펴보겠지만, 근본 유사성을 놓쳐서는 안 된다. 아들이란 아버지에 의해 출생한 자라는 뜻이다. 성경 기자들이 자주 그러듯이, 이 개념을 하나님의 아들에게 적용하면 가장 기본적인 의미에서 그분이 영원한 아들로서 그분의 아버지로부터 나오신다는 뜻이다.

---

8) Aquinas, *Summa* 1a.40.4. 다른 곳에서, 아퀴나스는 출생(나심)을 '한 신적 위격이 신적 본성으로 나오는 것'으로 정의한다(1a.43.2).
9) Benedict Pictet, *Theologia Christiana* 2.17.2. 다음에서 재인용했다. Muller, *PRRD*, 4:287.
10) 영원한 출생은 "성부 하나님의 위격적이고 영원한 행위이며, 이로써 그분은 성자 하나님의 위격적 실재의 기원이고, 따라서 아들에게 하나이며 나뉘지 않는 신적 본질을 전달하신다"(Webster, *God without Measure*, 30). 마크 마킨(Mark Makin)은 출생(나심)의 세 유형을 제시한다. 즉 인과적 의존, 바탕적 의존, 본질적 의존이다. 다음을 보라. Makin, "Philosophical Models of Eternal Generation," in Sanders and Swain, eds., *Retrieving Eternal Generation*, 243-259.

분명히 하자면, 아버지로부터 나오심이 성육신, 곧 중보자 그리스도를 가리키지는 않는다. 세상을 구원하도록 아버지에 의해 보냄을 받으심이 영원한 출생을 반영할 수는 있지만 결코 영원한 출생을 구성하지는 않는다. 대신에, 아버지로부터 나오심은 창조 세계와 별개로 아들의 영원한 기원을 가리킨다. 출생은 아버지와 아들 사이의 영원한 행위일 뿐이며, 마치 이것이 시간적 행위인 것처럼, 삼위일체와 창조 세계 사이의 행위는 아니다. 앞으로 배우게 되겠지만, 출생은 삼위일체에 내부적이다. 다시 말해, 우리가 라틴어로 표현하길 좋아하듯이, 아드 엑스트라(ad extra, 외적)와 반대로 아드 인트라(ad intra, 내적)이다.[11] 아버지가 세상을 위한 사명을 부여해 아들을 세상에 보내심은 아버지로부터 나오시는 아들의 영원한 기원(출생)을 반영하지만, 이 파송이 결코 아들의 기원의 영원한 관계를 구성하지는 않는다. 아들은 만세 전에 세상과 별개로, 창조 세계와 무관하게 아버지에 의해 출생하신다(나신다). 그분은 세상에 보내어지든 그러지 않으시든 간에 아들이시다. 그분은 성육하든 그렇지 않으시든 간에 아버지로부터 나온 영원한 아들이시다.[12] 여기서 염두에 두는 것은 경륜적 삼위일체가 아니라 내재적 삼위일체다.

앞서 보았듯이, 출생 개념을 내포하는 용어가 하나 더 있다. '나심'(begotten)이다. 성경의 긴 족보를 읽으면서 이 단어를 보았을 것이다. 누가 누구를 낳고, 누가 누구를 낳고…. 7장에서 보게 되겠지만, 요한은 이 언어를 예수님께도 적용해서 그분을 하나님의 '독생자'(the only begotten Son)라고 부른다(요 3:16). 그러나 이 나심의 언어는 KJV보다 훨씬 이전으로 거슬러 올라간다. 4세기로 거슬러 올라가면, 니케아 신경을 작성한 교부들도 이 용어를 사용했다. 예를 들어, 니케아 신경은 이렇게 고백한다. "우리는 한 분이신 주

---

11) Webster, *God without Measure*, 31.
12) Webster, *God without Measure*, 67.

예수 그리스도를 믿습니다. 그분은 하나님의 독생자이시고, 만세 전에 아버지로부터 나셨으며…."

이분은 우리가 말하는 한 분이며 나뉘지 않는 하나님이시다. 그러므로 아들이 아버지로부터 나신다는 것은 하나님이 하나님으로부터 나신다는 뜻이며, 그래서 니케아 신경은 아들을 참 하나님으로부터 나온 참 하나님으로 고백한다. 아들이 참 하나님으로부터 나오시는 참 하나님이시라는 고백은 지나치지 않다. 우리가 잊지 말아야 하듯이, 아들은 아버지와 동일 본체이시기 때문이다. 동일 본체란 아들이 모든 면에서 아버지와 동등하며 아버지와 동일한 본질 또는 본체로부터 나오시고, 아버지보다 덜 신적이시지 않다는 뜻이다. 그러나 아들이 아버지의 본질로부터 나셔야만 우리가 이러한 동등성을 단언할 수 있다.

더 나아가, 출생만이 아들을 아들로 구분한다. 삼위일체에 아들의 위격을 아버지로부터 구분하는 다른 개념이나 기능이나 활동이 없다. 출생만이 이렇게 할 수 있다. 출생만이 아들되심의 핵심을 전달하기 때문이다. 이것은 결코 작은 문제가 아니다. 출생이 없으면 아들도 없고 삼위일체도 없기 때문이다. 존 길(John Gill)이 경고하듯이, "그분의 영원한 출생이 없으면 그분이 신격에서 구분되는 신적 위격이라는 그 어떤 증거도 있을 수 없다."[13] 출생이 없으면, 우리는 먼저 사벨리우스주의에 빠진다. 앞서 아들을 아버지로부터 구별했던 것이 사라지기 때문이다. 그 결과, 위격들이 융합되어 위격들의 복수성이 완전히 사라진다.

출생의 기본 개념이 자리를 잡았으니 아들되심을 문자적 의미로, 피조물의 아들됨과 일대일로 상응하는 것으로 해석하지 않도록, 삼위일체 안에서 아들되심이 무엇인지 살펴보아야 한다. 신적 출생과 인간의 출생 사이에는

---

13) Gill, *Body of Divinity*, 144.

중대한 차이가 있다. 무엇이 영원한 출생이 아닌지 이러한 차이를 이해하면 영원한 출생이 무엇인지 더 잘 이해할 수 있다. 이러한 이해는 무수한 이단을 피하는 데도 도움이 된다. 이 질문에서 시작하자. 언제 아들이 아버지에 의해 출생하시는가?

언제 아들이 출생하시는가?

트릭 질문이 있다면 이것이 그중 하나다. '언제'(when)란 없다. 왜인가? 대답은 간단하다. 삼위일체 하나님은 영원하시기 때문이다. 그분은 시간에 매이지 않고 오히려 무시간적이다. 그분은 시작이 없다. 순간의 연속은 그분에게 적용될 수 없다. 그분은 그저 존재하신다. 이것은 다음 질문이 더없이 적절하다는 뜻이다.

질문: 하나님이 무시간적으로 영원하시다면, 이것이 아들에 관해, 그리고 아들이 아버지로부터 출생하심에 관해 무엇을 의미하는가?
답변: 인간의 출생과 달리, 아들의 출생은 영원하다. 아들이 계시지 않았던 때가 결코 없었을 뿐 아니라 아들이 아버지로부터 나오지 않으셨던 때도 없었다.

또는 니사의 그레고리오스(Gregorios) 같은 교부들이 말하길 좋아하듯이, 아들에게 '한때'(sometime)란 없다. 아들은 시간 속에서 출생하지 않으셨기 때문이다. "그분은 실제로 출생으로 존재하시는데도 결코 존재하기 시작하지 않으신다."[14]

---

14) Gregory of Nyssa, *Against Eunomius* 1.39 (*NPNF2* 5:94).

성자께서는 존재하지 않았다가 아버지에 의해 창조되어 시간 속 어느 시점에 존재하게 됨으로써 (시간적으로) 아버지 다음이신 것이 아니다. 이것은 인간 존재에서 출생이 작동하는 방식이다. 그러나 이런 서술은 아들의 출생에 적용될 수 없다.

니케아 신경은 아들이 "나셨으나 창조되지 않으셨다."라고 고백한다. 그분은 아버지로부터 나온 영원한 아들이심을 잊어서는 안 된다(7장을 보라). 신적 본질이 아들에게 실재한다면 아들도 신성의 속성들을 공유하시며, 영원성은 그중 하나다. 아들은 피조물이 아니다. 피조물이 아니라면, 그분의 출생은 시간적일 수 없다. 아들의 출생은 "시간 속에서 일어나지 않았다. 창조가 시간 이전이 아니었듯이 말이다."[15]

아들의 출생이 시간 속에서 일어났다면, 아들이 없었던 때가 있었을 뿐 아니라 아버지가 아버지가 아니셨던 때가 있었다. 아버지가 없었던(아버지가 아버지가 아니셨던) 때가 있었다면, 삼위일체가 없었던 때가 있었다. 아타나시우스(Athanasius)가 지적하듯이, "아들이 아버지의 본질의 적자가 아니라 무로부터 존재하게 되셨다면, 트리아드(Triad, 삼자)는 무로 구성되며, 트리아드가 없었다면 모나드(Monad, 단자)뿐이었다."[16]

더 나아가, 그분이 아들인 것이 아버지로부터 나오시기 때문이라면 그분의 아들되심은 아버지 자신만큼 영원해야 하며, 적어도 그분이 아버지와 동일한 본질에서 나셨다면 그러해야 한다. 이런 이유로, 니케아 신경은 아들이 "만세 전에 아버지로부터 나셨으며…나셨으나 창조되지 않으셨고…그분을 통해 만물이 존재하게 되었다."라는 것을 강조한다. 하나님 안에서 일어나는 출생은 그 무엇과도 다르다. 이것은 시간의 제약을 받지 않는다. 아들의 자녀성에

---

15) Gregory of Nyssa, *Against Eunomius* 1.26 (*NPNF2* 5:71).
16) Athanasius, *Against the Arians* 1.6.17 (*NPNF2* 4:316).

는 순간들의 지속이나 연속이 없다. 이것은 무시간적이다. 그 본성이 영원하기에, 아들이 아버지로부터 나지 않으셨던 때가 결코 없었다.

모순처럼 들릴지 모른다. 어떻게 출생한 존재가 영원할 수 있는가? 모순처럼 들리는 이유는 단 하나다. 우리는 출생을 우리 자신이 경험하는 유한성 안에서만 알기 때문이다. 무한하고 무시간적인 영원한 신에게는 우리의 유한성이 갖는 한계들이 적용되지 않는다. 하나님에 관해 무슨 단어를 사용하든지, 성경의 단어와 은유들을 사용하더라도, 우리가 생각하는 하나님은 무한하고 영원하며 불변하신 분이라는 것을 잊지 말자. 언어라는 것은 정의상 모든 면에서 유비적이다. 따라서 이해할 수 없는 분에게 은유를 맞춰야 하며 그 반대여서는 안 된다. 출생도 마찬가지다. 아우구스티누스(Aurelius Augustinus)가 말하듯이, 아들의 출생은 영원하기 때문에 "하나가 다른 하나 '앞에'(before) 존재하는 게 아니라 다른 하나로부터 나온다."[17] 아들은 아버지 '뒤에'(after) 출생하시는 게 아니다. 이럴 경우, 아들은 아버지보다 열등하게 된다. 아들은 영원 전에 아버지로부터 출생하신다.[18]

하나 더 있다. 7장에서, 성경이 아버지로부터 나오시는 아들의 영원한 기원을 광채, 형상, 지혜, 말씀, 옛적부터 항상 계신 이를 비롯해 다양한 은유와 칭호로 언급한다는 사실을 배울 것이다. 그러나 지금 살펴볼 수 있는 하나는 '진리'다. 친히 말씀하시듯이, 예수님은 진리이시다(요 14:6). 성부께서 자신의 진리가 없으셨던 때가 있었는가? 아리우스주의자들은 있었다고 했다. 두려운 표정으로, 아타나시우스는 이 기괴한 시나리오를 생각한다. "아들이 출생 전에 존재하지 않으셨다면 하나님 안에 진리가 늘 있지는 않았다." 아타나시우스는 이렇게 말하는 것은 죄라고 결론짓는다. 또한 '형상'이 없었던 때가 있었

---

[17] Augustine, *Contra Maximinum* 2.14. 다음에서 재인용했다. Aquinas, *Summa* 1a.42.3. 다음도 보라. Richard of Saint Victor, *On the Trinity* 5.7.

[18] Webster, *God without Measure*, 36.

다고 말한다면 죄는 배로 늘어난다. "하나님의 형상은 밖에서 오지 않고 하나님이 형상을 친히 낳으셨기 때문이다. 그 안에서 자신을 보시니 기쁘셨다. … 그렇다면 언제 아버지가 자신의 형상에서 자신을 보지 않으셨는가?"[19] 그런 적이 결코 없었다. 아버지는 자신의 형상에서 늘 영원히 자신을 보셨다. 아들은 아버지의 형상이지만 우리의 유한한 세계에서 보는 형상들과 다르다. 아들이 보이지 않는 하나님의 형상이 아니셨던 적이 결코 없다(골 1:15).[20]

어떻게 아들이 출생하시는가?
건강하지 못한 출생의 아홉 가지 표식

지금까지, 하나님의 영원한 출생을 인간의 시간적 출생과 반드시 구분해야 한다는 점을 강조했다. 존 길은 우리의 생각에서 무엇이든 육적이고 불순한 것을 제거해야 한다고 말한다. 이것 외에 또 무엇이 포함될 수 있겠는가?

길은 하나님의 출생에 적용하지 말아야 하는 인간 출생의 아홉 가지 표식을 열거한다. 실제로, 이것들은 길이 처음 제시한 것이 아니며, 니사의 그레고리오스 같은 사람에게서 보듯이 위대한 전통의 목소리이기도 하다.[21] 다음은 건강하지 못한 출생의 아홉 가지 표식이다.

1. 본성의 나뉨(division of nature)
2. 본질의 증식(multiplication of essence)
3. 우선성과 후위성(priority and posteriority)

---

19) Athanasius, *Against the Arians* 1.6.20 (*NPNF2* 4:318).
20) Athanasius, *Against the Arians* 1.6.21 (*NPNF2* 4:319).
21) Gregory of Nyssa, *On the Holy Spirit* (*NPNF2* 5:317). 다음도 보라. Turretin, *Institutes*, 1:293.

4. 움직임(motion)

5. 변화(mutation)

6. 변경(alteration)

7. 타락(corruption)

8. 축소(diminution)

9. 활동/작용을 그침(cessation from operation)[22]

이것들을 모두 다룰 수는 없지만, 특히 위험한 몇 가지를 우리 자신의 몇 가지 문제와 함께, 드림팀 구성원들의 도움을 기대하며 다룰 수는 있겠다.

존 길

존 길(John Gill)은 교회사에서 가장 소홀하게 다뤄지는 삼위일체론자에 속할 것이다. 이것은 우리에게 손실이다. 그의 저서 『신론』(Body of Divinity)은 신학 문헌에 나타난 니케아 정통을 가장 간결하고 정확하게 살펴보기 때문이다. 그는 유니테리언주의(Unitarianism)가 교회를 강하게 장악해 가던 18세기에 런던에서 활동한 칼뱅주의 침례교 목사였다. 그는 교회의 권징으로 자신의 교회를 이끌었고, 아들의 영원한 출생을 받아들이지 않는 교인을 출교했다. 그는 『그리스도의 영원한 아들되심』(The Eternal Sonship of Christ)이라는 교리 변증서도 썼다. 신학자들은 길이 초칼뱅주의자(hyper-Calvinist)였는지에 대해 논쟁을 벌이며, 이 논쟁 때문에 많은 사람이 길을 떠났다(목욕물과 함께 아기를 버린 셈이다). 아이러니하게도, 길은 오늘의 많은 침례교인보다 훨씬 정통적이다. 길은 침례교인들이 사회적 삼위일체론을 버리고 니케아 정통으로 돌아가도록 도울 수 있다.

증식도 없고 나뉨도 없다

첫째, 아들의 출생은 본성의 증식(multiplication)이나 나뉨(division)을 포함하지 않는다. 아들의 출생은 신적 본질의 증식을 포함하지 않는다. 아버지

---

22) Gill, *Body of Divinity*, 146.

가 아들을 낳으실 때 한(단순한) 신적 본성을 아들에게 전달하시지만, 그 신적 본성을 증식하지는 않으신다.[23] 만약 그렇게 하셨다면, 더는 단순한 한 본질이 아니며 두 본질이 있을 것이다. 마찬가지로, 아들이 나신다고 말할 때, 이것은 아들이 아버지로부터 신적 본질을 부분이 아니라 전부 받으신다는 뜻이다.[24]

또는 이것을 이렇게 생각해 보라. 하나님은 삼중적(triple, *triplex*)이 아니라 삼위일체적(trinitary, *trinum*)이다.[25] 아버지는 앞서 아버지로부터 받은 것을 아들에게 주시는 게 아니다. 창조되고 유한한 아버지들 사이에서는 출생이 이렇게 일어나지만, 성부 하나님은 시작이 없으실 뿐 아니라 출생하지도 않으신다. 성부 하나님은 아버지가 없다. 그분만이 나지 않으시고 기원이 없다. "인간 부모들은 받은 것을 주지만 성부 하나님만은 그 누구에게도 받지 않은 것을 아들과 성령에게 주신다."[26] 이것은 신적 본성의 증식을 포함하지 않는다. 만약 포함한다면, 그 결과는 세 신들일 것이다(삼신론). 아들은 본성으로(by nature) 아버지로부터 나시므로 또 다른 둘째 본성의 산물이 아니라 한 신적 본성의 한 실재다.

아들의 출생으로 신적 본성이 증식되지 않을뿐더러 나뉘지도 않는다. 4세기에 아리우스주의자들은 그렇게 되어야 한다고 주장했다. 이들은 신적 단순성에 호소해 아버지로부터 나오시는 아들의 영원한 출생 및 아들과 아버지의 동등성에 반대했다. 아타나시우스가 말하듯이, 아리우스주의자들은 "아들이 아버지의 본질의 자녀라는 것을 부정하면서, 이렇게 되면 부분과 나뉨을 암시할 수밖에 없음을 근거로 내세운다."[27] 아들은 아버지의 본질로부

---

23) Basil of Caesarea, *Against Eunomius* 1.11.
24) Leigh, *Treatise*, 2.16 (pp. 128-129). 다음에서 재인용했다. Muller, *PRRD*, 4:186.
25) Forbes, *Instructiones hist.* 1.33.1, 3. 다음에서 재인용했다. Muller, *PRRD*, 4:170.
26) Emery, *The Trinity*, 120.
27) Athanasius, *Against the Arians* 1.5.15 (*NPNF2* 4:315).

터 나올 수 없다. 이럴 경우, 아버지는 아들을 낳기 위해 본질의 일부와 분리되어야 하기 때문이다.

인간의 출생에서는 본성이 나뉠 수 있다. 투레티니(François Turrettini)는 이렇게 말한다. "출생을 통해 번식할 때 자기 본체의 일부를 떼어 내며, 이것이 태어나는 자에게 넘어가기 때문에 수에서 동일하지 않더라도 동일한 종으로 남을 수 있다."[28] 이것은 인간의 출생이 육체적이고 물질적이기 때문이다. 그러나 신적 본성은 영적이므로 나뉠 수 없다. 하나님은 영이시므로 하나이고 단순하며 나뉘지 않으신다. 이런 이유로, 어떤 사람들은 아들의 출생이 시간이나 공간에서 일어나지 않을뿐더러 그 결과가 나뉠 수 있는 부분들이 아니라는 점을 전달하려고, 아들의 출생이 '초육체적'(hyperphysical)이라고 말한다.[29]

앞서 언급했듯이, 아들은 아버지가 그분의 아버지로부터 받으신 것을 받으시는 게 아니다. 아버지는 아버지가 없기 때문이다. 그렇다고 아리우스주의자들의 주장처럼 아들이 무(無)로부터(ex nihilo) 나신 것은 아니다.[30] 무로부터 나셨다면, 아들은 하나님이 무로부터 창조하신 나머지 창조 세계와 다르지 않을 것이다. 아들은 피조물이 아니다. 그렇다. 아들은 나셨으나 창조되지는 않으셨다(니케아 신경). 둘을 혼동하지 말라. 아퀴나스는 아들이 무로부터 나신 게 아니라 아버지의 본체로부터 나신다고 말한다.[31] 이번에도 이것을 인간적인 의미로 받아들여서는 안 된다. "하나님의 아들은 아버지의 본체로부터 나시지만, 인간 아들과 같은 방식으로 나지 않으신다. 인간 아버지의 본체 중 한 부분이 아들의 본체로 넘어가기 때문이다." 만약 이렇게 되면, 하나님의

---

28) Turretin, *Institutes*, 1:256.
29) Turretin, *Institutes*, 1:300-302.
30) Athanasius, *Against the Arians* 1.5.15 (*NPNF2* 4:315); Aquinas, *Summa* 1a.41.3.
31) Aquinas, *Summa* 1a.41.3. Cf. Hilary, *On the Trinity* 6.13 (*NPNF2* 9:102).

본체나 본성이 나뉠 것이다. 반대로, 신적 본체는 나뉠 수 없다. "따라서 필연적으로, 아버지가 아들을 낳을 때 자기 본성의 일부를 아들에게 넘기신 게 아니라 기원에 근거한 구분만 남기고 본성 전체를, 부분이 아니라 전체를 아들에게 부여하셨다."[32] 신적 본성이, 부분이 아니라 전체가 아들에게 속하는 것은 아들이 아버지로부터 기원하시기 때문이며, 전체가 아들에게 속한다면 신적 본성은 증식되지 않았을 뿐만 아니라 나뉘지도 않았다.

주목하라. 이 시점에서 신적 단순성이 중요한 역할을 한다. 하나님은 부분들로 구성되지 않기에 아들의 영원한 출생에서 신적 본질의 일부를 떼어 아들에게 주시는 게 아니다. 푸아티에의 힐라리우스(Hilarius)는 아들은 아버지의 증식된 파편이 아니라고 말한다.[33] 이럴 경우, 하나님은 부분들의 합성이 될 뿐 아니라 아들은 마치 부분적으로만 신인 것처럼 완전한 신성을 갖지 못할 것이다. 그뿐 아니라, 삼위일체도 단순한 삼위일체가 아닐 것이다. 오히려 아버지로부터 나신다는 것은 하나이며 나뉘지 않는 신적 본질을 온전히 갖는다는 것이다. "그분을 존재하게 한 그 태어남(birth)이 그분을 신적이게 했고, 그분의 존재가 이 신적 본성의 의식을 계시한다. 성자께서 성부를 자신의 아버지로 고백하시는 것은 성자께서 성부에게서 태어나셨기 때문이다. 그러나 또한 성자께서는 태어나셨기 때문에 하나님의 본성 전체를 받으신다."[34] 각 위격은 하나인 신적 본성의 한 실재이며, 이 본성은 아버지와 아들과 성령 안에 온전히 실재한다. 아퀴나스는 이렇게 말한다. "아들은 아버지의 본질에서 나신다. 출생을 통해 아들에게 부여된 아버지의 본질이 아들 안에 실재하기 때문이다."[35]

---

32) Aquinas, *Summa* 1a.41.3. 비슷한 요점에 관해 다음을 보라. Hilary, *On the Trinity* 6.12 (*NPNF2* 9:103).
33) Hilary, *On the Trinity* 3.23 (*NPNF2* 9:69); cf. 4.4 (*NPNF2* 9:72).
34) Hilary, *On the Trinity* 11.12 (*NPNF2* 9:207).
35) Aquinas, *Summa* 1a.41.3.

> **푸아티에의 힐라리우스**
>
> 힐라리우스(Hilarius)는 서방의 아타나시우스라는 별명이 붙여졌다. 그럴 만한 이유가 있었다. 그가 삼위일체에 관해 쓴 두꺼운 저서는 니케아 삼위일체론의 가장 깊고 예리하며 명료한 해설서 중 하나다. 더욱 주목할 만한 사실은 힐라리우스가 생애 말년에야 그리스도인이 되었다는 것이다. 그는 350년경 감독이 되었는데, 니케아의 신경에 대한 반대가 점점 거세지던 시기였다. 힐라리우스는 유사 본질적 신경들을 논박하는 데 중요한 역할을 했다. 대부분의 사람들은 힐라리우스가 마태복음 주석을 비롯해 성경 주석들을 썼다는 사실을 잊어버린다.

아들은 아버지의 본질로부터 나시기 때문에 분할(partition), 철회(withdrawal), 축소(lessening), 유출(efflux), 확대(extension), 변화(change)가 없고, 살아 있는 본성으로부터 살아 있는 본성이 태어날 뿐이다. 영원한 출생은 한 분으로부터 나오시는 한 분, 다시 말해 하나님으로부터 나오시는 하나님이다.[36] 또는 니케아 신경이 고백하듯이, 아들은 참 하나님으로부터 나오시는 참 하나님이시다.

아들의 존재는 무에서 시작되지 않았고, 영원으로부터 나왔다. 이것을 여전히 태어남(birth, begetting)이라고 부르는 것은 적절하지만, 시작(beginning)이라고 부르는 것은 잘못일 것이다.[37] 시작이 아니라 태어남이다. 우주가 무로부터 창조된 것과 달리, "하나님으로부터 하나님이 발출하심은 새로운 본체가 존재하게 되는 것과는 전혀 다르다."[38] 힐라리우스가 옳다. 아들은 "아버지 밖에서 기원하지 않으며 무로부터 창조되신 게 아니라 하나님으로부터 나신 아들이다."[39]

---

36) Hilary, *On the Trinity* 6.35 (*NPNF2* 9:111).
37) Hilary, *On the Trinity* 6.35 (*NPNF2* 9:111).
38) Hilary, *On the Trinity* 6.35 (*NPNF2* 9:111).
39) Hilary, *On the Trinity* 7.2 (*NPNF2* 9:118); cf. 9.30 (*NPNF2* 9:165). 다음도 보라. Aquinas, *Summa* 1a.41.3.

어떤 사람은 아버지가 넷째를 낳지 않고 아들을 낳으시는 게 순전히 불가능하다고 할는지 모른다. 어떻게 아버지가 같은 본질을 아들에게 전달하면서 다른 무엇이나 누군가를 창조하지 않으실 수 있는가? 대답은 삼위일체 하나님의 무한한 본성에 있다. 투레티니가 말하듯이, "그럼에도 불구하고 동일한 수의 단일 본질은 (무한하기 때문에) 하나 이상에게 전달될 수 있다."[40]

우선성도 없고, 후위성도 없으며, 열등성도 없다

둘째, 아들의 출생은 우선성(priority)이나 후위성(posteriority)을 포함하지 않고 열등성(inferiority)도 결코 포함하지 않으며 순서를 명시할 뿐이다. 아들의 출생이 어떤 종류든 우선성이나 후위성을 포함한다면, 아들이 아버지보다 열등할 것이다.

앞에서, 아들이 아버지에 의해 나시지만 인간의 출생과 달리 아들의 출생은 영원하다(만세 전, 무시간적)는 것을 강조했다. 영원하다면, 아들의 출생은 (시간 속에서 또는 시간 이전에 창조된) 하등한 존재의 출생이 아니라 신성에서 아버지와 동등한 아들의 출생이다. 그러나 아들이 아버지보다 열등하지 않은 것은 아들이 아버지의 본성이나 본체로부터 나심으로써 아들 안에 하나인 신적 본성이 온전히 실재하기 때문이다. 아들은 참 하나님으로부터 나온 참 하나님이시다. 그러므로 아들의 출생에서, "낳으시는 분의 본체가 축소될 수 없다."[41] 아버지가 아들을 낳으신다. 니케아의 핵심 용어로 돌아가자면, 아버지와 아들이 동일 본체이시며, 이것은 아버지와 아들이 똑같은 신적 본질을 갖기에 동일시되셔야 한다는 뜻이다. 우선성이나 후위성은 아들이 동일 본체라는 점, 아들이 아버지와 동일 본성을 갖는다는 점을 약화시킬 것이다.

---

40) Turretin, *Institutes*, 1:301.
41) Hilary, *On the Trinity* 5.37 (*NPNF2* 9:96).

앞서 보았듯이, 우선성이나 후위성이 없는 부분적 이유는 아들의 출생이 영원하며 무시간적이기 때문이다. 나지안조스의 그레고리오스(Gregorios)는 이런 질문을 받았다. 아들과 성령이 아버지와 함께 영원하시다면, 왜 아들과 성령도 아버지와 함께 기원이 없지 않으신가? 그는 이렇게 답했다. "그분들(아들과 성령)이 그분(아버지) 뒤에는 아니더라도 그분으로부터 나오시기 때문이다. 기원이 없음은 필연적으로 영원함을 암시한다. 그러나 아버지를 기원이라고 하는 한, 영원함은 기원이 없음을 수반하지 않는다." 그레고리오스는 이 점을 인식시키려고 태양을 예로 든다. "그분들(아들과 성령)은 원인이 있으며, 따라서 기원이 없지 않다. 그러나 분명하게도 원인이 필연적으로 결과에 앞서지는 않는다. 태양은 그 빛에 앞서지 않는다. 시간이 결부되지 않으며, 이런 점에서 그분들은 기원이 없으시다. 설령 당신이 순진한 영혼들을 무서운 말로 겁주더라도 말이다. 시간의 근원들은 시간에 종속되지 않기 때문이다."⁴²⁾

그레고리오스의 자극에 힘입어, 성경에 나오는 빛 이미지를 다시 생각해 보라(요 1:4, 8-9). 니케아 신경은 아들이 아버지로부터 영원히 출생하심을 빛으로부터 나온 빛에 비유할 수 있다고 말한다. 카파도키아 교부들도 결과가 원인보다 열등하며 아들이 아버지에게 종속된다는 종속론자들의 믿음을 빛 이미지를 근거로 논박했다. 이들은 종속론자들의 주장에 답하면서 태양을 생각해 보라고 했다. 태양은 빛의 원인이다. 그러나 빛은 결코 자신의 근원보다 열등하지 않다. 본질에서, 둘은 하나이며 동일하다. 신성은 더더욱 그렇지 않겠는가? 신적 본질은 단순하고 분리될 수 없으며 영원하고 불변하지 않은가?

---

42) Gregory of Nazianzus, *On God and Christ* 3.29.3 (p. 71). 나중에 그레고리오스(Gregorios)는 광선과 함께 움직임이 있고 움직임과 함께 변화가 있기 때문에 너무 강하게 적용하면 이 예화가 적합하지 않다고 말한다. 다음을 보라. 4.31.32-33 (p. 142). 다음도 보라. Gregory of Nyssa, *Against Eunomius* 8.1 (*NPNF2* 5:202); Aquinas, *Summa* 1a.27.1.

덧붙이자면, 삼위일체 안에 계층 구조가 없기 때문에 아들은 그분의 근원(아버지)보다 열등할 수 없다. 아버지는 아들보다 크지 않다. 어떤 면에서도 그렇지 않다. 오해를 피하기 위해 어떤 사람들은 (내가 그러듯이) 아버지에 대해 이야기할 때 '원인'(cause)이라는 단어 대신 '근원'(source)이라는 단어를 선호할 수 있다. 그것이 아들의 동등성을 더 잘 지켜 준다. 그러나 어떻든 위대한 전통의 어떤 단어도 아들이 아버지로부터 나오시기 때문에 시작이 있다거나 아버지보다 열등하다고 의미하지 않는다.

요약하면, 아버지는 신격에서 원리이시다. 유일하게 원리 없는 원리이시다. 나지 않으신다. 그러나 이것은 아버지와 아들이 동등하지 않다는 뜻이 아니다. 오히려 영원한 관계들은 위격들의 위격적 기원들을 계시한다. 이러한 기원들에 그 어떤 계층 구조라도 욱여넣어 해석한다면, 이것을 오용하고 심지어 조작하는 것이다. 아버지는 원리 없는 원리지만 우선성 없는 원리이시기도 하다. 스콧 스웨인(Scott Swain)은 명쾌하게 말한다. "아버지는 아들과 성령의 원천이시며, 이 관계들은 그분의 구분되는 위격적 완전성을 나타낸다. 그러나 아들과 성령의 원천으로서, 아버지의 정체성은 (논리적으로라도) 아들과 성령의 존재보다 앞서지 않으며 오히려 아들과 성령에 대한 자신의 영원한 관계들에 의해 구성된다."[43] 바꾸어 말하면, "존재나 계층 구조와 관련해 아들 및 성령과의 관계에서, 우리는 아버지에게 그 어떤 우선성도 돌릴 수 없다."[44]

결론적으로, 우리나 위대한 전통이 '근원' 같은 단어들을 사용할 때마다 그 의도는 이를테면 아들의 위격적 기원을 밝히려는 것뿐인데, 그 기원은 아버지이시다.[45] 세 위격이 공유하는 본성과 의지와 능력과 영광 자체가 계층 구

---

43) Swain, "Divine Trinity," 99.
44) Swain, "Divine Trinity," 100. Cf. Emmanuel Durand, "A Theology of God the Father," in Emery and Levering, eds., *Oxford Handbook of the Trinity*, 382.
45) 전통이 어쨌든 '우선성'(priority)이라는 단어를 사용한다면, 시간이나 우월성이 아니라 순서를 의미할 뿐이다. Gill, *Body of Divinity*, 145를 보라.

조와 우선성을 배제한다. 나지안조스의 그레고리오스가 말하듯이, "그분들은 서로 등급이 다른 하나님이거나 우선성에 차등이 있는 하나님이 아니시다. 그분들은 의지가 분열되거나 능력이 나뉘지 않으신다. 나뉠 수 있는 것들에 고유한 그 어떤 특성도 그분들에게서 찾아낼 수 없다." 간단히 말해, "신격(Godhead, 삼위일체)은 나뉘지 않고 존재한다."[46)]

아들의 출생이 우선성이나 계층 구조를 포함하지 않는다면, 그 어떤 변화도 포함할 수 없다고 결론짓는 것도 안전한가?

변함도 없다

셋째, 아들의 출생은 삼위일체의 변함(change)도 포함하지 않는다. 아우구스티누스는 요한복음을 연속으로 설교하면서 회중에게 이렇게 말했다. "변할 수 있는 것들은 말씀을 통해 창조되었고, 그 말씀은 변할 수 없습니다."[47)] 하나님은 변할 수 있는 세상을 자신의 말씀으로 창조하실 수 있다. 그러나 기억하라. 말씀 자신은 변하지 않는다. 말씀은 창조된 게 아니라 영원 전에 아버지의 본성으로부터 나셨기 때문이다. 아타나시우스는 아들이 "아버지로부터 나오며, 그분의 본질에 적합하게도 아버지와 마찬가지로 변할 수 없고 바뀌실 수 없다."라고 말한다.[48)] 몸의 출생은 변화를 포함하는 반면 몸이 없는(비육체적) 출생은 변화를 포함하지 않는다.[49)]

---

46) Gregory of Nazianzus, *On God and Christ* 4.31.14 (p. 127). 프랑수아 투레티니(François Turrettini)는 이렇게 덧붙인다. "그뿐 아니라, 그분들을 서로 구분하는 특성이 동등하지 않은 등급을 구성하지도 않는다(비록 그분들이 실제의 다양한 양태로서 자신들의 순서를 정하신 수는 있더라도 말이다). 이것으로 위격들의 본질이 나뉘는 것이 아닐뿐더러 위격들이 본질로부터 분리되는 것도 아니다. 위격들이 아주 분명하게 구분되기 때문에 하나가 다른 하나일 수 없다." Turretin, *Institutes*, 1:266.
47) Augustine, *Homilies on the Gospel of John* 1-40, 1.12. Cf. Basil of Caesarea, *Against Eunomius*, 1.8.
48) Athanasius, *Against the Arians* 1.10.36 (NPNF2 4:327). Cf. Athanasius, *Defence of the Nicene Definition* 3.13 (NPNF2 158).
49) Gregory of Nazianzus, *On God and Christ* 3.29.4 (p. 72).

기억하라. 다마스쿠스의 요한네스(Johannes)는 영원한 출생이란 아들이 아버지의 본성으로부터 나오심을 의미한다고 말한다.[50] 아들이 아버지의 본성으로부터, 단순하고 영원할 뿐 아니라 변할 수 없는 본성으로부터 나오지 않으신다면, 출생에서 그 어떤 변화든 일어날 수 있다. 그렇게 되면, 아버지의 본성이 불변하지 않거나 아들이 다른 본성, 아버지 밖에 있는 어떤 본성으로부터 나오시며, 이 경우 아들은 신성에서 더는 아버지와 동등하실 수 없을 것이다.[51]

영원한 출생이 무감동성과 무슨 상관이 있는가?

니케아 전통은 아버지가 아들을 불변하게 낳으실 뿐 아니라 무감동하게 낳으신다고 말한다. 무감동성(impassibility)이란 하나님이 감정 변화에 예속되지 않으신다는 것, 즉 고난받지 않으신다는 뜻이다. 아리우스주의자들은 낳음(begetting)이 아들의 변화를 수반하며, 따라서 수난(passion)을 포함한다고 주장했다. 그러나 니케아 교부들은, 이들의 주장은 출생(generation)이 아버지와 피조물 사이에서 하나님의 외부에서 일어난다고 상정한다며 반박했다. 출생은 내적이며, 내재적 삼위일체 안에서 일어난다. 아들은 영원부터 참 하나님의 참 하나님이시다. 니사의 그레고리오스는 『에우노미오스 논박』(Against Eunomius)에서 이렇게 묻는다. "어떻게 출생을 부패하지 않는 본성과 연결해서 생각하면서 수난 개념을 받아들일 수 있는가?"(4.4). 마찬가지로, 나지안조스의 그레고리오스는 독생자가 아버지와 연결되고, "무감동한 출생(passionless generation) 때문에 본질에서 아버지와 동일하시다."라고 말한다(Theological Orations 4.20). 존 웹스터(John Webster)는 이러한 점들을 연결한다. "무감동성은 무관심이 아니라 무한히 깊고 제약 없이 실현된 신적 생명이며, 그리스도께서 하나님의 현존으로서 이 생명으로부터 나와 우리에게 오신다. 낳음은 수난이 아니다. 아들이 하나님의 충만에 내재하시며, 참 하나님으로부터 나온 참 하나님이시기 때문이다. 낳음은 하나님의 완전함의 한 양태다"(God without Measure, 33).

---

50) (그렇지 않다면) 아버지에게 미치는 결과들도 비참할 것이다. 다음을 보라. John of Damascus, *Exposition of the Orthodox Faith* 8 (*NPNF2* 9:7).

51) John of Damascus, *Exposition of the Orthodox Faith* 8 (*NPNF2* 9:7).

길은 건강하지 못한 출생의 아홉 가지 표식을 제시했다. 눈치챘겠지만, 그중의 다섯 가지(움직임, 변화, 변경, 타락, 축소)는 공통점이 있다. 다섯 가지 모두 변함의 결과다. 인간의 출생은 변화를 피할 수 없다. 유한한 피조물이 있는 곳에는 언제나 변화가 있고, 변화가 있는 곳에는 나쁜 쪽으로 변할 잠재력이 있다. 이것은 타락이 실제적 가능성을 의미하기 때문이다.

그러나 삼위일체 하나님은 그렇지 않다. 그분의 본성은 영원할 뿐 아니라 불변하다. 불변하기에, 아버지가 신적 본성의 변경(alteration) 없이 아들을 낳으신다. 하나님 안에는 '가능태'(potency)가 없기 때문이다. 이것은 마치 하나님이 자신의 완전한 잠재력을 달성하기 전에는 참 하나님이 아니기라도 한 것처럼, 반드시 성취해야 하는 실현되지 않은 잠재력이 하나님께 있는 게 아니라는 뜻이다. 대신에, 하나님은 완전한 존재로서 자존하며, 스스로 부족함이 없고, 언제나 영원히 완전한 자신이며, 최대로 살아 계시고, 지금의 자신보다 완전해질 그 어떤 필요도 영원히 없는 분이시다. 이런 이유로, 교부들은 하나님을 '순수 현실태'(pure act)라고 부른다.[52] 마치 아들이 시간을 두고 자신의 잠재력을 실현해야 하기라도 하듯이, 마치 아들이 성장하고 변화되어 이전의 자신보다 더 완전해져야 하기라도 하듯이, 아버지는 그렇게 아들을 낳지 않으신다.

기억하라. 삼위일체는 완전하며, 최대로 살아 계시고, 결코 더 많은 것이나 더 큰 것이나 더 나은 것이 되실 필요가 없다. 이것은 영원한 출생이 "완전이 완전을 낳는 행위다."라는 뜻이다.[53] '완전이 낳는 완전'은 니케아 신경의 '참 하나님으로부터 나온 참 하나님'과 흡사하다.[54]

---

52) John of Damascus, *Exposition of the Orthodox Faith* 8 (*NPNF2* 9:7).
53) "말씀의 출생은 잠재력을 실현하는 행위가 아니라 완전이 완전을 낳는 행위다"(Levering, *Scripture and Metaphysics*, 156).
54) 출생의 무감동성에 관해서는 다음을 보라. Athanasius, *Against the Arians* 1.8.28 (*NPNF2* 4:322); Athanasius, *Defence of the Nicene Definition* 3.11 (*NPNF2* 4:157); Basil of Caesarea, *Against*

거듭 말해, 아들의 출생이 영원하다면 불변하기도 해야 한다.[55] 순간의 연속(시간)이 있는 곳에 변화가 뒤따른다. 실제로 그래야 한다. 그러나 영원에는 연속이 없으며, 따라서 하나님 안에는 변화가 없다. 시간 속의 새로운 순간으로서가 아니라 영원 전에, 아버지가 아들을 낳으신다. 말하자면, 니케아 교부들이 아리우스주의자들을 논박하면서 했던 고백, 곧 아들이 존재하지 않았던 때가 결코 없었다는 고백은 아들이 불변하시지 않았던 때가 결코 없었다는 고백이기도 하다. 아들이 아버지의 영원하고 불변하는 본성으로부터 나지 않으셨다면, 하나님께 결핍된 것은 없는지, 하나님 자신이 불완전하고 완벽하지 못하신 것은 아닌지 물어야 마땅하겠다.

그러나 우리는 이렇게 말한 아퀴나스와 함께 기뻐할 수 있다. "아버지의 본성은 영원부터 지금까지 완전하다. 아버지가 아들을 낳으시는 행위는 연속적이지 않다. 연속적이라면, 하나님의 아들이 단계별로 나셨을 테고 그분의 나심은 물질적이며 움직임(movement)을 포함했을 것이기 때문이다. 모두 불가능한 결론이다. 따라서 남은 결론은 아버지가 계실 때마다 아들이 계셨고, 아들도 아버지와 함께 영원하며, 아들과 아버지와 함께 성령도 영원하시다는 것이다."[56]

이제 우리에게 남은 질문은 하나뿐이다.

질문: 아들의 출생이 불변하다면, 그분의 출생이 또한 삼위일체에 내재적이고 내면적이어야 하지 않는가?

Eunomius, 2.5, 2.22-24; Gregory of Nazianzus, *Oration on Holy Baptism* 42 (NPNF2 7:375); John of Damascus, *Exposition of the Orthodox Faith* 8 (NPNF2 9:7); Turretin, *Institutes*, 1:293; Ambrose, *On the Christian Faith* I.x.67.

55) Aquinas, *Summa* 1a.42.2.
56) 그러나 "아버지는 의지가 아니라 본성으로 아들을 낳으신다." Aquinas, *Summa* 1a.42.2.

타동적이지 않고 내재적이다

넷째, 아들이 아버지로부터 출생하심은 타동적(transitive, 타율적, 외재적)이지 않고 내재적(immanent)이다. 이 최종 핵심이 정통과 이단을 구분한다. 니케아는 아들의 출생이 내재적 행위(immanent action, 하나님 안에서 일어난다)라고 믿었다. 반면에, 이단들은 출생이 타동적이라고 했다. 하나님이 자신 밖에 있는 피조물, 하나님으로부터 나온 하나님이 아닌 존재를 낳으신다는 것이다.[57] 아타나시우스는 이것이 당시 아리우스주의자들의 경계선이라고 믿었다. "아들은 아버지에게 추가되는 게 아니라 아버지와 공존하신다."[58] "아들이 하나님을 아버지라고 하실 때 뒤따르는 결론은 참여하는 존재(아들)가 밖에 있지 않고 아버지의 본질로부터 나오신다는 것이다."[59]

낳으시는 분의 본성 밖에 있는 누군가를 낳는다는 생각은 오싹하다.[60] 여기서는 아버지가 아들을 낳으시지만, 아들이 아버지와 동일한 본성에서 나지 않으신다. 아들은 아버지와 다른 본성, 아버지보다 못한 본성을 갖는 게 틀림없다. 그러나 푸아티에의 힐라리우스가 분명히 말하듯이, "(성자) 하나님이 가지고 태어나신 본성은 필연적으로 그분의 근원의 본성과 동일하다." 아들은 "하나님 아닌 존재로 존재하실 수 없다. 그 누구도 아닌 하나님이 아들의 기원이시기 때문이다. 아들의 본성은 (아버지의 본성과) 동일하다. 낳으시는 분 또한 나셨다는 의미에서가 아니라(이렇게 되면 나지 않으신 분이 나신 게 되기에 자신이 아니실 터이기 때문이다), 나신 분(아들)의 본체가 낳으시는 분(아버지) 곧 자신의 유일한 기원이신 분의 본체로 압축되는 모든 요소로 이루어진다는 의미에서 그렇다."[61]

---

57) Aquinas, *Summa* 1a.27.1; 1a.34.2; Gregory of Nazianzus, *On God and Christ* 4.30.2 (p. 94).
58) Athanasius, *Against the Arians* 4.5 (*NPNF2* 4:435).
59) Athanasius, *Against the Arians* 1.5.15 (*NPNF2* 4:315).
60) Athanasius, *Against the Arians* 1.5.15 (*NPNF2* 4:315).
61) Hilary, *On the Trinity* 5.37 (*NPNF2* 9:96). Cf. John of Damascus, *Exposition of the Orthodox Faith* 7 (*NPNF2* 9:5).

아리우스주의자들은 아타나시우스와 힐라리우스가 기술하는 내재적 출생(immanent generation)을 받아들이지 않았다. 그러나 그 뒤를 이은 중세 교부들은 주저 없이 받아들였다. 이들은 동일한 확신을 성령께도 적용했다. 예를 들어, 안셀무스(Anselmus)는 이렇게 말했다. "(성령) 하나님이 아버지와 아들로부터 발출하실 때 하나님 밖에서 발출하지 않으셨다." 성령이 "하나님 안에 거하고 하나님으로부터 발출하시며", 따라서 "한 하나님, 곧 아버지와 아들과 성령" 외에 다른 신들이 있는 게 아니다.[62] 삼위일체 하나님의 영원한 본성이 다음 주장을 뒷받침한다. "하나님은 영원이시기 때문에, 영원 밖에는 영원이 전혀 없듯이, 하나님 밖에는 하나님이 전혀 없고, 영원에 영원을 포개도 오직 한 영원이듯이 하나님 안에 계신 하나님은 오직 한 하나님이시다."[63] '하나님 밖에는 하나님이 없다.' 이것은 니케아 언어, 곧 참 하나님으로부터 나오시는 참 하나님을 적용하는 또 다른 방식일 뿐이다.

아빠, 아버지! 아들 안에서 우리의 자녀됨

예수님이 아버지의 영원한 독생자가 아니시라면, 우리는 소망이 없을 뿐 아니라 애초에 하나님을 아버지라 부를 아무 권리도 없다. 예수님은 '본성으로'(by nature) 아버지의 아들이셔야 한다. 그래야 우리는 '은혜로'(by grace) 아버지 보좌 앞에 담대하게 나아갈 수 있다. 아버지가 아들을 통해 우리를 구속하셨고, 그 결과 우리는 아들의 은혜를 무한히 받는 수혜자다.[64]

---

62) Anselm, *On the Incarnation of the Word* 15, in *Works*, 258. Cf. *On the Procession of the Holy Spirit*, in *Works*, 433.
63) Anselm, *On the Procession of the Holy Spirit*, in *Works*, 433 (cf. 429).
64) 그분이 우리의 아버지가 되시는 것은 자신의 영원한 부성(Fatherhood)의 잠재력을 어떻게든 최대한 발휘하기 위해서가 아니다. 그분은 영원 전부터 자신이 낳은 아들의 아버지이며, 이러한 아버지되심

> **본성 대 은혜**
>
> 아들(성자)의 아들되심과 우리의 아들됨(자녀됨)이 어떻게 다른가? 아들의 아들되심은 본성으로(by nature), 아버지의 본질로부터 영원히 나심으로다. 반면에, 우리의 아들됨은 은혜로(by grace)다(요 20:17). 푸아티에의 힐라리우스(Hilarius)가 말하듯이, "그분은 하나님의 참 아들이며, 입양이 아니라 기원으로, 이름으로만이 아니라 진리로, 나셨으나 창조되지 않은 아들이시기 때문이다"(On the Trinity 3.11).
> 본성과 은혜의 차이는 우리가 사랑을 어떻게 정의하느냐에도 영향을 미친다. 아버지가 그리스도를 사랑하시기 때문에 그리스도가 하나님의 아들이신가, 아니면 그리스도가 아버지의 아들이시기 때문에 아버지가 그리스도를 사랑하시는가? 그리스도가 시간의 어느 시점에 은혜로 아들로 입양되어 그 후로 사랑받으신 것이 아니라 본성으로 영원 전부터 아들이시라면, 후자는 반드시 참이어야 한다. 투레티니(François Turrettini)는 그분은 "사랑받기 때문에 아들이신 것이 아니라 아들이기 때문에 사랑받으신다."라고 말한다(Institutes, 301).

바울이 갈라디아 신자들에게 이들의 입양을 말할 때 염두에 두었던 게 바로 이것이지 않은가? "이와 같이 우리도 어렸을 때에 이 세상의 초등학문 아래에 있어서 종노릇하였더니 때가 차매 하나님이 그 아들을 보내사 여자에게서 나게 하시고 율법 아래에 나게 하신 것은 율법 아래에 있는 자들을 속량하시고 우리로 아들의 명분을 얻게 하려 하심이라 너희가 아들이므로 하나님이 그 아들의 영을 우리 마음 가운데 보내사 아빠 아버지라 부르게 하셨느니라"(갈 4:3-6).

그분의 양자로서, 우리는 그분의 영원한 아들 안에서 생명이 있으며, 아들을 통해 성령이 아버지의 자비를 우리에게 전달하신다. 그분의 영원한 은혜의 수혜자로서, 그치지 않는 그분의 자비를 나누는 자로서, 우리는 그분이 아들 안에서 우리를 아들(자녀)로 받아 주시리라 온전히 확신하며 그분을 아빠

(paternity)은 불변하는 만큼 완전하고, 본성적인 만큼 흠이 없다. 그분이 자발적으로 우리에게 아버지가 되실 수 있는 것은 우리와 별개로 아버지이시기 때문이다.

아버지라고 부른다(롬 8:15). "그러므로 네가 이후로는 종이 아니요 아들이니 아들이면 하나님으로 말미암아 유업을 받을 자니라"(갈 4:7).

영원한 출생이 복음에 얼마나 핵심적일까? 이 질문은 다음 장에서 살펴보겠다. 그러나 우리는 이렇게 말할 수 있다. 예수님이 타락한 세상 깊은 곳에 내려와 아기로 구유에 태어나시고 새롭게 태어나 자신을 따르는 수많은 자녀와 함께 다시 아버지께 올라가실 수 있으며 또 그럴 자격이 있는 유일한 이유는, 그분이 영원히 나신 아들이기 때문이다. 그분이 영원 전에 아버지로부터 태어나지 않으셨다면, 구원사에서 한 사람으로 태어나도록 아버지에 의해 보냄을 받으실 수 없을 뿐 아니라, 자신을 하나님의 독생자로 믿는 자들이 자녀로 입양되게 하실 수도 없다. 그분의 영원한 아들되심이 없다면, 우리는 자녀로 입양되어 우리와 아들의 연합, 곧 우리와 예수 그리스도의 연합이 주는 모든 혜택을 누릴 희망이 없다.

7

영원한 출생은 복음에 핵심적인가?
아버지되심과 아들되심 2

"아버지께서 자기 속에 생명이 있음같이
아들에게도 생명을 주어 그 속에 있게 하셨고."
예수, 요한복음 5장 26절

"아들은 늘 아버지의 본질의 적자이시다."
아타나시우스(Athanasius), 『아리우스파 논박』(Against the Arians)

"영원한 출생은 기독교를 구분하는 시금석이다.
…이것이 없으면, 삼위일체 교리는 결코 지지받을 수 없다."
존 길(John Gill), 『신론』(Body of Divinity)

> **들로리언에 타세요!**
>
> **목적지**: 예수님이 이 땅을 거니시던 때. 예수님은 성육신 전에 어디에서 오셨는지 들려주신다. 십보라와 함께 그분의 말씀을 들을 것이다.
>
> **요점**: 아들은 아버지의 본질로부터 영원히 나신다(출생하신다). 아들의 이름, 아들을 세상에 보내신 분, 탄생, 광채, 형상, 지혜, 말씀, 옛적부터 항상 계신 이(Ancient of Days) 같은 칭호들이 모두 아들의 영원한 출생에 대한 성경의 증언이다. **교훈**: 아들이 영원히 아버지로부터 나지 않으신다면, 우리는 아들 안에서 다시 태어날 수 있음을 확신할 수 없다.

목숨을 걸 만한 교리

유대인들은 그분, 곧 예수님을 죽일 준비가 되었다. 단지 준비된 게 아니었다. 예수님의 뒤를 밟으며 적절한 기회를 노렸다.

나는 이것을 안다. 내가 그 자리에 있었기 때문이다. 나는 저들을 보았다. 이제 그때의 일을 말하겠다.

나는 집을 향해 걷다가 여느 때처럼 베데스다 연못을 지나고 있었다. 연못가에는 앞 못 보는 사람들과 몸이 마비된 사람들이 오래도록 자리를 지키고 있었다. 물이 동할 때 연못에 들어가면 몸이 나을 거라고 믿었기 때문이다. 나는 이 연못을 지나는 게 즐겁지 않았다. 걷지 못하는 숱한 사람이 거의 아무 희망도 없이 자리를 지키는 모습에 마음이 아팠다. 어릴 때부터 그 자리를 지키는 사람들도 있었다. 하지만 아무것도 달라지지 않았다.

그러나 어느 날 뭔가 달라졌다. 예수님이 연못에 다가오시더니 몸을 돌려 어느 장애인과 눈을 마주치셨다. 그는 38년째 연못가를 떠나지 못하는 병자였다. 예수님은 말씀 한마디로 그에게 일어나 걸으라고 명하셨다. 나는 속으로 웃었다.

그러나 놀랍게도, 그 병자가 일어나 걷기 시작했다. 나의 왼쪽에 있던 여자, 회당에서 알게 된 여자가 못 믿겠다는 듯이 소리쳤다. "십보라, 봤어요? 나 저 사람 알아요. 저 사람은 여기에…그러니까…평생 누워 있었어요. 저 사람 좀 보세요. 걷고 있다고요!"

내가 오른쪽으로 고개를 돌리자 한 남자, 곧 랍비 훈련생이 보였다. 그는 놀라움에 휩싸인 게 아니라 격분하고 있었다. 나는 어리둥절해서 그에게 왜 그러냐고 물었다. 그는 열을 내며 답했다. "오늘이 안식일이잖아요. 율법 몰라요? 예수가 안식일을 어겼다고요. 저 사람에게 자리를 들고 걸어가라고 했어요." 나는 생각했다. '율법의 핵심을 송두리째 놓친 게 아닐까?'

생각할 틈도 없이, 모든 상황이 더 안 좋은 쪽으로 돌아섰다. 예수님이 고쳐 주신 병자가 사람들에게 에워싸인 채 유대인 지도자들에게 끌려갔고 내 옆에 있던 남자도 가세했다.

내가 그때 무슨 생각을 했는지 모르겠다. 언니가 알았다면 나를 가만 놔두지 않았을 것이다. 그러나 나는 이들을 바싹 뒤따라가기로 했다. 상황이 하나씩 이어졌고, 다음 상황에서 유대인들은 예수님까지 막아선 채 안식일을 범했다며 그분을 비난했다. 예수님은 격분한 사람들에게 답하셨다. "내 아버지께서 이제까지 일하시니 나도 일한다."[1]

종교 지도자들에 따르면, 예수님은 "안식일을 범할 뿐만 아니라 하나님을 자기의 친아버지라 하여 자기를 하나님과 동등으로 삼았다."[2] 어린 시절, 아버지가 우리에게 토라를 가르치실 때 나는 귀를 쫑긋하고 잘 들었다. 그래서 안식일에는 오로지 하나님만 일하신다는 것을 알았다. 하나님은 천지를 창조하시고 일곱째 날 안식하셨다. 그러나 그분은 하나님이시기 때문에 그분만이 세상을 유지하실 수 있고 그분만이 안식일에 그렇게 하실 권리가 있다. 이것은 하나님의 특권이다. 그러므로 예수님은 아버지께서 지금까지 일하시고 자신도 그렇게 한다고 하실 때, 자신이 하나님이라고 주장하셨던 것이다. 개인적으로, 나는 유대인들이 예수님을 오해했다고 생각했다. 마치 예수님이 스스로를 하나님과 경쟁하는 둘째 하나님이라고 주장하며 선조들의 일신론(monotheism)을 폐기하고 계시기라도 했다는 듯이 말이다. 그러나 내가 듣기에, 예수님은 자신이 하나님의 아들로서 하나님 아버지와 하나라고 주장하시는 것 같았다.

어쨌든, 뒤이은 말씀에서 예수님이 스스로를 누구라고 주장하시는지 훨씬 더 잘 드러났다. "내가 진실로 진실로 너희에게 이르노니 내 말을 듣고 또 나 보내신 이를 믿는 자는 영생을 얻었고."[3] 예수님은 한 미래에 그분의 음성, 곧 하나님의 아들의 음성을 듣는 자들이 살아날 날이 오리라고 약속하신 후, 내가 아직도 이해하기 힘든 말씀을 하셨다. "아버지께서 자기 속에 생명이 있음같이 아들에게도 생명을 주어 그 속에 있게 하셨고."[4]

---

1) 요한복음 5장 17절.
2) 요한복음 5장 18절.
3) 요한복음 5장 24절.
4) 요한복음 5장 26절.

> **아버지께서 자기 속에 생명이 있음같이
> 아들에게도 생명을 주어 그 속에 있게 하셨고**
>
> 예수님은 무슨 뜻으로 "아버지께서 자기 속에 생명이 있음같이 아들에게도 생명을 주어 그 속에 있게 하셨고"(요 5:26)라고 하셨는가? 아우구스티누스(Aurelius Augustinus)는 이렇게 답한다. "그분의 뜻은 아버지가 이미 존재하지만 생명 없는 아들에게 생명을 주셨다는 뜻이 아니라, 아버지가 무시간적으로 아들을 낳음으로써 아들에게 주신 생명이 그 생명을 주신 아버지의 생명과 함께 영원한 방식으로 아들을 낳으셨다는 것이다"(The Trinity 15.47).

　예수님은 아버지께서 자신에게 심판하는 권세를 주셨다고 하셨고, 심지어 자신의 음성을 듣는 자들이 모두 무덤에서 일어나 생명으로 부활하리라고 약속하셨다.[5] 예수님은 아버지로부터 생명을 받았기에 지금이든 미래든 그 생명을 줄 권리와 능력이 있다고 실제로 믿으셨다.

　그러나 예수님의 마지막 주장, "아버지께서 자기 속에 생명이 있음같이 아들에게도 생명을 주어 그 속에 있게 하셨다."라는 주장은 내게 더 많은 의문을 남겼다. 예수님은 어디에서 오셨는가? 예수님은 어디에서 기원하셨기에 그런 주장을 하시는가? 예수님의 말씀이 지금 이곳의 삶을 향하고 있는 것만큼이나 영원을 향한다는 생각이 퍼뜩 들었다. 예수님이 단지 자신은 하나님이 구별하신 사람이고 하나님이 보내신 사람이라고 주장하셨다고는 생각하지 않는다. 그분이 그렇게 주장하셨다면, 종교 지도자들에게 깊은 인상을 주지도 않았을 뿐만 아니라 그들을 자극하지도 않았을 것이다. 그게 아니었다. 예수님의 주장은 훨씬 큰 것이었다. 그분은 아버지 하나님으로부터 나오신 게 틀림없었다. 예수님은 자신의 기원에 관해 뭔가 신적인 말씀을 하셨다. 마치 그분이 영원 전에 아버지로부터 나오셨고, 그래서 유한한 자들에게 생명

---

5) 요한복음 5장 27-29절.

을 주실 수 있는 것처럼 말이다. 자신이 실제로 하신 말씀, 곧 반발을 불러일으킨 말씀에서, 예수님은 자신을 아버지의 창조 사역과 동일시하셨다. 아마도 예수님은 창조 이전에 계셨고, 우리들처럼 태어나신 게 아니라 하나님에게서 나셨을 것이다.

내가 옳다면, 아버지와 동등하다는 주장에서 보듯이, 예수님은 아버지로부터 나온 아들이 틀림없다. 그렇지 않다면, 어떻게 그분이 그런 생명을, 영원한 생명을 받았다고 주장하실 수 있었겠는가? 예수님은 아버지께서 그분 자신 속에 생명이 있듯이, 자신의 아들에게도 생명을 주어 그 자신 속에 있게 했다고 하셨다. 이보다 더 극한 주장은 없는 것이 분명하다. 어떤 유대인이라도 창조자와 피조물의 차이를 안다. 예수님의 주장은 피조물에게 결코 적절하지 않았다. 예수님이 자신을 아들, 정확히 말하면 아버지의 아들이라고 부르고 계셨다면, 영원한 아버지, 홀로 그분 자신 안에 생명이 있는 분이 자신 곧 아들에게 생명을 주어 그 속에 생명이 있게 하셨다고 하실 때, 영원한 정체성을 주장하고 계셨다. 그게 아니라면, 왜 내 옆에 있던 종교 지도자가 그렇게 격분하며 예수님을 죽이려고 했겠는가? 나는 하나님이 내 아버지라는 것을 믿지만, 예수님은 그 어떤 피조물도 해서는 안 되는 방식으로 하나님을 아버지라고 부르고 계셨다.

이름에 무엇이 있는가? 모든 것이 다 있다

십보라가 들었던, 요한복음 5장에 나오는 내용은 영원한 출생 교리와 관련이 있다. 이전 장들에서 보았듯이, 예수님이 종교 지도자들과 맞닥뜨리신 이후, 교회는 십보라와 비슷한 결론을 도출했다. 예를 들면, 아우구스티누스(Aurelius Augustinus)는 요한복음 5장 26절을 숙고하며 이렇게 말한다. "그러므로 그 의미는…그분이 불변하는 생명, 영원한 생명으로 아들을 낳으셨다는 것이다."[6]

때로 비판자들은 반대 주장을 펼 것이다. "영원한 출생은 신학자들의 작품이며 본문에 부가된 것이다. 영원한 출생을 가르치는 본문을 하나라도 들어 보라." 이런 반대 주장은 굳이 말할 필요가 없을 만큼 단순한 부분을 놓친다. 영원한 출생은 성경이 계시하는 이름들 자체, 곧 아버지와 아들에 내재되어 있다. 하나님이 성경에서 자신의 기원의 영원한 관계들을 계시하시는 이름들이 증거 본문 하나보다 설득력이 훨씬 크다.

다시 짚어 보자. 아들이란 아버지로부터 출생하셨다는 뜻이다. 이것이 아들되심의 본질이며, 아들과 아버지를 구분하는 근본 특징이다. 출생은 아들이 아버지의 본성을 공유함을 알려 주는 동시에 아들이 아버지와 구별됨을 알려 준다. 그렇지 않다면, 아버지가 아버지라고 불릴 필요가 없고 아들이 아들이라고 불릴 필요도 없다. 이 칭호들이 무의미해진다.

성경의 이름들은 위격들 간의 관계를 보여 준다. 이것은 의도적이다. 아버지는 아들을 낳으셔야 아버지이고, 아들은 아버지에 의해 출생하셔야 아들이다. 이런 의미에서, 아들과 나심 중 하나를 선택하기란 불가능하다. 둘은 서로를 정의한다. 하나가 없으면 다른 하나를 이해할 수 없다. 아우구스티누스가 말하듯이, "우리가 태어남을 말할 때, 우리는 아들을 말할 때와 같은 의미로 말한다. 아들임은 태어남의 결과이고, 태어남은 아들임에 암시된다."[7] 성경은 영원한 출생 교리를 어느 구절에서도 분명하게 말하지 않지만, 아들을 아들로 아버지를 아버지로 말할 때마다 이 개념이 상정된다.

---

6) Augustine, *The Trinity* 1.4.26.
7) Augustine, *The Trinity* 1.15.16. 다음도 보라. Samuel Miller, *Letters on the Eternal Sonship of Christ*, 38. 어떤 현대인들은 '결과'(consequence)라는 단어 대신 '귀결'(corollary)이라는 단어를 사용한다. Giles, *The Eternal Generation of the Son*, 77; Macleod, *The Person of Christ*, 131.

더 나아가, 아들이 자신은 아버지로부터 왔다고 하실 때마다 영원한 출생이 추론된다. 자신이 아버지로부터 보냄을 받았다고 하실 때마다(이런 언어가 요한복음에 결코 적지 않다), 예수님은 자신이 만세 전에 아버지로부터 나왔다고 단언하신다. 이것이 아들의 파송 근거이며, 애초에 이 때문에 아들의 파송이 가능하기 때문이다. 요한복음 5장에서 보듯이, 아들이 아버지에 의해 구원사 속으로 보냄을 받으셨다는 것은 아들이 영원 전에 아버지로부터 기원하셨다는 것이다. 아들의 파송(우리의 구원을 위해 아버지에 의해 보냄을 받으심)은 아들의 영원한 관계(아버지에 의해 영원 전에 나심)를 계시하려고 하나님이 친히 계획하셨다.

우리는 소키누스주의자들처럼 성경에 접근하는가?

영원한 출생에 비판적 입장을 취하는 자들은 17세기 소키누스주의자들과 흡사하게 말한다. 라쿠프 요리문답(Racovian Catechism) 같은 소키누스주의(Socinianism)의 진술을 들어 보라. "아버지의 본질로부터 태어난다는 것은 모순이다. 그리스도께서 아버지의 본질로부터 출생하셨다면, 그 본질의 일부를 갖거나 전부를 가지셨던 게 틀림없기 때문이다. 그분은 그 본질의 일부를 취하실 수 없었을 것이다. 신적 본질은 나뉠 수 없기 때문이다. 그분은 그 본질의 전부를 취하실 수도 없었을 것이다. 이 경우, 아버지는 아버지이길 그치고 아들이 되셨을 것이기 때문이다. 또한 신적 본질은 수적으로 하나이고, 따라서 전달될 수 없으므로, 이런 일은 결코 일어날 수 없었을 것이다."

청교도 존 오웬(John Owen)은 이렇게 답했다. "이것은 영적인 것들을 육으로, 무한을 유한으로, 하나님을 우리 자신으로, 믿음의 대상을 타락한 이성의 타락한 규범으로 측량한 결과다." 그러나 "유한하고 제한적인 본질에서 불가능한 것들이, 무한하고 무제한적인 것에서는 가능하고 간단할 수 있다. 우리가 지금 말하는 대상처럼 말이다" (*Vindiciae Evangelicae*, in *Works*, 12:237).

보냄을 받으심과 나심의 연결은, 예를 들면 요한복음 10장 36절에 뚜렷하게 나타난다. 유대인들은 "나와 아버지는 하나이니라"(요 10:30)라는 예수님의 주장에 격분해서 "네가 사람이 되어 자칭 하나님이라 함이로라"(요 10:33) 하며 그분에게 돌을 던지려고 했다. 그때 예수님은 왜 아버지께서 거룩하게 하사 세상에 보내신 자를 박해하는지, 왜 "나는 하나님의 아들이라."라고 했다는 이유로 자신을 죽이려고 하는지 물으신다(요 10:36). '거룩하게 하사'(consecrated)라는 말은 아버지가 아들을 세상에 보내심 그 이상을 의미한다. 예수님이 자신에게 붙인 하나님의 아들이라는 칭호처럼, '거룩하게 하사'라는 말은 독자들을 영원으로 되돌린다. 예수님이 이미 말씀하셨듯이, 거기서 우리는 그분의 선재(先在)만이 아니라 성부 하나님과 함께 계심도 보기 때문이다. 하나님이 거룩하게 하셨다는 것은 요한이 아들을 아버지에 의해 영원히 나신 독생자라고 말하는 또 다른 방식이다. 거룩하게 되신(성별되신) 아들로서, 그분은 성부에 의해 세상에 보냄을 받으시는 게 적절하다. 그러나 이 거룩하게 하심(성별)이 단지 예수님이 이를테면 세례 때 기름 부음을 받으신 것을 가리키는 것일 뿐인가? 토마스 아퀴나스(Thomas Aquinas)부터 장 칼뱅(Jean Calvin)까지, 위대한 전통에 속한 사람들의 대답은 "아니오."이다. "그리스도의 선언은 그분이 세례받을 때 거룩하게 되심(성별되심)을 가리킬 수 없다. 만약 그렇다면, 그리스도께서 먼저 자신이 세상에 보냄을 받았고 이후에 거룩하게 되었다(성별되었다)고 말씀하셨을 것이다. 그러므로 그리스도께서는 시간 이전, 곧 영원 전에 거룩하게 되심(성별되심)을 말씀하신다."[8]

번역에서 잃은 것: 독생자

우리 시대에 성경을 읽는 그리스도인들에게 '나심'을 뜻하는 영단어 '비가튼'(begotten)이 아주 낯설고 이상한 이유가 있다. 예전에 영어 성경을 읽은 사람들과 달리, 이들은 요한복음에서 이 단어를 빼 버린 새로운 번역에 익숙하

---

[8] Fesko, *The Trinity and the Covenant of Redemption*, 170. Cf. Aquinas, *Commentary on the Gospel of John*, 2:216; Calvin, *John 1–10*, 276.

기 때문이다. 나는 성경 번역자들이 이전처럼 번역하지 않는다며 항상 투덜대는 완곡한 회의주의자가 아니다. 나는 많은 현대 번역 성경을 대부분 좋아한다. 목사이자 교수로서 설교하고 강의할 때 ESV와 NIV 같은 현대 번역 성경들을 사용한다.

그러나 요한복음 번역에는 실수가 있다. 결코 작지 않은 실수이며, 그 신학적 결과들이 심각하다. 이 책 서두에 말했듯이, 나는 젊고 열정적인 학생 시절에 복음주의 기관에서 복음주의 선생들에게 삼위일체 교리를 배울 때 영원한 출생에 관해 한마디도 듣지 못했다. 영원한 출생이 언급될 때, 그들은 이것이 성경 어디에도 없다고 단언했다. 그러나 여기에 문제가 있다. NIV, ESV, RSV, HCSB 등 내가 읽고 암송하라고 받은 모든 번역 성경은 요한복음에서만이 아니라 요한일서에서도 '온리 비가튼'(only begotten)을 삭제했다.

4백 년 넘게, 헬라어 신약성경을 영어로 번역하는 사람들은 헬라어 **모노게네스**(*monogenēs*)를 '온리 비가튼'으로 번역했다. 예를 들어, KJV로 그 유명한 요한복음 3장 16절을 살펴보자. "하나님이 세상을 이처럼 사랑하사 독생자(only begotten Son)를 주셨으니 이는 그를 믿는 자마다 멸망하지 않고 영생을 얻게 하려 하심이라." KJV을 보면, 요한은 요한일서에서 비슷하게 말한다. "하나님의 사랑이 우리에게 이렇게 나타난 바 되었으니 하나님이 자기의 독생자(only begotten Son)를 세상에 보내심은 그로 말미암아 우리를 살리려 하심이라"(요일 4:9). '온리 비가튼'이라는 표현은 요한의 기록들 전체에서 나타난다(예를 들면, 요 1:14, 18; 3:18).

그러나 20세기에 학자들은 '온리 비가튼'을 요한의 사전에서 지워 버리고 '온리'(only, 유일한) 또는 '유니크'(unique, 특별한)로 대체했다.[9] RSV를 시작으로,

---

9) 이들은 모노게네스(*monogenēs*)가 '낳다.'(to beget)를 의미하는 겐나오(*gennaō*)가 아니라 '특별한 계층'을 가리키는 게노스(*genos*)와 연결된다고 주장한다. Westcott, *The Epistle of St. John*, 169-172; Westcott, *The Gospel According to St. John*, 1:23, 28; Moody, "The Translation of John 3:16 in the Revised Standard Version," 213-219; Longenecker, "The One and Only Son," 119-

번역자들이 뒤를 이었다. 하나님이 세상을 이처럼 사랑하사 '외아들'(only Son) 또는 '특별한 아들'(unique Son)을 주셨다. 이것이 의도적이었든 그렇지 않든 간에, 대대로 그리스도인들은 영원한 출생의 개념을 전혀 소개받지 못했고, 이 개념이 요한복음 같은 복음서에서뿐 아니라 성경에서 하나님의 아들이 제시될 때 왜 그렇게 깊이 각인되어 있는지 알 길이 없었다. 이 책 서두에서 보았듯이, 웨인 그루뎀(Wayne Grudem)과 같은 신학자들도, 새로운 번역 성경들을 토대로 영원한 출생은 성경적 개념이 아니라 본문에 강제된 개념이라고 결론지었다.[10]

그러나 이런 의견 일치가 이제 빠르게 바뀌고 있다. 최근 몇 년 사이, 성경학자들은 영어 번역자들이 지난 4백 년간 **모노게네스**를 '온리 비가튼'으로 번역함으로써 큰 일을 했음을 인정한다. 종교개혁 이후 성경학자들뿐 아니라 모든 교부들은 이 단어가 낳음에 대한 생물학적 은유를 전달한다고 믿었다. 예를 들면, 찰스 리 아이언스(Charles Lee Irons)는 두 극단을 경고한다. 하나는 가능한 한 모든 신약 본문에서 **모노게네스**가 '온리 비가튼'을 의미하도록 강제하는 사람들이고, 다른 하나는 신약의 그 어느 본문에서도 **모노게네스**가 '온리 비가튼'을 의미할 수 없다고 주장하는 사람들이다.[11] 진리는 둘 사이 어디쯤 자리한다. 다시 말해, 본문이 적합할 때 **모노게네스**는 '온리 비가튼'을 의미한다. 아이언스는 성경과 고대 자료를 연구한 후, "**모노게네스**의 초기 의미는 생물학적이었으며 외동(only child)을 가리켰다."라고 결론짓는다.[12] 그렇다. 나중에 다른 용례(은유적, 과학적 용례)들이 생겨났다. 그러나 "문자적이거나 친

126; Grudem, "Appendix 6," in *Systematic Theology*, 1233-1234; Reymond, *New Systematic Theology*, 325. 요약된 자료는 Giles, *The Eternal Generation of the Son*, 64를 보라.
10) 2016년, 복음주의신학회(Evangelical Theological Society) 모임에서, 그루뎀(Grudem)은 이제 **모노게네스**(*monogenēs*)에 관해 생각을 바꾸었다고 했다.
11) Irons, "Lexical Defense," 105.
12) Irons, "Lexical Defense," 105.

숙한 은유의 문맥에서 사용될 때, 낳음이라는 근본적인 생물학적 개념이 이 단어에 포함되는 게 분명하다."13)

여기서 '문맥'(context)이라는 단어가 핵심이다. 우리는 어떤 단어가 무슨 뜻인지 결정할 때, 그 단어를 사전에서 찾아보고 동전을 던져 여러 의미 중 하나를 선택하지 않는다. 예를 들면, '라이트'(light)는 빛나거나 밝은 것(태양에서 나오는 빛, 즉 햇빛 같은 것)을 가리킬 수도 있고, 별로 무겁지 않은 것(갓난아이, 또는 아무것도 들어 있지 않은 지갑 같은 것)을 가리킬 수도 있다. 이 단어가 어느 의미로 사용되는지 어떻게 아는가? 문맥을 보고 안다. 이 단어가 문장이나 단락에서 어떻게 사용되는지 보면 된다.

모노게네스도 마찬가지다. 이 헬라어 단어는 다양하게 정의될 수 있다. 그러나 이 단어의 초기 역사는 이 단어가 생물학적 의미, 가족적 의미로 사용되었음을 보여 준다. 옛날 성경을 펼쳐 보면 알듯이, 성경 기자들은 이 단어를 비슷하게 생물학적 의미로, 아버지와 아들의 부모 자식 관계를 가리키는 데 사용했다.

예를 들어, 요한을 살펴보자. 요한의 문헌에서 **모노게네스**는 다섯 차례 사용되는데(요 1:14, 18; 3:16, 18; 요일 4:9), 문맥은 늘 가족 내의 부모 자식 관계다. 바꾸어 말하면, 생물학적 은유가 하나님께 적용된다는 것을 문맥이 상정한다. 다시 말해, 하나님은 아버지라고 불리시고 그분의 자식은 아들이라고 불리신다. 물론, 이 단어는 유비적일 뿐 문자적이지 않다(어머니가 없다). 그렇더라도 이 단어의 중심은 가족이다.

자신에게 물어보라. 요한은 그의 복음서를 어떻게 시작하는가? 그렇다. 요한복음 1장 후반부의 문맥은 성육신이다. 요한은 성육신을 이해시키려고 우리를 태초로 데려간다. "태초에 말씀이 계시니라 이 말씀이 하나님과 함께 계

---

13) Irons, "Lexical Defense," 112.

셨으니 이 말씀은 곧 하나님이시니라"(요 1:1). 요한은 독자들에게 예수님의 신적 존재는 여느 인간의 존재처럼 시작되지 않았음을 처음부터 알려 주려고 한다. 예수님의 과거는 우리의 과거와 달리 기원이 없으며 영원에서 하나님 자신까지 거슬러 올라가야 한다. (성부) 하나님께서는 그분의 말씀이 없었던 때가 결코 없었으며(요 1:1), 요한이 곧 계시하듯이 다름 아니 하나님의 아들이 바로 이 말씀이다.

우리는 이 문맥이 자녀와 관련이 있고 아들됨을 염두에 두고 있다는 것을 안다. 요한복음 1장 14절, 18절에서, 요한이 하나님과 아버지를 둘 다 언급하고 둘을 동의어로 사용하기 때문이다. 성육신의 뒷이야기는 유비적으로 말하면 생물학적이다. 말씀의 영원한 기원은 다름 아닌 성부 하나님이다. 그러나 인간 아들들과 달리, 말씀(아들)은 출생 시점이 없다. 그분은 영원 전에 나셨다. 말씀이 하나님과 함께 계셨을 뿐 아니라 그 말씀이 하나님이셨다.

요한은 성육신의 기적에 눈을 돌릴 때, 영원한 아들되심을 전제한다. "말씀이 육신이 되어 우리 가운데 거하시매 우리가 그의 영광을 보니 아버지의 독생자의 영광이요 은혜와 진리가 충만하더라"(요 1:14).[14] 영광은 그분의 가족적 기원을 반영한다. 그분은 아버지로부터 오셨다. 그분이 하나님의 영광이심은 다름 아닌 하나님의 아들, 곧 아버지의 형상과 모양이기 때문이다. 그러므로 낳음을 염두에 두는 것이 분명하다. "아들이 아버지의 가족적 모양이나 형상을 가지며 아버지가 누구인지 드러낸다는 개념은 낳음의 생물학적 은유를 한층 강화한다."[15]

우리는 **모노게네스**를 '온리 비가튼' 대신 '온리'로 번역하려는 모든 노력에서 요한의 문장을 끝맺는 데 실패했다. 말씀의 영광은 아버지의 독생자의 영

---

14) 요한복음 1장 14절에 관해서는, 아이언스(Irons)가 "Lexical Defense," 114-115에서 NIV와 ESV를 비판한 것을 보라.
15) Irons, "Lexical Defense," 113. Cf. Lindars, *John*, 96.

광이다. 아버지가 어디에서 오셨으며, 그분의 영원한 기원이 그분의 아들, 말씀, 곧 그 영광이 빛나는 분에게 무엇을 암시하는지 이미 잊었는가?

잊었다면, 요한복음 1장 18절이 우리의 기억을 되살려 줄 것이다. "본래 하나님을 본 사람이 없으되 아버지 품속에 있는 독생하신 하나님이 나타내셨느니라." 문맥에 한 번 더 주목하라. **모노게네스**가 어디 위치하는가? 아버지 품속이다. 아버지가 말씀을 보내 육신이 되어 우리 가운데 거하게 하셨다고 요한이 말할 수 있는 것은, 말씀이 다름 아닌 아들이며 그분의 기원이 아버지이시기 때문이다. 영원 전에 아들을 낳으셨기에, 아버지가 아들을 보내 역사 속에 성육신하게 하실 수 있다.

이것으로, 왜 그분만이 말씀으로서 아버지를 계시하실 수 있는지 설명된다. 하나님으로서의 하나님이 유한한 우리의 시각에는 숨겨져 있다. 그러나 나신 분, 곧 아버지 품속에 계시는 분이 육신이 되어 우리 가운데 거하시면, 이 하나님이 우리에게 알려지신다. 요한이 영원과 성육신을 오갈 때 그가 이렇게 하는 문맥은 자녀와 관련이 있다. "따라서 요한복음 1장 14절과 18절은 요한의 **모노게네스**가 '동종의 유일한'(only of his kind)으로 축소될 수 없고 '독생'(only begotten)이라는 은유적·생물학적 의미를 가져야 함을 입증하는 데 매우 중요하다. 그리스도가 자신의 신적 존재를 아버지로부터 도출하신 유일한 적자라는 의미에서, 요한은 그리스도를 하나님의 독생자로 본다."[16]

요약하면, 아들되심과 낳으심은 함께 가며, 둘은 서로를 정의한다. 여기에 교훈이 있다. 만약 **모노게네스**가 '유일한'(only)을 의미할 뿐, 아버지로부터 나오신 예수님의 선재하고 영원한 삼위일체적 기원과 무관하다고 본다면, 이 단어의 의미를 제거하고 요한복음 1장의 문맥을 문맥과 전혀 무관하게 다루는 것이다.

---

16) Irons, "Lexical Defense," 115.

그러나 영원한 출생의 교리가 단지 **모노게네스**가 '독생'(only begotten)으로 번역되느냐 마느냐에 달려 있지는 않다. 번역자들과 신학자들은 그렇다고 생각해서 이 교리를 포기했다. 그러나 이 개념은 성경이 아들을 제시하는 데 너무나 깊이 각인되어 있어 한 단어에 의존할 수 없다. 이 개념은 앞서 보았듯이 이 신적 이름 자체(아들)의 의미에 뿌리내리고 있을 뿐 아니라 성경 이미지의 다양한 모자이크에도 박혀 있다.

다채로운 모자이크

'독생'(only begotten)이라는 요한의 언어와 더불어, 아버지와 아들이라는 이름은 영원한 출생의 우물에서 물을 길어 마시도록 우리를 이끈다. 그뿐 아니라, 성경 도처에 심겨 있는 다채로운 이미지와 은유도 결국 밝고 빛나는 모자이크를 형성한다. 이 개념은 유기적이며, 아들을 가리키는 성경 언어에 뿌리를 두고 있다.

푸아티에의 힐라리우스(Hilarius)는 이러한 성경 이미지와 은유를 많이 파악하고 이렇게 말한다. 아들은 "나지 않으신 분의 아들, 한 분으로부터 나오신 한 분, 참으로부터 나온 참, 생명으로부터 나온 생명, 완전으로부터 나온 완전, 능력의 능력, 지혜의 지혜, 영광의 영광, 보이지 않으시는 하나님의 모양, 나지 않으신 아버지의 형상이시다."[17] 영원한 출생에 관한 이 풍성한 성경의 은유들을 하나씩 살펴보려면 책을 몇 권 써야 한다. 그러나 이 책에서는 적어도 다섯 가지를 짧게 살펴볼 수 있겠다. 광채, 형상, 지혜, 말씀, 옛적부터 항상 계신 이이다.

---

17) Hilary, *On the Trinity* 2.8 (*NPNF2* 9:54).

광채

성자 하나님을 묘사하기 위해 선택할 수 있었을 모든 이미지와 은유 중에서, 히브리서 기자는 '광채'(radiance)를 선택해 서신을 시작한다. 그는 먼저 아들이 하나님의 계시라고 증언한다. 뒤이어 하나님이 아들로 "말미암아 모든 세계를 지으셨느니라"(히 1:2)라며 특별한 주장을 한다. 이 주장에 독자는 의문을 갖는다. 우주가 아들을 통해, 아들을 위해 창조되었다는데, 아들이 도대체 누구인가? 그 대답은 히브리서 1장 3절에 나온다. 하나님이 아들을 통해 우주를 창조하실 수 있었던 것은 창조 세계의 그 무엇과 달리 아들의 기원은 영원 전부터이기 때문이다. 바꾸어 말하면, 아들은 하나님의 영광의 광채시요 그 본체의 형상이시다. 그러므로 세상이 그분을 통해 창조되었고 지탱하시는 그분의 능력 덕분에 유지된다는 데 놀라지 말아야 한다. 아들이 그분의 능력의 말씀으로 만물을 붙드시기 때문이다(히 1:3). 이러한 신성의 사역들이 아들에게 돌려지기에 아들의 광채가 너무나 눈부신 게 분명하다.

빛은 성경 전체에서 흔한 이미지이지만 히브리서 1장에서는 특별한 방식으로 사용된다. 예를 들면, 야고보도 빛을 사용해 하나님을 말한다. "온갖 좋은 은사와 온전한 선물이 다 위로부터 빛들의 아버지께로부터 내려오나니 그는 변함도 없으시고 회전하는 그림자도 없으시니라"(약 1:17). 그러나 주목하라. 야고보는 빛 이미지를 활용해 불변하는 창조자와 변하는 창조 세계를 구분한다. '빛들의 아버지'(하늘의 큰 빛의 창조자로 묘사하는 표현)는 어떤 식으로든 변하지 않으며, 변화로 인한 변형이나 그림자가 없고, 그러므로 늘 변하는 우리의 창조 세계에서 모든 좋은 것을 주시는 분이다. 성경의 모든 기자가 보기에, 불변하는 창조자와 그분의 변하는 창조 세계 사이에는 분명하며 논란의 여지가 없는 구분, 제거될 수 없는 구분이 있다.

히브리서 기자는 성자 하나님을 빛들의 아버지와 연결하는가, 아니면 그분의 변하는 창조 세계와 연결하는가?

우리는 2장에서 아리우스(Arius)가 이 질문에 대해 어떻게 답하는지 보았다. 아들은 창조 세계와 동일시되어야 하며, 창조 질서(created order, 창조 세계, 피조 세계)의 첫째로 보아야 한다. 히브리서는 다르게 답한다. 아들은 아버지와 동일한 영광을 공유하시는데, 하나님의 영광의 광채시고 그 본체의 형상이시기 때문이다. 우리가 달리 생각하지 않도록, 히브리서 기자는 뒤이어 아들을 창조 세계가 아닌 창조자와 동일시하고, 우주를 유지하시는 분이라고 부른다. 그는 히브리서 1장 끝부분에서 시편 102편의 하나님을 창조자로 말하는 단락에 호소함으로써 동일하게 말하며, 시편 기자의 말이 아들에 관한 말이라고 결론짓는다. "또 주여 태초에 주께서 땅의 기초를 두셨으며 하늘도 주의 손으로 지으신 바라"(히 1:10; 참조. 시 102:25-27). 아들이 아버지와 함께 영원하며 아버지와 동등함을 이보다 더 직접적으로 단언할 수는 없을 것이다.

그러므로 아들을 창조 세계가 아니라 창조자와 동일시해야 한다. 야고보서 1장 17절이 말하는 창조 세계와 달리, 아버지는 아들의 창조자가 아니다. 대신에, 아버지는 아들의 영원한 근원이고 아들의 영원한 원리이시다. 그래서 히브리서 1장 3절은 아들을 하나님의 영광의 광채로 묘사한다. 아버지는 아들의 창조자가 아니라 아들의 아버지이시다. 아버지가 아들을 창조하신 것이 아니라 영원 전에 낳으셨다. 이는 엄청난 차이다. "야고보서 1장 17절의 이미지에서는 불변하는 빛들의 아버지와 그분의 변화하는 창조된 자식 사이에 뚜렷한 불연속성이 있다. 이와 달리, 히브리서 1장 3절의 이미지는 아버지를 아들의 본성적 원리로 이해해야 한다고 주장한다. 빛이 자신의 빛을 본성적으로 발하듯이, 하나님도 자신의 아들을 본성적으로 발하시기 때문이다. 빛과 그 광휘는 하나다."[18]

---

18) Swain, *Retrieving Eternal Generation*, 41. 다음에서 재인용했다. Webster, "One Who Is Son," in *The Epistle to the Hebrews and Christian Theology*, 85.

'하나님이 아들을 본성적으로 발하신다.' 이것이 영원한 출생의 핵심이다. 아들은 하나님의 영광의 눈부신 광휘다.[19]

> **이는 하나님의 영광의 광채시요 그 본체의 형상이시라**
>
> 니사의 그레고리오스(Gregorios)는 히브리서 1장 3절이 아들의 신성뿐 아니라 아들이 독생자로서 갖는 형언할 수 없는 실재의 양태를 밝히 드러낸다고 말한다.

이것이 빛이 작동하는 방식이 아닌가? 나는 우리 가족이 런던으로 이주한 후, 처음으로 다시금 미국에 갔던 때를 절대 잊지 못한다. 7월에 런던을 여행하는 사람들은 깨닫지 못하겠지만, 거의 일 년 내내 잿빛 어둠이 런던을 덮고 어디서나 강렬한 빛을 차단한다. 그런데 어느 해인가 나는 텍사스주 휴스턴에서 열리는 콘퍼런스에 연사로 초대받았다. 비행기는 대서양 위를 열네 시간 동안 날아 마침내 착륙했다. 공항에서 나왔을 때, 눈이 시리도록 파란 하늘의 아찔한 미소, 그리고 비타민 D가 결핍된 얼굴에 내리쬐는 햇볕이 나를 반겼다. 마치 황량하고 절망적인 유배 생활을 끝내고 마침내 속량되어 지구로 귀환한 것 같았다. 옆에 있던 경찰이 마치 다른 행성에서 온 외계인인 양 나를 쳐다보지 않았더라면, 나는 입이 귀에 걸릴 듯한 미소를 지으며 발밑 푸른 잔디에 입 맞추었을 것이다. 그 행복한 날, 하늘을 우러러 태양과 그 빛에 감사했다.

그러나 우리의 광채 경험은 매우 유한하고 부분적이며 제한적이어서 히브리서가 염두에 둔 형태의 광채에 비하면 아무것도 아니다. 영원한 출생이라는 영원한 신비를 묘사할 단어로, 빛은 더없이 적절해 보인다. 히브리서는 아

---

[19] Gregory of Nyssa, *Against Eunomius* 2.9 (*NPNF2* 5:114). Cf. Basil of Caesarea, *Against Eunomius* 2.17, 32.

들이 하나님의 영광의 광채, 곧 하나님과 그분의 영원한 광대하심의 눈부신 광휘라고 말한다. 아들은 "다가갈 수 없는 광채이신 분의 자기 확산적 현존이시다. 하나님의 영광은 완전한 위엄과 아름다움으로 존재하는 하나님 자신이시다. 이 영광은 찬란하다. 하나님은 빛이시기 때문에 빛을 내신다."[20] 그러므로 아들이 아버지로부터 나심을 빛으로부터 나온 빛이라고 말할 때, 니케아 신경은 아들의 기원의 영원한 관계, 곧 아들되심을 숙고해서 기술한 것이 아니라 성경의 증언을 되울림으로써 기술했다. 아들이 빛이신 것은 빛의 영원한 아들이시기 때문이다.

비평학자들은 광채 개념이 아들을 열등하게 한다고 주장한다. 그러나 이들의 주장과 반대로 히브리서에 따르면, 광채 개념은 아들과 아버지의 동등성을 약화하는 게 아니라 오히려 강화한다. 아들이 아버지와 함께 영원하고 아버지와 동등한 이유는 아들이 신적 영광의 광채, 곧 빛으로부터 나온 빛이며 신적 본성 자체의 형상이기 때문이다.

'광채'(radiance)와 '형상'(imprint) 같은 단어는 아들을 아들로 구분하고 아들의 신적 기원을 암시할 뿐 아니라 아들이 신적 본성 자체에서 아버지와 동일하다고 단언한다. 우리는 빛과 빛을, 광채와 영광을 구분할 수 있을지 모른다. 그러나 하나가 다른 하나로부터 나오고 서로 분리되거나 나뉠 수 없으며 아버지와 아들이 동일한 본성을 공유하신다는 것을 충분히 잘 알고 구분해야 한다. "따라서 이 은유는 하나님의 영광과 그 광채 사이에 끊을 수 없는 연속성이 있으며 빛과 그 광휘가 하나라는 것을 보여 준다."[21]

그러나 이렇게 말할 수 있으려면, 아버지가 그 광채의 근원이고 아들이 광채를 내는 빛이어야 한다. 또한 반드시 그 순서여야 한다. 아버지가 아들로

---

20) Webster, *God without Measure*, 73.
21) Webster, *God without Measure*, 73.

부터 나오시는 것이 아니라 아들이 아버지로부터 나오셔야 한다. 히브리서는 아들이 하나님의 영광의 광채라고 말할 뿐, 반대로는 말하지 않는다. 니사의 그레고리오스가 말하듯이, "밝음이 영광으로부터 나올 뿐 거꾸로 영광이 밝음으로부터 나오는 것이 아니다."[22]

비슷한 방식으로, 히브리서는 '빛'(light)에서 '형상'(imprint)으로 은유를 옮겨 가지만, 동일한 핵심을 전달한다. 게다가 히브리서는 아들이 하나님의 본체의 형상이라고 말하며 아들과 아버지의 동등성을 재확인한다. 형상으로서, 아들은 아버지와 동일 위격이 아니다. 동일 본성이지만, 원판으로부터 나온 형상과 거의 똑같이 아버지로부터 나온 아들로서 구분되신다. 형상 개념은 광채에 관해 우리가 배운 것을 약화시키거나 거기서 벗어나지 않고 오히려 모든 면에서 그것을 보완한다.

아들이 정확한 형상 곧 근본 하나님의 본체라면(빌 2:6), 아버지의 본성으로부터 나신다. 존 웹스터(John Webster)는 이렇게 말한다. "형상 은유는 광휘 은유와 다른 방향으로 우리를 이끄는 게 아니라, 아들이 신적 본질의 정확한 표상이라고 말함으로써 광휘 은유를 강화한다."[23] 하나님의 영광의 광채와 하나님의 본체의 형상 둘 다 아버지의 본질로부터 나오신 아들의 영원한 기원을 강조한다.

우리는 이 영원한 출생 개념을 히브리서 본문에서 읽어 내는 것(exegesis)이 아니라 히브리서 본문에 욱여넣어 읽는 자의적 해석(eisegesis)을 하고 있는가? 전혀 아니다. 히브리서를 읽어 가다 보면, 기자가 광채와 형상 이미지에서 낳음 자체의 어휘로 옮겨 가는 것을 볼 수 있기 때문이다. 히브리서 기자는 구약성경까지 거슬러 올라가 아들이 창조 세계보다 우월함을 전달하

---

22) Gregory of Nyssa, *Against Eunomius* 1.39 (*NPNF2* 5:94).
23) Webster, *God without Measure*, 75.

고 아들을 창조 세계와 분리해 신격에 위치시키려고 한다. "하나님께서 어느 때에 천사 중 누구에게 너는 내 아들이라 오늘 내가 너를 낳았다 하셨으며"(히 1:5).[24] 여기서 기자는 시편 2편 7절을 인용하고 있다.[25]

시편 2편에서, 이방 나라들은 하나님과 그분의 기름 부음 받은 자에게 분노한다(시 2:1-2). 그러나 이들은 상대가 되지 않는다. "하늘에 계신 이가 웃으심이여 주께서 그들을 비웃으시리로다"(시 2:4). 이들의 분노는 헛되다. 하나님이 말씀하시기 무섭게 그분의 진노가 그들을 놀라게 할 것이기 때문이다(시 2:5). 이방 나라들은 하나님과 그분의 영원한 나라에 실제로 아무런 위협이 되지 못한다. "내가 나의 왕을 내 거룩한 산 시온에 세웠다 하시리로다"(시 2:6).

그러나 우리가 기름 부음 받은 자, 곧 시온에 세워진 왕이 단지 죽을 존재라고 생각하지 않도록, 하나님은 우리의 유한한 시간적 시각 너머로 우리를 이끌고, 우리의 눈을 열어 그분의 명령 곧 영원한 것들을 말하는 명령을 보게 하신다(시 2:7a).[26] 시온의 기초가 흔들리지 않을 것인데, 시온의 왕이 아버지로부터 나온 아들로서 태초부터 계시며 신적 기원으로부터 나오시기 때문이다. "너는 내 아들이라 오늘 내가 너를 낳았도다"(시 2:7b).

여기 특별한 것이 있다. 시편 2편의 화자(話者)는 다윗이지만 성령이 선지자 다윗을 통해 말씀하신다. 따라서 다윗은 아버지가 아들에게 말씀하시는 목소리를 낸다.[27] 그리고 아들의 영원한 기원에 관해 오가는 신적 대화를 엿듣는다.[28]

---

24) 다음은 이 구절의 나머지 부분이다. "또다시 나는 그에게 아버지가 되고 그는 내게 아들이 되리라 하셨느냐"(참조. 삼하 7:14).
25) 다른 신약 기자들도 시편 2편 7절을 인용한다. 참조. 사도행전 13장 33절.
26) 페스코(Fesko)는 '명령'(decree)이 '언약'(covenant)의 동의어라고 믿는다(*The Trinity and the Covenant of Redemption*, 173).
27) 베드로는 다윗이 시편 2편의 기자라고 본다(행 4:25).
28) Bates, *The Birth of the Trinity*, 70.

어떤 사람들은 시편 2편 7절과 히브리서 1장 5절의 '오늘'이라는 단어가 영원한 출생 개념을 불가능하게 하고 아들이 세상에 보냄을 받거나 왕으로 지명됨을 가리킬 뿐이라며 반대 주장을 펼 것이다. 이 주장은 히브리서 1장 나머지 부분, 곧 시편을 하나하나 인용하며 아들의 영원한 통치를 입증하는 부분(히 1:6-14)을 무시할 뿐 아니라 '오늘'이라는 단어를 피상적으로 이해하는데 만족한다. 구약성경 기자들은 이따금 이 단어를 사용해 하나님의 영원한 존재와 영역을 가리킨다.[29]

히브리서 1장의 문맥은 아들의 영원한 신성과 관련이 있다. 그래서 기자는 그리스도를 천사들과 비교해 그리스도가 훨씬 우월하다고 결론지어야 한다는 압박을 받는다(히 1:5, 7, 13). 창조된 천사들과 달리, 그리스도는 양아들이 아니라 친아들이시다. 시간 속에서 기원한 아들이 아니라 영원 전부터 계신 아들이시다. 아우구스티누스(Aurelius Augustinus)가 설명하듯이, "오늘이라는 단어는 실제적 현존을 의미한다. 그리고 영원에서는 마치 존재하기를 그치기라도 한 듯한 과거가 없고, 마치 아직 일어나지 않기라도 한 듯한 미래도 없으며, 영원한 것은 무엇이든 늘 존재한다. 그러므로 '오늘 내가 너를 낳았다.'라는 말씀은 신적 출생으로 이해되어야 한다. 이 표현에서 정통 가톨릭 신앙 즉 보편적 신앙은 하나님의 능력과 지혜 곧 독생자의 영원한 출생을 선포한다."[30]

다윗은 자신이 낳은 아들에게 말씀하시는 아버지의 음성을 띤 채, 신적 대화가 시간을 초월한다고 말하고 있을 것이다. 시간의 한계를 완전히 초월하기에, 하나님은 무시간적으로 영원히 아들을 낳으신다.

---

29) 구약성경에 의지해서, 히브리서 기자는 '오늘'이라는 단어를 광대한 기간이나 심지어 영원 자체를 가리키는 방식으로 사용한다. 히브리서 3장 7절, 13절, 15절; 4장 7절.
30) 아우구스티누스(Aurelius Augustinus)의 말이며, 다음에서 재인용했다. Pierce, "Hebrews 1 and the Son Begotten 'Today,'" in Sanders and Swain, eds., *Retrieving Eternal Generation*, 129.

> **하나님 엿듣기**
>
> 시편 2편 7절이 히브리서 1장 5절에 인용된 것은 위격론적 해석(prosopological interpretation)의 한 예다. '위격론적'(prosopological)이라는 말과 연관성 있는 헬라어 **프로소폰**(*prosōpon*)은 '위격/인격체'(person)를 뜻한다. 세련되게 들리지만, 당신은 이것을 이미 보았다. 우리의 친구 십보라를 기억하는가? 종교 지도자들이 예수님을 반대하는 광경을 십보라가 보았을 때(4장), 예수님은 시편 110편에 나오는 다윗의 말을 인용해 "주께서 내 주께 이르시되"라고 대답하심으로써 아버지가 영원에서 아들에게 하시는 말씀을 우리가 듣게 하셨다. 신약성경 기자들은 우리가 신적 대화를 엿들을 수 있게 위격론적 방법을 사용하며, 우리가 한 신적 위격과 다른 신적 위격을 구분하도록 돕는다. 위격론적 해석은 사도들의 발명품이 아니라 시편 2편 7절에서 보았듯이 구약성경 자체의 대화에서 나온 것이다. 이런 이유로, 위격론적 주해는 성경 시대에 일반적이었듯이 위대한 전통에서도 일반적이었다.

뒤이어 곧바로 히브리서 기자는 아들이 세상에 들어오심을 기술하겠지만(히 1:6), 그 전에 아들로서의 아들의 우월성을 먼저 확고히 한다. 천사들은 자신들의 모든 빛에도 불구하고 하나님의 영광의 광채가 아닐뿐더러 그 본체의 형상도 아니므로 이 우월성을 조금도 주장할 수 없다. 히브리서 1장 5절의 낳음이 영원한 낳음이라면, 시편 2편 7절을 어느 학자처럼 "너는 내 아들이라 '영원히' 내가 너를 낳았도다."라고 풀어 써도 옳을 것이다.[31] 어쨌든 히브리서 뒷장들은 예수님을 어제나 오늘이나 영원토록 동일하신 분이라고 말한다(히 13:8; 참조. 히 1:8-9; 7:3, 24).[32]

히브리서가 시편 2편 7절을 인용하는 것은 마치 예수님이 더 못한 영광이기에 더 높은 자리에 올라야 하기라도 하듯이 신성의 사다리를 오르신다고 말하기 위해서가 아니다. 히브리서가 시편을 인용하는 것은 아들이 언제나 아버지로부터 기원하심을 말하기 위해서다. '아들은 존재하지 않았던 때가

---

31) Pierce, "Hebrews 1 and the Son Begotten 'Today,'" 130.
32) Pierce, "Hebrews 1 and the Son Begotten 'Today,'" 130.

결코 없었다. 아들이 아버지로부터 나지 않으신 때가 결코 없었기 때문이다.' 신적 동등성에 대해 이보다 더한 주장은 없다. 히브리서 기자도 이것을 안다. 그래서 시편 2편 7절을 그리스도께 적용한다.[33]

그러나 사도행전 13장 33절은 시편 2편 7절을 그리스도의 영원한 상태가 아니라 그분의 부활에 적용하는 것으로 보이는데, 어떻게 된 것인가? 과거에 주석가들은 둘 중 하나를 선택해야 한다고 생각했다. 그러나 신약성경이 구약성경을 어떻게 사용하는지 이해하면, 둘 다 염두에 두지 못할 이유가 없다. 그 이유가 시편 2편 7절 자체에 나온다. 하나님은 "너는 내 아들이라."라고 하신 후 "오늘 내가 너를 낳았도다."라고 말씀하신다. 바울은 그리스도의 부활을 가리키려고 낳음의 언어를 영원에서 분리하지 않는다. 오히려 바울이 낳음의 언어를 그리스도의 부활에도 적용할 수 있는 것은 이분이 만세 전에 아버지에 의해 나신 아들 곧 영원한 아들이시기 때문이다. 부활에서, 하나님은 아들이 무엇을 성취했는지는 물론이고 아들이 영원 전부터 누구인지를 세상에 선포하신다. 핵심은 이것이다. "메시아는 시온의 왕으로 등극하기 전에 하나님의 아들이셨다."[34]

시편 2편의 주변 문맥은 다윗 계열의 왕을 염두에 둘 테지만, 다윗은 훨씬 큰 왕, 도래할 더 큰 다윗, 곧 메시아 예수를 가리키는 한 모형일 뿐이다. 하나님이 다윗과 맺으신 언약(삼하 7장)이 다윗 계열의 왕, 곧 주 예수에게서 성취되며, 모형(다윗)은 원형(그리스도)에서 절정에 이른다. 예수님의 부활은 이러한 성취가 이루어졌다는 증거다. 이런 이유로 사도행전 13장 33절에서, 바울은 시편 2편이 성취되었다고 말할 수 있다. 그러나 바울은 마치 다윗 계열의

---

33) Pierce, "Hebrews 1 and the Son Begotten 'Today,'" 131.
34) 문법상 둘은 연결된다. "메시아의 아들되심에 관한 여호와의 선언 '너는 내 아들이라.'는 조건이나 상태를 표현하는 명사절이다. 대조적으로, '오늘 내가 너를 낳았도다.'는 행동을 표현하는 동사절이다." Fesko, *The Trinity and the Covenant of Redemption*, 172.

부활한 왕에게 영원한 기원이 없는 것처럼 말하지는 않는다.[35] 그분이 애초에 더 큰 다윗인 이유와 그분이 다윗과 달리 죽어서 여전히 무덤에 있지 않은(참조. 행 2:29) 궁극적 이유는 이것이다. 그분은 영원히 아버지로부터 기원하는 아들로서("너는 내 아들이라") 다윗보다 먼저 계시기 때문이다.

요약하면, 그분이 구원을 성취하셨기에 신약성경 기자들은 시편 2편을 다윗 계열의 새로운 왕(예수)의 등극에 적용할 수 있다. 그러나 시편 2편에 나오는 삼위일체 내부의 대화를 토대로, 이들은 우리의 구원을 성취하도록 영원 전에 지명된 다윗 계열의 왕(히 1:2; 시 2:8)이 만세 전에 아버지로부터 발출하신 아들이라는 것도 인지한다.

형상

히브리서 기자가 광채 개념을 사용해 아들의 기원의 영원한 관계를 포착한다면, 바울은 '형상'(image)이라는 용어를 사용해 동일한 진리를 전달한다.

그는 골로새서를 시작하면서 우리를 흑암의 권세에서 건져 내어 그분의 사랑의 아들의 나라로 옮기신 하나님을 찬양한다(골 1:13). '사랑의 아들'(beloved Son, 사랑받는 아들)이라는 표현은 이미 숱한 것을 말한다. 이분은 하나님의 사랑하는 아들이다. 아들이 아들이심이 내포하는 의미가 뒤이어 제시된다. "그는 보이지 아니하는 하나님의 형상이시요 모든 피조물보다 먼저 나신 이시니 만물이 그에게서 창조되되 하늘과 땅에서 보이는 것들과 보이지 않는 것들과 혹은 왕권들이나 주권들이나 통치자들이나 권세들이나 만물이 다 그로 말미암고 그를 위하여 창조되었고 또한 그가 만물보다 먼저 계시고 만물이 그 안에 함께 섰느니라"(골 1:15-17).

---

35) "시편 2편 7절은 예수님이 부활이나 등극 때에 메시아로 입양되었음을 뒷받침하기 위해서가 아니라, 다윗의 한 후손을 보내겠다고 선조들에게 하신 약속이 참으로 성취되었다는 증거로써 인용된다." Bates, *The Birth of the Trinity*, 73-74.

다마스쿠스의 요한네스의 손

다마스쿠스의 요한네스(Johannes)는 베일에 싸인 동방 교부다. 가업으로 이어받은 관직을 버리고 수도원 생활을 시작했다. 전설에 따르면, 요한네스는 글쓰기를 금지당했을 때 그의 순종을 시험받았다. 어느 수도사의 형제가 죽자, 요한네스는 위로의 편지를 썼다. 그 참회의 표시로, 그는 맨손으로 화장실을 청소해야 했다. 또 다른 전설에 따르면, 그의 이름으로 반란을 부추기는 편지가 위조되었을 때 모함을 받았다. 그 벌로 두 손이 잘렸다. 그러나 그가 기도하자 기적처럼 두 손이 회복되었다. 사실이든 아니든, 요한네스는 신학 글을 쓰면서 두 손을 선하게 사용했다. 니케아 삼위일체론에 관한 간결한 요약을 원한다면 요한네스의 『정통 신앙 해설』(Exposition on the Orthodox Faith)만한 게 없다. 요한네스는 카파도키아 교부들을 의지하며, 삼위일체를 아주 심오하게 요약했고 나중에 토마스 아퀴나스(Thomas Aquinas)가 자주 인용했다.

정의상, 형상은 형상하는 대상과 분리될 수 없으며 그 대상을 반영하고 표상하며 드러낼 뿐이다. 형상은 형상하는 대상과 몇몇 중요한 면에서 구분된다. 그러나 형상이 형상인 것은 무엇보다도 형상하는 대상과 그것이 무엇이든 간에 무엇인가를 공유하기 때문이다. 형상 언어는 성경 전체에서 나타난다. 성경을 펴자마자, 창세기 1장은 남자와 여자가 하나님의 형상으로 창조되었다고 말한다. 하나님의 형상이 무엇이냐(우리의 어떠함인가? 우리가 하는 무엇인가? 둘 다인가?)를 두고 학자들 사이에 오랜 세월 논쟁이 계속되고 있다. 그렇더라도 하나님의 형상(imago Dei)이 인간 존재의 의미에 있어 근본적인 것이라는 점은 논란의 여지가 없다.

성경의 첫 장이 형상 이야기로 가득한데도 하나님은 결코 누구에게도 절대적인 의미로 "너, 오로지 너만 그 형상이다."라고 하지 않으신다. 이 사실에 주목해 보았는가? 하나님은 오직 한 분에게만 이렇게 말씀하신다. 자신의 아들이다. 그 아들은 창조 기사에 언급되지 않는다. 피조물이 아니기 때문이다. 그러나 구약성경을 읽으며 아들을 숙고할 때, 사도 바울은 이 특권이 아들에게, 오로지 아들에게 속한다고 믿는다. 그분은 보이지 아니하는 하나님의 형상이시다(골 1:15). 전례 없는 주장이다. 광야에서, 하나님은 자신이 형태가 없음을 이스라엘에게 더없이 분명하게 알리셨다. 하나님은 주변 민족들이 섬기는 우상들과 다르다(신 4:15).

요한은 복음서를 시작하면서 같은 말을 한다. "본래 하나님을 본 사람이 없으되"(요 1:18a). 그러나 그는 그렇게만 말하지 않는다. "본래 하나님을 본 사람이 없으되 아버지 품속에 있는 독생하신 하나님(begotten Son)이 나타내셨느니라"(요 1:18). 요한은 누구를 가리켜 말하는가? 아들 곧 우리 주 예수 그리스도다. 만세 전에 아버지에 의해 나신 독생자로서, 그분은 우리에게 아버지를 육신으로 나타내고 계시하실 수 있었다. 그분만이 이렇게 하실 수 있었던 것은 그분만이 아버지 품속에 있기 때문이다.

바울은 요한의 '독생'(only begotten)이라는 어휘를 사용하지 않지만, 아들이 보이지 않는 하나님의 형상이라고 말할 때 동일한 개념을 암시한다. 그렇다. 성경은 우리가 하나님의 형상을 지닌 자라고 말한다. 그러나 우리는 피조물이며 아들의 피로 구속받았고 오직 이를 근거로 마침내 아들의 참 형상에 이를 때까지 점점 변화된다. 사실, 우리가 하나님의 형상에 이르도록 재창조될 수 있는 유일한 이유는 아들이 아버지의 형상이시기 때문이다. 아타나시우스(Athanasius)가 말하듯이, "하나님의 말씀이 인격체로 오신 것은 자신이 아버지의 형상이기에 그 형상을 따라 사람을 재창조할 수 있게 하시기 위해서다."[36] 그러나 분명히 하건대, 그분만이 그 형상(the Image)이시다. 그분만이 그 아들(the Son)이시기 때문이다.

니케아 신경이 고백하듯이 그분만이 나셨으나 창조되지 않으셨으므로, 그분만이 보이지 않는 하나님의 형상이라고 불리신다. 니케아 신경과 교부들이 의미하는 것은, 아들이 마치 자신이 비추는 분처럼 보일 뿐이라는 듯이, 아버

---

36) Athanasius, *On the Incarnation of the Word* 3.13.7 (*NPNF2* 4:43); cf. Emery, *The Trinity*, 133.

지의 거울에 지나지 않는다는 게 아니다. 우리가 의미하는 것도 이것이 아니다. 오히려 아들은 아버지의 본성 자체를 공유하시기 때문에 아버지의 형상이다.[37] 니사의 그레고리오스(Gregorios)가 말하듯이, 아들은 아버지 안에 계신다. "형상의 아름다움이 그 형상이 표현하는 대상에서 발견되어야 하듯이, 그리고 아버지는 아들 안에 계신다. 그 본래의 아름다움이 그 자체의 형상에서 발견되어야 하듯이."[38] 이것은 그리스도 안에서 발견된 자들에게 특별한 의미를 갖는다.

그러나 잠깐! 바울은 바로 뒤이어 아들이 '모든 피조물보다 먼저 나신 이'라고 하지 않는가? 그렇다면 어떻게 아들이 나시지만 창조되지는 않는가? 아리우스주의자들은 '먼저 나신 이'(firstborn, 헬라어로 prototokos)는 아들이 창조된다는 뜻이라고 결론짓는다. 아들과 피조물의 차이는 계층(class)이나 유형(type)의 차이가 아니다. 마치 아들이 시간적이고 창조된 다른 모든 것과 구분되어 영원한 창조자와 동일시되어야 하는 것처럼 말이다. 그게 아니다. 아들도 창조 질서(created order, 창조 세계)의 일부지만 먼저 나신 이이며, 이것은 그분이 가장 먼저 창조되었고 이런 의미에서 다른 모든 것에 대한 지배권을 갖는다는 뜻이다.

이렇게 주장하는 아리우스주의가 옳다면 우리가 방금 했던 말, 곧 아들이 보이지 않는 하나님의 형상이라는 말이 전혀 다른 의미를 갖는다. 아들은 아버지에 의해 창조되었기에, 우리 피조물이 형상 담지자이듯이 비록 첫째이더라도 하나의 형상 담지자일 뿐이다. 아들이 하나님과 하나이고 아버지의 본성으로부터 나셨다고 해서 보이지 않는 하나님의 형상일 수는 없다. 우리처럼 창조된 존재라면 말이다.

---

37) Ayres, *Nicaea and Its Legacy*, 42.
38) Gregory of Nyssa, *Against Eunomius* 1.39 (*NPNF2* 5:94).

그러나 아리우스주의는 바울을 왜곡한다. 바울은 아들이 모든 피조물보다 먼저 나신 이라고 할 때 하나님이 아들을 창조하셨다고 말하는 게 아니다. 그게 아니다. 바울은 그리스도를 피조물과 연결해 말한다. 바울은 아들에 대한 아버지의 지배권이 아니라 자신의 피조물에 대한 그리스도의 지배권을 말한다. 이런 이유로, 바로 다음 절에서 "만물이 그(아들)에게서 창조되되"(골 1:16a) 라고 말한다. 핵심은 아들이 창조 세계의 첫 피조물이라는 것이 아니다. 핵심은 선재하는 아들이 창조 세계보다 탁월하며, 애초에 창조 세계의 창조자로서 창조 세계를 완전히 초월하기에 창조 세계를 통치하고 다스릴 완전한 권리를 지니셨다는 것이다.[39] "그가 만물보다 먼저 계시고 만물이 그 안에 함께 섰느니라"(골 1:17). 아들이 가장 먼저 창조되셨기 때문이 아니라, 창조된 것(우주)이, 나셨으나 창조되지 않으신 아들을 통해 창조되었기 때문이다.[40] 만약 아들이 창조되셨다면, "아버지께서는 모든 충만으로 예수 안에 거하게 하시고"(골 1:19), "그 안에는 신성의 모든 충만이 육체로 거하시고"(골 2:9)라고 고백할 때 바울은 가장 안 좋은 쪽으로 선을 넘은 것이다.[41]

간단히 말해, 형상은 아들이 형상하는 대상보다 열등함을 의미하지 않는다. 마치 아들이 아버지에게 종속되기라도 하듯이 말이다. 형상은 같음을 시사한다.[42] 나지안조스의 그레고리오스(Gregorios)는 아들이 "형상이라고 불리는 것은 아버지와 동일 본체이기 때문이다."라고 했다.[43]

---

[39] 바울은 골로새서 1장 18절에서 '먼저 나신 이'(firstborn) 언어를 (이번에는 부활과 관련해) 우리가 골로새서 1장 15절에서 제시한 해석과 일치하는 방식으로 사용할 것이다. 즉 그리스도를 성부 하나님과 연결해서가 아니라, 그리스도를 (탁월하신 분으로) 피조물과 연결해 사용학 것이다 바울은 '먼저 나신 이' 언어를 로마서 8장 29절에서도 사용하겠지만, 이번에는 구원론과 연결해 사용할 것이다. 주목하라. 이것은 바울이 '형상'과 '먼저 나신 이'를 같은 문맥에서 사용하는 몇 안 되는 단락 중 하나다.

[40] Bavinck, *Reformed Dogmatics*, 2:276. 다음도 보라. Webster, *God without Measure*, 33.

[41] 다음을 보라. Athanasius, *Defence of the Nicene Definition* 7.30 (NPNF2 4:171). 그는 말씀과 형상을 연결한다.

[42] Aquinas, *Summa* 1a.35.1. 다음도 보라. Hilary, *On the Trinity* 10.6 (NPNF2 9:183).

[43] Gregory of Nazianzus, *Theological Orations* 3.1-4.21 (NPNF2 7:301-317).

지혜와 말씀

오늘의 그리스도인들은 길이요 진리요 생명, 세상의 빛, 선한 목자, 알파와 오메가 등등 숱한 방식으로 그리스도를 말한다. 그러나 나는 그리스도인이(이 부분에서 목사가) 그리스도를 하나님의 지혜라고 말하는 것을 들어 본 적이 없다. 전혀 없다. 그러나 (구약과 신약 모두) 성경은 이 이미지, 곧 지혜를 그리스도께 적용한다. 그러므로 우리가 그리스도를 하나님의 지혜라고 말하지 않는다는 사실은, 우리가 성경을 읽으면서 친숙한 개념에 끌릴 뿐 친숙하지 않은 개념들을 간과한다는 뜻이다. 결과적으로, 우리는 그리스도를 아는 지식이 늘지 않으며, 성경을 전체로 읽고 그리스도를 처음부터 끝까지 하나님의 의도대로 보는 방법을 배우지 못한다. 그 결과는 심각하다. 성경 이야기에 속속들이 배어 있는 영원한 출생 같은 교리들을 등한시하거나 완전히 거부한다. 지혜가 그 하나의 예다.

그러나 늘 이렇지는 않았다. 동방 교부든 서방 교부든 어느 교부의 글을 읽더라도 하나님의 지혜에 관해 듣지 않기란 어려운데, 이들이 말하는 하나님의 지혜란 성자 하나님이시다. 아타나시우스와 카파도키아 교부들과 아우구스티누스를 비롯해 우리의 드림팀을 이루는 아주 많은 사람이 아들을 지혜라고 할 뿐 아니라 두꺼운 저서의 각 장마다 이 성경적 이름의 의미를 자세히 주해한다.[44] 때로 이들은 하나님의 지혜이신 아들에 관해 설교까지 했다. 이런 설교를 마지막으로 들어 본 게 언제인가? 이들이 이렇게 한 것은 이 칭호가 구약과 신약에서 아들의 영원한 출생을 전달한다고 확신했기 때문이다. 이들은 정경의 일체성을 믿었기에 잠언 8장이 지혜 자체이신 분을 가리킨다는 것도 믿었다.

---

44) 다음을 보라. Athanasius, *Defence of the Nicene Definition* 3.6-14 (*NPNF2* 4:153-159); *Against the Arians* 2.16-22 (*NPNF2* 4:357-393); Gregory of Nyssa, *Against Eunomius* 2.10 (*NPNF2* 5:117-118). 나의 주해는 그레고리오스(Gregorios)를 따를 것이다.

고린도전서 첫머리에서, 바울은 그리스도의 십자가가 멸망하는 자들에게는 미련한 것이라고 말한다. 믿지 않는 자들의 눈에는 분명히 그렇게 보인다. 어떻게 왕이 십자가에 못 박힌단 말인가? 어떻게 하나님이 십자가에 못 박힌단 말인가? 그러나 믿는 자들의 눈에는, 약함으로 보이는 것이 실제로 드러난 하나님의 능력이다. 그리스도의 죽음으로 우리 죄인들이 구원받기 때문이다(고전 1:18). 바울은 이사야서를 인용해 하나님이 지혜로운 자들의 지혜를 멸하셨고 십자가가 세상 지혜를 미련하게 했다고 결론짓는다(고전 1:19-20; 참조. 사 29:14). "하나님의 지혜에 있어서는 이 세상이 자기 지혜로 하나님을 알지 못하므로 하나님께서 전도의 미련한 것으로 믿는 자들을 구원하시기를 기뻐하셨도다"(고전 1:21).

뒤이어, 바울은 지혜를 새로운 수준으로 끌어올려 지혜를 더는 명사나 동사가 아니라 인격체로 말한다. "유대인은 표적을 구하고 헬라인은 지혜를 찾으나 우리는 십자가에 못 박힌 그리스도를 전하니 유대인에게는 거리끼는 것이요 이방인에게는 미련한 것이로되 오직 부르심을 받은 자들에게는 유대인이나 헬라인이나 그리스도는 하나님의 능력이요 하나님의 지혜니라"(고전 1:22-24).

유대인과 헬라인들은 십자가에 못 박힌 그리스도를 보고 똑같이 걸려 넘어지며 믿지 못해 갈보리를 떠난다. 유대인들에게 십자가형은 승리가 아니라 패배의 상징이다. 예수님이 사역 중에 말씀하셨듯이, 유대인들은 표적을 원한다. 그분이 하나님으로부터 오셨다는 확신이 들 때까지 점점 더 많은 표적을 구한다. 헬라인들처럼 유대인들도 자신들의 육체적, 지적, 수사학적 세련미를 자랑했다. 유대인들은 예수님의 피투성이 죽음을 보고 어리석다고 생각하고 분명히 당혹스럽게 여긴다. 그러나 바울은 보이는 것이 전부가 아니라고 말한다. 세상이 지혜라고 말하는 것이 하나님께는 어리석음이고, 하나님의 어리석음, 곧 그리스도의 십자가는 지혜로 드러난다. 그리스도의 십자가는 보기와 달리 약함이 아니라 구원하시는 하나님의 능력이기 때문이다. 그러므로 바울이 그리스도가 구원하시는 하나님의 능력이며 모든 민족에게 드러난 하나님의 지혜라고 결론짓는 것은 더없이 적절하다. "너희는 하나님으로부터 나서 그리스도 예수 안에 있고 예수는 하나님으로부터 나와서 우리에게 지혜와 의로움과 거룩함과 구원함이 되셨으니"(고전 1:30).

질문이 있다. 이 지혜는 어디에서 기원했는가? 바울이 그리스도를 하나님으로부터 온 지혜, 아들의 위격으로 인격화된 지혜라고 부르는 게 특별해 보일지 모른다. 그러나 바울의 말은 결코 새로운 것이 아니다. 기억하라. 바울은 최고의 랍비들 밑에서 훈련받은 랍비로서, 구약성경을 알았다. 구약성경은 잠언 8장에서 지혜를 인격화한다. 우연의 일치인가? 아닌 것 같다. 잠언 8장에서, 솔로몬은 지혜를 거리에서 누구든 들으려는 자를 부르는 사람으로 묘사한다. 들으면 산다. 듣지 않으면 이생과 내세에서 멸망한다.

여호와께서 그 조화의 시작 곧 태초에 일하시기 전에
나를 가지셨으며
만세 전부터, 태초부터, 땅이 생기기 전부터
내가 세움을 받았나니
아직 바다가 생기지 아니하였고 큰 샘들이 있기 전에
내가 이미 났으며
산이 세워지기 전에, 언덕이 생기기 전에
내가 이미 났으니
하나님이 아직 땅도, 들도, 세상 진토의 근원도
짓지 아니하셨을 때에라
그가 하늘을 지으시며 궁창을 해면에 두르실 때에
내가 거기 있었고

그가 위로 구름 하늘을 견고하게 하시며

바다의 샘들을 힘 있게 하시며

바다의 한계를 정하여

물이 명령을 거스르지 못하게 하시며

또 땅의 기초를 정하실 때에

내가 그 곁에 있어서 창조자가 되어(잠 8:22-30).

지혜는 거리에서 부르며 자신의 정의로운 길과 공의로운 길을 선포할 때(잠 8:5-20), 한층 더 인격화될 뿐 아니라 자신의 기원을 의식하는 지혜의 말을 한다. 지혜는 태초부터 나온다(잠 8:22). '옛적부터 항상 계신 이'라는 칭호, 곧 예수님께 돌려지는 구약의 이름이자 칭호를 살펴볼 때 이 부분을 더 자세히 다루겠다. 그러나 이곳 잠언 8장에서 '태초에'가 뭔가를 말한다. 지혜가 영원한 기원을 갖는다고 말한다. 그뿐 아니라, 태초로부터 나온 지혜의 기원은 근원을 시사한다. "산이 세워지기 전에, 언덕이 생기기 전에 내가 이미 났으니"(잠 8:25). 어디로부터 낳는가? 누구로부터 낳는가? 대답은 잠언 8장 22절에 있다. 주님(여호와) 바로 그분이다. 주님이 태초에 일하시기 전에 지혜를 가지셨으며, 동일한 주님이 산이 세워지기 전에, 세상 진토의 근원도 짓지 아니하셨을 때 지혜를 낳으셨다.

바꾸어 말하면, 지혜는 주님으로부터 영원 전에 태어나셨다. 왜 위대한 전통의 수많은 사람들이 잠언 8장에 인격화된 지혜가 직접적으로 또는 모형론적으로 성자 하나님과 아버지로부터 그분이 영원히 출생하심을 가리킨다고 믿었는지 이제 알 수 있을 것이다. 고린도전서에서 보았듯이, 신약성경 기자들이 어떻게 그리스도를 하나님의 지혜라고 불렀는지도 생각해 보면 더더욱 그러할 것이다(고전 1:24, 30). 그러나 연결점을 찾으려면, 구약성경을 그리스도인들처럼 기독론적으로, 신약성경 기자들처럼 읽어야 한다. 하나님은 신적 저자로서 자신의 의도를 구약성경 전체에 심어 놓으셨다. 구약성경의 모형과 그림자들이 그리스도 예수(우리의 신약성경)에서 성취되고 절정에 이르게 하기 위해서다. 그러니 잠언 8장을 읽을 때도 고린도전서 2장을 염두에 두어야 한다. 지혜는 성자 하나님 안에서 인격화되고, 태초에 주님(여호와)으로부터 나오며, 가장 예측할 수 없는 상황, 곧 굴욕의 십자가에서 하나님의 지혜로서 우리에게 강력하게 계시된다.

"하지만 잠깐!" 4세기 아리우스주의자들이 반론을 제기한다. 잠언 8장 22-23절은 지혜가 태초에 소유되었고 세움을 받았다고 말한다. 따라서 영원한 출생을 염두에 둘 수 없다. 불가능하다. 이 지혜는 출생된 것이 아니라 창조되었다. 이 지혜는 영원 전에 아버지로부터 난 게 아니라 피조물과 함께 창조되었다.

주님(여호와)으로부터 나온 지혜의 영원한 기원을 말하는 잠언 8장 25절과 달리, 잠언 8장 22-23절은 지혜와 나머지 피조물의 관계를 말한다. 바울이 골로새서 1장에서 '먼저 나신 이' 언어를 사용하는 것과 비슷하다. 바꾸어 말하면, 지혜는 이를테면 땅이 생기기 전부터 세움을 받았다(잠 8:23). 우주가 지혜를 통해, 지혜를 위해 창조되었기 때문인데, 신약성경 기자들이 이것을 하나같이 열심히 강조한다(참조. 골 1장; 히 1장). 잠언 8장 25절은 신격 안에서 일어나는 일을 말하고(*ad intra*), 잠언 8장 22-23절은 신격 밖에서 창조 질서를 향해 일어나는 일을 말한다(*ad extra*).

성경 기자들의 눈에, 영원한 아들을 하나님의 지혜라고 보는 것은 더없이 적절하다. 둘은 놀랍도록 닮았다. 지혜는 하나님에게서 난다. 아들도 하나님에게서 나신다. 지혜는 하나님의 영광을 비춘다. 아들도 하나님의 영광을 비추신다. 지혜는 태초부터 있다. 아들도 태초부터 계신다. 지혜는 창조의 대리자다. 아들도 창조의 대리자이시다. 지혜는 하늘로부터 내려왔다. 아들도 하늘로부터 내려오셨다. 지혜는 어둠에 있는 자들을 비춘다. 아들도 어둠에 있는 자들을 비추신다.[45] 지혜처럼, 아들도 '말씀'(Word)이다. 우리가 지혜에 관해 배운 것이 요한이 예수님께 적용하는 칭호에 집약된다. "태초에 말씀이 계시니라 이 말씀이 하나님과 함께 계셨으니 이 말씀은 곧 하나님이시니라 그가 태초에 하나님과 함께 계셨고 만물이 그로 말미암아 지은 바 되었으니 지은 것이 하나도 그가 없이는 된 것이 없느니라"(요 1:1-3).

잠언 8장에 나오는 지혜와 요한복음 1장에 나오는 말씀의 유사성도 특별하기는 마찬가지다. 지혜와 겹치는 칭호 '로고스'(Logos)는 창조 이전 어느 때 존재하게 된 게 아니라 영원 전부터 하나님과 함께 계셨다. 교부들이 그렇게 말하길 좋아하듯이, 하나님은 자신의 지혜와 함께 계시지 않았던 때가 결코 없었다. 우리도 하나님이 자신의 말씀과 함께 계시지 않았던 때가 결코 없었다고 말할 수 있지 않겠는가?

요한이 요한복음 1장 나머지 부분에서 드러내듯이, 이 '말씀'은 바로 아들 그분이시다(요 1:14, 18). 그렇기에, 요한은 더없이 충격적인 주장을 할 수 있다. 말씀이 하나님이셨다(요 1:1). 요한은 아들과 아버지를 이보다 더 밀접하게 동일시할 수 없었다. 예수님이 나중에 "나와 아버지는 하나이니라"(요 10:30)라고 말씀하시듯이 말이다. 그분은 영원 전부터 하나님과 동일하시기 때문에, 그분의 신성은 의문의 여지가 없다.

그러나 말씀이라는 칭호에 관해 할 말이 더 있다. 요한복음 1장 14절, 18절을 생각해 보라. "말씀이 육신이 되어 우리 가운데 거하시매 우리가 그의 영광을 보니 아버지의 독생자의 영광이요 은혜와 진리가 충만하더라…본래 하나님을 본 사람이 없으되 아버지 품속에 있는 독생하신 하나님이 나타내셨느니라." 요한이 요한복음 1장 18절에서 그랬듯이, 우리는 흔히 아들이 어떻게

---

45) Giles, *The Eternal Generation of the Son*, 80 (cf. 83). Cf. Raymond E. Brown, *The Epistles of John* (New York: Doubleday, 1982), 620; Leon Morris, *Gospel According to John* (Grand Rapids: Eerdmans, 1971), 771. 요한복음 5장 18절; 18장 37절.

아버지를 우리에게 계시하시는지에 초점을 맞춘다. 부분적으로, 이런 이유에서 요한은 이 칭호를 선택했다. 아버지는 구원하는 말씀을 우리에게 말씀하시며, 그 말씀은 그분의 아들이다. 그러나 말씀이라는 칭호에 관해 더 근본적인 것이 있다. 예수님이 말씀이신 것은 단지 아버지를 우리에게 계시하시기 때문이 아니다. 예수님이 말씀이신 것은 무엇보다도 만세 전에 아들로서 아버지로부터 나오셨기 때문이다.

이런 이유로, 요한은 단숨에 '말씀'이라는 칭호에서 '아들'이라는 칭호로 옮겨 갈 수 있다. 바꾸어 말하면, 말씀은 "아버지 품속에 있는"(요 1:18) 아들로서 아버지를 우리에게 계시할 뿐 아니라, 그 자신이 아버지의 본질(*ousia*)로부터 난 아들이기에 아버지를 우리에게 계시할 수 있다. 그게 아니라면, 요한은 말씀 곧 아들을 '독생자'라고 부를 권리가 없다. 요약하면, 아버지가 자신의 말씀(Word)을 통해 자신의 창조 세계가 존재하도록 말씀하실 수 있으며, 단지 구원하는 말씀을 하심으로써 타락한 창조 세계를 새롭게 하실 수 있다. 하나님이 자신의 말씀과 함께 계시지 않았던 때가 결코 없기 때문이다. 아버지가 영원 전에 말씀하셨기에, 말씀은 적절한 때 성육해서 역사 속에서 아버지를 우리에게 계시하실 수 있다. 이것이 지혜다.

옛적부터 항상 계신 이

오늘날과 달리, 성경 시대에는 이름이 상당히 의미가 있었다. 이름은 의미와 중요성을 가지고 있었고 메시지까지 전달했다. 구약에 나오는 이름 중에 내가 아주 좋아하는 이름이 있다. 이가봇이다. 이가봇은 성경에서 가장 음울한 장에 속하는 사무엘상 4장에 나온다. 엘리 제사장의 두 아들이 하나님의 백성을 부도덕에 몰아넣고 하나님의 거룩을 비웃었다. 하나님의 말씀처럼, 그들은 악하고 무가치하다. 그래서 하나님은 블레셋이 이스라엘을 치게 하셨고, 이 전투에서 엘리의 두 아들이 죽고 언약궤는 빼앗긴다. 엘리의 악한 두 아들은 잊으라. 엘리는 언약궤를 빼앗겼다는 소식에 충격을 받아 쓰러지며, 그의 체중에 못 이겨 목이 부러져 죽는다(엘리는 날씬하지 않았다). 이 소식에 엘리의 며느리는 산통을 시작하더니 아들을 낳는다. 그녀는 아들의 이름을 이가봇이라고 짓는다. '영광이 이스라엘에서 떠났다.'라는 뜻이다(삼상 4:21). 상상할 수 있는가? 이 아이의 이름이 불릴 때마다, 하나님이 더는 이스라엘에 임재하지 않으신다는 것을 모두가 상기했다. 이가봇은 희망이 없는 이름이다.

그러나 구약의 모든 이름이 이렇게 비극적이지는 않았다. 예를 들면, 미가 선지자는 좋은 소식으로 가득한 이름을 가졌다. 이가봇과 달리, 미가라는 이름은 희망을 담고 있었다. 미가는 백성의 허물을 사하시는 '주와 같은 신이 어디 있으리이까?'라는 뜻이었다(미 7:18). 그러나 당시에 하나님의 백성은 심히 부패했으며 부패의 원천은 지도자들이었다. 그 결과, 이스라엘은 숱한 악행 때문에 정죄 받아 마땅했다. 하나님은 미가 선지자를 통해 자신의 백성에게 심판을 선언하셨으나 심판이 끝이 아니었다. 이들은 멸망 받아 마땅했는데도 여호와께서는 이들을 용서하셨다. 그분의 신실하지 못한 백성과 달리, 여호와는 자신이 맺은 언약을 지키시며 변함없이 신실하신 하나님이시다.

하나님이 자격 없는 이스라엘에게 베푸시는 은혜와 용서는 미가서 5장의 약속에서 절정에 이른다.

> 베들레헴 에브라다야 너는 유다 족속 중에 작을지라도
> 이스라엘을 다스릴 자가 네게서 내게로 나올 것이라
> 그의 근본은 상고에, 영원에 있느니라(미 5:2).

무슨 이유인지, 나는 '옛적부터 항상 계신 이'(Ancient of Days)라는 칭호를 미가서와 연결해 본 적이 없다. '옛적부터 항상 계신 이'를 거듭 말하는 다니

엘서에서(단 7:9, 13, 22) 이 칭호를 듣는 데 너무 익숙하기 때문일 것이다. 그러나 미가서에서도, 이 칭호는 우뚝 서며 멋지다. 전쟁과 재난 가운데서, 주님은 약속과 희망의 말씀을 하신다. 많고 많은 곳 중에 베들레헴에서 새로운 지도자, 통치자, 목자가 나올 날이 오리라는 것이다. 이것이 친숙하게 들린다면, 무엇보다 성탄절마다 어느 시점에서 마태복음 2장 4-6절을 듣기 때문일 것이다. 동방박사들이 예루살렘에 와서 "유대인의 왕으로 나신 이가 어디 계시냐?"라고 물었을 때, 헤롯왕은 대제사장들과 서기관들에게 그리스도가 어디에서 태어나실지 물었고 유대 베들레헴이라는 답을 들었다(마 2:5). 분명히, 헤롯의 고문들은 구약성경을 어느 정도 알았고, 미가서 5장 2절이 왕이 태어날 뿐 아니라 어디에서 태어날지 알려 주는 구절이라는 것을 밝혀냈다.[46]

왜 이 왕, 예언된 이 목자가 그렇게도 특별한가? 미가서 5장 2절을 다시 보라. 그렇다. 이 왕은 작은 마을 베들레헴에서 나올 것이다. 그러나 당신에게 이런 생각이 드는 건 당연하다. 베들레헴은 이 왕의 궁극적 기원이 아니라는 것이다. 그분의 기원은 베들레헴 이전이다. 그의 근본은 상고에(from of old) 있다. 얼마나 상고인가? 영원(from ancient days)이다. 이 언어는 구약성경 전체에 사용되며 여호와의 영원한 기원을 가리킨다. 그러나 이스라엘의 하나님이 영원부터 영원까지 계시며 시작도 없고 끝도 없다면, 어떻게 이 통치자, 왕, 목자가 예수님일 수 있는가? 예수님이 언제 어디서 태어나셨는지 아는데 말이다.

이미 보았듯이, 예수님의 탄생은 초라해 보여도 평범한 인간의 출생은 아니었다. 아이러니는 분명하다. 짐승들 틈에서 태어나 이들의 먹이통에 누인 이 아기가 만세 전에 아버지로부터 나신 영원한 아들이다. 그분이 베들레헴

---

[46] 요한복음 7장 42절도 보라.

에서 나심은 성육신의 시작일 것이다. 그러나 이 아기의 정체는 우리를 영원으로, 그분의 아들되심의 기원이 아버지께 있는 곳으로 되돌린다. 그분은 상고로부터 오셨다. 이 갓 태어난 왕이 '옛적부터 항상 계신 이'이기 때문이다.

마태에게, 미가서 5장 2절을 예수님과 연결한다는 것은 바로 이런 뜻이다. 마태가 이 구절을 자신의 복음서에 인용한 것은 단지 왕이자 아들이 다윗의 보좌에 앉으리라는 하나님의 약속이 궁극적으로 예수님께 성취되었기 때문이 아니다. 예수님은 그런 분이시지만, 절대로 그것이 전부는 아니다. 이 목자가 다윗의 후손으로 와서 자신의 나라를 세울 수 있는 것은 그분의 신적·삼위일체적 정체가 베들레헴에서 시작되지 않고 영원에서 기원하기 때문이다.[47] '옛적부터 항상 계신 이'는 영원으로부터 기원하신다. 존 오웬(John Owen)이 말하듯이, "때가 차매 베들레헴에서 탄생하신 분은 영원 전에 아버지로부터 나오셨다."[48]

일어나 거듭나라!

영원한 출생은 성경이 뒷받침하지 않는 교리인가? 편협하고 거친 성경주의(biblicism)를 취하는 사람에게만 그렇다. 그러나 하나님의 의도대로 이질적인 부분이 아니라 통합된 전체로 성경을 읽고, 삼위일체 하나님을 신적 저자 곧 구속사 전체에 자신을 계시하신 분으로 보면서 성경을 읽는 사람에게는, 영원한 출생이 있는 그대로 성경의 기초 곧 전체 이야기의 근간이 되는 교리로 보인다.

---

47) Gignilliat, "Eternal Generation and the Old Testament," 74.
48) John Owen, *Defense of the Gospel*, in *Works*, 12:236-247.

(1) 역사의 구속적 구조(아버지가 아들을 보내신다)를 생각하고 (2) 아버지와 아들이라는 이름의 고유한 의미에 주목하며 (3) 예수님을 독생자로 확증하는 요한의 모노게네스(*monogenēs*) 문맥에 유의하고 (4) 예수님께 적용되는 다양한 은유와 칭호(광채, 형상, 지혜, 말씀, 옛적부터 항상 계신 이)를 관찰한다면, 영원한 출생이 무수한 방식으로 암시되고 추론된다는 사실을 알게 될 것이다. 성경에서 영원한 출생 개념을 제거하면, 예수님이 아들이라고 불리는 것이 무슨 뜻인지, 적어도 삼위일체적, 성경적, 특별히 기독교적 의미에서 무슨 뜻인지 이해하기란 불가능할 것이다. 이 정통의 기둥을 제거하면, 무엇이 아들을 아버지와 구분되게 하며, 왜 아버지가 타락한 인간을 구속하도록 아들을 보내시는지 이해할 수 없다.

그러나 영원한 출생은 구원을 이해하는 데도 필수적이다. 아들이 독생자가 아니라면, 아버지가 우리 같은 죄인을 구원하려고 아들을 세상에 보내실 수 있는 근거가 없기 때문이다. 오직 하나님 자신이고 아버지의 본질 자체로부터 나신 분만 타락한 인간을 구원할 수 있음은 말할 것도 없고 그분만이 그럴 자격이 있다. 그분이 영원히(영원 전에) 출생하지 않으셨다면 우리가 다시 태어나리라는 희망이 있겠는가? 그분이 아버지로부터 영원 전에 태어나지 않으셨다면 우리가 거듭나서 아들의 나라에 들어가리라는 확신은 거의 할 수 없다(요 3:3, 16).

이제 이 장을 시작하면서 살펴본 구절, 우리의 친구 십보라가 예수님께 직접 들은 말씀으로 돌아가야 할 것 같다. "아버지께서 자기 속에 생명이 있음 같이 아들에게도 생명을 주어 그 속에 있게 하셨고"(요 5:26). 자신 속에 생명이 있는 분만 생명이 절실히 필요한 자들에게 생명을 주실 수 있다.

이 사실이 우리의 복음 전파에 힘을 실어 줄 것이다. 우리가 세상에 제시하는 구원자는 자신이 세상을 뒤집을 수 있길 희망하며 바라는 구원자가 아니다. 우리가 깊은 어둠 속에서 길을 잃은 세상에 제시하는 구원자는 죽은 자를 새 생명으로 일으킬 수 있는 구원자다. 이런 이유로, 아우구스티누스는 모든 곳의 불신자들에게 독생자를 보라고 단호하게 요구한다. "영혼아, 너는 어떠한가? 너는 죽었고 생명을 잃었다. 아들을 통해 아버지께 귀 기울여라. 일어나라. 생명을 받아라. 네 안에 없는 생명을 자신 안에 생명이 있는 분에게서 받아라."[49]

아우구스티누스의 말이 낯설게 들리는가? 그렇다면 더 친숙한 곡조, 우리가 성탄절마다 부르는 '천사 찬송하기를'이라는 찬송은 친숙하게 들릴 것이다. 찰스 웨슬리(Charles Wesley)가 작사했고 시대를 초월하는 이 찬송의 3절은 다음과 같다.

> 의로우신 예수는 (하늘에서 나신) 평화의 왕이시고
> 세상 빛이 되시며 우리 생명 되시네.
> 죄인들을 불러서 거듭나게 하시고
> 영생하게 하시니 왕께 찬양하여라.
> 영생하게 하시니 왕께 찬양하여라.

독생자, 영원 전에 아버지로부터 나신 분이 없으면, 우리에게는 거듭날 수 있다거나 거듭나리라는 확신도 보장도 없다. 이 평화의 왕이 하늘에서 나셔야 땅의 아들들이 다시 태어남을 얻는다.

---

49) Augustine, *Homilies on the Gospel of John 1–40*, 19.13 (cf. 1.12).

8

아들은 아버지께 영원히 종속되시는가?
예배받기에 합당하신 아들

"아버지는 전능하시고, 아들도 전능하시며, 성령도 전능하십니다.
…전능하신 세 분이 아니라 전능하신 한 분이십니다."
아타나시우스 신경(Athanasian Creed)

"예수님은, 올바르게 다스리는 자세란 권세를 권리로 여김이 아니라
다스림을 받는 자들을 위해 어떤 면에서 직접 십자가로 이어지는 방식으로
자신을 희생하는 섬김이라고 주장하신다(마 20:20-28).
이에 비춰 볼 때, 신격의 위격들 간의 관계를
권력 구조의 견지에서 논하는 것은 심각한 오해의 여지가 있다."
D. A. 카슨(D. A. Carson)

"해석이란 본문이 표면적으로 제시하는 것 그 이상을 즐겁게 받아들이는 것이다."
올리버 오도너반(Oliver O'Donavan), 『찾음과 구함』(Finding and Seeking)

들로리언에 타세요!

목적지: 복음주의

요점: 복음주의 내부에 EFS라는 기발한 견해가 나타나, 내재적 삼위일체 안에서 아들이 아버지의 권위에 종속된다고 주장한다. EFS는 성경적이지 않고, 위험할 정도로 세 이단들에 가까우며, 구원과 예배를 보는 기독교의 시각을 위협한다. EFS는 또한 성경적 니케아 정통에서 떠난 사회적 삼위일체론의 한 유형이다.

포드 머스탱과 오싹한 텍사스 벌레들

신학교 생활은 흥미진진할 수 있다. 내게는 그랬다. 엘리자베스(Elizabeth)와 나는 캘리포니아주 말리부에서 막 결혼한 때였다. 우리는 젊었고 하나님이 부르시면 어디든 자유롭게 날아가 뿌리내릴 수 있었다. 대학 교수님들은 나에게 신학교에 가라고 권했고, 그래서 우리는 갔다. 나는 그때 결정을 내렸고, 그 결정에 따른 손실을 지금도 회복하는 중이다. 나는 내 자동차를 팔았다. 미드나이트 블랙 색상의 포드 머스탱 컨버터블이었다. 우리는 돈이 필요했다. 그러나 엘리자베스의 자동차는 팔지 않았다. 각지고 빛바랜 은색의 1990년식 볼보였다. 그야말로 부서지지 않는 탱크였다. 우리는 얼마 안 되는 짐을 그 차에 싣고 대륙을 횡단했다.

새로운 거처는 '블루그래스 스테이트'(Bluegrass State)라고 불리는 켄터키주에 자리한 루이빌이었다. 루이빌은 켄터키 더비(Kentucky Derby, 매년 5월 루이빌에서 열리는 경마 대회)가 열리는 곳이자 미시시피강 동쪽에 자리한 최상품 버번 위스키의 고장이다.

우리는 그곳에 가려고 7월 중순에 텍사스를 가로질렀다. 텍사스 사람들의 말처럼, 그곳은 지옥의 경첩같이 뜨거웠다. 우리의 스웨덴산 탱크도 이것을 느꼈다. 주 경계를 넘자마자 에어컨이 고장 났다. 낮에 운전했다가는 산 채로 구워지리라는 걸 알기에 밤에 운전하기로 했다. 그러나 거의 도움이 되지 않았다. 창문을 내린 채 차를 몰고 또 몰았다. 양쪽에서 날아드는 것은 먼지뿐이었다. 자동차가 퍼지지 않도록 하나님께 기도했다.

그런데 우리는 텍사스의 또 다른 현상을 고려하지 못했다. 우리는 한밤중에 네 개의 창문을 모두 연 채 상향등까지 켜고 있었다. 텍사스에서 가장 크고 끔찍한 벌레들을 신혼부부의 형편없는 자동차 여행에 대놓고 초대하는 꼴이었다. 텍사스에서는 모든 게 더 크다고 누가 맨 처음 말했는지 모르겠다. 그런데 그 말이 맞았다. 나는 그것을 비로소 깨달았다. 길에는 트럭 운전사들조차 없었다. 소 한 마리를 저녁 식사로 먹어 치운 벌레들이 운전석을 향해 날아드는 시간에는 말이다. 그래서 나는 텍사스에서 누구라도 할 만한 행동을 했다. 비명을 질렀다.

어쨌든 우리는 살아남았고 학기 시작에 맞추어 켄터키주 루이빌에 도착했다. 나는 모든 과목을 다 들었지만, 특히 조직신학 수업을 들을 때마다 내 신학 영혼의 심장 박동을 들을 수 있었다. 나는 만족을 몰랐다. 그 열심 덕분에 맨 앞에 앉아 뛰어난 신학자들의 가르침을 받았으며, 그들 중 다수는 니케아 정통에 속해 있었다. 훈련을 통해, 나는 삼위일체의 곡조를 노래하는 법을 배웠다.

나는 늘 신학에 주렸기에 어떤 수업을 추가로 들어야 하는지 주변에 묻고 다녔다. 많은 사람이 이렇게 말했다. "브루스 웨어(Bruce Ware) 교수님 수업을 들어 보세요. 삼위일체에 관한 복음주의 시각을 가르쳐 주실 겁니다." 웨어 교수는 신학적 확신과 개인적 경건이 빼어나게 조화를 이루는 분이었다. 성경을 가르치는 일에 헌신된 경건한 분이었다. 더욱이, 성경에 충실한 그분의 자세는 전염성이 있었다. 그는 주도적 복음주의자로서, 학생들에게 건전하지 못한 교리로부터 믿음을 지켜 내라고 가르쳤다. 나는 학생들에게 개인적 투자를 아끼지 않는 그를 늘 존경했으며 의심할 여지 없이 많은 면에서 도움을 받았다.

그러나 삼위일체를 찬양할 때, 웨어 교수는 음정이 맞지 않는 듯한 말을 종종 했다. 아버지는 아들보다 더 지고하다. 아버지는 아들을 능가한다. 아버지만이 '궁극적 영광'을 받기에 합당하며 아들보다 더 그러하고, 아들은 '바로 아래' 영광을 받기에 합당할 뿐이다. 아버지만이 '궁극적 찬양'을 받으셔야 한다.[1] 이것들은 내가 배우던 니케아 찬양을 조작한, 화음이 안 맞는 악보였다.[2]

이것들이 무엇을 의미하는가? 시간이 걸리고 진지한 연구가 필요했지만, 나는 마침내 핵심을 찾아냈다.

---

1) 나는 이런 가르침을 직접 들었고 기록해 두었다. 다음 인용들도 Ware, *Father, Son, and Holy Spirit*, 46, 49, 50, 51, 154에 기록되어 있다.
2) 내 생각들을 음조에 맞춰 표현한 것은 프레드 샌더스(Fred Sanders)의 공이다.

새로운 종류의 성경주의

거의 7년 동안, 브루스 웨어의 삼위일체 교리를 들었다. 그가 『아버지와 아들과 성령: 관계, 역할, 연관성』(*Father, Son, and Holy Spirit: Relationships, Roles, and Relevance*)를 낸 직후였다.[3]

교회에서, 대학에서, 신학교에서, 웨어와 웨인 그루뎀(Wayne Grudem)은 아버지를 향한 아들의 영원한 기능적 복종 또는 종속(eternal functional submission or subordination, EFS)이라는 견해를 가르쳤다.[4] 한 세대 전체에게, EFS주의자들은 권위와 복종의 영원한 관계성들(eternal relationships of authority and submission, ERAS)이 내재적 삼위일체(구원의 경륜과는 별개로 하나님 그 자체)를 결정한다고 했다.[5] 예를 들면, 웨어는 자신의 삼위일체 교리를 다음과 같이 공식으로 제시했다.

1. 하나님은 하나라고 가르치는 성경 구절을 나열하라(일신론).
2. 각 위격(아버지, 아들, 성령)의 신성을 뒷받침하는 구절을 열거하라.
3. 호모우시오스(*homoousios*)에 호소해 각 위격이 동일한 신적 본성을 갖는다는 것을 논증하라.
4. 둘 또는 세 위격을 언급하는 구절을 열거하라.
5. **결론**: 하나님은 한 본질에 세 위격이다.[6]

---

3) 크로스웨이(Crossway) 출판사는 더 이상 웨어(Ware)의 책을 내지 않는다.
4) 당시에 니케아 범주를 소홀히 하거나 비판하는 복음주의 컨퍼런스나 기관에 참석하는 일이 드물지 않았다.
5) 이 견해는 ESS(eternal submission/subordination of the Son, 아들의 영원한 복종/종속)로도 불린다.
6) Ware, *Father, Son, and Holy Spirit*, chap. 2를 참고하라. 웨어의 견해는 다른 곳에서도 분명하게 나타난다. "Does Affirming an Eternal Authority-Submission Relationship in the Trinity Entail a Denial of *Homoousios?*," 237–248; "Equal in Essence, Distinct in Role," 13–38.

웨어는 강한 확신을 가지고 문맥과 상관없이 단지 본문을 열거하면서, 각 본문의 특정 단어에만 초점을 맞춘 채 아주 열성적으로 "나는 성경을 믿는다!"라고 결론지었다.

눈치챘겠지만, 영원한 출생과 영원한 출송이 빠졌다. 당시에, 기원의 영원한 관계들은 EFS 공식에서 한 요소도 포함되지 않았다. 전혀 포함되지 않았다. 그뿐 아니라, EFS가 역사를 제시할 때도 그것은 하나의 요소로 포함되지 않았다. 아들을 말할 때, EFS주의자들은 니케아 신경을 제시하고 아우구스티누스(Aurelius Augustinus)로 옮겨 갔지만 호모우시오스에 초점을 맞출 뿐이었으며 이 단어를 그것이 위치한 신경의 문맥(영원한 출생)에서 떼어 냈다.[7]

웨어는 자신의 삼위일체 공식을 제시한 후에야 무엇이 위격들을 구분하는지 말한다.[8] 우리가 성경과 니케아 신경에서 보는 영원한 출생과 출송이 아니었다. 오히려 오직 하나가 위격들을 구분한다. 역할들 또는 관계성들이다.[9] 웨어는 삼위일체를 제시하면서 사회적인 면을 매우 강조하고 삼위일체를 '관계 공동체 안에 있는 삼위일체 위격들'로 정의한다.[10] "영원한 관계성이 위격들의 창조된 공동체를 요구하고 불러일으킨다."[11] 삼위일체는 하나의 사회로서 인간 사회의 모델이다. 때로 웨어는 인간 사회를 들여다보고 삼위일체를 정의하기까지 한다.[12]

그러나 백만 달러짜리 질문이 이어졌다. 어떤 종류의 역할들과 관계성들이 위격들을 구분하는가? 삼위일체는 어떤 종류의 사회이며, 이 신적 사회가 인

---

7) 웨어는 한 장 전체를 아버지와 아들과 성령에 할애하지만, 기원의 영원한 관계들은 처음부터 끝까지 빠져 있다. 그가 성령을 제시하는 부분도 전혀 나은 게 없다. 그는 콘스탄티노플과 카파도키아 교부들에 관해 말하지만, 영원한 출송이나 발출을 전혀 언급하지 않는다. *Father, Son, and Holy Spirit*, chap. 2를 보라.
8) Ware, *Father, Son, and Holy Spirit*, 41.
9) Ware, *Father, Son, and Holy Spirit*, 43, 45.
10) 이 표현은 *Father, Son, and Holy Spirit*, chap. 6 전체에서 사용된다.
11) Ware, *Father, Son, and Holy Spirit*, 133; cf. 134.
12) Ware, *Father, Son, and Holy Spirit*, 134.

간 사회의 원형이 되어야 하는가? EFS의 답은 이것이다. 권위와 복종의 사회, 하나님 안에 있는 계층적 관계 공동체다.

계층 사회

EFS에게, 삼위일체 내부에서 지고한 위치는 오로지 아버지의 것일 뿐 아들의 것도 아니고 성령의 것도 분명 아니며 성령은 가장 낮은 권위를 갖는다. 아버지 홀로 "신격의 위격들 중에 지고하시다."[13] 아버지 홀로 "궁극적 지고함"을 가지며, 아버지 홀로 "삼위일체 안에서 지고하시다."[14] 아버지는 "아들을 능가하며", "아들과 성령에 대한 권위를 포함해 절대적이고 경쟁 없는 지고함을 지니신다."[15] 아버지는 "아들을 능가하며", "신격 안에서 지고하시다."[16]

EFS주의자들은 이러한 지고함과 종속의 표시들이 창조 및 구원과 별개로 위격들이 누군지 말해 준다고 단호하게 주장했다. 종속이 아들을 아들로 구분하듯이 지고함은 삼위일체 안에서 아버지를 아버지로 구분한다. 이 역할들이 없으면 삼위일체가 없다. 그루뎀도 이것을 거듭 강조했다.[17]

어느 시점에, EFS주의자들은 아들과 피조물 둘 다 아버지께 종속된다면서 아들을 피조물과 나란히 놓기까지 했다. "아버지는 모든 것(피조물)보다 지고하고, 특히 신격 안에서 가장 높은 권위를 가지며 궁극적 찬양을 받기에 합

---

13) Ware, *Father, Son, and Holy Spirit*, 46-51.
14) Ware, *Father, Son, and Holy Spirit*, 65.
15) Ware, *Father, Son, and Holy Spirit*, 49, 153.
16) Ware, *Father, Son, and Holy Spirit*, 51.
17) Grudem, *Systematic Theology*, 251. Cf. Grudem, *Evangelical Feminism*, 47, 433; Grudem, *Recovering Biblical Manhood and Womanhood*, 457, 540.

당한 분으로서 지고하며",[18] "궁극적 영예와 영광을 받기에 합당한 분으로서 지고하시다."[19] 마지막 어구가 더없이 중요하다. 아들이 아니라 아버지 홀로 궁극적 찬양과 영광을 받기에 합당하시다. 아들은 더 작은 찬양이 어울린다. 아들은 더 작은 영광이시다.

EFS주의자들은 고린도전서 15장 28절을 자주 인용하는데, 이 구절을 웨어는 이렇게 풀어 쓴다. "역사가 완결되어 만물이 마침내 온전히 아들 예수 그리스도께 복종할 때, 아들 자신도 만물을 자신의 아들에게 복종하게 하시는 바로 그분 곧 자신의 아버지께 복종하실 것이다. 이것은 그 누구에게도, 자신의 아들에게조차 복종하지 않는 성부 하나님이 지고하시고 존재하는 모든 것 위에 계심을 드러내기 위해서다." 가장 의미 깊은 진술이 이어진다. "아버지는 아들을 능가하며 아들은 이 사실을 기꺼이 인정한다."[20]

아들의 예속은 단지 구원이나 성육신에 한정되는 경륜적 실체가 아니다. 아들의 종속은 창조와 별개로 삼위일체의 DNA에, 내재적 삼위일체(EFS주의자들은 이와 자신들이 영원한 과거 및 미래라고 이름 붙인 것을 동의어로 여긴다) 자체에 각인되어 있다.[21] 삼위일체 내부에 높낮이가 다른 권위와 종속의 계층 구조가 있다.

---

18) Ware, *Father, Son, and Holy Spirit*, 51.
19) Ware, *Father, Son, and Holy Spirit*, 67.
20) Ware, *Father, Son, and Holy Spirit*, 49.
21) Ware, *Father, Son, and Holy Spirit*, 21. 자세한 내용은 4장을 참조하라. 웨어의 방법론을 말하자면, 그의 논증은 그가 영원한 과거와 미래에서 복종을 뒷받침한다고 말하는 구체적 본문들에 의존한다(예를 들면, 고전 11:3; 15:24-28). 웨어는 마치 아들이 성육신에서 아버지께 종속되듯이 영원에서도 계속 종속되기라도 하듯이, 성육신에서 복종을 말하는 복음서 어느 본문이라도 자신의 주장을 한층 더 뒷받침한다고 주장했다. 웨어는 또한 신적 이름들 자체가 권위와 복종을 의미한다고 주장했다. 신적 이름들은 기원의 영원한 관계, 즉 출생이 아니라 계층적인 사회적 역할들을 가리킨다. 아들의 이름이 아들인 것은 복종이 아들의 역할이기 때문이다. 아버지의 이름이 아버지인 것은 아버지가 아들을 능가하며 신격 안에서 지고하기 때문이다(49, 51; cf. 82). 순서까지도 지고함과 복종을 시사한다. 아버지가 첫째이고 아들이 둘째다. 웨어는 이것이 교회 신학자들이 삼위일체 내의 '순서'(order) 즉 '배열'(taxis)에서 의미한 것이라고 생각한다(72).

아버지는 실제로 아들이나 성령이 필요하신가?
삼위일체 내부의 질투?

EFS는 아버지가 아들보다 지고하심이 포괄적이고 모든 것을 포함하며 절대적이라고 기술했고, 그럴 때마다 그 말에는 숱한 의미가 내포되었다.[22] 아버지 홀로 아버지되심으로 인해 이러한 권위가 있으며, 따라서 아버지는 원할 경우 실제로 완전히 단독으로 행동하실 수 있다. 홀로 말이다. 적어도 가정으로라도, 아들과 성령은 참여하지 못할(sidelined, 경기장 밖으로 밀려날) 수 있다. 아버지가 지고하시기 때문이다. 그런데도 아버지는 "이런 식으로 일할 것을 선택하지 않으신다."[23] 거의 항상 그렇다. 그루뎀은 아버지가 때로 아들 없이 일하신다고 했다. 예를 들면, 아버지는 구원을 계획하실 때 홀로 행동하신다.[24]

웨어는 아들을 심지어 피조물과 비교했다. "많은 면에서, 여기서 보듯이 아버지가 일방적으로 일하지 않으시고 아들을 통해 또는 성령을 통해 자신의 일을 성취하기로 선택하시는데, 이것은 그분과 우리의 관계에까지 확대된다. 하나님은 그분의 일을 하기 위해 우리가 필요하신가?"[25] 대답은 "아니다."이다.

EFS주의자들이 보기에, 아들의 참여는 선택적이다. 아들은 아들이므로 참여하는 게 아니다. 아들이 참여하는 이유는 단 하나, 아버지가 아들이 참여하도록 선택하시기 때문이다. 아버지는 아들에게 옆에 서서 자신이 하는 모든 일을 지켜보라고 하실 수도 있었다. 창조 사역의 경우도 다르지 않다.

---

22) Ware, *Father, Son, and Holy Spirit*, 75.
23) Ware, *Father, Son, and Holy Spirit*, 56.
24) Grudem, "Doctrinal Deviations," 39.
25) Ware, *Father, Son, and Holy Spirit*, 57.

때로 EFS주의자들은 이 점을 대놓고 제시한다. "아버지는 지고하며 삼위일체 질서에서 가장 높은 권위의 자리, 곧 가장 높은 영예의 자리에 계시지만, 많은 경우 자신의 일을 일방적으로 하기보다 아들을 통해 그리고 성령을 통해 하기로 선택하시기 때문이다."[26] 웨어는 아들 및 성령과 대화하는 아버지의 목소리를 흉내 낸다. 아버지가 아들과 성령에게 "그저 옆에 서서 내가 하는 모든 일을 지켜보라."라고 말씀하시기보다, 마치 우리에게 "내 일이 나의 아들을 통해 성취되는 것을 너희가 보길 원한다."라고 하시는 것 같다. 그러나 누구라도 아버지가 이렇게 선택하시는 이유가 아들 때문이라고 여기지 않도록 다시 생각하라. 이것은 궁극적으로 아버지에 관한 것이다. "내 아들을 보라! 내 아들을 주목하라! 그가 내게 바치는 놀라운 순종을 보라."[27] 아버지가 애초에 아들을 포함시키신 것은 심지어 너그러운 행위다. "아버지는 아들을 통해, 그리고 성령을 통해 자신의 일을 하시며, 그분이 자신의 일을 타인들과 공유하는 너그러움이 우리를 대하시는 방식으로 이어진다."[28]

너그러움은 EFS 견해에서 매우 중요하다. 아버지의 너그러움이 없으면, 아들은 감사할 줄 모르고 복종의 자리를 거부하며 삼위일체 안에서 아버지의 권위의 자리에 오르려 할 것이다. 그러나 EFS주의자들은 아들이 이렇게 하려 하지 않는 것은 자기 역할을 받아들이고 아버지 아래라는 자기 자리를 유념하기 때문이라고 말한다.[29] 그러므로 질투도 없고 교만도 없다. 오히려 각 위격은 "일치된 공동의 목적을 위해 함께 일한다."[30] 위격들은 자신들의 다양성과 다름, 곧 계층 구조와 종속이 불화로 이어지게 하지 않는다.[31]

---

26) Ware, *Father, Son, and Holy Spirit*, 55.
27) Ware, *Father, Son, and Holy Spirit*, 55.
28) Ware, *Father, Son, and Holy Spirit*, 58.
29) Ware, *Father, Son, and Holy Spirit*, 20.
30) Ware, *Father, Son, and Holy Spirit*, 20.
31) Ware, *Father, Son, and Holy Spirit*, 20. Cf. 157. 여기서 웨어는 '경쟁'이나 '씁쓸함', '자만'이나 '억압'이 없다고 말한다.

질투와 교만과 불화라고? 도대체 왜 EFS주의자들은 영원한 내재적 삼위일체 내부에서 이것들을 배제해야 할 필요를 느끼는가?

정통에 맞서

그 당시에 웨어의 발표는 더 진보한 삼위일체 강의 중에서도 전혀 새로운 수준으로 여겨졌으며, 그는 정통 신경들과 위대한 전통을 공개적으로 자신 있게 거부했다. 두 가지 예를 살펴보자.

첫째, 웨어는 그루뎀을 따라 영원한 출생 교리를 여러 차례 비판하고 거부했다. 영원한 출생 교리가 사변적이고 비성경적이며(성경에 이와 관련된 장이나 절이 전혀 없다) 그 자체로 말이 안 된다는 것이다(출생은 영원할 수 없다). 영원한 출생을 단언하기에 그리스도의 신성을 변호하는 니케아 신경에 관해 학생들이 물었을 때, 웨어는 고개를 흔들고 웃으며 "글쎄요, 내가 이단인가 보네요."라고 답하곤 했다.[32]

둘째, 웨어는 내재적 삼위일체 내부에서 계층적 역할과 관계들이 더없이 본질적이며 위격들을 정의하고 구분한다고 단언했다. 따라서 삼위일체 안에는 단 하나의 의지(will, 뜻)밖에 없다는 정통 신경들에 맞서 다수 의지가 있다고 주장하기까지 했다. 아버지가 아들을 능가하고 신격 안에서 지고하시다면, 아버지는 아들에게 자신의 의지를 실행해야 하고 아들은 자신의 의지를 아버지의 의지에 복종시켜야 한다.[33] 웨어는 아버지가 삼위일체의 나머지 두 위격 없이 일방적으로 행동하실 수 있다고 했을 때 이미 그 점을 암시했다.[34]

---

[32] 분명히 하건대, 웨어가 이렇게 말한 것은 자유주의자로서가 아니라 성경주의적 생각에서였다.
[33] Ware, *Father, Son, and Holy Spirit*, 49, 51.
[34] Ware, *Father, Son, and Holy Spirit*, 55.

아버지는 아들이나 성령이 필요 없고 자기 의지만으로 행동하실 수 있다. 그분은 아들에게 "그저 옆에 서서 내가 하는 모든 일을 지켜보라."라고 하시면서 자기 의지를 실행에 옮기실 수도 있으나 그러지 않고 아들을 포함시키신다. "그가 내게 바치는 놀라운 순종을 보라."35)

다수의 의지가 일체성을 훼손하는가? 웨어는 이 질문을 묵살했다. 그는 위격들이 한 사회처럼 움직인다고 했기 때문이다. "각 신적 위격은 자기 역할을 받아들이고 서로 적절한 관계를 가지며 일치된 공동 목적을 위해 함께 일한다."36) 웨어는 의지의 단일성을 부정했다. 목적의 단일성으로 충분했다.37) 그럼에도 웨어는 위격들이 본질을 공유하므로 자신은 삼신론자가 아니라며 사람들을 안심시켰다. 그러나 이것은 이상하게 들렸다. 적지 않은 경우에, 웨어가 영원한 출생을 거부한 이유(영원한 출생은 성경 밖에서 왔으며 비논리적이다)와 같은 이유로 신적 단순성을 비판하고 거부했기 때문이다. 그는 이렇게 항변했다. "스콜라주의는 형이상학이다!"

---

35) Ware, *Father, Son, and Holy Spirit*, 55.
36) Ware, *Father, Son, and Holy Spirit*, 20
37) 웨어는 삼위일체뿐 아니라 하나님의 속성과 기독론에서도 이런 접근법을 취했다. 그는 삼위일체에 대한 자신의 접근법과 크게 다르지 않은 방식으로 신적 불변성(divine immutability, 하나님의 불변성)을 수정했다. 하나님은 '본질'에서 불변하시지만 세상과의 '관계'에서는 그렇지 않으시다는 것이다. 웨어는 편재(무소부재), 전지, 무감동성(impassibility, 고난 불가성)을 비롯해 많은 속성에 대해 이 접근법을 취했다. 그리스도의 위격에 관해, 그는 단의론(monothelitism, 성육한 그리스도 안에는 한 의지밖에 없다)을 가르쳤고, 680-681년에 열린 제3차 콘스탄티노플 공의회가 확립한 정통적·신경적 입장을 거부했다. 이 공의회는 여섯 번째 에큐메니컬 공의회였으며, 그리스도 안에는 그분의 두 본성 곧 신성과 인성에 상응하는 두 의지가 있다고 고백했다. 이의론(dyothelitism)이다. 그렇지 않으면 그리스도는 참 인간이실 수 없고, 참으로 우리의 구속자로서 행동하실 수 없다. 이 공의회는 단의론을 이단으로 정죄했다. 단의론은 삼신론으로 이어질 뿐 아니라(삼위일체에 세 의지가 있다면 어떻게 세 신이 있지 않을 수 있겠는가?) 그리스도의 위격 안에 있는 두 본성(신성과 인성) 모두를 인정할 수 없기 때문이다. 칼케돈 신경(Chalcedonian Creed)을 보라. 당시에 웨어는 그리스도 안에 한 의지만 있다는 것이, 삼위일체 안에 세 의지가 있다(사회적 삼위일체론의 핵심 사상)는 자신의 믿음과 일치한다고 가르쳤다. 웨어는 다음에서 의지를 위격과 연결한다. *Father, Son, and Holy Spirit*, 18; *The Man Christ Jesus*, 20, 75-76, 84, 88; "Equal in Essence, Distinct in Roles," 36.

사회적 삼위일체는 사회의 원형, 특히 성 역할의 원형이다

3장에서, 삼위일체를 다시 연관시키려고 사회적 삼위일체론자들이 얼마나 열심인지 보았다. 이들은 삼위일체를 관계성들의 사회로 재정의했고, 이로써 삼위일체는 인간 사회의 원형이 되었다. EFS도 다르지 않았다. 삼위일체가 권위와 복종에 의해 사회적으로 연결된 위격들의 사회라면, 삼위일체는 "인간의 삶과 인간관계가 어떻게 이뤄져야 하는지에 대해 아주 중요한데도 소홀히 여기는 하나의 패턴을 제시한다."[38] 그러나 웨어는 삼위일체를 '패턴'이라고 부르는 데 그치지 않고 한 걸음 더 나가 '패러다임'과 '원형'이라고 불렀다.[39] 정확히 무엇의 패러다임과 원형인가? 모든 것이다. 일터와 사역과 가정의 패러다임이다.[40] 그루뎀도 똑같이 말했다.[41] 이것은 예전에 많은 사회적 삼위일체론자가 이미 했던 말, 즉 "삼위일체는 우리의 사회 프로그램이다."를 말하는 이들의 방식이다.

구체적으로 말하면, 삼위일체는 일터와 사역과 가정에서 '성 역할'(gender roles)의 패러다임이다. EFS는 남녀의 권위가 동등하다는 복음주의적 평등주의(evangelical egalitarianism)에 강하게 반대하며, 남편을 아내의 머리로 보고 남편에게 복종하는 것을 아내의 역할로 보는 상호 보완주의(complementarianism)를 주장한다. 삼위일체가 이러한 권위-복종의 '패러다임'과 '원형'이다. 아들이 아버지에게 복종하듯이 아내는 남편에게 복종해야 한다. 이 역할들은 이들의 정체성에 내재되어 있기까지 하다. 아들이 종속되지 않으면 아들일 수 없듯이 아내가 종속되지 않으면 아내일 수 없다.[42] "삼위일체 관계성들의

---

38) Ware, *Father, Son, and Holy Spirit*, 21.
39) Ware, *Father, Son, and Holy Spirit*, 58.
40) Ware, *Father, Son, and Holy Spirit*, 59-67.
41) Grudem, *Systematic Theology*, 459-460.
42) Ware, *Father, Son, and Holy Spirit*, 139.

가장 두드러진 특징은 영원하고 내재된 권위와 복종의 표현이다."[43] 성 역할의 경우도 다르지 않다.[44] EFS의 증거 본문은 고린도전서 11장 3절이다. "각 남자의 머리는 그리스도요 여자의 머리는 남자요 그리스도의 머리는 하나님이시라." 그러나 EFS주의자들은 불평등이 없다고 늘 재빨리 되풀이한다. 아들처럼, 아내의 복종은 존재론적이 아니라 기능적이다. 본질이 아니라 역할에서 이뤄지는 복종이다.[45]

새롭고…이전보다 훨씬 급진적인 것

EFS주의자들은 자신들의 견해를 수십 년 동안 가르쳤다. 그러나 최근에 이들의 견해를 두고 거대한 논쟁이 끓어올라 화산처럼 폭발했다.[46]

---

43) Ware, *Father, Son, and Holy Spirit*, 137.
44) Ware, *Father, Son, and Holy Spirit*, 150. 그루뎀(Grudem)이 가장 공격적일 수 있다. 다음을 보라. *Evangelical Feminism*, 207-214; *Evangelical Feminism and Biblical Truth*, 45-48, 403-442; *Systematic Theology*, 459.
45) Ware, *Father, Son, and Holy Spirit*, 139.
46) 논쟁은 2016년에 폭발했다. 브루스 웨어(Bruce Ware)와 존 스타크(John Starke)는 웨인 그루뎀(Wayne Grudem) 같은 EFS주의자들의 기고문을 모아 *One God in Three Persons*라는 책을 냈다. 나는 대서양 건너편에 내린 후에야 이 책을 알게 되었고, 알고 보니 나의 새로운 동료이자 총장인 마이크 오베이(Mike Ovey)가 한 장을 기고했으며 '종속'(subordination) 같은 단어들을 사용해 내재적 삼위일체 안에서 아버지에 대한 아들의 복종을 기술했다. 삼위일체 논쟁이 폭발했을 때, 마이크는 과거에 그루뎀과 웨어가 고전적 기독교의 여러 교리 중 영원한 출생에 의문을 제기했음을 알고 놀랐다. 마이크는 그루뎀과 웨어가 주장한 EFS의 버전에 자신이 기꺼이 단언하려는 것보다 많은 것이 있음을 발견했다. 그런데도 마이크는 '종속'이라는 단어가 내포하는 아리우스주의와 반(反)아리우스주의적 의미에도 불구하고 (또는 이 단어가 이미 자신을 아리우스주의자로 몰아붙이는 대적들의 손에 놀아나는데도 불구하고) 이 단어를 고수했다. 어느 날, 어쩌면 나는 마이크의 저서 *Your Will Be Done: Exploring Eternal Subordination, Divine Monarchy and Divine Humility*에 관한 리뷰를 쓸 것이다. 지금은 좀 더 살을 붙여야 하는 몇몇 비판을 제시하겠다. (1) 마이크는 니케아 신경을 폭넓게 다루는 대신 지역적이며 오늘날 신경으로서 권위가 거의 없는 신경들에 초점을 맞춘다. 그의 해석들 중에 어떤 것들은 논쟁의 여지가 있다. (2) 마이크는 콜린 건턴(Colin Gunton)에게 영향을 받아 사회적 삼위일체론의 한 형태, 곧 삼위일체에 대한 관계적 시각에 공감한다. 마이크는 건턴처럼 아우구스티누스(Aurelius Augustinus)에 회의적이다. (3) 마이크는 역사 자료를 오독하며, (그루뎀과 웨어처럼) 종속/복종이 언급될 때마다 내적 삼위일체가 고려된다고 상정한다. 반면에, 문맥적 독법(contextual reading)은 예를 들면 힐라리우스(Hilarius)가 구원의 경륜을 가리키고 있었음을 보여 준다. (4) 마이크는 요한복음에 그루뎀과 웨어보다 훨씬 주목하지만, 이번에도 요한이 경륜을

필라델피아 제10장로교회 목사 리암 골리거(Liam Goligher)가 경종을 울렸다. 그는 이렇게 썼다. "나는 성경적 상호 보완주의자인 것이 부끄럽지 않다." 그러나 "삼위일체 내의 관계들을 사회적 모델로 사용하는 것은 성경적이지 않을뿐더러 정통적이지도 않다. 하나님은 우리와는 달리 '사람들의 모임'이 아니다. …삼위일체 하나님의 내적 삶은 계층 구조나 가부장제, 평등주의를 지지하지 않는다."[47] 삼위일체는 우리의 사회 프로그램이 아니다. 또한 그는 EFS주의자들이 투명하지 않다고 했다. "이들은 신론을 다시 만들어 냄으로써 자신들의 주장을 세우면서도 자신들이 무엇을 하는지 기독교 대중에게 말하지 않는다."[48] 골리거는 모든 곳의 복음주의자들을 향해 "고전적, 보편적, 정통적, 개혁주의적 하나님 이해를 버리기 전에 무엇이 위험한지 가늠해 보라."라고 촉구했다.[49]

이렇게 포격이 개시되자 수많은 반응이 뒤따랐고 대다수의 반응은 EFS에 맞서는 것이었다.

EFS 대표 주자들도 반응했다.[50] 이들이 견해를 바꿨는가? 바꾼 것 같으나 바꾸지 않았다. 어떤 의미에서, 이들의 견해는 훨씬 급진적이고 훨씬 비정통적으로 바뀌었다.[51] 이들은 이제 영원한 출생을 단언하며, 우리는 이에 대해

염두에 두고 있음을 문맥이 보여 주는데도 종속이 내적 삼위일체를 가리킨다고 본다. 요한의 다른 단락에서, 마이크는 본문에 없는데도 자신의 종속론을 본문에 넣어 해석한다. (5) 마이크는 삼위일체에서 의지가 하나라고 단언하려 한다. 그렇더라도 그는 일관되지 못하며 때로 삼위일체 안에 여러 의지가 있다고 직간접적으로 가르치는 언어를 사용한다. 마이크는 이렇게 하면서 삼위일체에 대한 사회적 정의에 굴복할 뿐 아니라 각 위격에 실재하는 신적 본질의 단순성을 훼손한다. 간단히 말해, 마이크가 '의지(들)'이라는 용어를 휘두르는 방식은, 본질과 위격 간의 분명한 구분을 유지하지 못한다. 특히 그가 성육신을 논할 때 그렇다. (6) 마이크는 자기 저서의 전략적 지점에서 자신이 젠더 논쟁에 어떻게 자극받는지 드러내며, 이로써 그가 종속을 시사하는 것이 사회적 의제의 영향을 어느 정도나 받았는지 독자들로 궁금하게 만든다.

47) Goligher, "Is It Okay to Teach a Complementarianism Based on Eternal Subordination?"
48) Goligher, "Is It Okay?"
49) Goligher, "Reinventing God."
50) Ware, "Unity and Distinction of the Trinitarian Persons," 17–62.
51) 웨어는 동일한 방법을 적용하며, 문자 그대로 문맥과 거의 관련 없이 본문을 열거한다. Ware, "Unity and Distinction of the Trinitarian Persons," 26–34. 그의 열거 방식은 32–33을 보라.

감사해야 한다.[52] 그러나 이들은 어떤 의미에서 영원한 출생을 단언하는가? 무슨 목적에서 단언하는가?

> **고발: EFS주의자는 반(半)아리우스주의자다**
>
> 칼 트루먼(Carl Trueman) 같은 다른 상호 보완주의자들도 경종을 울렸으며 특히 신칼뱅주의 운동을 향해 스스로 해명하라고 촉구했다. 마이클 버드(Michael Bird) 같은 평등주의자들이 동의했다. 버드는 EFS주의자들을 유사 본질적 상호 보완주의자들(Homoian Complementarians)이라고 불렀다. "브루스 웨어와 웨인 그루뎀은 아리우스주의가 아니다. …그러나 이들은 위험하게도 반(半)아리우스주의인 유사 본질주의(Homoianism)에 가깝거나 최소한 비(非)니케아주의자들(non-Nicenes)이다. …유사 본질주의는 더 미묘하며, 따라서 더 위험한 변종 아리우스주의다." 트루먼(Trueman)의 "화씨 381"(Fahrenheit 381)과 버드(Bird)의 "다가오는 전쟁"(The Coming War)을 보라.

2장에서, 니케아 교부들이 단지 기원의 영원한 관계들(아버지는 나지 않으시고, 아들은 나시며, 성령은 출송되신다)을 단언하기만 한 게 아니라 기원의 영원한 관계들만이 위격들을 구분한다고 했다는 것을 배웠다.

웨어는 동의하지 않는다. '구분'(distinctiveness, 구별)은 두 가지 범주로 나뉜다. (1) 기원의 영원한 관계들과 (2) 계층 구조의 영원한 기능적 관계들이나 역할들이다. 둘은 서로 무관하지 않지만, 영원한 기능적 관계들/역할들(권위/복종)은 기원의 영원한 관계들로부터 나오며 그 관계들 안에서 발견된다.[53] 이것은 전략상 중요하며, EFS주의자들에게 영원한 신격 내부에 종속을 끼워

---

[52] 웨어는 이것이 "내 입장이 바뀐 것"이라고 말하지만 뒤이어 이렇게 주장한다. "나는 결코 과거에 영원한 출생 교리가 틀렸다고 말한 적이 없지만, 성경이 이것을 가르치는지 물었고, 솔직하게 이것이 무엇을 의미하는지를 두고 머리를 쥐어짰다." 그러나 웨어는 영원한 출생에 관해 묻고 머리를 쥐어짰을 뿐 아니라 이것을 노골적으로 비판하고 부정했으며, 다른 사람들에게도 그렇게 하도록 독려했다. 웨어는 이렇게 하면서 성경이 영원한 출생을 가르치지 않는다고 믿으며 영원한 출생을 암시하기보다 반대했다(Ware, "Unity and Distinction of the Trinitarian Persons," 50, n.24).

[53] Ware, "Unity and Distinction of the Trinitarian Persons," 23, 25–26.

넣을 기회를 준다. EFS가 기원의 영원한 관계들을 새롭게 단언하기 때문에 신격에 권위와 복종이 포함된다는 이들의 견해가 약화되는가? 웨어는 이렇게 주장한다. "절대로 그렇지 않다. 그 견해를 강화할 뿐이다."[54]

이단(아리우스주의) 혐의를 피하려고, EFS는 기원의 영원한 관계들은 존재론적이지만 권위/복종의 역할들은 기능적이라고 말한다.[55] EFS는 아들이 존재론적으로 종속된다는 것을 부정한다. 아들은 오로지 기능적으로 종속된다. 그러나 기능적인 것은 존재론적인 것에서 나온다. EFS는 존재론적인 것이 기원의 영원한 관계들에 속하며 기능적 역할들과는 전혀 무관하다고 주장한다. 그럼에도 웨어는 아들에 대한 아버지의 우위성(primacy)과 우선성(priority)과 궁극적 권위(ultimate authority)를 단언한 후, 영원한 삼위일체에서 아버지가 존재론적 우위성을 갖는다고 말한다.[56] EFS주의자들은 이 분명한 모순을 어떻게 해결하는지 설명하지 않는다.

처음에, 웨어는 자신이 정통이고 니케아 지지자라고 단언한다. 그러나 자신의 주장을 펼수록 그가 니케아 교부들과 위대한 전통이 삼위일체를 기술하는 방식에 불만을 느끼고 있다는 게 더 분명해진다. 예를 들면, 그는 정통을 따라 "신적 전유들(divine appropriations)에 호소하면 성경이 나타내는 기능적 관계들을 온전히 표현하지 못한다."라고 말한다. "그렇다. 외적 활동들의 순서는 내적 관계들의 순서를 표현하지만, 단지 이렇게 말하면 성경이 암시하는 중요한 부분이 배제된다." 정확히 무엇이 배제되고 빠지는가? 권위와 계층 구조다. 삼위일체 안에서 말이다.

웨어는 내재적 삼위일체 안에 권위-복종이 없다면 아버지가 아들을 보내심은 기원의 관계들의 기계적이고 비인격적인(impersonal, 비위격적인) 작동일

---

54) Ware, "Unity and Distinction of the Trinitarian Persons," 51.
55) Ware, "Unity and Distinction of the Trinitarian Persons," 20, 21.
56) Ware, "Unity and Distinction of the Trinitarian Persons," 34-36, esp. 36.

> **핵심 용어**　**전유**(Appropriations)
>
> 니케아 교부들에 따르면, 삼위일체는 한 본질이기에(단순성) 세 위격이 경륜에서 언제나 나뉠 수 없게 일하신다. 그럼에도 한 본질이 실재의 세 양태(기원의 영원한 관계들)를 갖기 때문에 특정 사역이 특정 위격에 의해 전유될 수는 있지만, 늘 그 위격의 실재의 양태와 일치하는 방식으로 전유된다. 예를 들면, 아들은 성육하도록 아버지에 의해 보냄을 받으시며, 이것은 나심이라는 아들의 실재의 양태(영원한 관계)에 상응한다.

뿐이라고 믿는다. 그는 정확히 왜 그런지는 설명하지 않는다. 그러나 아들이 내재적 삼위일체 안에서 아버지께 복종한다면 전유들은 인격적이 된다. 결국, 내재적 삼위일체 내부의 권위-복종에서 비롯되지 않으면, 친니케아적 전유들은 부족하다.[57]

이런 이유로, 전유들을 말하는 웨어의 언어는 친니케아적이지 않고 오히려 사회적이며 마치 위격들이 서로 분리된 행위자들인 것처럼 말한다. 이것은 놀랍지 않다. 웨어는 '역할들'과 같은 사회적 범주를 내재적 신격 안에 추가했기 때문이다.

요약하면, EFS주의자들은 기원의 영원한 관계들을 받아들임으로써 자신들의 입장을 바꾼 것처럼 보이지만, 비평가들은 이들이 사실상 입장을 급진화하고 종속을 하나님의 영원한 내재적 정체성에 더 깊이 박아 넣었다고 결론짓는다.

결과는 무엇인가? EFS주의자들은 정통을 자처하는 동시에 친니케아적 삼위일체가 부족하다고 말한다. EFS주의자들은 자신들의 견해가 니케아 전통(적어도 그들의 생각에 이 정통적 전통의 일부)과 다르며 이 전통에 심지어 반(反)한다는 것을 안다. 그러나 이들은 "다른 사람들이 아니라 자신들이 성경을 제대로 이해했다."라고 확신한다.[58]

---

57) Ware, "Unity and Distinction of the Trinitarian Persons," 24-25.
58) Ware, "Unity and Distinction of the Trinitarian Persons," 27.

그러면 우리는 어떻게 대응해야 하는가?

교회와 대학과 신학교에서, 복음주의자들은 EFS를 계속 들이마신다. 당신도 내 이야기에 공감할 수 있을 것이다. 다시 말해, EFS가 성경적이라고 들었을 것이다. 그러나 깨어 정신을 차려야 할 때다. EFS는 성경적 정통을 약화시키며, 복음주의를 사회적 삼위일체론의 늪에 몰아넣겠다고 위협한다. 한마디로, EFS는 기발하다. EFS는 니케아 정통에 충실하다고 자처하지만, 니케아 정통에서 떠났을 뿐 아니라 위험하게도 교회가 오래전에 장사 지낸 이단들을 되살려 내는 지경까지 근접한 게 분명하다. 몇몇 이유를 살펴보자.[59]

다시 사회적 삼위일체

삼위일체는 "본성상 존재의 일치일 뿐 아니라 영원히 위격들의 사회로 존재한다. 하나님의 삼위적 실체는 홀로 하나님이신 한 분 하나님의 존재에 내재되어 있다. 그분은 자신 안에 사회적으로 연결된 존재다."[60]

누가 이렇게 말했는가?

3장을 읽어 보았다면, 우리가 다룬 사회적 삼위일체론자 중 하나라고 생각할지 모른다. 위르겐 몰트만(Jürgen Moltmann)인가? 아니다. 브루스 웨어다. 너무나 친숙하게 들린다. EFS주의자들은 지난 세기 여느 사회적 삼위일체론자와 흡사하게 삼위일체를 정의하기 때문이다. 3장에서 우리는 사회적 삼위일체의 핵심 표식들을 살펴보았다. 이제 EFS의 견해를 살펴보았으니, 이 표식 중 완전히 일치하는 것들이 얼마나 많은지 보라.

---

[59] EFS를 반대해 온 다른 사람들로는, 홈즈(Holmes), 자워스(Jowers), 버트너(Butner), 스웨인(Swain), 버드(Bird), 에머슨(Emerson), 스탬스(Stamps), 브레이(Bray), 존슨(Johnson) 등이 포함된다(참고 문헌을 보라).

[60] Ware, *Father, Son, and Holy Spirit*, 21.

- 출발점은 (그리고 강조점은) 단순성이 아니라 세 위격이다. 더러는 단순성을 완전히 거부한다.
- 삼위일체는 사회와 공동체로 재정의되며 인간 사회와 비슷하다.
- 위격들은 의식과 의지의 세 중심으로 재정의된다.
- 위격들은 자신들의 관계성들과 역할들에 따라 재정의된다.
- 내재적 삼위일체와 경륜적 삼위일체가 크게 중첩된다(때로 무너진다).
- 사회적 삼위일체는 사회 이론(교회론, 정치학, 젠더 문제 등)의 패러다임이다.

EFS는 이러한 표식들 하나하나와 맞아떨어지기에 사회적 삼위일체론의 한 종(種)이다. 2, 3장에서 보았듯이, 사회적 삼위일체론은 성경적 정통을 떠났다. EFS와 이전 사회적 삼위일체론자들의 차이는 다음과 같다. 현대 신학자들은 사회적 범주들 속에서 사회 내 평등의 한 원형으로 삼위일체를 다시 그려내지만, EFS는 동일한 사회적 시각을 취하면서도 권위-복종 구조가 삼위일체를 정의한다고 결론짓는데, 이 또한 사회의 원형이다.[61] 위격을 보는 EFS의 시각은 레오나르도 보프(Leonardo Boff) 같은 사회적 삼위일체론자의 시각과 거의 차이가 없다. 보프는 이렇게 말했다. "현대적 개념의 위격은 기본적으로 '관계성 안에 있는 존재'(being-in-relationship)다. 한 위격은 자율의 중심으로 존재하는 주체이며 의식과 자유를 갖는다."[62] EFS에게 위격들은 사회적 주체일 뿐 아니라 아들과 성령은 홀로 지고한 권위이며 홀로 궁극적 찬양을 받기에 합당한 아버지에게 복종한다.[63]

EFS주의자들은 성경을 가르칠 뿐이라고 말하는 만큼, 철저히 사회적 삼위일체론을 토대로 말한다. 그러나 사회적 접근은 정통적·성경적 충실함을 저

---

61) Ware, *Father, Son, and Holy Spirit*, 21.
62) Boff, *Trinity and Society*, 115.
63) Ware, *Father, Son, and Holy Spirit*, 21, 51.

버리고, 특히 아들을 더 작은 권위와 영광으로 여긴다. 드러나듯이, EFS는 비록 의도적이지 않더라도 세 이단들에게 꼬리를 친다. 그것은 삼신론, 사벨리우스주의, 종속론이다.

EFS는 삼위일체의 일체성을 버렸는가? 삼신론이 될 위험

2장에서, 친니케아적이라면 '나뉠 수 없는 활동들'(inseparable operations, 불가분적 작용들)을 단언해야 한다는 것을 배웠다. 나뉠 수 없는 활동들이란 세 위격 모두의 협력이나 참여 그 이상을 의미한다. 세 위격은 의식과 의지의 세 중심이 아니다. 마치 세 위격이 단지 함께 일하고 동일한 바람을 공유하며 동일한 계획에 동의하기라도 하듯이 말이다. 나뉠 수 없는 활동들이란 하나님의 모든 행위가 삼위일체 하나님의 단일한 행위(single act)라는 뜻이다. 서로 다른 행위자들의 서로 다른 행위들이 있는 게 아니라 한 신적 행위자의 한 행위가 있을 뿐이다. 의지가 단일하며 활동도 단일하다. 이에 관해서는 10장에서 자세히 살펴보겠다.

그러나 EFS주의자들이 마치 위격들이 각자 별개의 행위자들인 것처럼 말하거나 '역할들'과 '기능들' 같은 단어를 사용해 위격들을 정의할 때, EFS 언어는 성경적 정통의 기본 전제를 저버린다. 웨어는 이제 삼위일체의 의지가 하나라고 말하지만, 전에는 셋이라고 가르쳤다. 웨어가 삼위일체의 위격들을, 특히 위격들 간의 권위 차이를 말할 때, 그의 주장과 달리 그의 견해(EFS 견해)는 신적 단순성은 고사하고, 나뉠 수 없는 활동들마저 제대로 견지할 수 있을 것 같지 않다. 그루뎀은 나뉠 수 없는 활동들을 비판하기까지 한다.[64]

EFS주의자들이 역사적으로 다중 의지를 수반하는 표현을 사용할 때는 더욱 그렇다. 예를 들면, EFS주의자들은 이렇게 말한다. 아버지가 아들을 낳으

---

64) 그루뎀이 나뉠 수 없는 활동들(inseparable operations)이 구분될 수 없는 활동들(indistinguishable operations)을 의미한다고 본 것은 옳지 않다. Grudem, "Biblical Evidence," 258을 보라.

심은 아버지의 존재론적 우위성을 뜻하지만, 자신이 낳은 아들을 세상을 향한 사랑에서 세상에 보내심은 아버지의 동기를 계시하며 "설령 아버지의 동기가 아들과 성령의 동기와 조화되거나 일치하더라도 독점적으로(배타적으로) 아버지의 동기여야 한다."[65] 다중 동기들? 배타적 동기들? 이것은 삼신론의 조리법이다. EFS는 아버지에게 하나의 개별 목적, 곧 그분이 독점하는 목적이 있다고도 말한다. 적어도 아버지가 아들을 보내시려면, 아버지의 권위가 있으며 이 권위는 아버지의 개별 동기와 아버지의 개별 목적에 필수적이다.[66] 웨어는 아버지가 별개의 개별 행위자라고까지 말한다.[67] 다중 목적들? 개별 행위자들? 여기에는, 삼신론을 위한 요소들이 더 많다.

겉보기에, 이런 언어는 해가 없어 보일지 모른다. 그러나 EFS가 권위-복종의 기능적 관계들이라는 기발하고 신선한 범주를 내재적 삼위일체에 어떻게 욱여넣는지 숙고하면 알 수 있듯이, 이 언어는 매우 우려스럽다. 특히, 아버지에게 독점된 권위와 아들에게 독점된 복종이 그렇다. 이 언어는 소리친다. "다중 의지들!" 이 부분에서, EFS의 사회적 삼위일체론(의식의 개별 중심들)이 두터워지고 무거워진다. 핵심은 이것이다. EFS는 삼위일체의 위격들을 서로 분리하며 서로 맞세우기까지 한다. 그 결과는 단편화(fragmentation)다.

대조적으로, 존 웹스터(John Webster)는 이렇게 경고한다. 위격들은 준독립적 행위자들이 아니다. "경륜에서 삼위일체는 나뉠 수 없게 행동하시며, 삼위일체의 사역들은 절대적으로 하나인 신적 본질에 돌려져야 한다." 그러므로 "위격들이 경륜에서 수행하는 상호 역할들(mutual roles)을 말하는 것으로는 충분하지 않다. 분리될 수 없거나 상호 내재적인 행위는 단지 상호 결합된

---

65) Ware, "Unity and Distinction of the Trinitarian Persons," 34–36, esp. 36. Cf. Grudem, "Doctrinal Deviations," 39.
66) Ware, "Unity and Distinction of the Trinitarian Persons," 37.
67) Ware, "Unity and Distinction of the Trinitarian Persons," 38.

활동이 아니다. …공동 행위는 구분할 수 없는 행동이 아니다."[68] '상호 역할들', 이것이 정확히 EFS가 사용하는 용어다. 문제는 이것이 '나눌 수 없는 활동들'을 단지 결합된 활동으로만 본다는 것이다. 그러나 공유된 행동은 단일한 행동과 같은 게 아니다.

> **목적에 관해**
>
> EFS주의자들은 삼위일체 하나님이 창조 세계를 향해 어떻게 행동하시는지 보고, '아버지와 아들'을 '권위와 복종'의 동의어로 여긴다. 그러나 존 웹스터(John Webster)는 '아버지와 아들'은 '능력과 도구' 또는 '우월과 열등'과 같지 않다고 말한다(*God without Measure*, 72). 우리가 창조 세계 및 구원의 경륜과 관련해서 한 분이며 단순하지만 삼위일체이신 하나님을 말할 때는, '목적과 실행'을 말하는 것이 적절하다.

존 오웬(John Owen)은 이렇게 말한다. 위격들은 "활동들에서 나뉘지 않으며 모두 동일한 의지와 동일한 지혜와 동일한 능력으로 행동하신다. 그러므로 각 위격이 하나님이시기 때문에 모든 위격은 하나님이 하시는 모든 일의 주체이며, 신적 본성은 모든 신적 활동의 동일하고 나뉘지 않는 원리다. 그리고 이것은 본질이 동일한 위격의 일체성에서 비롯된다."[69] 주목하라. 오웬은 '능력'을 배제하지 않는다. 한 의지 안에서, 위격들은 동일한 능력으로 행하신다. 아들은 더 작은 영광이 아니듯이 더 작은 능력도 아니다. 이것이 EFS가 말할 수 없는 것이다.

더 나아가, 하나 또는 그 이상의 위격이 위격성의 정의상, 권위에서 다른 위격보다 열등하다면, 세 위격이 단일한 행동을 할 수 없다. 내재적 삼위일체

---

68) Webster, *God without Measure*, 94.
69) John Owen, *Pneumatologia, or a Discourse Concerning the Holy Spirit*, in *Works* 3:93. Cf. Webster, *God without Measure*, 95.

안에 권위의 차등을, 즉 위격 정의와 관련하여 삼위일체를 삼위일체이게 하는 데 필수적인 것으로서 차등을 집어넣자마자 하나님 안에 있는 한 의지를 잃는다.[70] 삼위일체의 하나이며 단순한 본질을 잃는다. 우리의 하나님은 단순한 삼위일체이시다. …그 이상이 아니다.

게다가, 권위와 복종을 하나님의 내적 삶(내재적 삼위일체)에 주입한다면, 그 즉시 왜 삼위일체 안에 한 의지(단순성)가 아니라 세 의지(삼신론)가 있지 않은지 설명하고 입증해야 할 책임이 생긴다. "하나의 단순한 의지(one simple will)가 있는 곳에는 필연적으로 권위와 복종이 있을 수 없다." 왜 그런가? 그 답은 이것이다. "권위와 복종은 의지 능력(volitional faculties)의 다양성을 필요로 한다." 바꾸어 말하면, 하나님 안에 다중 의지가 있어야 한다.[71] 바로 이런 이유로, 사회적 삼위일체론은 삼신론이라는 혐의를 받는다.

EFS주의자들은 자신들이 삼신론 이단이 아니라고 한다. 그러나 이들이 기발한 기능적 범주를 내재적 신격에 주입할 때 어떻게 삼신론을 피할 수 있는지 확실하지 않다. 물론, 그 누구도 자신이 삼신론자라고 주장하지 않는다. 그러나 삼신론은 우리가 알아채지 못하는 방식으로 가만히 들어올 수 있다. 이런 일은 둘 중 한 방식으로 일어난다. "한 형태는 셋 각각의 개별성을 지나치게 강조하는 현대적 위격 개념을 사용할 것이다. 또 한 형태는 위격의 차이들이 이들의 사명 근저에 자리한 기원의 관계들에서 기원한다고 보기보다 각 신적 위격의 뚜렷한 특징들을 지나치게 강조할 것이다."[72]

EFS가 정확히 그렇게 했다. 개별성을 지나치게 강조하고 구별되는 특성을 지나치게 강조했으며, 오로지 기원의 관계들이 아니라 계층 구조의 기능적 역할들에 따라 위격들을 구분했다. "현대의 사회적 삼위일체론 형태들은

---

70) Giles, *The Eternal Generation of the Son*, 232.
71) Holmes, "Classical Trinitarianism and Eternal Functional Subordination," 104.
72) Treier, *Introducing Evangelical Theology*, 84.

이런 비판을 자주 받는다."[73] EFS는 이런 사회적 삼위일체론의 형태 중 하나다.

기능 과적(過積): 사벨리우스주의가 될 위험

지금까지 삼신론으로 기우는 EFS의 경향들을 살펴보았다. 그렇다면 사벨리우스주의는 어떤가? 앞서 말했듯이, 이것은 모두 강조에 관한 것이다. 지나친 강조는 치명적이다. EFS는 위격들을 개별 행위자들로 지나치게 강조하지만 기능 또한 지나치게 강조한다. (아리우스주의라는 혐의를 피하려고) EFS주의자들은 삼위일체 내 종속은 존재론적이지 않고 기능적이라고 거듭 강조한다. 그러나 앞서 보았듯이, 이들은 기능을, 특히 권위와 복종을 내재적 삼위일체에 집어넣어 해석한다.

기억하라. 니케아 정통은 위격들을 정의하는 것은 오로지 하나뿐이라고 주장한다. 기원의 영원한 관계들이다. 이 판단은 정확하다. 7장에서 보았듯이, 성경은 영원한 출생만이 아들의 영원한 기원을 설명한다고 말한다. '나심'(begotten) 언어는 아들에게 적용되며(예를 들면, 요 3:16), 아들이라는 칭호 자체가 출생 은유를 시사한다. 그뿐만 아니라, 구약과 신약 모두 '광채'(히 1:3, 5), '형상'(골 1:15-17, 19), '지혜'(잠 8장; 고전 1:22-24, 30), '말씀'(요 1:1, 14, 18), '옛적부터 항상 계신 이'(미 5:2; 마 2:5)와 같은 단어를 사용할 때 동일한 사실을 시사한다. 마찬가지로 9장에서 성령의 기원을 볼 것이다. 성령의 기원은 출송(spiration)의 의미 자체에 의해 시사될 뿐 아니라 성경에서 성령을 가리키는 여러 칭호에 의해서도 시사된다. '숨'(창 1:2; 욥 33:4; 시 33:6; 요 3:8; 20:22; 딤후 3:16), '선물'(요 4:10; 7:38-39; 15:26; 행 2:38; 5:32; 8:20; 10:45), '사랑'(롬 5:4-5; 갈 5:22; 요일 4:7-16).

---

73) Treier, *Introducing Evangelical Theology*, 84.

> ### 성령에 대해서는 어떠한가?
>
> EFS주의자들은 성경에서 위격들에 해당하는 이름이 정의상 권위/복종을 내포한다고 주장한다. 그러나 EFS주의자들이 '성령'이라는 이름이 어떻게 복종과 종속을 내포하는지 설명하려고 애쓴다는 게 이상하지 않은가? 이들이 일관적이라면 그럴 수밖에 없어 보인다. 이들은 '아들'이란 태어남뿐이 아니라 기능적 종속을 의미한다고 주장한다. 그러나 이들은 동일하게 좁은 접근법을 성령에 적용할 수는 없다. 심지어 성령은 그들에게 친숙하지도 않은 어휘다.

그러나 EFS는 또 하나의 범주를 추가한다. 성경이 내재적 삼위일체 안에 결코 두지 않는 범주다. 계층 구조의 기능적 관계들(권위/복종)이다. 이들은 이러한 기능들이 우연이 아니라 본질이고, 선택이 아니라 필수라고 말한다. 주목하라. 이러한 기능적 관계들은 중심이 사회적이다. 더 이상 존재론적 관계들로만 삼위일체 위격들을 정의하지 않는다. 이제 계층 구조의 사회적 관계성들이 삼위일체 위격들을 정의한다. EFS는 내재적 신격 내부의 기능을 이렇게 강조하면서 위격들을 단지 계층 구조의 사회적 행동들로 전락시키는 것을 어떻게 피할 수 있겠는가? 위격들이 무엇을 하느냐(다른 위격에 대한 능력을 드러내고 다른 위격의 능력에 복종한다)가 위격들이 누구인지(아버지, 아들, 성령)를 정의한다면, 이는 사벨리우스주의로부터 멀지 않다. 삼위일체가 누구냐와 삼위일체가 무엇을 하느냐는 융합되었다.

EFS가 아버지는 창조와 구원에서 아들과 성령의 행동을 필요로 하지 않으신다고 말할 때, 사벨리우스주의의 흔적이 형광등 아래서는 볼 수 없는 비밀 잉크처럼 나타난다. 아버지는 일방적으로 행동하실 수 있다. 그런데도 아버지는 성자와 성령을 포함시키실 만큼 너그러우시다. 이것은 단순성을 노골적으로 침해하고 하나님의 한 의지를 명백하게 해체할 뿐 아니라 사벨리우스주의에 매우 가깝다. 고대 세계에서, 사벨리우스주의는 형태가 다양했다.[74] 한 형태는, 신적 위격이 하나지만 세 방식으로(아버지, 아들, 성령) 나타나거나 자신을 계시할 뿐이라고 했다. 또 한 형태는, 신적 위격이 하나지만 순차적으로 변한다고 했다. EFS는 둘 사이 어디쯤 위치한다. 성부 하나님이 혼자 일방적으로 아들과 성령 없이 행동할 권리가 있다면 아들과 성령은 아버지가 그들이 행동할 자격이 있다고 결정하실 때까지 자기 차례를 기다려야 하는 게 아닌가 하는 생각이 들기 때문이다. 이것은 나뉠 수 없게 일하시는 삼위일체가 아니다.

EFS가 아들의 더 작은 영광을 말하는 방식도 사벨리우스주의라는 의혹을 더할 뿐이다. 마치 결국 아버지가 궁극적 찬양을 받도록 아들이 한걸음 비켜나 종속되기라도 하듯이 말이다. 어쨌든 EFS는 아버지 홀로 궁극적 찬양을 받기에 합당하다고 말한다.[75] 웨어는 아버지의 더 큰 권위와 영광 덕분에 내재적 삼위일체 안에 질투나 시기나 불화가 없다고 독자를 안심시켜야 하며, 이러한 사실 자체가 사벨리우스주의를 맞아들이는 문을 훨씬 넓게 열 뿐이다.

아킬레스건: 종속론에 빠질 위험

이 책 전체가 니케아 정통의 기본 원리를 줄곧 되풀이한다. 그 원리란 오로지 기원의 영원한 관계만 내재적 삼위일체에서 위격들을 구분한다는 것이다. 그러나 EFS는 기발한 범주를 추가한다. 권위와 복종의 영원한 역할들이다. 그런데도 EFS주의자들은 기원의 영원한 관계들은 존재론적이지만 권위/복종의 영원한 기능적 관계들/역할들은 기능적이라고 주장한다.

첫째, 내재적 삼위일체 안에 기능적인 것과 반대되는 존재론적인 것이 있다고 말하는 것은 잘못이다. 이것은 이상한 이분법, 곧 모든 면에서 기발할

---

74) Brown, *Heresies*, 101.
75) Ware, *Father, Son, and Holy Spirit*, 21, 51.

뿐 아니라 성경적 니케아 정통과 상반되는 이분법이다. 친니케아 교부들은 모든 성경 해석에서 이런 범주들을 절대 인정하지 않았을 것이다. 니케아 신경은 내재적 삼위일체 내부에 계층적 역할들이 있다고 결코 말하지 않는다. 내재적 삼위일체를 말하는 것은 언제나 존재론을 말하는 것이었다. 이것이 우리가 말하는 삼위일체 하나님이시다. 하나님 안에 있는 모든 것이 존재론적이다. 그렇지 않다면 그분은 하나님이 아닐 것이다. 단순한 하나님 안에서 복수적으로 구분되는 것은 기능적인 것이 아니라 위격적인 것, 정확히 말하면 **휘포스타세이스**(*hypostaseis*)다. 그럴 때라도 각 위격은 한 본질의 한 실재다. 본질은 실재의 세 양태를 갖는다. 본질은 존재론적인 것을 더 이상 갖지 않는다. 그러나 내재적 삼위일체에 사회적 역할들이 투영되면, 위격들은 더 이상 실재들만이 아니라 개별 행위자들이다. 이 경우, 협력하여 계층적 공동체를 형성하는 개별 행위자들이다. 이것은 사회적 삼위일체에 부합할지 몰라도 결코 성경적 니케아 정통이 아니다.

둘째, 종속이 존재론적이 아니라 기능적이라는 EFS의 주장은 위격과 본질의 연결을 이해하지 못한다. EFS주의자들은 이 둘을 나눴다. 아들이 본질에서 갖는 존재론적 동등성을 한 위격으로서 갖는 기능적 종속이라는 개념으로부터 보호하려면 이렇게 할 수밖에 없다.[76] 아들이 권위에 있어 복종하고 그의 영광이 더 작은데도, EFS는 "아들이 아버지가 소유하는 본성과 정확히 동일한 본성을 소유하며 정확히 이 때문에 아버지와 동일하다."라고 단언한다.[77] 그러나 왜 그런가? 왜 아들이 아버지와 정확히 동일한 본성을 소유하는가? 웨어는 이 질문에 전혀 답하지 않는다.

---

76) 말할 것도 없이, 이렇게 나누면 하나님은 사위일체(quaternity)가 된다.
77) Ware, "Unity and Distinction of the Trinitarian Persons," 19.

> ### 휴스턴, 문제가 생겼다
>
> 계층 구조를 신적 본질 자체에 심지 않고서는 그것을 기원의 영원한 관계들에 심어 내재적 삼위일체에 고유하게(intrinsic) 할 수 없다. 그럴 수 있다고 말한다면, 기원의 영원한 관계들이 어디에서 시작되야 하는지 이해하지 못하는 것이다. '위격들은 신적 본질 자체의 실재들이다.' 논쟁이 촉발되자 그루뎀과 웨어는 기원의 영원한 관계들을 공개적으로 재고하고 받아들여야 했을 것이다. 그러나 그들이 이렇게 하면서 내재적 삼위일체에 기능적 계층 구조를 집어넣었다는 것도 곧 분명해졌다. 종속을 기원의 영원한 관계들에 덧붙인다면 성경적 니케아 범주를 조작하는 것이다.

그러나 이 질문의 답은 EFS의 아킬레스건을 드러낸다. 2장을 떠올려 보라. (아들의 출생과 같은) 영원한 관계들이 위격들을 구분할 뿐 아니라, 니케아는 영원한 출생을 내세워 아리우스주의에 맞서며 아들이 아버지와 동등하다고 주장한다. 아들이 아버지의 본질(*ousia*)로부터 영원히 나시기 때문이다. 아타나시우스(Athanasius)가 아리우스주의자들에 맞서 말했듯이, "아들은 늘 아버지의 본질의 적자이시다."[78] 니사의 그레고리오스(Gregorios)가 말했듯이, "독생자는…아버지 안에 계시며, 따라서 그분의 본성으로부터 나오신다."[79] 서방 교부들도 동의했다. 아우구스티누스(Aurelius Augustinus)는 영원한 출생에서 "시간 속의 그 어떤 시작도 없이, 본성의 그 어떤 변화도 없이, 아버지가 아들에게 존재를 부여하신다."라고 했다.[80] 안셀무스(Anselmus)는 이렇게 말했다. 아버지는 "오직 자신으로부터 (비롯된) 본질을 가지신다." 그러나 "반대로, 아들은 자신의 본질을 아버지로부터 받을 뿐 아니라 아버지와 동일한 본질을 가지신다."[81] 아퀴나스(Thomas Aquinas)도 똑같이 말했다. "아버지는

---

78) Athanasius, *Against the Arians* 1.9.29 (*NPNF2* 4:324). Cf. Athanasius, *Defence of the Nicene Definition* 5.19 (*NPNF2* 4:162-163).
79) Gregory of Nyssa, *Against Eunomius* 1.39 (*NPNF2* 5:94).
80) Augustine, *The Trinity* 15.47.
81) Anselm, *Monologion*, 45, in *Works*, 58.

신적 본질이라는 근원을 통해 아들을 낳으신다."[82] 이어지는 위대한 전통은 종교개혁 이후까지 이 노선을 잘 이어 갔다. 투레티니(François Turrettini)가 그 한 예다. "본질은 출생이나 출송에 의해 전달된다."[83] 존 오웬(John Owen)도 이 연결을 보았다. "(한) 신적 위격은 특별한 속성 때문에 특별한 방식으로 실재하는 신적 본질일 뿐이다."[84]

연결을 놓치지 말라

내재적 삼위일체에 존재론적인 것(본질)과 기능적인 것(계층적 역할들)이 있으며 하나가 다른 하나에 영향을 미칠 필요가 없다고 말하는 게 깔끔하고 단정하게 보일는지 모른다. 그러나 이렇게 말하면, 본질과 위격이 분리되고, 신적 위격이 무엇이며 어떻게 각 위격이 본질과 연결되는지 오해하게 된다. 위격들은 존재론적 측면과 기능적 측면이 있는 게 아니다(계층적 측면은 말할 것도 없다). 본질의 실재들로서, 위격들은 처음부터 끝까지 존재론적이다. EFS는 기발한 범주, 곧 니케아 언어에 맞지 않는 사회적 범주(권위/복종의 역할들)를 추가했기에 이것을 알지 못한다. 본질과 위격의 연결을 놓치지 않는 위대한 전통에 귀 기울이는 것이 지혜롭다. 아우구스티누스(Aurelius Augustinus)는 이렇게 말한다. "하나님께 존재와 위격은 별개가 아니라 완전히 동일한 것이다. 그분에게 있어 존재한다는 것은 하나님이시라는 것이듯이…또한 그분이 존재한다는 것은 위격적이시라는 것이다"(The Trinity 7.6). 또는 바빙크(Herman Bavinck)가 설명하듯이, "세 위격들 각각에서…신적 존재는 아버지와 아들과 성령이심과 완전히 일치한다" (Reformed Dogmatics 2:304, 305).

그러나 EFS주의자들은 이 연결을 보지 못한다. 이들은 **호모우시오스**(homoousios, 아들과 아버지는 동일 본질이다)를 마치 정통 카드에 체크 표시하라고 있는 네모 칸처럼 다룬다. 여기에 체크해야, 아들이 본질에서 아버지와 동등하다

---

82) Aquinas, *Summa* 1a.41.5.
83) Turretin, *Institutes* 1:272. Cf. 1:292–293.
84) John Owen, *A Brief Declaration and Vindication of the Doctrine of the Holy Trinity*, in *Works*, 2:407. 웹스터(Webster)는 *God without Measure*, 87에서 본질과 위격들 간의 이러한 불가분성을 자세히 다룬다.

고 말하는 동시에 역할에서 아버지께 종속된다고 말할 수 있기 때문이다. 그러나 이들은 **호모우시오스**를 유기적이며 성경적인 문맥에서 제거했다. 친니케아 전통이 아들과 아버지가 **호모우시오스**라고 주장할 수 있었던 이유는 단 하나, 아들이 아버지의 본질로부터 나시기 때문이다.[85] 그래서 위대한 전통은 한 본질이 실재의 세 양태를 가지며 각 위격은 하나이자 단순하고 나뉘지 않는 본질의 한 실재라고 거듭 말했다. 아들이 어떻게 아버지와 동일한 본질로 실재하시는가? 아들은 영원히 아버지의 본질로부터 나신다. 이것이 니케아 정통의 근간이다.

이것은 성경에서 위격들의 동등성을 유지하는 데도 기본이다. 주목하라. 성경은 내재적 삼위일체를 고찰할 때마다(대부분 초점이 구원과 성육신의 겸손에 맞춰지며, 따라서 이런 경우가 드물다) 아들과 아버지가 아무 조건 없이 동등하다는 것을 항상 강조한다. 말 그대로 항상이다. "이 말씀이 하나님과 함께 계셨으니 이 말씀은 곧 하나님이시니라"(요 1:1). 아무 조건(제한)도 붙지 않는다. "그는 보이지 아니하는 하나님의 형상이시요"(골 1:15). 아무 뉘앙스도 필요하지 않다. 하나님의 아들은 "하나님의 영광의 광채시요"(히 1:3). 더 작은 영광이나 권위가 언급되지 않는다. 그분은 "그 본체의 형상"(exact imprint of his nature, 히 1:3)이시다. 여기서 '이그잭트'(exact)라는 단어 주변에 아무 예외 조항도 없다. 그분이 더 작은 능력이라면, 히브리서는 "그의 능력의 말씀으로 만물을 붙드시며"(히 1:3)라고 말할 수 없을 것이다. "그리스도는 하나님의 능력이요"(고전 1:24). 아버지보다 작은 능력이 아니다.

"나를 본 자는 아버지를 보았거늘"(요 14:9) 그분이 달리 어떻게 말씀하실 수 있었겠는가? 그분은 삼위일체의 계층 구조에서 신적 권위가 낮은 신이 아니다. 예수님은 "나와 아버지는 하나이니라"(요 10:30)라고 하신다. 그런데 그

---

85) Ayres, *Nicaea and Its Legacy*, 93–96, 140; Hanson, *Christian Doctrine of God*, 673, 693.

분의 말씀을 끊고 감히 이렇게 수정하겠는가? "능력과 권위는 예외입니다. 예수님, 이 부분을 잊지 마십시오."

예수님을 믿지 않는 바리새인들까지도 그분이 스스로 하나님의 아들이라고 주장하신다는 것을 안다. 가장 악랄한 대적들까지도 그분이 아버지와 전적으로 동등함을 스스로 주장하신다는 것을 안다(요 5:18). 예수님이 만약 자신을 제한해서, 자신의 말은 권위가 동등하다는 뜻이 아니라고 설명하셨다면 (EFS가 옳다면 그렇게 하셨어야 했다), 바리새인들이 이른바 신성 모독자라며 그를 죽이려 들지 않았을 것이다.

그러므로 나는 거듭 묻는다. 왜 성경이 내재적 삼위일체를 고찰하면서 종속을 전혀 언급하지 않는가? 대답은 매우 간단하다. 아들에게 부여된 신적 동등성을 종속이 절대적으로 의문스럽게 할 것이기 때문이다. EFS주의자들이 자신들의 말은 아들이 본질(신성)이 아니라 권위(위격)에서 열등하다는 뜻일 뿐이라며 반론을 편다면, 아들은 신적 본질의 한 실재라는 것을 잊지 말라. 아들은 영원 전에 아버지의 본질로부터 나시며(6–7장을 보라), 따라서 모든 면에서 아버지와 그야말로 동등하실 수밖에 없다. 신적 본질은 신적 능력과 권위와 영광으로부터 끊어지거나 분리될 수 없기 때문에 각각은 세 위격에 동등하게 실재한다. 이번에도, 바리새인들은 이것을 안다. 이들의 고발에 주목하라. "유대인들이…더욱 예수를 죽이고자 하니…하나님을 자기의 친아버지라 하여 자기를 하나님과 동등으로 삼으심이러라"(요 5:18). 예수님의 아들되심(위격)은 신성과 직접 연결되며, 따라서 신적 권위와도 직접 연결된다. 더욱이 EFS는 계층적 역할들이 위격을 정의한다고 주장한다. 계층 구조가 없으면 삼위일체도 없다는 것이 그루뎀이 되풀이하는 핵심이다.[86] 계층적 역할이 필수라는 것을 확실히 하려고, 이제 EFS는 계층적 역할들이 기원의 영원한

---

86) Grudem, *Systematic Theology*, 251. Cf. Grudem, *Evangelical Feminism*, 47, 433.

관계들에서 비롯된다고 말한다.[87] 그러나 잠깐! 위격들이 본질의 실재들이라면, 본질에서 종속을 막는 것은 무엇인가? 본질이 실재의 세 양태를 갖는다면, 그리고 종속이 아들의 실재의 양태 자체(영원한 출생)로부터 비롯된다면, 신성에서 계층 구조를 막는 것은 무엇인가? 존재론적인 것과 기능적인 것의 분리를 장안한 것은 코미디다. 본질은 아들의 실재의 양태(영원한 출생)를 통해 아들 안에 실재하는데, EFS에 따르면 이 실재의 양태는 종속으로 가득하다.

셋째, EFS는 신적 본질에서 능력과 권위를 강탈해 위격들에게, 무엇보다 아버지에게 돌렸고, 이로써 삼위일체의 단순성을 훼손했다. 니케아 정통은 단순성을 아주 신중하게 단언했다. 본질과 속성들은 서로 다른 게 아니다. 속성들은 하나님의 본질을 이루는 부분이 아니다. 오히려 하나님의 본질이 그분의 속성들이고 하나님의 속성들이 그분의 본질이다. 동일한 신적 본질의 실재들로서, 어느 위격도 하나님의 능력과 권위를 비롯해 한 속성을 다른 위격보다 많이 또는 적게 소유하지 않는다. 아타나시우스 신경(Athanasian Creed)이 다음과 같이 고백하듯이 말이다.

아버지는 전능하시고, 아들도 전능하시며, 성령도 전능하십니다.
그러나 이분들은 전능하신 세 분이 아니라, 전능하신 한 분입니다.

따라서 아버지가 아들보다 더 전능하시지 않다. 만약 아버지가 아들보다 더 전능하다면, 하나님의 단순한 본질이 나뉘고 아들이 아버지보다 열등할 것이나. 능력과 권위가 동등하기에, 오직 전능하신 한 분이시다.[88]

---

87) Ware, "Unity and Distinction of the Trinitarian Persons," 23, 25-26.
88) 복음주의신학회(Evangelical Theological Society)의 신앙 선언문은 세 위격 모두 "본질이 하나이며, 능력과 영광이 동등하시다."라고 선언한다. 웨어와 그루뎀이 이 선언문을 어떻게 조건 없이 단언할 수 있는지 분명하지 않다.

대조적으로, EFS는 아버지에게 더 큰 전능이 있으며 더 큰 전능만이 아니라 더 큰 영광이 있다고 단언한다. 우리가 보았듯이, EFS는 내재적 삼위일체 안에서 아버지만이 궁극적 영광을 받기에 합당하며, 단지 경륜에서만이 아니라 아버지되심의 본성 때문에 영원에서도 그렇다고 단언한다. 아들은 아버지보다 작은 영광이다.[89] EFS주의자들이 일관되려면 아버지가 아들보다 더 크고 많은 예배를 받으셔야 한다는 결론도 내려야 하지 않는가?

이것은 아타나시우스 신경과 충돌할 뿐 아니라 성경적 단순성을 없애 버린다. 푸아티에의 힐라리우스(Hilarius)는 이렇게 말한다. "영광을 주고 또 받는 교환은 아버지 안에 있는 능력과 아들 안에 있는 능력의 일치를 선포한다."[90] 아들이 더 작은 능력과 영광이라고 주장함으로써 EFS는 하나님의 본질에 속하는 것, 곧 동일한 본질로 실재하는 세 위격 모두에게 동등하게 온전

---

89) Ware, *Father, Son, and Holy Spirit*, 51. EFS주의자들은 예수님이 승천해서 아버지 우편에 계신다는 것에도 호소한다(히 1:3). Ware, "Unity and Distinction of the Trinitarian Persons," 44; Grudem, *Recovering Biblical Manhood and Womanhood*, 457. 이번에도, 이들은 문맥에 주목하지 못한다. 히브리서 1장 3절의 문맥은 '죄를 정결하게 하는 일'이다. 구원의 경륜을 염두에 둔다. '우편'은 내적 삼위일체 내부에 경륜과는 별개로 고유한 계층 구조가 있음을 가리키는 것이 아니라 죄인들의 중재자요 중보자이신 아들을 가리킨다. 그리고 마태복음에서, 승천은 내재적 신격 내부의 종속이 아니라 예수님이 부활하신 왕으로 등극하심을 상징한다. 또한 웨어와 그루뎀이 요한계시록(계 3:21; 7:17; 12:5; 22:3), 곧 예수님이 영원히 보좌 가운데 앉아 계시는 구절을 어떻게 처리하겠는가? 또는 사도행전 2장 25절에서 다윗이 아들의 역할, 곧 주님(아버지)이 자신의 우편에 앉아 계신다고 말씀하시는 분의 역할을 맡아 말하는(시 16:8) 부분을 어떻게 처리하겠는가? EFS주의자들은 아들이 종속된 권위이기 때문에 성경에서 영광이 아버지께 돌려진다고도 주장한다. 이 주장은 여러 문제점이 있다. (1) 빌립보서 2장 11절 같은 본문이 "하나님 아버지께 영광을"이라고 말할 때, 문맥은 구원의 경륜이다. 앞선 구절들은 모두 그리스도께서 구원을 위해 선택하신 겸손(humility, 낮아짐)에 관한 것이다. (2) 구원의 경륜에서, 아버지가 아들을 보내시고 아버지와 아들이 성령을 보내시며, 이 순서는 각 위격의 기원의 영원한 관계들에 상응한다. 성육하신 아들이 구속 사역을 마치실 때는 물론 영광도 역방향으로 이동한다. 그러나 이것은 내재적 신격 자체 내부의 우위성과 계층 구조를 전달하기 위해서가 아니라 파송의 순서(아버지로부터 아들을 통해 성령에 의해)에 맞추기 위해서다. (3) 빌립보서 2장 같은 많은 구절도 아들이 아버지와 전적으로 동등함을 상정하거나 말하기까지 하며, 내재적 삼위일체 내부의 종속을 배제한다. 재미있게도, 바울은 멈추어 "제 말은 본질(essence)에서 동등하다는 뜻이지 위격적 권위(hypostatic authority)에서 동등하다는 뜻이 아닙니다."라고 결코 말하지 않는다. 이런 분기(分岐)는 바울에게 낯설다. (4) EFS주의자들은 서로 영화롭게 함을 말하는 본문을 무시한다. 이들은 요한복음 5장 19절을 인용하길 좋아하지만 이어지는 구절을 읽어야 한다는 것을 잊는다. "아버지께서 아무도 심판하지 아니하시고 심판을 다 아들에게 맡기셨으니 이는 모든 사람으로 아버지를 공경하는 것같이 아들을 공경하게 하려 하심이라"(요 5:22-23). 앞서 말했듯이, EFS는 문맥을 무시하는 나쁜 습관이 있으며, 이것은 이들의 편협한 성경주의가 낳은 산물이다.

90) Hilary, *On the Trinity* 3:12 (*NPNF2* 9:65).

히 속하는 것을 취하여 아들과 성령 위에 계신 아버지께 드리며, 이로써 삼위일체를 나눈다. 본질에서 이러한 권위를 떼어 다른 누구보다 우선적으로 아버지께 드리면, 더 작은 아들이라는 개념이 나온다.[91]

우리는 어떤 규칙에 근거하는가? 성경의 규칙에 근거함

EFS의 아킬레스건을 규명했으니 EFS의 핵심 단층선(충돌선) 다시 말해 해석학(성경 해석)도 규명할 수 있겠다. EFS가 그토록 직관적으로 들리는 한 가지 이유는 EFS주의자들이 당신도 그들의 게임 규칙에 따르도록 유도하기 때문이다. '영원한 기능적 종속'이라는 표현을 생각해 보라. EFS주의자들은 당신도 그들처럼 다음 질문을 논의의 초점으로 여기길 원한다. 아들의 기능적 종속은 영원한가? 만일 EFS가 그것이 영원하다고 말하는 증거 본문을 충분히 제시할 수 있다면 그들은 자신이 이긴다고 결론짓는다. 단순하게 들린다. 그러나 이것은 주석적으로 지나치게 단순하며 우리가 보기 시작하듯이 본문을 문맥에서 분리한다.

그러나 EFS는 잘못된 질문을 던진다. 이제 이것이 바른 질문이다. 복종은 내적인가(ad intra), 아니면 외적인가(ad extra)? 다시 말해, 복종은 내재적 삼위일체의 고유한 것인가 아니면 경륜에서(구원사의 정황에서) 일어나는가? 성경적 기독교 정통은 성육하신 아들이 구원을 위해 아버지가 맡기신 사명에 복종하심이 구원의 경륜에 포함된다는 것을 늘 인정해 왔다. 성경적 기독교 정통은 이 사명이 아들의 성육신에서 시작되지 않았다는 것도 인정했다. 아들은 영

---

[91] 웨어는 권위가 본성적 특성(nature-property)이 아니며, 따라서 마치 하나님의 본질이 계층 구조를 포함하지 않는 것처럼 말함으로써 반(半)아르미니우스주의라는 비판을 피하려 한다. 대신에, 이것은 위격적 특성(person-property)이라고 말한다. 그러나 이 주장을 증명할 책임은 웨어에게 있다. 권위는 속속들이 신적 능력과 관련이 있고, 전능은 하나님의 본질(단순성)과 동의어인 신적 속성이기 때문이다. 또한 웨어는 권위를 관계의 범주에서 재정의한다. 인간들이 다양한 권위 관계 속에서도 사람으로서 동등할 수 있듯이 하나님도 그러실 수 있다는 것이다. 그러나 이것은 피조물과 사회의 특징들을 신적인 것에 적용하는 일의적 추론(univocal reasoning)이며, 여기서 위격들은 자신의 실재의 양태를 제외하고 모든 것에서 똑같다(단순성).

원에서 아버지에 의해 지명되셨고, 적절한 때에 구속 사명을 완수하도록 보냄을 받으신다.[92] 그러므로 아들의 복종이 영원한지 반드시 결정해야 한다고

[92] 구속 언약은 10장에서 살펴보겠다. 그러나 지금은 한 문제를 반드시 다뤄야 한다. 어떤 EFS주의자들은 내재적 삼위일체 안에, 곧 위격들 자체 안에 계층 구조를 세우는 한 방식으로 계층 구조와 종속을 구속 언약에 집어넣으려고 한다. 이것은 구속 언약을 잘못 사용하는 것이며, 심지어 악용하는 것이다. 그 이유는 많다. 그중 네 가지만 살펴보자. (1) 설령 (논쟁을 위해) 종속을 구속 언약에 위치시키더라도, 우리는 여전히 경륜을 말하고 있다. "구속 언약(pactum salutis)은 시간 이전이라는 점에서 영원하지만, 하나님의 완전한 삶에 속한다는 의미로 완전하지는 않다"(Holmes, "Classical Trinitarianism and Eternal Functional Subordination," 87). EFS주의자들은 종속이 단지 성육신이 아니라 영원에 존재한다는 것을 자신들이 증명할 수 있다면, 내재적 삼위일체에 기능적 계층 구조가 있어야 한다고 생각한다. 이런 상정은 영원과 내재적 삼위일체를 융합한다. 그러나 전자가 훨씬 넓은 범주이며, 또한 경륜을 포함한다. 경륜은 삼위일체 하나님이 세상을 향해 취하시는 외적 행위를 가리키며, 구속 언약에서 보듯이 영원에서 시작된다. 그러나 내재적 삼위일체는 내적이며, 하나님 자신 곧 그분의 존재론적 일체성(단순성)과 위격적 특성들(관계들)을 가리킨다. 우리는 어떤 것이 영원하면 그것이 내재적 삼위일체를 정의한다고 상정해서는 안 된다. 이렇게 하면, 마치 (영원에서라도) 경륜에서 일어나는 일이 내재적 삼위일체에도 적용되고 필수적이기라도 한 것처럼 범신론(pantheism) 또는 만유재신론(panentheism)에 빠질 위험이 있다. 구속 언약을 정의한 후, 투레티니(Turrettini)는 아들의 순종을 기술한다. 그러나 그가 이러한 순종을 어떻게 경륜 안에 세우는지에 주목하라. "이렇게 성경은 아버지가 구원의 경륜에서 아들이 죽기까지 순종하도록 정하시고, 이에 답해 영광 중에 그 아들이 택함을 받은 자들의 머리가 되도록 모든 이름 위에 뛰어난 이름을 약속하신다는 것을 보여 주기 때문이다. 아들은 자신을 제물로 드림으로써 아버지의 뜻을 행하시고, 자신에게 요구되는 의무를 성실하게 변함없이 수행할 것을 약속하시며, 자신에게 약속된 나라와 영광을 재차 명시하신다"(Turretin, Institutes 12.2.13). (2) 종속을 구속 언약에 역으로 집어넣어 읽는 것은 적절하지 못하다. EFS주의자들은 종속에 대한 자신들의 정의를 개혁주의 언약 언어에 역으로 집어넣어 읽길 좋아한다. 이것은 지독하게 시대착오적이며, EFS 같은 새로운 의제를 위해 개혁주의 범주들을 조작하는 것일 뿐 아니라 언약 자체에서 일어나는 것을 보지 못한다. 개혁주의자들은 아들이 아버지와 언약을 맺고 중보자가 되실 때 자발적·시간적으로 이렇게 하시고, 정해진 때 성육하여 이스라엘의 구속자가 되신다고 단호하게 주장한다. 바꾸어 말하면, 아들이 언약에 동의하심은 아버지와 아들 사이의 어떤 고유한 종속에서 비롯된 게 아니라 아들이 구속 성취라는 구체적 목적을 위해 이 언약을 받아들이시는 것이다. 이 언약은 경륜적이며, 따라서 선택적이다. 아버지와 아들이 언약을 맺지 않으신다면, 삼위일체 내부에 결코 아무런 변화도 일어나지 않을 것이다. (3) EFS는 기독론, 특히 경륜을 자신의 신론에 역으로 투영한다. EFS는 종속을 입증하려고 구속 언약에 호소함으로써, 아들이 경륜에서 아버지께 복종하심이 내재적 삼위일체를 정의하고 결정하게 한다. 이것은 완전히 거꾸로다. 바르트(Barth)에 대한 페스코(Fesko)의 평가는 EFS에도 쉽게 적용될 수 있다. "그리스도의 사명은 삼위일체를 계시하기보다 정의하는 것으로 끝난다"(Fesko, *The Trinity and the Covenant of Redemption*, 190). 더욱이, EFS의 방식은 삼위일체에 접근할 때 기독론이 전 계시적(all-revealing) 출발점이 되게 한다. 존 오웬(John Owen)은 당시의 소키누스주의자들을 반박하면서 이런 경향을 다음과 같이 경고했다. "그리스도는 믿음의 직접 대상이지만 하나님은 그분의 전 충족성(all-sufficiency)에 있어 믿음의 궁극적 대상이다"(Owen, "God the Saints' Rock," in *Works* 9:250; cf. Duby, *God In Himself*). 대조적으로, 우리는 종의 형체와 하나님의 형체(form, 본체)를 구분한다(Augustine). 아들은 종의 형체를 취하고 그 상태로 아버지가 자신에게 주신 사명을 수행하시는데, 이것은 그분이 아버지께 종속된 영원한 아들이기 때문이 아니라 우리의 구원을 위해서다. 그분의 순종은 구속 언약을 성취하지만, 우리는 이 경륜적 성취(순종)가 내재적 삼위일체 안에서 아들의 위격적 특성(영원한 출생)을 정의한다고 결론지어서는 안 된다. 또한 아들이 아버지의 우시아(ousia)로부터 나시기 때문에 그분을 아들로 구분할 뿐 아니라 그분이 본질과 능력과 권위에서 아버지와 동등함을 보증하는 위격적 특성을 정의한다고 결론지어서도 안 된다. 아들을 아들로 정의하는 것으로써 내재적 삼위일체에 순종을 거꾸로 투영하면, 열등한 아들을 만들어 내는 것이며, 성경적 니케아 정통을 훼손하는 것이다. (4) EFS주의자들은 아들이 하나님의 한 의지를 침해하지 않으면서 아버지와 언약을 맺으실 수 있다면, 하나님의 한 의지

말하는 것은 이상한 범주적 실수다. 마치 핼러윈 복장으로 졸업 무도회에 참석하는 것처럼 말이다.

헛짚은 영원

4장에서, 우리는 하나님 자신(내재적)과 세상을 향한 하나님(경륜적)을 구분했다. EFS주의자들의 큰 실수는 하나의 상정으로 요약된다. 이들은 영원한 것은 반드시 내재적이기도 해야 한다고 상정한다. 그런 다음, 고린도전서 15장 같은 본문에서, 바울이 미래를 말한다면 복종이 내재적 삼위일체 내부의 아들에게 해당해야 한다고 결론짓는다. 그러나 EFS는 경륜적인 것이 또한 영원할 수 있음을 인지하지 못했다. 예를 들면, 선택(election, 하나님의 택하심)은 세상의 기초가 놓이기 전에 일어난다. 그러나 이것은 선택적(optional)이다. 하나님은 선택하실 필요가 없다. 선택이 영원하다는 것이 하나님이 하나님이시기 위해(내재적 삼위일체) 선택이 필수라는 뜻은 아니다. 여기 교훈이 있다. 영원에서라도, 구원의 경륜과 영원히 내재적이며 내적이고 필수적인 하나님의 삶을 혼동하지 말라. 고린도전서 15장에서, 바울은 이렇게 가르치고 있다. "하나님의 구원 사역의 마지막 행위가 아들이 나라를 아버지께 넘겨드림이 되리라는 것이, 영원에서의 복종이나 종속의 행위를 말하는 것으로 보일지 모른다. 그러나 이번에도, 이런 표현이 가능하다면, 헛짚은 영원이다. 이것은 신적 삶의 한 측면이 아니라 신적 사역의 완성이다"(Stephen Holmes, "Classical Trinitarianism and Eternal Functional Subordination," 97).

를 침해하지 않으면서 아버지께 영원히 복종하실 수 있다고 주장할 것이다. 어쨌든, EFS는 다음과 같은 혐의를 자주 받는다. 계층 구조는, 기능에서까지 신적 의지의 일체성을 훼손한다. 이에 대해, EFS주의자들은 자신들의 견해를 충분히 살피지 않았다. 이들은 단지 언약(*pactum*)에 순종이 있다고 주장하는 것에 그치지 않기 때문이다. 이들은 훨씬 더 많은 것을 주장한다. 복종이 아들을 아들로 정의한다. 이것은 그루뎀과 웨어에서 분명하게 나타난다. 웨어는 더 최근에 영원한 출생을 거부하기를 그만두었을 때조차, 영원한 출생을 사용해서 내재적 삼위일체 안에 복종을 들여왔다. EFS에게 복종은 아들을 정의하는 특성이다. 복종이 아들의 위격적 특성(아들되심), 그분의 실재의 양태(영원한 출생)에 고유한 것이 될 때는 더더욱 그러하다. 그렇기에, 복종은 이제 위격들의 일체성과 동등성을 위협한다. 복종은 EFS에게 단지 경륜적 전유(economic appropriation)가 아니라, 아들의 내재적 정체성의 고유한 것이다. 개혁주의자들에게, 아들이 구속 언약에서 순종하심은 선택적이며, 하나님의 삼위일체이심에 필수적이지 않은 경륜적 숙고다. EFS에게, 구속 언약에서 아들의 순종은 필수이며, 내재적 삼위일체 안에서 아들을 한 위격으로 정의하는 복종의 연장이다. 아들의 아들이심에 필수이며, 그러므로 삼위일체의 삼위일체이심에 필수다. 다음은 삼위일체와 관련해 '순종'을 다루면서도 EFS의 함정을 피하는 추천할 만한 자료다. Fesko, *The Trinity and the Covenant of Redemption*, 181–193; White, "Intra-Trinitarian Obedience," 377–402; Swain and Allen, "The Obedience of the Eternal Son," 114–134; Swain, "The Covenant of Redemption," 107–125.

물론, 아버지는 영원에서 구속을 계획하셨다. 물론, 아들은 영원에서 아버지에 의해 보냄을 받으신다. 누구도 여기에 이의를 제기하지 않는다. 그러나 이것이 이를테면 종속이 삼위일체가 그 자체로, 구원의 경륜과 별개로 누구이시냐에 고유하다는 것을 증명하지는 않는다. 설령 우리가 복종이 영원에 현존한다(이것은 성경 오독이지만 논쟁을 위해 그렇다고 하자)는 EFS의 믿음을 인정하더라도, EFS는 삼위일체 내부에 계층 구조가 있음을 여전히 입증하지 못했다. 이들은 복종이 구원의 경륜에서 적절하다는 것을 입증했을 뿐이다.

나는 성경 본문의 다양성을 뒷받침하는 일련의 다른 규칙으로 게임을 할 것을 제안한다. 4장에서 라너의 규칙을 배웠는데, 이 규칙은 내재와 경륜을 융합했다. 이제 우리는 아우구스티누스의 규칙을 만난다. 아우구스티누스의 규칙은 융합을 피하며, 하나님이 누구이시냐와 하나님이 무엇을 하시느냐의 적절한 차이를 보존한다. 영원한 주석가 아우구스티누스는 성경 본문의 뉘앙스에 예리하게 주목하고 성경이 아들을 아버지와의 관계에서 기술하는 세 가지 방식을 정확히 찾아낸다.

1. **하나님의 형체**: 어떤 본문은 아들이 아버지와 하나이며(요 10:30) 하나님의 본체이시라고 말한다(빌 2:6). 이 본문은 아버지와 아들의 본체의 일체성과 동등성을 기술한다.

2. **종의 형체**: 어떤 본문은 아버지가 아들보다 크다고 말한다(요 14:28; 참조. 요 5:27). 이 본문은 아들이 아버지보다 열등한 신이라는 뜻이 아니다. 아들은 종의 형체를 취하셨다는 의미에서만 더 작다(빌 2:7). "창조되고 변할 수 있는 인간 본체를 취하셨기 때문이다." 자신의 인성에 따라, 그분은 구원 사명을 성취하려고 자신을 낮추어 아버지께 순종하신다.

3. **아버지로부터 보냄을 받으심**: 또 어떤 본문은 아버지가 아들에게 생명을 주어 그 속에 있게 하시며(요 5:26), 아들은 아버지가 하시는 것을 보는 일만

하신다고 말한다(요 5:19). 이 본문은 아들의 동등함이나 못함(열등함)을 가리키는 게 아니라 아들이 아버지로부터 나오심을 계시한다. "그러므로 이것은 많은 성경 본문을 지배하는 규칙이며, 그 의도는 한 위격이 다른 위격보다 못하다는 것을 보여 주는 것이 아니라, 한 위격이 다른 위격으로부터 나온다는 것을 보여 주는 것일 뿐이다."[93]

이 규칙들은 아우구스티누스에게 국한되지 않는다. 이것은 좋은 성경 해석의 기본이다. 이것은 다름 아닌 성경의 규칙이다.

투영?

"경륜을 삼위일체의 내적 삶에 투영함으로써 영원한 발출(들)이 일어난다고 생각하지 말고 오히려 파송이 기원을 반영한다고 생각하라."
질 에므리(Gilles Emery), 『삼위일체』(The Trinity)

때로 빌립보서 2장처럼, 한 단락에서 여러 규칙이 고려된다. 한편으로, 그리스도는 '하나님의 본체'이시다. 다른 한편으로, 그분은 자신을 낮추어 '종의 형체'를 입고 사람의 모양으로 태어나신다.[94]

성경은 우리의 구원을 말할 때마다 이 둘을 구분하는 습관이 있다. "하나님의 본체에는 그분을 통해 만물이 창조된 말씀이 계시고(요 1:3). 종의 형체에는 여자에게서 나서 율법 아래 놓여 율법 아래 있는 자들을 구속하신 분이 계신다(갈 4:4). 따라서 그분은 하나님의 본체로서 사람을 지으셨고 종의

---

[93] Augustine, *The Trinity* 2.1.3 (cf. 1.3.14). 이 해석 방법은 아우구스티누스에게서 기원하지 않았으며, 부분 주해(partitive exegesis)라고 불린다. Cf. Hilary, *On the Trinity* 8.45 (*NPNF2* 9:150); 10.21-22 (*NPNF2* 9:187).
[94] 그리스도께서 자신을 지극히 낮추셨고, 그래서 규칙 2(종의 형체)에 따라, 아우구스티누스는 어떤 의미에서 아들이 자신보다 "못하다."(종)라고까지 말할 수 있다. Augustine, *The Trinity* 1.3.14를 보라.

형체로서 사람이 되셨다."[95] 이러한 구별은 우리를 위한 그리스도의 중보 사역을 이해하는 데 영향을 미친다. "그분은 아버지보다 작은 분으로서 우리를 위해 간구하시고, 아버지와 동등한 분으로서 아버지와 함께 우리의 간구를 들으신다."[96]

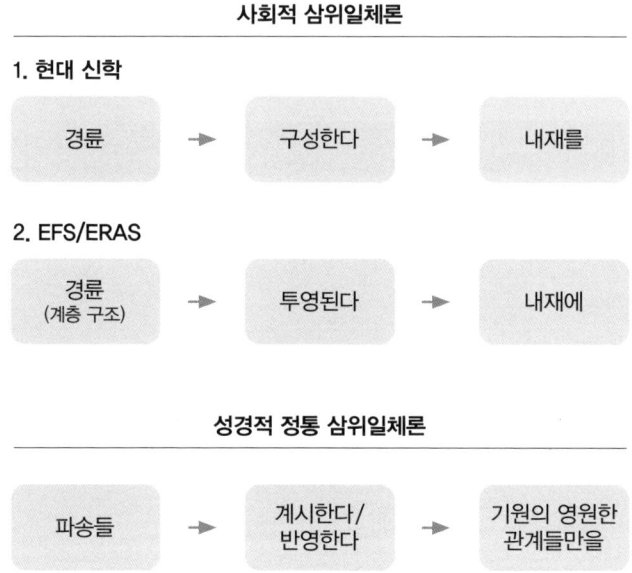

그러나 EFS주의자들은 이 규칙들을 혼동해서 세 가지를 뒤섞는다. 이들은 복음서의 '보냄'(sent) 언어나 아들이 어떤 식으로 아버지께 의지한다고 말하

---

95) 성육신에서 그리스도의 두 본성은 바뀌거나 섞이지 않았다. 아우구스티누스는 "인수하다."(taking over)라는 표현 대신 "띠다."(taking on)라는 표현을 사용하라고 권한다. *The Trinity* 1.3.14 (cf. 2.2.9; 4.5.30).

96) Augustine, *The Trinity* 1.3.21. Cf. Gregory of Nazianzus, *On God and Christ* 3.29.20 (p. 87); 4.30.6 (p. 97).

는 언어를 보고 권위-종속이 영원까지, 심지어 내재적 삼위일체까지 거슬러 올라간다고 결론짓는다. 이것은 범주 오류다. 아우구스티누스는 이렇게 말한다. "아들의 생명은 아버지의 생명과 마찬가지로 변하지 않지만 아버지로부터 나온다. 아버지와 아들의 사역은 분리될 수 없지만 아들 자신이 아버지로부터 나오듯 아들의 사역도 아버지로부터 나온다."[97] 또는 이것을 이렇게 생각해 보라. "아버지와 아들의 사역은 동등하며 분리될 수 없지만 아들의 사역은 아버지로부터 나온다."[98]

아우구스티누스는 성경 본문을 분별없이 다루고 일련의 단락(또는 한 규칙)을 다른 하나와 혼동하는 자들에게 점점 더 실망한다. "이 때문에 성경 전체를 살피거나 염두에 두지 못하는 사람들은 오류에 빠져, 사람이신 예수 그리스도에 관한 말씀을 성육신 이전에도 영원했고 지금도 영원한 그분의 본체에 전이시키려 한다."[99]

이러한 아우구스티누스의 예언을 EFS가 정확히 이행한다. EFS는 성경 전체를 염두에 두지 못한다. EFS주의자들은 사람이신 예수 그리스도에 관한 말씀을 (즉, 아버지에 대한 복종을) 취해 이 개념을 성육신 이전에도 영원했고 지금도 영원한 그분의 본체에 전이시킨다. 자신들은 이것을 부정하지만, EFS주의자들은 인성을 거꾸로 신성에 집어넣어 해석하며, 역사 속 종의 형체를 영원 속 하나님의 본체에 거꾸로 투영한다. EFS는 기독론이 더 이상 삼위일체를 알려 주지 않는다며 한탄하지만, 기독론이 삼위일체를 삼킬 만큼 진자의 추를 너무 멀리 옮겨 놓았다.

예를 하나 살펴보자.

---

[97] Augustine, *The Trinity* 2.1.3.
[98] Augustine, *The Trinity* 2.1.3.
[99] Augustine, *The Trinity* 1.3.14.

문맥, 문맥, 문맥: 고린도전서 15장과 둘째 아담

고린도전서 15장 24-28절은 4세기에 유사 본질주의자들이 정통을 반박하며 사용한 증거 본문이다. 그렇다면 이 본문이 EFS의 논증에서도 만병통치약 같은 증거 본문으로 제시되는 것은 우연의 일치일까?[100] 유사 본질주의자들은 바울을 보고서 아버지가 아들보다 더 큰 권위라고 했다. 그러나 이들은 다음 단계를 밟고 결과적으로 아들이 신성에서 동일 본체여서는 안 된다고 결론지었다. EFS주의자들은 이러한 다음 단계를 밟지는 않지만, 이들의 논증은 동일한 논리를 적용한다. 바울은 이 본문에서 무엇을 말하는가? 하나님의 본체(form, 형체)에서, 아들은 아버지와 동일 본체다. 바울은 서신들 전체에서 이것을 단언한다(예를 들면, 고전 8:6). 그러나 바울이 고린도전서 15장에서 주목하는 대상은 하나님의 형체이신 아들이 아니라 종의 형체이신 아들이다(아우구스티누스의 규칙 2). 문맥은 내재적 삼위일체가 아니라 경륜적 삼위일체, 곧 성육하신 아들의 구속 사명이다.[101]

고린도전서 15장 전체가 그리스도의 부활을 다루지만, EFS주의자들은 이 사실을 좀처럼 언급하지 않는다. 바울은 그리스도의 죽음과 장사와 부활을 길게 서술하면서 어느 날 신자들이 죽은 자 가운데서 부활하리라는 것을 뒷받침한다. 더욱이 바울은 그리스도와 아담을 비교하고 대비한다. "사망이 한 사람(아담)으로 말미암았으니 죽은 자의 부활도 한 사람(그리스도)으로 말미암는도다 아담 안에서 모든 사람이 죽은 것같이 그리스도 안에서 모든 사람이 삶을 얻으리라"(고전 15:21-22). 바울은 아담과 그리스도를 대비하는 습관이 있다. 로마서 5장에서도 둘을 대비한다. 대비는 이렇다. 아담은 실패했으나 둘째 아담은 성공했다.

---

100) 다음을 보라. Ayres, *Nicaea and Its Legacy*, 133-166.
101) 설령 내재적 삼위일체가 초점이더라도, 하나님의 본체(형체)이신 아들은 그 나라를 받는 쪽인 것이 틀림없다. 다음을 보라. Augustine, *The Trinity* 1.3.15.

그러나 문맥을 간과하지 말라. 바울은 역사에, 구체적으로 구속사에 초점을 맞추고, 둘째 아담을 무덤에서 살아남으로써 저주를 무효화하신 분으로 제시한다. 바울은 아담적 중보자요 하나님 백성의 구속자이신 그리스도께 초점을 맞춘다. 사망을 이김으로써, 그리스도께서는 아버지께 받은 사명을 성취하셨다. 그리스도 안에 있는 자들이 일어날 날이 다가오며 "그 후에는 마지막이니 그(그리스도)가 모든 통치와 모든 권세와 능력을 멸하시고 나라를 아버지 하나님께 바칠 때"(고전 15:24)이다.

나라를 넘김으로써, 자기 양 떼를 아버지 손에 넘김으로써, 그리스도께서는 사명을 완수하신다. 이것을 놓치지 말라. 그리스도께서는 그들의 아담적 중보자로서(고전 15:20-22), 십자가에 달려 죽은 후 다시 살아난 아들에게 만물을 복종하게 하신 아버지께 복종하시며(고전 15:28), 이로써 아버지가 아들에게 맡기신 사명이 종결된다. 내재적 삼위일체 내부의 영원한 순종이나 종속은 어디에도 염두에 없고 오히려 인류의 중보자로서 성육신적·아담적 순종을 염두에 둔다. 마치 아들이 아들인 것은 아버지께 복종하고 역할에서 종속적이기 때문이라도 하듯이 이 복종이 영원에, 곧 내재적 삼위일체 내부에 적용되어야 한다고 (문맥을 무시하며) 상정할 때, EFS주의자들은 하나님의 본체와 종의 형체를 구분하지 못한다. 이러한 상정은 바울에게 더없이 낯설다. 대조적으로, 바울은 구원의 경륜에서 마지막 아담으로서 아들의 종되심에 초점을 맞춘다. 고린도전서 15장에서, 이 경륜은 절정에 이르는데, 중보자께서 자신의 사명이 완수되었음을 자신을 보내신 아버지께 아뢴다. 아들은 이렇게 말씀하신다. "구속이 완료되었습니다, 다 이루었습니다!" '내재적 삼위일체 안에서 복종이 계속된다는 주장은 그리스도께서 종결하신 구원 사역을 훼손한다.'

이것은 바울이 인용하는 시편 8편 6절에 분명하게 나타난다. 영원을 말하는 다른 시편들과 달리, 시편 8편에서 다윗은 창조 세계, 곧 사람을 비롯해 하나님이 지으신 것에 초점을 맞춘다. 다윗이 '인자'(son of man)라는 표현을 사용한 것이 핵심이다(시 8:4). 그는 하나님이 인자를 하나님(heavenly beings, 천사)보다 조금 못하게 하시더라도 존귀로 관을 씌우셨다고 말하기 때문이다(시 8:5). 하나님은 인자가 "주의 손으로 만드신 것을 다스리게" 하신다(시 8:6). 이것은 창세기 1장 26절에서 하나님이 아담에게 사용하신 것과 동일한 언어가 아닌가? 그렇다. 거의 그대로다. 창세기 1장 26절과 시편 8편 6절의 이 언어를 사용할 때, 바울의 의도는 이 아담적 언어를 마지막 아담이신 그리스도에게 적용하는 것이다. 이런 이유로, 바울은 고린도전서 15장 22절에서 "아담 안에서 모든 사람이 죽은 것같이 그리스도 안에서 모든 사람이 삶을 얻으리라."라고 말한다.

그리스도를 둘째 아담으로 본 것은 바울이 최초가 아니다. 이것은 복음서까지 거슬러 올라갈 수 있다.[102] 복음서는 예수님을 아담과 이스라엘이 모두 실패한 언약에 순종하는 아들로 제시한다(신 1:30-31; 8:5-6; 32:6-7, 18, 23-25). 대비는 선명하다. 아담과 이스라엘은 언약에 순종하는 데 실패했으나 예수님은 성공하셨는데, 자신이 아니라 그들을 위해서였다. 하나님은 아담과 이스라엘에게 처음 적용된 아들됨의 언어를 예수님께 사용해 "애굽으로부터 내 아들을 불렀다"(마 2:15)라고 선언하신다. 그러나 주목하라. 호세아 11장 1절에 나오는 이 표현은 본래 이스라엘을 가리켰으나 마태는 새 이스라엘, 곧 그리스도 예수께 적용한다. 부르심을 받자 모든 의를 성취하심으로써(마 3:13-17), 하나님의 입에서 나오는 모든 말씀으로 사심으로써(마 4:1-11), 이 그리스도, 곧 이 메시아께서 이스라엘이 범한 율법에 순종하고 새 언약을 세우신다. 누가복음은 예수님의 족보를 제시하면서 심지어 아담까지 거슬러 올라간다(눅 3:38). 누가는 예수님의 광야 시험을 에덴동산의 재현으로 묘사하며(눅 4:1-13), 예수

---

102) Crowe, *Death in Adam, Life in Christ*.

님이 죽기까지 순종하신 덕에 다시 열린 낙원으로 자신의 복음서를 끝맺는다(눅 23:43). 마가복음에서, 인자는 자신을 내어 주시는데, 성경에 충실한 행위다(막 8:31-32; 9:30-31; 10:33-34). 예수님의 마음 자세에 주목하라. "너희 중에는 그렇지 않을지니 너희 중에 누구든지 크고자 하는 자는 너희를 섬기는 자가 되고 너희 중에 누구든지 으뜸이 되고자 하는 자는 모든 사람의 종이 되어야 하리라 인자가 온 것은 섬김을 받으려 함이 아니라 도리어 섬기려 하고 자기 목숨을 많은 사람의 대속물로 주려 함이니라"(막 10:43-45). 이사야가 약속한 고난받는 종으로서(사 53장), 예수님은 자신이 아담과 이스라엘, 곧 하나님의 첫아들이 순종하지 못한 하나님의 언약에 순종하러 왔다고 선언하신다. 이것이 복음의 핵심이다. 따라서 그분의 순종은 믿음에 근거한 우리의 의가 된다.

메시아는 칼로 구원하러 오신 게 아니라 자신의 의로운 순종과 희생적 죽음으로 구속하러 오셨다. 그러나 예수님의 제자들과 특히 그분의 대적들은 이것을 이해하기 힘들었다. 진짜 원수는 로마가 아니라 죄였다. 이들의 잘못된 메시아관을 바로잡으려고, 예수님은 자신이 하나님의 백성을 위해 고난받음으로써 그들을 구원하리라고 거듭거듭 강조하셨다. 이 메시지를 이해시키려고 예수님은 자신이 하나님의 구속 계획을 고수한다는 것을 강조하셨다. 다시 말해, 그분은 아버지가 하시는 일을 하실 뿐 아니라 자신을 보내신 아버지의 뜻을 행하시며, 오로지 자신의 권위에 의지해 행동하시는 것이 아니라 아버지의 권위에 의지해 행동하신다(요 5:19, 30; 6:38; 8:28-29; 12:49-50; 14:28, 31; 15:10; 17:2). 예수님은 하늘에 불꽃을 수놓으시며, 그 불꽃은 이런 글귀를 만들어 낸다. "나는 너희가 결코 되지 못한 참 아담이요 신실한 이스라엘이며 순종하는 아들이다. 나를 이렇게 낮춘 것은 너희를 구원하기 위해서다!"

주목하라. 이 단락들 하나하나가 구속의 문맥에, 구원의 경륜에, 십자가 그늘에 위치한다(요 8:28-29). 그리스도께서 우리의 언약 중보자로서 순종하신다. 이것이 그분이 보이신 순종의 전체 핵심이다. 하나님의 첫아들로서, 아담은 (그리고 이스라엘은) 불순종했고 세상을 죄에 빠뜨렸다. 그러나 예수님은 그렇지 않으셨다. 그분의 완전한 순종으로 우리는 의롭다고 선언된다. 그러나 EFS는 이 아담적 순종을 언약 문맥에서 완전히 떼어 내고 이 성육신적 순종을 내재적 삼위일체에 집어넣으며, 이로써 아들의 동등성을 훼손한다. 이번에도 단순하게 들릴지 모르지만, 지나치게 단순할 뿐 아니라 문맥을 완전히 무시하는 것으로 드러난다.

요약하면, 하나님의 본체(형체)에서, 그분(아들)은 아버지와 하나다. 그러나 종의 형체에서, 우리의 인성을 취하셨고, 그러므로 우리의 중보자요 우리의 참 아담일 수 있는 분으로서, 그리스도께서는 나라를 아버지께 넘기신다. 아우구스티누스는 그분이 이렇게 함으로써 우리가 하나님 아버지를 뵙는 관상(contemplation)으로 인도된다고 말한다.[103]

성육신의 핵심을 놓침: 순종은 거리끼는 것이다

EFS는 구원의 경륜에서 그리스도의 순종을 보고 종속이 아들을 아들로 정의하는 게 틀림없다고 상정한다. 그리스도의 위격적 특성과 그리스도의 복종은 본래 분리될 수 없다는 것이다. 그러나 이 시각은 성육신의 목적 전체를 놓친다. 이 시각은 도대체 왜 하나님이 사람이 되셨는지 오해하며, 하나님의 본체(형체)이신 아들과 종의 형체이신 아들을 혼동하고 융합한다.

빌립보서 2장을 보라. 바울은 아주 조심스럽게 처음으로 그리스도를 영원한 아들로 고백한다. 그리스도는 하나님의 본체(형체, 모양)이시다(빌 2:6). 그런데도 십자가에서 죽으시려고, 영원한 하나님의 아들이 종의 형체를 취하셨다(빌 2:7). 어떻게? 사람들과 같이 되심(사람의 모양으로 나심)으로써(빌 2:7). 이 종

---

103) Augustine, *The Trinity* 1.3.17.

되심이 무엇을 수반하겠는가? 겸손과 순종이다. "사람의 모양으로 나타나사 자기를 낮추시고 죽기까지 복종하셨으니 곧 십자가에 죽으심이라"(빌 2:8).

놓치지 말라. 아들은 성육신 이전에, 하나님의 영원한 아들로서 하나님의 본체로 계실 때 순종하신 것이 아니다. 그게 아니다. 아들은 순종하려고 처음으로 자신을 낮추셔야 했다(육신이 되어 고난을 받으셔야 했다). EFS는 이 핵심을 놓친 채 순종이 적어도 부분적으로 아들을 영원에서 아들이 되게 한다고 상정하며, 아버지에 대한 아들의 순종이 내재적 신격 안에서 아들의 위격적 특성을 규정한다고 상정한다. EFS주의자들은 성육신의 순종을 내재적 삼위일체 안에서 계속되는 순종으로 바꾼다.

그러나 이것은 다음과 같은 바울의 논리적 흐름을 훼손한다. 순종은 내재적 삼위일체 안에서 아버지에 대해 아들을 아들로 정의하는 특성이 아니라, 아들이 성육신을 통해 배우시는 것이다. 아들은 자신의 인성(humanity)을 통해 순종하시게 된다.[104] 아들은 오직 자신을 낮추어 사람의 모양을 취하실 때만 그렇게 하신다. 그렇지 않다면, 바울은 그리스도께서 순종함으로써(순종하게 됨으로써) 자신을 낮추셨다고 말할 수 없을 것이다.

더 나아가, 순종의 문맥에 주목하라. 순종의 문맥은 영원이나 내재적 삼위일체(하나님의 형체)가 아니라 십자가다. 그리스도께서는 십자가에서 죽으려고 순종하셨고, 이런 이유로 바울은 이 순종의 고난에 '하나님의 본체'가 아니라 '종의 형체'라는 표현을 적용한다. 고난받는 아들이 하나님이시기를 그친 것이 아니다. 바울이 '자기를 비워'라는 표현에 담은 의미를 오해하거나 잘못 해석하지 말라. 바울은 아들이 종의 형체를 취하신 것을 강조한다. 구원이 성취되도록 아들이 한 인간으로서 고난받는 것은 종으로서 고난받는 것이기

---

104) "된다."는 아들이 더는 불변하지 않는다는 뜻이 아니다. 아들은 자신의 신적 본성과 신적 속성들을 비우지 않으신다. 아들의 신성은 인성에 의해, 칼뱅주의가 말하는 '밖에서'(*extra Calvinisticum*) 제한되지 않는다. 다음을 보라. Weinandy, *Does God Change?*

때문이다. 이것이 "자기를 비워"(빌 2:7)라는 표현에서 바울이 의미하는 것이다. 아들은 자신의 신성이나 신적 속성들을 비우신 것이 아니다. 대신에, "종의 형체를 가지사"(빌 2:7) 자신을 비우셨다. 순종과 복종과 종속을 내재적 삼위일체에 투영해 아들의 위격적 특성에 본질적이고 추가적인 요소로 만든다면, 자신을 비우는(성육하는) 아들의 동기를 무시하는 것이다. 아들이 자신을 비우고 종의 형체를 취하신 것은 본래 아버지께 종속되기 때문이 아니다. 아들이 자신을 비우고 종의 형체를 취하신 것은 십자가에서 순종하시기 위해서다.[105] 그게 아니라면, 바울은 그리스도께서 죽기까지 순종함으로써 하나님과 동등됨을 취하기를 거부하셨다고 자랑하기는커녕, 그 둘을 나란히 둘 수도 없을 것이다.

이것이 히브리서 기자가 말하는 것이 아닌가? "그가 아들이시면서도 받으신 고난으로 순종함을 배워서"(히 5:8). 또는 예수님이 친히 말씀하시듯이, "내가 하늘에서 내려온 것은 내 뜻을 행하려 함이 아니요 나를 보내신 이의 뜻을 행하려 함"(요 6:38)이다. 하늘에서 내려와 사람이 되심은 예수님의 순종과 고난에 필수였다. 이 순서를 뒤바꾸면, 성육신의 핵심 전체를 놓친다. 아들이 내적으로(ad intra, 내재적 삼위일체 안에서) 아들로서 이미 순종하셨다면, 히브리서는 대비를 제시하면서 그분이 아들이시면서도 자신이 당한 고난을 통해 순종을 "배우셨다."라고 말할 수 없을 것이다. 그뿐 아니라, 바울도 빌립보서 2장 8절에서 동일한 대비를 제시하면서 아들이 십자가에 달려 죽기까지 순종함으로써 자신을 "낮추셨다."라고 말할 수 없을 것이다. 왜 그분이 순종하셨는가? 자신을 낮추셨기 때문이다(그분이 이전에 하지 않으셨던 일이다). 어떻게 이렇게 하셨는가? 죽기까지 순종하심(순종하게 되심)으로써다(이 또한 그분이 이전에 하지 않으셨던 일이다).

---

[105] Maximus, *Opusculum* 6.4, in Maximus, *Cosmic Mystery*, 176.

이런 이유로, 순종은 내재적 삼위일체의 고유한 것이 아니라 경륜의 문맥에서 일어나며, 이사야 선지자의 예언대로, 아들은 우리의 구원을 성취하려고 고난받는 종이 되신다. 아들은 삼위일체 안에서 내재적 아들되심을 통해서 이와 같으신 것이 아니라, 겸손(낮아짐)을 통해 경륜에서 인성(humanity)으로써 이렇게 되셔야 한다. 순종을 경륜에서 빼내어 거꾸로 내재적 삼위일체에 투영하면, 성육하신 아들은 갑자기 성경이 말하는 종이 아니게 된다. 고난과 죽음의 낮아짐이 더는 그리 놀랍지 않게 된다. 복음이 그만큼 덜 특별해진다. 성육신적이며 낮아지는 순종은 거리끼는(scandalous) 것이다. 순종은 하나님의 아들이 삼위일체의 둘째 위격으로서 영광 가운데 하시는 행위가 아니기 때문이다.

실제로, 왜 은혜가 그렇게 놀라운가?

방금 강조했듯이, 순종을 경륜에서 떼어 내 내재적 삼위일체에 투영하면 성육하신 아들이 성경이 말하는 종이 아니게 된다. 이것은 성육하신 아들이 성경이 말하는 구원자일 수 없다는 뜻일 것이다.

이사야에 따르면, 그리스도께서 "찔림은 우리의 허물 때문이요 그가 상함은 우리의 죄악 때문"(사 53:5)이다. 요한은 이렇게 말한다. "사랑은 여기 있으니 우리가 하나님을 사랑한 것이 아니요 하나님이 우리를 사랑하사 우리 죄를 속하기 위하여 화목 제물로 그 아들을 보내셨음이라"(요일 4:10; 참조. 요일 3:16; 막 10:44; 롬 5:8; 고전 7:23; 15:1-3; 벧전 1:18-19; 2:21).

그러나 EFS는 순전히 자애롭고 이타적인 이 신적 동기를 흐린다. 아들은 우리를 위해서뿐만 아니라 자신을 위해서도 살고 죽었다는 것이다. 아들의 순종은 오로지 우리만을 위한 순종이 아니라 그분 자신을 위한 것이기도 했다는 것이다. 기억하라. EFS는 세상이 창조되거나 죄인이 죄를 짓기 전에 아들을 아들이게 하는 것은 종속이라고 가르친다. 다시 말해, 아들은 달리 아들일 수 없다는 것이다. 영원에서, 내재적 삼위일체 내부에서, 아들은 반드시 순종해야 한다. 그렇지 않으면…. 그렇지 않으면 어떻게 되는가? EFS주의자들이 거듭 말하듯이, 그렇지 않으면 아들이 아들일 수 없다. 이 논리는 역사에도 적용된다. EFS에게, 성육신은 영원한 종속의 지속일 뿐이다. 그러나 무엇을 잃는지 보라. 그렇다면 아들이 죽기까지 순종하심은 결국 이타적일 수 없다. 아들은 어쨌든 순종하셔야 한다. 그렇지 않으면 그분의 아들되심은 의미 자체가 사라진다. EFS주의자들은 인정하려 들지 않겠지만, 아들의 순종과 죽음은 우리를 위한 것일 뿐 아니라 자신의 아들되심을 지속하고 잃지 않기 위한 것이기도 하다.

그러나 예수님은 자신을 위해 십자가를 지신 게 아니다. 우리를 위해, 오로지 우리를 위해 십자가를 지셨다. 아들의 순종은 오로지 죄인들을 위해 필요했을 뿐 자신의 종속적 아들되심을 유지하기 위해 필요했던 것이 아니다. 성경은 어디에서도 후자를 단언하지 않는다.

성경은, 성육신과 십자가의 동기는 우리를 향한 하나님의 희생적 사랑이라고 단언한다. 왜 하나님이 사람이 되셨는가? 기독교 복음의 가장 기본 질문이다. 요한복음 3장 16절은 "하나님이 세상을 이처럼 사랑하사 독생자를 주셨으니."라고 답한다. 왜? "이는 그를 믿는 자마다 멸망하지 않고 영생을 얻게 하려 하심이라." 예수님이 단지 하늘에서 아버지께 하셨던 순종을 지속하려고 땅에서 아버지께 순종하신다면, 결국 은혜는 전혀 놀라운 것이 아니다. 순종은 아들이 어쨌든 하셔야 했던 것이다. 이런 생각 자체가 십자가에서 희생적이며 자신을 내어 주시는 사랑을 제거한다. 그분의 성육신적 순종은 하늘의 영속화일 뿐이었다. 그분이 고난을 받으심은 영원의 지속일 뿐이었다.

그렇다면, 어쩌면 이제 우리가 어휘를 바꿔야 할 때다. 우리 복음주의자들은 '복종'과 '종속' 같은 단어를 사용하는 나쁜 습관이 있다. 이 단어들은 성경에서 영원한 하나님의 아들을 가리키는 말로 전혀 사용되지 않으며, 오히려 더 작은 아들 또는 열등한 아들을 암시한다. 신약성경의 언어 '낮아지심'(humiliation, 낮추심, 겸손, 빌 2장)을 사용하는 것이 훨씬 지혜롭다. 이 성경 용어는 우리가 추구하는 바, 곧 아들의 경직된 종속이 아니라 자신을 낮추심이라는 의미를 내포한다.

결국, 많은 게 걸려 있다. EFS를 따라 이것이 제시하는 낮은 기독론의 골짜기에 들어간다면, 우리의 구원론 역시 낭패를 보게 됨을 놀라지 말아야 한다.[106]

언제부터 삼위일체가 성적인 의미를 지니게 되었는가?

상호 보완주의자와 평등주의자들은 하나같이 EFS를 비판한다. 그런데도 EFS주의자들은 자신들의 입장을 상호 보완주 시각으로 제시하려고 적지 않게 노력한다. 그러면서 이들은 자신들에게 성 역할 모델, 곧 성 역할 패러다임이 있다고 확신한다. 아들의 복종이 아들됨의 의미에 고유하듯이 여자의 복종은 아내됨의 의미에 고유하다는 것이다. EFS주의자들은 깨닫지 못하기 일쑤지만, 이것은 지난 세기 사회적 삼위일체론자들이 보였던 오래된 움직임이다(3장을 보라).

EFS주의자들이 구원의 경륜에서 나타나는 복종을 거꾸로 내재적 삼위일체에 투영한다는 것을 조금 전에 살펴보았다. 그러나 이들은 젠더 의제까지 거꾸로 내재적 삼위일체에 투영한다. 킬비(Karen Kilby)는 이렇게 말한다. "사회적 삼위일체론이 우리의 이상을 흔히 하나님께 투영하는 것은 우연이 아니다. 오히려 이것은 대다수 사회적 삼위일체론자가 투영주의자여야 한다는 점에서 이들이 관여하는 프로젝트를 형성한다."[107]

---

106) Bilezikian, "Hermeneutical Bungee-Jumping," 66.
107) Karen Kilby, "Perichoresis and Projection."

내 패를 공개하겠다. 나는 열성적이고 확신에 찬 상호 보완주의자다. 나는 목회자 직무를 자격을 갖춘 남성으로 제한하는 강력한 성경적 이유가 있다고 믿는다. 또한 남편은 아내의 머리이고 아내는 남편에게 복종해야 한다고 믿는다. 그러나 EFS가 조작(manipulation)의 냄새를 풍긴다는 점, 우리가 3장에서 보았듯이 자신의 숱한 사회적 프로그램을 위해 삼위일체를 재정의하려는 현대적 향을 풍긴다는 점에서, 나는 다른 상호 보완주의자들과 의견을 같이 한다. 모든 의견 차이에도 불구하고, 우리 상호 보완주의자와 평등주의자들은 다음에 동의할 수 있다. '삼위일체는 우리의 사회 프로그램이 아니다.'

EFS주의자들은 특히 두 본문에 호소한다. 고린도전서 11장 3절과 에베소서 5장 22-32절이다. 앞서 보았듯이, 주해는 부동산을 많이 닮았다. 중개인은 "위치, 위치, 위치!"라고 말한다. 반면에, 주해자는 "문맥, 문맥, 문맥!"이라고 말한다. 우선, 바울이 고린도전서 11장에서 머리에 쓰는 수건을 말하고 에베소서 5장에서 남편과 아내의 관계를 말할 때 내재적 삼위일체, **아드 인트라**(ad intra)를 논했다고 생각하는 것은 아무리 줄여 말하더라도 무리다. D. A. 카슨(D. A. Carson)은 이렇게 말한다. "문맥이 빠진 본문은 증거 본문을 제시하기 위한 구실이다."108) 두 본문은 EFS의 손에 들린 이런 부류의 증거 본문일 뿐이다. 왜 그런가?

문맥을 보면 알듯이, 바울은 내재적 삼위일체에 관한 형이상학적 논의에서 성 역할로 곧장 옮겨 갈 의도가 없다. 대신에, 경륜 즉 구체적으로 우리의 아버지 하나님 앞에서 우리의 중보자가 되어야 하는 그리스도의 성육신적 사명을 염두에 둔다(그리스도/메시아라는 그분의 이름 자체가 이것을 말해 준다). 고린도전서 11장은 바울의 명령으로 시작한다. "내가 그리스도를 본받는 자가 된 것같이 너희는 나를 본받는 자가 되라"(고전 11:1). 바울은 방금 고린도 신자들을 향

---

108) 다음을 보라. D. A. Carson, *Exegetical Fallacies*.

해, 우상에게 바쳤던 음식을 먹는 문제와 씨름하고 있을 법한 사람들의 양심을 염두에 두라고 했다(고전 10:23-33). 그는 신자가 먹을 권리가 있더라도 유익하지 않으면 삼가라고 말한다. "누구든지 자기의 유익을 구하지 말고 남의 유익을 구하라"(고전 10:24). 이렇게 자신을 내어 주고 희생하는 마음으로, 그리스도께서 성육신적 고난에서 친히 본을 보이신 마음으로, 바울 자신이 그리스도를 본받듯이 자신을 본받으라고 말한다. 그리스도인은 십자가를 본받아야 하며, 그리스도인의 삶은 구원자께서 보이신 희생적 사랑의 복사판이어야 한다.[109] 바울이 이어서 하는 말의 정확한 문맥은 타인들을 위한 그리스도의 이타적 죽음이다. 고린도 신자들은 이기적이었고 공동체 전체의 유익보다 자기 권리를 생각했다.[110] 그러나 이제 자신들의 구원자께서 십자가에서 보이신 모범을 따라 그분의 이타심을 본받으며 살아야 한다.

그러므로 바울은 "각 남자의 머리는 그리스도요 여자의 머리는 남자요 그리스도의 머리는 하나님이시라"(고전 11:3)라고 할 때, 성육신해서 고난받는 종, 메시아(그리스도)로서 순종하는 삶과 죽음과 부활을 통해 사명을 성취하신 분을 염두에 둔다. 인접 문맥이나 더 넓은 문맥은 내재적 삼위일체와 관련해 창조 세계 및 구원과 별개로 아들에 관해 전혀 말하지 않는다. 그러므로 이 본문에 내재적 삼위일체에 관한 논의를 주입하거나 덧붙인다면, 문맥을 제대로 파악하지 못한 것이다. 바울은 기름 부음 받은 자, 곧 메시아께서 구원을 베푸시는 주권(salvific lordship)을 염두에 둔다.

그렇다면 하나님이 그리스도의 머리라는 바울의 말은 무슨 뜻인가? 그리스도께서 성부 하나님께 복종하지만, 구원 사명을 성취하는 성육한 구속자로서 복종하신다는 것이다. 그렇다. 아버지와 아들 사이에 복종이 있다. 그러

---

[109] Schreiner, *1 Corinthians*, 219.
[110] Schreiner, *1 Corinthians*, 219.

나 본문은 결코 이 복종이 내재적 삼위일체 안에서 이뤄진다는 것을 암시하지 않고, 늘 경륜의 문맥에서 이뤄진다는 것을 암시한다. 이 복종의 핵심은 하나님의 존재 내부의 계층 구조가 아니라 구원이기 때문이다. 빌립보서 2장 5-7절에서 보았듯이, 아들은 반드시 순종해야(순종하게 되어야) 한다. 고린도전서 11장에 호소해 종속을 내재적 신격(내재적 삼위일체)에 주입하는 것은, 본문이 담을 수 있는 것보다 훨씬 많은 것을 말할 때까지 본문을 조작하는 것이며 고무줄처럼 끊어질 때까지 잡아당기는 고전적인 예다.

EFS주의자들이 고린도전서 11장을 토대로 제시한 주장을 강화하려고 에베소서 5장에 호소하는 것은 아이러니다. 에베소서 5장은 성육신의 경륜적 문맥에 한층 더 근거하기 때문이다. 이제 유대인들뿐 아니라 이방인들에게도 드러난 복음의 비밀이(엡 3장) 에베소서를 처음부터 끝까지 관통한다. 이러하기에, 바울은 선택을 논하며 서신을 시작하고(엡 1장), 그 후에 칭의를 논하며(엡 2장), 마지막에 우리와 하나님의 동행 또는 성화를 논한다(엡 4:17-5:21). 바울은 방향을 돌려 교회의 삶이 어떠해야 하는지 다룰 때도 복음의 문맥에서 다룬다. "아내들이여 자기 남편에게 복종하기를 주께 하듯 하라 이는 남편이 아내의 머리됨이 그리스도께서 교회의 머리됨과 같음이니 그가 바로 몸의 구주시니라"(엡 5:22-23). 주목하라. 아버지는 전혀 언급되지 않는다. 비교는 아버지가 아들보다 위이듯이 남편이 아내보다 위라는 것이 아니다. 그게 아니다. 비교는 그리스도가 교회의 머리이듯이 남편이 아내의 머리라는 것이다. 아들의 종속은 어디에서도 없고 교회의 종속이 있을 뿐이다. 이럴더라도, 바울이 언급하는 그리스도는 구주이시며, 이는 내재적 삼위일체를 염두에 두지 않고 오직 성육하신 중보자만 염두에 두고 있음을 거듭 상기시킨다. 우리가 이것을 아는 것은 바울이 뒤이어 남편들에게 그리스도께서 자신의 신부인 교회를 위해 십자가에서 자신을 내어 주셨듯이 아내를 위해 희생하라고 말하기 때문이다(엡 5:25-27).

삼위일체와 성(gender)이라는 주제에 관한 마지막 핵심은 이것이다. 삼위일체, 구체적으로 내재적 삼위일체 내부의 종속이 성 역할의 모델이라는 주장은 더없이 기발하다. 교회의 역사는 2천 년이다. 그러나 EFS주의자들이 등장할 때까지, 그 누구도 내재적 삼위일체 내부의 종속을 여성의 복종을 위한 모델로 제시할 생각을 하지 못했다. 이것은 단지 놀라운 게 아니라 효과적이다. 이들은 성경을 적절히 해석하려는 노력도 아끼지 않았기 때문이다. 이것이 더욱 효과적인 것은 역사 대부분에서 사회가 가부장적이었기 때문이다. 그러나 가부장적 사회들도 삼위일체를 활용해 여성의 종속을 확립할 생각은 전혀 하지 못했다.

산불 끄기

지금까지 우리는 주변을 살피면서 한 번에 한 그루씩 나무들을 들여다보았다. 그러나 이제 한 걸음 물러나 숲 전체를 살펴야 할 때다. 안타깝게도, EFS는 숲에 불을 질렀고 우리가 잃어서는 안 되는 세 그루, 곧 성경과 역사와 예배가 화염에 휩싸였다. 이것을 하나씩 살펴보자.

이코노미석이 아니라 일등석을 타야 할 때다: 성경을 어떻게 읽어야 하는가?

'보슈'(Bosch)라는 인기 있는 텔레비전 시리즈가 있다. '보슈'라는 제목은 로스엔젤레스 경찰청 소속인 스타 형사의 이름에서 왔다. 살인 사건이 일어나면, 보통의 경찰관들은 하나같이 현장에 달려가 겉으로 드러난 것에 주목한다. 이를테면, 열려 있는 창문이나 사라진 지갑, 질투하는 남편에 주목한다. 이들은 확신에 차서 재빨리 "사건을 종결한다."라고 결론을 내린다. 보슈는 다르다. 사건을 "확실하게 매듭짓는다." 꼼꼼하게 살피며 증거가 딱 들어맞는 정황을 탐구하고는 이렇게 말한다. "우리가 그 범인의 손아귀에 놀아나는 것 같은데!" EFS도 다르지 않다. EFS의 본문 다루기는 겉보기에 단순해 보인다. 그러나 좀 더 살펴보라. EFS의 주해는 지나치게 단순하다. 보슈처럼, 우리는 추정의 눈보라를 뚫고 성경 문맥을 자세히 주목해야 한다. 몇 가지 예를 살펴보자.

첫째, EFS는 성경을 믿을 뿐이라고 말한다. 그러나 내재적 삼위일체 내부에 종속이 있다고 말하는 성경 본문이 하나도, 단 하나도 없다는 게 당혹스럽지 않은가? 표면적으로 유일하게 근접해 보이는 본문이 고린도전서 15장이다. 그러나 앞서 보았듯이, 이 본문의 문맥은 내재적 삼위일체가 아니라 구원의 경륜이다. 드러나듯이, EFS는 확실한 증거가 없다. 성경의 뒷받침이 없기에 억측에 편승한다.

둘째, 복음주의자들은 구체적 단어에 초점을 맞추고 문맥이나 장르와 상관없이 성경을 문자적으로 읽으라고 배웠다. 우리는 형언할 수 없는 분, 곧 무한하고 이해할 수 없는 하나님을 기술한다는 사실을 잊은 채, 마치 유한한 인간의 말을 최대한 문자적으로 받아들여야 하듯이 성경을 읽는다. 우리의 언어는, 마치 우리의 말과 우리가 기술하는 하나님이 일대일로 직접 상응하기라도 하듯이 일의적(univocal)이지 않다. 상상할 수 있겠는가? 아마도 우리는 시편을 읽고서 하나님은 큰 귀와 눈동자가 있고 새처럼 날개 달린 몸을 가지셨다고 결론지을 것이다.

예를 들어, 오늘의 복음주의자들은 복음을 강조하는 기독교 문화에서 자랐다. 그 자체로 좋은 일이다. 아멘! 그러나 융합(혼합)이 복음을 통해서도 슬그머니 들어올 수 있음을 잊지 말자. 그리스도의 성육신은 하나님의 특별 계시의 절정이다. 그렇더라도 그리스도의 인간 체험(고난, 복종)이 우리의 신론이라는 항공기의 이륙장이어서는 안 된다. 그리스도의 십자가 고난을 우리의 발사대로 삼는다면, 마치 하나님이 그분의 신성에서 고난을 받기라도 하듯이,

고난을 내재적 삼위일체에 투영하는 것이다. 마찬가지로, 그리스도의 성육신에서 일어나는 복종에서 시작한다면, 복종을 내재적 삼위일체에 투영하고 계층 구조를 삼위일체 하나님의 위격적 특성으로 삼는 것이다.

무슨 일이 있었는가? 우리는 종속 같은 피조물의 특성을 거꾸로 신적인 이름에 집어넣고, 우리가 사회에서 경험하는 인간관계가 삼위일체에도 동일하게 적용되며 심지어 삼위일체에서 비롯된다고 추정한다. 이런 사람이 생각난다. 좌석 위 짐칸에 적합한 크기보다 다섯 배는 더 클 것 같은 가방을 들고 비행기에 오르는 승객 말이다. 이런 사람은 늘 있다. 이들은 전체 승객을 오도 가도 못하게 세워 둔 채, 자신의 가방이 적합하다고 확신하며 심지어 적합하게 하겠다고 결심한다. 성경을 이런 식으로 다루지 말자. 경륜에서 일어나는 모든 일이 내재적 삼위일체 내부에 적합하지는 않다. 대신에, 일등석 접근 방식을 취해야 할 때다.

기준 높이기: 역사의 겸손

EFS주의자들은 자신들의 견해가 이단 혐의를 받는 것에 충격을 받았고 심지어 격분했다(지금도 다르지 않다). 이들은 항변했다. "우리는 아리우스주의자가 아닙니다!" 사실이다. EFS는 아리우스주의와 정확히 동일한 견해가 아니다. 우리는 이 사실에 감사해야 한다. 그러나 학자들이 지적해 왔듯이, EFS가 성경에 접근하는 방식(해석학)은 니케아 신경이 정죄한 유사 본질적 견해와 두드러지게 비슷하며, EFS의 견해는 때로 후자와 중첩되기까지 한다(2장을 보라). 이런 이유로, 어떤 사람들은 EFS에 반(半)아리우스주의라는 꼬리표를 붙인다.[111]

---

111) Bird, "Preface: Theologians of a Lesser Son," in Bird and Harrower, eds., *Trinity without Hierarchy*, 10. EFS와 유사 본질주의자를 비교하려면, Smith, "The Trinity in the Fourth-Century Fathers," 113, 115를 보라.

EFS가 이단이냐 아니냐와 별개로, EFS는 이러한 혐의에 못 믿겠다는 반응을 보인다. 이로써 EFS는 자신들이 애초에 왜 이단 혐의를 받았는지 이해하지 못하는 게 분명하다. 누구라도 아들의 동등성을 단언할 수는 있다. 그러나 그 사람이 사용하는 내적 논증의 논리가 그의 단언을 아주 쉽게 약화시킬 수 있다. 이것이 신학이 작동하는 방식이다. 형태를 갖춘 고백이 출발점이지만 그 고백에 충실한 과정에서 많은 것이 드러나며 책임도 수반되어야 한다. EFS는 역사에 등장한 어느 이단과 정확히 일치하지는 않는다. 그렇더라도 EFS가 자신들의 입장을 제시하는 논리뿐 아니라 정통 범주를 사회적 범주로 바꾼다는 사실에서 보듯이, EFS주의자들은 의도하지 않았더라도 세 이단들, 곧 종속론과 삼신론과 사벨리우스주의에 위험할 만큼 가깝다. 말할 필요도 없지만, 셋은 너무 많다. 신경에 충실함이 중요하다고 믿는 그리스도인들에게, "엄밀히 말하면 이단이 아니에요!"라는 말은 너무 낮은 기준이다. 니케아 교부들은 기준을 훨씬 높였다. 어쨌든, 그것은 삼위일체, 곧 기독교를 정의하는 믿음이다.

더 나아가, 이단 혐의를 이렇게 무시하는 것을 보면, EFS주의자들은 역사 감각이 부족하다. 역사에서 EFS와 정확히 일치하거나 직접 연결되는 것은 없다. 그렇더라도 EFS가 정통의 자격을 갖거나 신앙 고백적 책임을 면제받지는 않는다. 이것은 EFS의 미묘한 종속론이 훨씬 교묘하며 그 기발함 때문에 훨씬 찾아내기 어렵다는 뜻일 뿐이다. 예를 들어, 수년 전 복음주의에 침투한 열린 유신론(open theism, 하나님의 미리 아심을 부정한다)을 보자. 에큐메니컬 신경들은 열린 유신론을 전혀 다루지 않았다. 많은 면에서, 열린 유신론은 유례가 없었고 현대에 생겨났다. 그러나 복음주의 신학자들은 열린 유신론이 분명히 한계를 벗어났으며 성경과 모순될 뿐 아니라 신앙 고백에 충실하지도 않다고 주장했다. 바꾸어 말하면, 교회의 신경과 고백들은 죽은 전통이 아니라 살아 있는 전통이다.

> **집에서 따라 하지 마세요**
>
> EFS주의자들은 자신들의 입장이 기발하다(novel)는 것을 부정한다. 이들은 과거에 신학자들이 '종속'이라는 단어를 사용한 것을 보면서 틀림없이 EFS를 염두에 두었다고 추정한다. 이것은 시대착오적일 뿐 아니라 니케아 어휘가 작용하는 방식에 주목하지 못하는 것이다. '종속'이라는 단어는 기원의 영원한 관계들 때문에 신격(아버지, 아들, 성령) 내부의 순서(order)를 가리킬 뿐이다. 차순(suborder)과 종속(subordination)은 다르다. 권위가 아니라 발출을 염두에 두고 있다. 교훈은 니케아 범주들 외에 그 무엇으로도 삼위일체를 기술할 생각을 전혀 하지 않았던 과거 신학자들에게 (계층 구조 같은) 우리의 기발한 현대적·사회적 범주들을 강요해서는 안 된다는 것이다.

이에 비춰 볼 때, EFS의 기발함은 전통에 치명적인 타격이다. 죽은 자들의 민주주의는 옹호 받지 못한다.

대조적으로, 우리는 어떻게 삼위일체에 접근해야 하는가? 역사적 겸손으로 접근해야 한다. 2천 년 동안 신경에 대한 확고한 책임감이 유지되었다. 그러므로 누군가 삼위일체에 관해 기발한 입장을 내세울 때마다 우리가 불편하게 느끼고 의심하는 것이 마땅하다. 그렇지 않음을 증명할 책임은 우리가 아니라 그들에게 있다. 설령 내가 성경 해석에 초보더라도, 시간의 검증을 거친 선조들의 성경 해석을 신뢰하는 게 지혜롭다. 또 단지 지혜로울 뿐 아니라 우리의 교인들이 본받았으면 하는 해석학적 겸손, "교회와 함께 성경을 읽읍시다."라고 말하는 겸손을 드러낸다.

핵심: 예배

거듭거듭, EFS는 아버지 홀로 궁극적인 찬양과 예배를 받기에 합당하시기 때문에 아들은 아버지보다 더 작은 권위이며 더 작은 영광이라고 말한다.[112]

---

112) Ware, *Father, Son, and Holy Spirit*, 46ff, 50-51, 57-58, 154.

이것은 의문을 불러일으킨다. EFS는 예배받을 수 없는 종속된 아들을 만들어 내는가?

마태복음에서, 예수님은 빵 다섯 개와 물고기 두 마리로 5천 명을 먹이신 직후, 혼자 남아 기도하려고 제자들을 배에 태워 먼저 보내셨다(마 14:22-23). 그런데 배가 맹렬하고 무자비한 폭풍을 만났다. 제자들이 얼마나 공포에 질렸을지 상상할 수 있겠는가? 제자들은 파도가 배를 덮칠 때마다 이제 곧 죽는다고 생각했던 게 틀림없다.

그러나 그때, 모든 것을 잃은 것 같았을 때, 제자들은 물 위를 걸어 자신들을 향해 다가오는 형체를 보았다. 마태는 제자들이 "무서워했다."라고 말한다(마 14:26). 자연이 귀신으로 바뀌었다. 처음에는 파도였고 이번에는 유령이었다. 제자들은 두려움에 싸여 울부짖기 시작했다. 그때 예수님이 말씀하셨다. "안심하라 나니 두려워하지 말라"(마 14:27).

뒤이어 무슨 일이 일어났는지 아는가? 생각할 수 없는 일이 일어났다. 예수님이 배에 오르셨고, 본문은(내가 지어낸 말이 아니다) 제자들이 예수님께 절하며 그분을 하나님의 아들로 고백했다고 말한다(마 14:33). 이들은 예수님을 예배했다.

하지만 잠깐! 예수님이 이들을 말리며 이렇게 말씀하셔야 하지 않았는가? "안 된다. 이러면 안 된다. 궁극적인 찬양과 영광은 내 것이 아니다. 나는 아버지보다 더 작은 권위다. 아버지를 예배해라. 너희의 찬양을 그분께 드려라." EFS가 옳다면, 그렇게 말씀하셨어야 했다. 그러나 예수님은 그렇게 말씀하지 않으셨다. 대신에, 그 자리에 서서 제자들의 예배를 온전히 받으셨다. 온전히. 예수님은 제지하지 않으셨다. 바로잡지도 않으셨다. 주저하지도 않으셨다.

4세기에 아리우스주의가 교회를 휩쓸 때, 아타나시우스는 예배가 핵심이라는 것을 알았다. 아리우스가 옳다면, 일요일 아침마다 교인들은 적어도 아버지를 예배하는 것처럼 아들을 예배할 수 없었다. 미묘한 차이에도 불구하고, EFS는 비슷한 배를 타고 있다. 이들은 그 배에 탄 제자들과 함께 바닥에 엎드려 예수님을 예배할 수 있는가? 어쨌든, 그분은 더 작은 영광이다.

당신은 어떤지 모르겠다. 내가 성경에서 읽는 예수님은 아무 조건도 달지 않고 진혀 주지하지도 않으면서 자신과 아버지는 하나라고 선언하시는 분이다(요 10:30). 그분은 제자들에게 여호와를 예배하듯 자신을 예배하는 행위를 중단하라고 절대로 단 한 번도 말씀하지 않으신다. 그런데 다른 사람들이 그것을 중단하라고 말한다. 이들은 예수님이 아버지와 동등하다는 것을 믿지 않기 때문이다.

그러나 예수님은 절대로 그러지 않으신다. 예수님은 이 권리를 주장하시며(요 5:17-18; 8:58-59) 이 권리에 수반되는 예배를 요구하신다(마 28:9, 17; 요 9:38). 예수님은 자신이 아버지와 동일하게 공경을 받아야 한다고 주장하기까지 하신다. "아버지께서 아무도 심판하지 아니하시고 심판을 다 아들에게 맡기셨으니 이는 모든 사람으로 아버지를 공경하는 것같이 아들을 공경하게 하려 하심이라 아들을 공경하지 아니하는 자는 그를 보내신 아버지도 공경하지 아니하느니라"(요 5:22-23).

핵심은 이것이다. 예수님이 모든 면에서 아버지와 동등하지 않다면 기독교 자체가 더는 존재하지 않는다. 우리는 일요일 아침에 집에 있는 게 나을 것이다. 마지막 날에 천사들과 함께 이렇게 노래할 수 없을 것이기 때문이다.

죽임을 당하신 어린 양은

능력과 부와 지혜와 힘과

존귀와 영광과 찬송을 받으시기에

합당하도다(계 5:12).

온 땅에 울려 퍼지는 합창에 참여할 수 없을 것이기 때문이다.

보좌에 앉으신 이와 어린 양에게
찬송과 존귀와 영광과 권능을
세세토록 돌릴지어다(계 5:13).

성부, 성자, 성령께 찬송과 영광 돌려보내세.
태초로 지금까지, 또 영원무궁토록
성 삼위께 영광, 영광.[113]

---

113) 하나님을 찬미하는 짧은 찬가인 영광송(Glory be, 통일찬송가 2장 '성부 성자 성령께'에 맞춰 번역해 놓았다-편집자).

9

성령은 출송(出送)되시는가?
출송

"우리는 성령이 계심도 듣지 못하였노라."
에베소 신자들, 사도행전 19장 2절

"성령은 모든 것 곧 하나님의 깊은 것까지도 통달하시느니라."
고린도전서 2장 10절

"성령은 받는 자들에게 주어지신다는 점에서 하나님의 선물이다.
그러나 설령 아무에게도 주어지시지 않더라도, 그 자신으로서 그분은 하나님이시다.
그분은 누구에게도 수여시시기 전에 하나님이었고
아버지와 아들과 함께 영원하시기 때문이다.
그뿐 아니라 아버지와 아들이 성령을 주시고, 성령이 주어지신다고 해서,
성령이 아버지와 아들보다 못하신 것이 아니다.
그분은 하나님의 선물로 주어지시며,
하나님으로서 또한 자신을 주시는 방식으로 주어지신다."
아우구스티누스(Aurelius Augustinus), 『삼위일체론』(The Trinity)

들로리언에 타세요!

목적지: 성령

요점: 성령은 아버지와 아들로부터 출송되시며, 따라서 하나이며 단순한 본질을 공유하신다. 성경은 출송을 성령의 이름, 성령의 기원, 그리고 숨(Breath), 선물, 사랑 같은 성령께 적용되는 칭호들로 아주 다채롭게 조명한다. **교훈**: 성령이 아버지와 아들로부터 출송되지 않으신다면, 우리 안에 거하시고 우리를 거룩하게 하시며 우리로 삼위일체와 교제하게 하시는 성령은 없다.

로마에서: 나의 눈부신 친구

여러 해 전 여름, 나는 로마 중심지에 둥지를 튼 어느 단체의 개신교인들 앞에서 강연을 했다. 매일 강연이 끝난 뒤 숙소를 찾아가는 것이 내 일과였다. 어느 날 오후, 숙소로 돌아가다가 찌는 더위를 못 이겨 테베레강의 어느 다리 밑에서 잠시 쉬었다. 눈앞에 20여 개의 텐트가 펄럭였다. 안을 볼 수는 없었지만 그럴 필요도 없었다. 맛 좋은 룰라드(roulade, 얇게 저민 고기에 소를 넣고 말아 익힌 음식-편집자)와 마니코티(manicotti, 큰 튜브형 파스타로 만든 요리-편집자)의 냄새가 테베레강을 따라 흘러나와 나처럼 배고픈 여행자를 자극하며 불렀다. 내가 누구라고 저항하겠는가? 그렇게 나의 여정은 시작되었고, 나는 그 저항할 수 없는 냄새들이 어디에서 나오는지 알아보려고 텐트마다 슬그머니 머리를 밀어 넣었다.

어떤 텐트들은 이탈리아식 기타인 키타라 바텐테(chitarra battente)로 식사하는 손님들의 흥을 돋우었다. 그런데 한 레스토랑이 눈에 확 들어왔다. 테이블 한쪽에 자리한 소설책 때문이었다. 나는 이탈리아어를 몰랐으나 그 책들은 금세 알아봤다. 눈에 확 들어오는 아주 연한 푸른빛 책등과 새하얀 표지 때문이었다. 이탈리아뿐 아니라 미국에서도 인기 있는 엘레나 페란테(Elena Ferrante)가 쓴 나폴리 4부작(Neapolitan Quartet)이었다.[1] 이 네 권은 서로 경쟁하지만 우정을 이어 가는 두 소녀 레누와 릴라의 이야기, 1950년대에 성인이 된 두 여인의 이야기다. 1950년대의 미국과 달리, 이탈리아는 당시 제2차 세계 대전의 여파로 가난에 허덕였다.

1권 『나의 눈부신 친구』(My Brilliant Friend)에서, 릴라가 스테파노에게 빠져 정신을 못 차리자 레누와 릴라의 우정은 실망스러운 구석으로 방향을 틀고, 두 소녀가 나누었던 깨질 수 없는 우정이 깨지기 시작한다. 릴라는 매력적인 피앙세에게 보석으로 구애를 받자, 관심사가 달라진다. 이전에 릴라와 레누는 지적인 문제, 마음의 문제를 두고 대화를 나누었다. 그러나 스테파노가 등장하자 릴라의 관심은 온통 연인의 선물과 그 선물이 자신의 친구들에게 투영되는 이미지에 쏠린다.

---

[1] 이 4부작은 다음 네 권으로 구성된다. *My Brilliant Friend*, *The Story of a New Name*, *Those Who Leave and Those Who Stay*, *The Story of the Lost Child*. 앤 골드스타인(Ann Goldstein)이 영어로 번역했으며, 유로파(Europa) 출판사에서 2012년부터 시작해 2015년에 완간되었다.

레누는 자신의 학교 성적이 릴라가 받은 선물만큼 값지다고 믿는다. 레누가 받은 검은 표지의 성경책이 그녀에게 필요한 증거의 전부이자 그녀가 교실에서 탁월하다는 것을 확인해 주는 트로피다. 레누가 신학을 비롯해 모든 과목에서 높은 점수를 받았음을 보여 주는 최근 성적표는 말할 것도 없다. 그해 여름, 레누는 릴라에게 학교에 관해 얘기하며 신학 난문제를 내고, 자신들의 대화가 옛날처럼 되어 우정이 되살아나길 바란다. 그러나 레누에게 돌아온 것은 쌀쌀한 면박이다.

"릴라에게 나의 신학 수업 얘기를 했다. 릴라가 감탄하는 모습을 보고 싶어서, 나를 괴롭히던 질문들을 얘기했다. 성령을, 성령의 역할을 어떻게 생각해야 할지 모르겠다고 했다. 나는 큰 소리로 추론해 보았다. '성령은 메신저처럼 하나님과 예수님을 섬기는 종속된 존재일까? 아니면 두 위격의 발현, 곧 두 위격의 기적적인 본질일까?'" 릴라는 아무 답이 없다. 그래서 레누는 자기 질문에 스스로 답한다.

그러나 만약 전자의 경우라면, 어떻게 메신저로 행동하는 존재가 하나님 및 그분의 아들과 하나일 수 있을까? 그렇다면 이것은 시청의 수위인 우리 아빠가 시장과 같다고 말하는 것과 다름없지 않을까? 후자의 경우라면, 그러니까 본질과 땀과 목소리는 이것을 발출하는 사람의 일부잖아. 그렇다면 성령을 하나님 및 예수님과 분리해서 생각하는 게 어떻게 앞뒤가 맞을 수 있지? 아니면 성령이 가장 중요한 위격이고 나머지 둘은 성령의 두 존재 양태일까? 성령의 역할이 뭔지 도무지 모르겠어.

마침내 릴라가 답을 하며, 두 소녀의 우정이 얼마나 변했는지 드러난다. "레누, 넌 아직도 이런 것들을 생각하느라 시간을 허비하니? 도대체 뭘 하는 거니? 성령이 뭔지 이해하느라고 씨름하는 신학 수업이라고? 그런 건 잊어

버리라고. 세상을 창조한 것은 아버지와 아들과 성령이 아니라 악마라고. 스테파노가 내게 선물한 진주 목걸이를 보고 싶지 않니?"[2]

레누는 혼란에 빠진 채 실망하며 대화를 끝낸다. 레누는 '거룩한 삼위일체' 얘기를 꺼내지 않았다. 신학이 그녀의 마음에 있었기 때문이다. 그러나 사실은 그렇지 않았다. 삼위일체는 그녀의 손아귀에서 빠져나가는 우정을 어떻게든 구해 보려는 구실이었다.

그렇더라도 레누가 성령에 관해 겪는 혼란은 오늘의 많은 이들, 그리스도인과 비그리스도인이 똑같이 겪는다. 그리고 "시간 낭비 좀 그만해!"라는 릴라의 태도는 여전히 더 설득력이 있다.

레누의 삼위일체

나는 레누와 릴라의 우정을 회복시킬 수 없다. 그건 엘레나 페란테에게 맡기겠다. 그러나 성령과 삼위일체에 관한 혼란은 어떤가? 이 부분이라면 내가 도울 수 있다. 이것이 결코 시간 낭비가 아니라는 내 생각을 당신이 믿어 주기만 한다면 말이다. 레누가 당혹스러워하는 것은 그녀가 종속론과 (이상한 형태의) 사벨리우스주의 사이에서 흔들리기 때문이다.

첫째, 레누는 성령이 아버지와 아들에게 종속되는지 궁금하다. 성령이 메신저라면, 열등해야 한다. 레누의 아버지는 시청의 수위이며, 따라서 시장과 동등하지 않다. 레누도 이 정도는 안다. 마찬가지로, 메신저인 성령이 하나님 및 그분의 아들과 하나일 수는 없다. 레누는 종속론을 생각하고 있다. 지난 4세기에, 어떤 사람들은 레누와 같은 생각이었다. 이들은 성령과 맞서 싸우는 자

---

[2] Elena Ferrante, *My Brilliant Friend* (New York: Europa Editions, 2012), 261-262.

들로 불렸다. 이들은 성령이 아버지 및 아들과 동등하다고 믿지 않았다. 성령이 동일 본질로부터 발출하신다고 믿지 않았기 때문이다(2장을 보라).

둘째, 레누의 말처럼 성령이 아버지와 아들의 발현(emanation)이고 이들의 '기적적인 본질'이라면 성령과 아버지 및 아들 사이에 실제로 아무 차이가 없는가? 그렇지 않아 보인다. 우리가 알듯이, 이것은 사벨리우스주의의 오류다. 레누는 하나님이 다른 이름들(성령은 그중 하나다)을 가진 한 위격이 될 때까지 위격들(그것은 단지 발현일 뿐이다)을 융합한다. 또는 레누의 개념 세계에서, 본질과 땀과 목소리는 한 신적 위격의 부분이나 측면일 뿐이다.

셋째, 레누는 성령이 삼위일체에서 우월한지 궁금하다. 어쩌면 아버지와 아들이 성령의 존재 양태일는지도 모른다. 고백하건대, 그 누구도 내게 이렇게 말한 적이 없다. "성령인 것 같아요. 핵심은 아버지와 아들이 아니라 성령이에요." 그러나 몇몇 진영에서(급진적인 오순절주의도 그중 하나다) 성령을 이런 식으로 이해한다.

당신이 레누처럼 당혹스럽거나 릴라처럼 환멸을 느낀다면, 이 장이 도움이 될 것이다. 성경과 위대한 전통에 속하는 성경 해석자들의 도움으로, 우리는 성령이 누구이시며 또 어떤 분이 아니신지 분명하게 밝히고, 레누가 빠졌던 몇몇 함정을 피하도록 하겠다.[3]

우리는 성령을 믿습니다…맞는가?

"우리는 성령을 믿습니다." 적어도 이것은 니케아 신경의 고백이다. 그러나 이렇게 고백하는 데는 충분한 이유가 있다. 성경에서 성령은 아버지와 아

---

[3] 성경에서 '성령'(Spirit)은 세 가지 방식으로 사용될 수 있다. 본질적(essential), 위격적(personal), 환유적(metonymical). Witsius, *Exercitationes* 23.3; cf. Muller, *PRRD*, 4:341.

들에게 종속되는 더 작은 신으로 제시되지 않는다. 또한, 성령을 아버지 및 아들과 혼동하고 한 위격으로 구분될 수 없는 존재로 여겨서도 안 된다.

무엇보다도, 성령은 아버지와 아들과 함께 영원하고 아버지 및 아들과 동등하시다. 니케아 신경은 "우리는 성령을 믿습니다."라고 고백한다. 성령은 주님이요 생명을 주시는 분이기 때문이다. 주목하라. 니케아 신경은 성령의 사역들에 눈을 돌려(이것들이 다름 아닌 신적인 일이라고 말한다) 성령을 주님 자신으로 규정한다. 성경은 이렇게 하며 창조 사역뿐 아니라 구원 사역을 성령께 돌린다. 거듭남(요 3:5-8)에서부터 회심(고전 12:3), 입양(갈 4:6), 성화(살전 5:23), 영화(롬 8:9-11)에 이르기까지, 성령이 처음부터 끝까지 우리 안에서 일하신다. 성령의 계시 및 영감 사역도 잊지 말아야 한다. 니케아 신경은 성령이 "선지자들을 통해 말씀하셨습니다."라고도 고백한다. 이것은 베드로가 하는 말이기도 하다. "예언은 언제든지 사람의 뜻으로 낸 것이 아니요 오직 성령의 감동하심을 받은 사람들이 하나님께 받아 말한 것임이라"(벧후 1:21).

얼마든지 계속할 수 있다. 성령의 사역은 헤아릴 수 없이 많다. 성령께 돌려지는 사역들은 하나님만 수행하실 수 있다. 니케아 신경은 성령이 아버지와 아들과 함께 예배와 영광을 받으셔야 한다고 결론짓는다. 성령은 아버지와 아들과 똑같이 신적이며, 한 신적 본질과 의지와 능력과 권위와 영광을 온전히 공유하시기 때문이다. 그렇지 않다면, 바울은 "주는 영이시니 주의 영이 계신 곳에는 자유가 있느니라"(고후 3:17)라고 말할 수 없을 것이다. 그러나 바울이 이렇게 말할 수 있는 유일한 이유는 성령이 영원히 아버지와 아들의 동일한 본질에서 발출하시기 때문이다. 성령 신학자 장 칼뱅(Jean Calvin)은 성령도 "아버지 및 아들과 더불어 참 하나님이며, 거룩한 삼위일체의 셋째 위격이고, 만물의 창조자이시다."라고 말한다.[4]

---

4) Calvin, *Institutio* (1536), ii (p. 135). 다음에서 재인용했다. Muller, *PRRD*, 4:333. 다음도 보라. Gregory of Nyssa, *On the Holy Spirit* (*NPNF2* 5:315).

그러나 성령은 아버지 및 아들과 동등할 뿐 아니라, 레누가 그렇게 하고 싶은 유혹을 받듯이, 아버지 및 아들과 혼동되어서도 안 된다. 성령은 단순히 힘이나 비인격적 발현이 아닐뿐더러 하나의 신적 속성도 아니다.[5] 그게 아니다. 성령은 신격의 구분되는 한 위격이며, 정확히 말하면 셋째 위격이다. 아버지 및 아들과 본질에서 하나지만, 실재에서 아버지 및 아들과 구분된다. 더 정확히 말하면, 성령은 하나이며 단순한 본질의 한 위격적 실재이시다.

그렇다면 어떻게 신적 본질이 신격의 셋째 위격, 즉 성령에 실재하는가?

성령을 아버지 및 아들과 구분하는 것은 무엇인가?

우리는 레누와 함께, 삼위일체 위격들을 융합하는 것이 진짜 문제이며 사벨리우스주의 때문에 이 문제의 역사가 길다는 것을 보았다. 그러나 성령을 한 위격으로 구분하려면, 그렇게 구분하는 것은 정확히 무엇인가? 2장에서 배웠듯이, 세 위격은 기원의 영원한 관계들(위격적 특성들)에 따라 구분된다. 이것은 성령도 고유한(비공유적) 관계를 갖는다는 것을 의미한다.

질문: 성령을 한 위격으로 구분하는 것은 무엇인가?
답변: 성령은 영원히 아버지와 아들로부터 발출하신다(또는 출송되신다).

이 답변은 니케아 신경에도 나온다.

'발출'(procession)이라는 단어는 헬라어 **에크포류시스**(*ekporeusis*)의 번역이다. 이 단어는 요한복음 15장에 나온다. 문맥에서, 예수님은 제자들에게 세상이

---

5) 예를 들면, 소키누스주의(Socinianism).

이전 선지자들을 미워했듯이 자신을 미워한다고 설명하신다. 세상이 예수님을 미워한다면 그분의 제자들도 미워할 것이다. 그러나 두려워하지 말라. 예수님은 제자들을 고아처럼 도움도 없고 힘도 없는 상태로 세상에 버려두지 않겠다고 약속하신다. 돕는 분(Helper, 보혜사) 자신, 곧 성령이 오실 것이다. 그러나 누가 이 돕는 분을 보내며, 이 돕는 분은 누구에게서 기원하는가? "내가 아버지께로부터 너희에게 보낼 보혜사 곧 아버지께로부터 나오시는(ekporeuetai) 진리의 성령이 오실 때에 그가 나를 증언하실 것이요"(요 15:26).

예수님이 자신과 아버지가 성령을 보내리라고 약속하신 것은 이때가 처음이 아니다. 요한복음 14장에서, 예수님은 자신이 아버지께 돌아가리라고 선언하신다. 그러나 이번에도 두려워하지 말라고 하신다. 그분이 제자들을 난파선의 쓸모없는 잔해처럼 점점 먼 바다로 표류하게 내버려 두지 않으실 것이기 때문이다. 대신에, 그분의 현존이 제자들과 계속 함께할 것이다. 어떻게 이것이 가능한가? 그리스도께서는 아버지께 올라가시겠지만, 그리스도의 성령이 제자들과 함께하면서 이들이 가야 할 길을 가르쳐 주실 것이다. "보혜사 곧 아버지께서 내 이름으로 보내실 성령 그가 너희에게 모든 것을 가르치고 내가 너희에게 말한 모든 것을 생각나게 하리라"(요 14:26).

요한복음 16장으로 건너뛰어 보자. 지금까지 예수님은 자신이 제자들을 떠나리라고 여러 차례 말씀하셨다. 그분의 떠나심이 이해되기 시작하면서, 제자들은 예수님이 떠나시리라는 생각에 슬픔에 잠긴다. 그러나 이번에도 예수님은 제자들에게 두려워하지 말라고 말씀하신다. 직관을 거스르는 듯이 보이겠지만, 예수님이 떠나시는 것이 이들에게 더 낫다. 어떻게 예수님이 이렇게 말씀하실 수 있는가? 무엇이 예수님 자신보다 나을 수 있단 말인가? 예수님이 이렇게 말씀하시는 이유는 그분이 떠나시면 성령이 오시기 때문이다. "내가 떠나가는 것이 너희에게 유익이라 내가 떠나가지 아니하면 보혜사가 너희에게로 오시지 아니할 것이요 가면 내가 그를 너희에게로 보내리니"(요 16:7).

거룩한 톨레도!

성령이 아버지와 아들로부터 발출하시는가? 여기서 '-와 아들'은 라틴어로 **필리오케**(filioque)다. 서방 교회는 589년 톨레도 공의회(Council of Toledo)에서 **필리오케**를 니케아 신경에 추가했지만 동방 교회는 이에 반대했다. 수 세기를 힘겹게 이어 오던 정치적 물줄기는 1054년 동방과 서방의 대분열로 마침내 갈라졌다.

우리는 **필리오케**를 단언해야 하는가?

동방은 "아니오."라고 했다. 이것이 삼위일체에서 한 근원이나 원리(아버지)가 아니라 두 근원이나 원리(아버지/아들)를 만들어 낸다고 믿었기 때문이다. 그러나 서방의 대답이 더 설득력 있다. 안셀무스(Anselmus)는 『성령의 발출에 관하여』(On the Procession of the Holy Spirit)에서 여러 이유를 제시했다.

1. **필리오케**는 세 위격 간의 일체성과 동등성을 유지한다.
2. **필리오케**가 없으면, 아들이 성령을 주시는 게 아니라 성령이 아들을 주실 것이다.
3. 성경이 성령을 그리스도의 영이라고 말할 때마다 성령이 아버지뿐 아니라 아들로부터 발출하신다고 상정된다(요 14:25; 15:26; 16:6-7).

성령은 아버지와 아들로부터, (둘이 아니라) 하나이며 단일한 근원 또는 원리로부터 발출하신다. 아버지와 아들 둘 다 동일하고 단순한 본질의 실재이기 때문이다. 어떤 사람들은 **필리오케**가 성령이 아버지 및 아들과 동일한 신적 본성을 가지고 발출하신다는 것을 보증할 뿐 아니라, 우리가 그리스도와 연합할 수 있음을, 성령이 아들로부터 발출하지 않으시면 불가능한 연합을 보장함을 주장했다.

그 순간, 제자들은 예수님의 말씀을 이해하기 어려웠다. 제자들의 슬픔이 이들의 삼위일체 시야를 가렸다. 그러나 예수님이 올라가시고 성령이 내려오신 후, 제자들은 성령의 내주(內住)를 직접 경험했다. 제자들은 사도 바울이 그랬던 것처럼, 자신들의 청중에게 십자가에 달려 죽은 후 부활하신 예수님을 믿으면 그들도 아들로 입양되리라고 말할 수 있었다. "너희가 아들이므로 하나님이 그 아들의 영을 우리 마음 가운데 보내사 아빠 아버지라 부르게 하셨느니라"(갈 4:6). 아들의 영이 우리를 아버지께 인도할 수 있는 것은 성령이 아버지와 아들로부터 발출하시기 때문이다.

우리는 성령에 관한 요한복음의 이 모든 언급을, 성령을 아버지 및 아들과 분리하지 말라는 경고로 받아들여야 한다. 성령은 아버지의 영이신 것만큼이나 아들의 영이시다. 셋이 함께 한 신적 본질을 공유하시며, 각각은 동일한 신적 본성의 한 실재이시다. 이것은 성령이 영원히 아버지뿐 아니라 아들로부터 발출하신다는 뜻이다. 성령은 아버지와 아들로부터 발출하시지만 따로 발출하시는 게 아니라 한 근원인 둘 모두로부터 발출하신다. 영원 전부터 하나이며 단순하고 나뉘지 않는 신적 본질을 아버지와 아들이 성령께 전달하신다.

> **성령의 출송과 아들의 출생은 어떤 관계인가?**
>
> 성령의 출송은 성자의 출생과 뚜렷하게 다르다. 그러나 성령의 출송이 아버지되심(paternity, 성부되심) 및 아들되심(filiation, 성자되심)과 전혀 무관하다고 생각해서는 안 된다. 성령이 아버지와 아들로부터 출송되시는 것은 영원한 출생으로 아들이 성령을 출송할 능력을 얻기 때문이다.
> 질 에므리(Gilles Emery)는 이렇게 말한다. "아버지가 아들을 낳음으로써 아들에게 성령을 '내쉴' 또는 '출송할' 능력을 주신다." 이것이 삼위일체의 각 위격에 어떤 모습이겠는가? "아버지는 아버지로서 아들에게 자신과 함께 성령을 출송할 능력을 주시고, 아들은 아들로서 아버지와 함께 성령을 출송할 능력(능동적 능력)을 아버지로부터 받으신다." 또는 이것을 이렇게 생각해 보라. "성령을 출송하는 능력은 아들의 출생에 포함된다. 자신의 출생으로, 아들은 아버지로부터 그분과 함께 성령의 원리(기원)됨을 받으신다." 이것이 성령께 무엇을 의미하는가? "성령의 발출은 아버지와 아들의 상호 관계에 각인되어 있다. 이것은 성령의 발출 자체가 아버지에 의한 아들의 출생과 연결된다는 것을 의미한다"(*The Trinity*, 116).

마찬가지로, 성령이 오순절에 강림해 하나님의 백성 안에 거하실 때, 단지 아버지에 의해 보냄을 받으시는 게 아니라 예수님이 말씀하시듯이 아버지와 아들에 의해 보냄을 받으신다. 그러나 이번에도, 성령은 분리된 두 근원이 아니라 한 근원으로부터 보냄을 받으신다. 안셀무스(Anselmus)는 예수님의 말씀을 이렇게 풀어 쓴다. "내가 마치 아버지가 보내시는 것처럼 보내리니, 그러므로 내가 성령을 보냄과 아버지가 성령을 보내심은 하나이며 동일하다."[6] 요약하면, 역사에서 주어지는 성령의 선물은 영원에서 일어나는 성령의 발출을 반영하고 계시하며(그러나 결코 구성하지는 않는다), 두 경우 모두 성령은 한 근원, 곧 아버지와 아들로부터 보냄을 받으신다.

반대 주장!

어떤 사람들은 예수님이 가리키시는 것은 영원이 아니라 아버지와 아들이 오순절에 성령을 보내심이라며 반대 주장을 펼 것이다. 예수님은 삼위일체 내에서 일어나는 발출이 아니라 성령이 구원을 위해 창조 세계로 내려오심을 말씀하신다는 것이다. 그러나 앞서 보았듯이, 이 반대 주장은 근시안적이라 예수님의 말씀을 성경 전체에, 곧 역사 전체를 관통하는 하나님의 구속 계획에 비추어 읽지 못하거나 영원에서 삼위일체 하나님이 누구이신지에 비추어 읽지 못하는 편협하고 조잡한 형태의 성경주의다. 시간적 파송과 영원한 관계들을 이렇게 분리하는 것은 예수님께는 낯선 것이다. 요한복음 15장 26절에서 보듯이 예수님은 성령이 아버지로부터 발출하심을 자신이 성령을 보내는 근거로 삼으신다. 그렇다. 삼위일체 내부의 영원한 관계들과 창조 세계 내부의 시간적 파송들은 다르다. 둘을 혼동해서는 안 된다. 그러나 시간적 파송들이 영원한 관계들을 계시하지 못하게 한다면 너무 멀리 나간 것이다. 아들이나 성령의 파송에서 일어나는 모든 것을 영원한 삼위일체에 투영해서는 안 된다(8장을 보라). 그렇더라도 이러한 파송이 영원한 관계들을 구체적 방식으로 반영하지 않는다고 결론짓는 것은 극단적일 것이다. 잃어버린 인류를 구원하

---

6) Anselm, *On the Procession of the Holy Spirit*, in *Works*, 406.

도록 성령이 아버지와 아들에 의해 보냄을 받으실 수 있는 유일한 이유는, 성령이 영원 전부터 아버지와 아들로부터 발출하시기 때문이다.

이것이 아들에게 적용된다는 것을 보았지만(6, 7장을 보라), 이것은 성령께도 똑같이 적용된다. 성령은 "아버지와 아들에 의해 부어지시며", 이것은 "성령이 영원 전부터 어떤 분이신지를 말하는 표현이다." "성령은 아버지와 아들로부터 영원에서 발출하시듯이 경륜에서 아버지와 아들로부터 나오신다." 아들을 말하든 성령을 말하든 간에, "시간 속에서 신적 위격들의 경륜은 위격들의 기원의 영원한 순서와 일치한다."[7] 그러므로 아버지와 아들이 성령을 보내신다는 것은 임의적이지 않다. 이 순서는 성령의 영원한 관계에서 비롯된다. 성령은 영원에서 아버지와 아들로부터 발출하시므로 삼위일체의 셋째 위격이라고 불리신다(시간적으로 셋째가 아니고, 지위에서도 셋째가 아니며, 순서에서 셋째다).

'발출'(procession)이 이상하게 들린다는 것은 나도 안다. 왜 아들을 말할 때처럼 성령이 출생하신다고 말하지 않는가? 기억하라. 기원의 영원한 관계들이 위격들을 구분한다. 성령이 출생하신다고 말하면, 아버지와의 관계에서 성령과 아들이 구분되지 않는다. 성령이 출생하신다고 말하면, 성령이 아들을 대신하게 되고 구분되는 자신의 위격성을 완전히 잃게 되실지 모른다. 성령이 출생하신다고 말하면, 또한 성령을 둘째 아들로 바꿀지도 모른다. 이렇게 되면 성령이 아들의 형제가 되신다.

그러나 아들이 아버지로부터 나오는 방식과 동일하게 성령이 아버지로부터 나오는 게 아니다. 성령은 아들의 쌍둥이 형제가 아니다.[8] 안셀무스는 이렇게 말한다. "아들은 그분의 아버지 곧 그분의 아버지 하나님으로부터 나오

---

[7] Emery, *The Trinity*, 143.
[8] 이에 관해서는 Augustine, *The Trinity* 15, epilogue를 보라.

시지만, 성령은 그분의 아버지 하나님이 아니라 단지 아버지 하나님으로부터 나오시기 때문이다."[9] 아들은 아버지로부터 출생하기에 아들이라고 불리신다. 그러나 성령은 아버지와 아들로부터 출생하시는 게 아니라 성령으로서 출송되며 발출하시기에 아들이라고 불리지 않으신다.[10]

'출송'(spiration)은 발출을 말하는 다른 방법이다. 발출이라는 용어는 성경적 이름 자체에서 나왔다. 아버지와 아들이라는 이름은 출생(generation)을 내포하지만, 성령이라는 이름은 출송을 내포한다. 성경에서 '성령'(Spirit, 영)은 '숨'(breath)으로도 번역될 수 있다. 신학에 적용하면, 성령은 아버지와 아들이 영원에서 내쉬는 숨이시며, 이런 이유로 성령은 역사에서 아버지와 아들로부터 보냄을 받으신다.[11] 따라서 성령의 파송은 성령의 기원의 영원한 관계를 반영한다.[12]

파도를 포착하면 세상 꼭대기에 앉는다

1960년대, 로큰롤은 그 자체로 생명력이 있었다. 1950년대의 로큰롤은 버디 홀리(Buddy Holly), 리치 밸런스(Ritchie Valens), 빅 바퍼(Big Bopper)가 등장한, 좀 더 젊은 시절이었다. 그런데 1950년대는 이 세 음악가의 목숨을 앗아간 비행기 사고와 함께 끝이 났다. 그러나 이들이 개척한 길은 헛되지 않았

---

9) Anselm, *On the Procession of the Holy Spirit*, in *Works*, 391. Cf. John of Damascus, *Exposition of the Orthodox Faith* 1.8 (*NPNF2* 9:9); Turretin, *Institutes*, 1:309.
10) Anselm, *On the Procession of the Holy Spirit*, in *Works*, 393.
11) 출송에 관해서는 다음을 보라. Gregory of Nazianzus, *Theological Orations* 5.1-33 (*NPNF2* 7:318-328); Augustine, *On the Trinity* 1.5.8; 2.3.5; 5.14.15; 15.25.45; 15.26.47; 15.27.48; 15.27.50. 어떤 사람들은 출송을 '실재하는 사랑의 발출'로 정의한다. 예를 들면, Aquinas, *Summa* 1a.43.2를 보라.
12) 바빙크(Bavinck)는 *Reformed Dogmatics*, 2:311에서 출송이 출생만큼 눈에 띄지 않는 이유를 설명한다.

다. 1960년, 존 레논(John Lennon), 폴 매카트니(Paul McCartney), 조지 해리슨(George Harrison), 링고 스타(Ringo Starr)가 리버풀에서 비틀스(Beatles)라는 밴드를 결성해 황홀한 사운드로 로큰롤을 전혀 새로운 세계로 이끌었다. 이듬해, 지구 반대편에서 또 다른 밴드가 태어났다. 비치 보이스(Beach Boys)였다. 두 형제와 그 친구들이 캘리포니아 어느 차고에서 밴드를 시작했다. 그러나 비틀스와는 달리, 비치 보이스는 서퍼 걸, 좋은 분위기, 듀스 쿠페 타고 해안 달리기 등등 캘리포니아 문화를 노래했다. 나는 비치 보이스의 노래 중에 '캐치 어 웨이브'(Catch a Wave)를 아주 좋아한다. 이 노래는 "파도를 포착하면 세상 꼭대기에 앉을 거야"(Catch a wave and you're sitting on top of the world)로 시작한다. 이 노래에서, 비치 보이스는 파도타기를 변호한다.

파도타기를 해보았다면, 적절한 파도를 포착하는 게 얼마나 어려운지 알 것이다. 파도 타는 사람들은 말도 안 되는 이른 시간에 일어나 적절한 파도를 포착하러 해변으로 달려간다. 왁스를 칠한 보드 위에서 균형을 잡기란 쉽지 않다. 그러나 일단 균형을 잡으면 더없이 신이 난다. 당신이 10점짜리 묘기를 완벽하게 펼친다면 사람들은 "와!" 하고 환호할 것이다. 당신이 파도를 가를 수 있다면, 특히 파도가 당신의 머리를 덮쳐서 당신을 쓸어버리기 전에 원통형 파도 사이를 미끄러져 통과할 수 있다면, 더없이 신날 것이다. 이런 행복이 없다.

그가 파도타기를 해봤는지는 의문이다. 그러나 중세 스코틀랜드 출신의 신학자 생빅토르의 리처드(Richard)는 파도와 삼위일체를 말했다. 리처드는 삼위일체 세 위격 간의 '지고한 사랑의 충만'을 묘사할 단어들을 찾아내면서 이것이 '신성의 파도' 같다고 말한다.[13] 리처드는 서핑족이 아니었겠지만, 나로서는 인정하지 않을 수 없다. 리처드가 자신의 보드에서 균형을 잡을 수

---

13) Richard of Saint Victor, *On the Trinity* 5.23.

있을 때 그는 그야말로 파도를 갈랐다.[14] 리처드가 세 위격이 공유하는 단순성을 기술하는 방식은 이렇다. "한 존재…하나이며 단일한 의지!" "삼위일체에서 모두는, 하나이며 단일한 진리, 하나이며 단일한 자비, 하나이며 단일한 선을 아무 차이 없이 갖는다." 세 위격이 공유하는 사랑에 관해서도 똑같이 말할 수 있다. "하나이며 단일하고 동일한 사랑이 세 위격 모두에게 있을 것이다."[15]

그런데도 리처드는 이 파도를 탈 때, 세 위격을 위격적 특성들에 따라 구분한다. 그렇다. "하나이며 단일하고 동일한 사랑이 세 위격 모두에게 있지만", 이 사랑은 "서로 다른 특성을 토대로 각 위격에서 아름답게 구분될 것이다." 세 위격은 하나의 본질을 공유하지만, 기원의 영원한 관계들에 의해 구분되며, 그래서 성경에서 온갖 방식들(파도들)로 우리에게 나타나신다. 그러니 이 파도들이 특히 성령을 말할 때, 그것을 포착하자. 우리는 성령의 위격적 특성(출송)을 마지막에 더 잘 이해하고 서핑족처럼 여유를 부리며 우리가 신성의 파도를 어떻게 포착했는지 얘기할 수 있을 것이다.

파도 1: 숨

출송 개념을 내포하는 칭호가 성경이 성령께 사용하는 이름 자체에 숨겨져 있다. 프뉴마(*pneuma*)다. 이 단어는 '영'(spirit), '바람'(wind), '숨'(breath)으로 번역된다.[16]

---

14) 그가 서핑 보드에서 늘 균형을 잡지는 못한다. 때로 그는 자신의 논리적 집요함 때문에 보드에서 떨어지고, 때로 사회적 삼위일체와 조금 비슷한 말을 한다. 그러나 리처드(Richard)는 현대보다 오래전에 살았으므로, 이것은 시대착오적 비판일 것이다.

15) Richard of Saint Victor, *On the Trinity* 5.23.

16) Bavinck, *Reformed Dogmatics*, 2:277.

그러나 문맥에서, 이러한 의미 중 하나 또는 그 이상이 중첩되어 성령의 위격과 사역을 가리킨다. 예를 들면, 예수님이 니고데모에게 하나님 나라에 들어가려면 '영'(*pneumatos*)으로 거듭나야 한다고 하실 때(요 3:6) 뒤이어 이렇게 말씀하신 것은 결코 우연이 아니다. "바람(*pneuma*)이 임의로 불매 네가 그 소리는 들어도 어디서 와서 어디로 가는지 알지 못하나니 성령(*pneumatos*)으로 난 사람도 다 그러하니라"(요 3:8). 예수님은 바람과 성령에 같은 단어를 사용하시고, 뒤이어 성령을 바람에 비유해 우리를 새로 태어나게 하는 성령의 주권을 말씀하신다. 이 얼마나 적절한가! 구약성경은 영, 숨, 바람을 맞바꾸어 쓸 수 있게 말하기 때문이다(예를 들면, 창 1:2; 욥 33:4; 시 33:6).

다른 경우에는, 성령은 언급되지 않지만 개념에서 전제될 수 있다. 예를 들면, 바울이 어떻게 디모데에게 "모든 성경은 하나님의 감동으로 된 것(하나님이 내쉬신 것)"이라고 말하는지 생각해 보라(딤후 3:16). 하나님이 어떻게 성경을 내쉬시는가(breathe out)? 베드로는 우리에게 답을 제시한다. "오직 성령의 감동하심을 받은 사람들이 하나님께 받아 말한 것임이라"(벧후 1:21). 바울이 성경의 영감을 단언하면서 성령을 언급하지는 않지만, 우리는 성경을 낳는 하나님의 숨이 다름 아닌 삼위일체의 셋째 위격이라는 것을 안다(의심할 여지 없이 바울도 알았다). 아버지는 자신의 영을 통해 자신의 말씀을 내쉬신다.

예수님이 부활한 몸으로 제자들에게 나타나실 때, 성령과 숨의 연결이 흑백에서 생생한 컬러로 바뀐다. 그때는 제자들에게 위험한 순간이었다. 이들은 문을 걸어 잠근 채 숨어 있었다. 유대인들이 자신들을 찾아내 자신들의 랍비를 죽였듯이 자신들도 죽일까 봐 두려웠기 때문이다. 갑자기, 예수님은 물리 법칙을 완전히 거슬러 이들 가운데 서서 두려움에 휩싸인 이들의 영혼에 평안을 선언하셨다. 그런 후, 이들에게 자신의 손과 옆구리를 보이시며, 자신이 다시 살아났다는 소문이 사실임을 입증하셨다. 그러나 이제 그분이 다시 살아나셨기에, 제자들은 해야 할 일이 생겼다. 제자들은 온 세상에 나가 이 좋은 소식을 선포해야 한다. "아버지께서 나를 보내신 것같이 나도 너희를 보내노라"(요 20:21). 그러나 예수님은 정확히 어떻게 이들을 보내실 것인가? "이 말씀을 하시고 그들을 향하사 숨을 내쉬며 이르시되 성령을 받으라"(요 20:22).

제자들에게 숨을 내쉬셨다고? 오늘 우리에게는 이것이 이상해 보이고 어쩌면 불편해 보인다. 그러나 예수님의 숨은 다름 아닌 성령이다. 문자적으로 그렇다는 게 아니다. 마치 성령이 물질이라는 듯이 말이다. 숨은 상징적이며, 예수님은 제자들에게 그들의 구원자가 세상 끝날까지 그들과 함께하리라는 확신을 주시려고 숨을 내쉬셨다(마 28:20).[17] 아우구스티누스(Aurelius Augustinus)는 이렇게 설명한다. "그분의 몸에서 나와 육체적으로 느껴진 육체적 숨은 성령의 본체가 아니었다. 이것은 성령이 아버지뿐 아니라 아들로부터 발출하신다는 것을 적절하게 상징하는 증거였다."[18] 성령의 발출이 구속사에 있을(아버지와 아들이 성령을 보내어 제자들 안에 거하며 이들을 인도하게 하신다) 뿐 아니라, 역사에서 일어나는 이러한 발출은 영원에서 일어나는 발출을 반영한다. 성령은 아버지와 아들로부터 만세 전에 발출하신다. 그분은 출송된 성령이시다.

예수님이 제자들에게 성령을 내쉴 수 있는 것은 (이제 그리스도께서 부활하셨으므로, 성령 파송을 시작하시는 것은) 동일한 성령이 영원 전부터 아버지와 아들로부터 발출하시기 때문이다. 실제의 시간에서 제자들은 성령을 받으며, 파송된 성령은 이들의 얼굴에 내쉬어진 예수님의 숨만큼 감지할 수 있게 된다.[19] 그러나 이 파송은 성령의 영원한 기원, 곧 출송을 계시한다. 영원에서 성령이 아

---

17) 제자들에게 숨을 내쉼으로써, 예수님은 자신이 죽기 전에 약속하신 성령을 이들에게 주신다(요 14:26; 15:26; 16:7).
18) Augustine, *The Trinity* 4.5.29 (cf. 4.20.29).
19) 베드로는 이것을 오순절로 이해하는 것으로 보인다(행 2:33).

버지와 아들로부터 발출하시듯이, 역사에서 아버지와 아들이 성령을 보내시는 것은 적절하다. 아버지는 자신의 아들을 통해 자신의 영을 내쉬신다. 그 결과, 성령이 하나님의 독생자의 복음을 듣고 받아들일 새로운 마음을 우리에게 주시며, 그래서 우리는 아버지에 의해 하나님의 가정에 자녀로 입양된다. "우리가 세상의 영을 받지 아니하고 오직 하나님으로부터 온 영을 받았으니 이는 우리로 하여금 하나님께서 우리에게 은혜로 주신 것들을 알게 하려 하심이라"(고전 2:12).

> **안셀무스**
>
> 캔터베리의 안셀무스(Anselmus)는 내가 가장 좋아하는 인물이다. 그는 하나님을 완전한 존재로 그렸는데, 이것은 고전적 신론의 본질에 닿으며, 단순성에서 불변성까지 반드시 뒤따라야 하는 완전함을 만드는 속성들을 보여 준다. 이에 대해서는 그의 『모놀로기온』(Monologion)과 『프로슬로기온』(Proslogion)을 보라. 우리는 또한 안셀무스의 삼위일체 교리가 그의 저서 『말씀의 성육신에 관하여』(On the Incarnation of the Word), 『왜 하나님이 사람이 되셨는가』(Why God Became Man), 『성령의 발출에 관하여』(On the Procession of the Holy Spirit)에서 빛나는 것을 본다. 오늘의 독자들은 안셀무스가 대화 형식을 빌려 깊은 신앙의 열정으로 글을 쓰는 것을 발견할 때 자신들이 안셀무스를 얼마나 많이 누리고 있는지 깨닫고 깜짝 놀랄 것이다. 가장 중요하게도, 안셀무스는 이해를 모색하는 믿음을 신뢰하는데(그 반대가 아니라), 이것은 삼위일체의 신비에 접근할 때 반드시 취해야 하는 겸손한 자세다.

파도 2: 선물

성령은 숨으로 묘사될 뿐 아니라 아버지와 아들이 주시는 선물로도 표현된다. 이번에도, 예수님은 친히 이렇게 말씀하신다. "하나님이 보내신 이는 하나님의 말씀을 하나니 이는 하나님이 성령을 한량없이 주심이니라"(요 3:34).

요한복음 7장에서, 예수님을 향한 미움이 고조된다. 그런데도 예수님은 초막절에 모습을 드러내길 포기하지 않으신다. 마침내 예수님은 모두의 주목을 받으며 서서 외치신다. "명절 끝날 곧 큰 날에 예수께서 서서 외쳐 이르시되 누구든지 목마르거든 내게로 와서 마시라 나를 믿는 자는 성경에 이름과 같이 그 배에서 생수의 강이 흘러나오리라 하시니"(요 7:37-38). 예수님은 여기서 물을 말할 때 무엇을 가리켜 말씀하셨는가? 이렇게 묻는 게 더 낫겠다. 예수님이 물을 말할 때 누구를 가리켜 말씀하셨는가? 요한은 이렇게 말한다. "이는 그를 믿는 자들이 받을 성령을 가리켜 말씀하신 것이라 (예수께서 아직 영광을 받지 않으셨으므로 성령이 아직 그들에게 계시지 아니하시더라)"(요 7:39).

구약성경에서 물은 생명, 단지 육체적 생명이 아니라 영적 생명을 상징했다. 그래서 에스겔 같은 선지자들은 물 이미지를 사용해 성령의 새 생명, 곧 솟아나 죄를 씻는 생명을 말했다(겔 36:25). 예수님은 이 물 이미지를 자신이 보낼 성령에 적용하신다. 그러나 우리의 목적을 위해, 요한은 예수님이 성령을 받으라며 성령을 주신다고 말한다는 데 주목하라. 바꾸어 말하면, 성령은 선물이시다. 궁핍한 우리 죄인에게 너무나 값진 선물이다. 아버지와 아들이 보내시는 성령은 목말라 죽어 가는 모두에게 생명의 선물이시다. 이것이 예수님이 야곱의 우물에서 사마리아 여인에게 하시는 말씀이 아닌가? "예수께서 대답하여 이르시되 네가 만일 하나님의 선물과 또 네게 물 좀 달라 하는 이가 누구인 줄 알았더라면 네가 그에게 구하였을 것이요 그가 생수를 네게 주었으리라"(요 4:10). 예수님이 확대하시는 선물은 영생이지만(참조. 요 3:14-16; 요일 3:23-24), 영생은 오직 성령을 통해 온다. 그러므로 선물이라는 칭호가 성령께 더없이 적절하다.

예수님만 성령을 선물이라고 하신 게 아니다. 사도행전에서, 예수님이 승천하신 직후, 이 언어가 다시 한 번 나타난다. 기억하라. 예수님은 성령을 보내겠다고 약속하셨고, 이 약속은 오순절에 성령이 불의 혀같이 제자들에게

임하셨을 때 성취되었다. 이 기적 같은 신비에 베드로는 입이 열려, 예수님의 올라가심과 성령의 내려오심 둘 다 하나님이 선지자들을 통해 약속하신 것이며, 그 약속이 바로 지금 자신들 가운데서 성취되었다고 설명한다. 무리가 이 좋은 소식에 마음이 찔려 어떻게 해야 하느냐고 물었을 때, 베드로는 이렇게 답한다. "너희가 회개하여 각각 예수 그리스도의 이름으로 세례를 받고 죄 사함을 받으라 그리하면 성령의 선물을 받으리니"(행 2:38). 성령의 '선물'(gift), 이것은 이 언약 공동체가 처음 모일 때 베드로가 성령께 붙인 칭호다. 이방인들이 동일한 선물을 받을 때, 베드로는 다시 성령을 선물이라고 말한다(행 10:45, 한글 개역개정에는 '성령 부어 주심으로'라고 번역되어 있으나 난외주를 보면 헬라어 원문에 따라 '성령의 선물 부어 주심으로'라고 부연되어 있다 – 편집자).

나중에, 베드로는 비슷하게 말하며 성령을 선물로만이 아니라 '증인'(witness)으로 부른다. 예수님을 말하지 말라는 압박을 받을 때, 베드로는 침묵할 수 없다고 말한다. 그들이 예수님을 십자가에 못 박았지만 그 "예수를 우리 조상의 하나님이 살리시고 이스라엘에게 회개함과 죄 사함을 주시려고 그를 오른손으로 높이사 임금과 구주로 삼으셨느니라"(행 5:30-31)라고 한다. 베드로는 여기서 멈추지 않는다. 사도행전 2장에서처럼, 베드로는 그리스도에서 성령으로 전환한다. "우리는 이 일에 증인이요 하나님이 자기에게 순종하는 사람들에게 주신 성령도 그러하니라"(행 5:32). 어떤 의미에서, 사도행전 5장은 2장을 상술한다. 예수님이 성취하신 일을 성령이 증언하셨으나 단지 외적 의미에서 증언하신 게 아니다. 증인(성령)께서 신자를 그리스도와 연합시킴으로써 복음을 증어하셨고, 성령이 그리스도와 연합시킨 모든 사람이 그리스도의 영을 받았다. 이 선물이 얼마나 후한가? 너무나 후해서 누가는 성령이 어떻게 이방인들에게 임하시는지 묘사하면서 "이방인들에게도 성령(성령의 선물) 부어 주심으로"(행 10:45)라고 말한다. 누가는 (부어지는) 물 이미지로 돌아가 이방인들이 이 선물을 받은 것이 무엇과 같았는지를 묘사한다.

사도행전에 나오는 마술사 시몬의 이야기를 기억할 것이다. 그는 성령을 돈으로 사려 한다. 이 성령을 다른 사람들에게 줌으로써 모두를 감동시키고 싶었기 때문이다. 시몬은 마술을 하면서 베드로 사도에게 이렇게 청한다. "이 권능을 내게도 주어 누구든지 내가 안수하는 사람은 성령을 받게 하여 주소서"(행 8:19). 그러나 베드로는 당연하게도 그를 가혹하게 꾸짖는다. "네가 하나님의 선물을 돈 주고 살 줄로 생각하였으니 네 은과 네가 함께 망할지어다"(행 8:20). 시몬이 무엇을 잘못했는가? 그는 성령이 선물이라는 것을 이해하지 못했다. 성령은 사고파는 상품이 아니다.

예수님과 사도들처럼, 우리도 성령을 선물이라고 부를 수 있다. 아버지와 아들(주시는 분)이 우리 죄인들의 구원을 위해 우리에게 성령을 주실 뿐 아니라, 이렇게 성령을 주심이 영원에서의 아버지와 아들의 본성, 곧 주심이라는 본성과 일치하고 그 본성을 반영하기 때문이다.[20] 성령이 구속사에서 우리에게 주어지실 수 있는 것은 영원에서 주어지시기 때문이며, 아버지와 아들에 의해 출송되시기 때문이다. 선물로서, 성령은 하나님의 백성에게 선물을 주실 수 있다.[21] 성령이 선물을 주시는 유일한 이유는 성령이 영원 전부터 발출하시기 때문이다. 성령이 아버지와 아들에 의해 영원에서 주어지신다는 것(발출)이 무엇을 의미하는가? 아우구스티누스는 이것이 "성령이 아버지와 아들의 표현할 수 없는 친교나 교제라는 것"을 의미한다고 말한다.[22]

다음으로 넘어가기 전에 조건이 하나 필요하다. 성령을 선물(gift)이라고 부르는 것은 성령을 선사된 분(donation)이라고 부르는 것과 같지 않다.[23] 아우구스티누스는 이렇게 말한다. 성령은 "영원히 선물(*donum*)이지만 오직 시간

---

20) 성령이 '선물'과 연결되는 또 다른 본문은 히브리서 6장 4절이다.
21) Basil of Caesarea, *On the Trinity* 16.37 (*NPNF2* 8:23).
22) Augustine, *The Trinity* 5.3.12.
23) 성령은 "둘 다(아버지와 아들)에 의해 주어지나, 둘 다에 의해 나지는 않으신다(*ut datus, non ut natus*)" (Bavinck, *Reformed Dogmatics*, 2:313).

의 한 시점으로부터 선사된 분(*donatum*)이시다."[24] 아우구스티누스가 말하려는 것은 이것이다. 우리에게 역사 속에서 주어지든 주어지지 않든 간에, 성령은 영원에서의 선물이시다.[25]

아들을 역사에 보내심이 영원에서 아들의 출생을 구성하지 않듯이, 성령을 역사에 보내심이나 주심이 영원에서 성령의 출송이나 발출을 구성하지 않는다. 그 반대다. 4장에서 배웠듯이, 관계들이 파송들을 구성한다. 파송들이 관계들을 구성하지 않는다. 파송들이 관계들을 구성한다면, 하나님은 역사에서 행동하실 때까지 삼위일체가 되지 않으신다. 만약 그렇다면, 하나님은 우리를 구원하려고 행동하실 때까지 삼위일체가 아니시다. 성령에 관해, 선물과 선사된 분의 구별이 중요하다. 마치 성령이 아버지와 아들에 의해 우리에게 주어지셔야만 선물이 되기라도 하듯이, 주어진다는 것이 주는 자보다 열등하다는 뜻이라고 추정하지 않도록 말이다. 그러나 역사에서 우리에게 선사되시거나 보내지시는 것과 상관없이 성령은 영원부터 성령이시며 아버지와 아들로부터 발출하신다. 이런 이유로, 성령은 아버지 및 아들과 동일 본체이시다. 주어지심은 이 순서를 반영할 뿐 결코 성령을 열등하게 하지 않는다.

파도 3: 사랑

우리는 단순성을 단언하면서(5장) 하나님의 어느 한 속성도 삼위일체의 어느 한 위격으로부터 분리될 수 없다는 것을 배웠다. 하나님은 어쨌든 단순한

---

[24] Augustine, *The Trinity* 5.17. 다음에서 재인용했다. Johnson, *Rethinking the Trinity*, 76. (성령이 '선사된 분'이라는 것은 성령을 받을 대상 곧 피조물을 전제하며, 따라서 성령이 '선사된 분'인 것은 시간의 한 시점에서 시작된다—옮긴이.)

[25] 성령은 "주어지시기 전에도 선물이실 수 있지만, 주어지시지 않았기 때문에 어떤 식으로도 선사된 분이라고 불리실 수 없다"(Bavinck, *Reformed Dogmatics*, 2:321).

삼위일체이시다. 각 위격이 동일한 신적 본성의 실재이시기에 세 위격 모두 동일한 신적 본성을 공유하신다. 하나님의 본성이나 본질이 그분 안에 있는 모든 것(속성들)과 일치하기에 우리가 무슨 속성을 생각하든 그 속성은 삼위일체 각 위격에 적용되어야 한다. 사랑의 경우도 다르지 않다. 하나님은 사랑이시라고 고백하는 것은 삼위일체 하나님이 사랑이시라고 고백하는 것이다.

그러나 삼위일체 위격들이 위격적 특성들(아버지되심, 아들되심, 출송)에 따라 구분된다는 것을 잊지 말아야 한다. 특정 사역과 속성들이 신격의 구체적 위격들에 의해 각 위격의 기원의 영원한 관계와 일치하는 특별한 방식으로 전유될 수 있다(혼동과 이단을 피하려면 전유가 내포하는 뉘앙스를 주의 깊게 표현해야 한다. 이 뉘앙스들을 10장에서 살펴보겠다). 신격의 특정 위격이 특별한 사역이나 속성을 그 위격의 기원의 관계를 강조하는 방식으로 전유할 수 있다.

예를 들면, 하나님은 사랑이시기 때문에 사랑은 세 위격 모두의 속성이다. 그러나 셋째 위격은 출송이라는 그분의 위격적 특성을 포착하는 방식으로 사랑이라고 불리신다. 아우구스티누스가 이것을 가장 잘 말해 준다. "그처럼 지고하게 단순한 본성에서, 본체(substance)와 사랑(charity)은 다른 게 아니라 아버지에게서나 아들에게서나 성령에게서나 본체가 사랑이고 사랑이 본체지만, 구분되게 성령이 사랑이라고 불리신다."[26] 또는 그가 다른 곳에서 말하듯이, "그러므로 세 위격 중 어느 하나라도 구별되게 사랑(charity)이라고 불리실 수 있다면, 성령보다 적합한 분이 있을 수 있겠는가? 이 의미는 그처럼 지고하게 단순한 본성에서, 본체와 사랑은 다른 게 아니라 아버지에게서나 아들에게서나 성령에게서나 본체가 사랑이고 사랑이 본체지만, 구분되게 성령이 사랑이라고 불리신다는 것이다."[27] 성령이 사랑이라고 불리신다면, 성령

---

26) Augustine, *The Trinity* 15.5.29. 아퀴나스(Aquinas)도 비슷한 입장을 취하며, 성령을 사랑일 뿐 아니라 기쁨이라고 부른다(갈 5:22). Aquinas, *Summa* 1a.39.8을 보라.
27) Augustine, *The Trinity* 15.5.27.

은 "낳으시는 분과 나신 분의 자상함이셔야 하며, 측량할 수 없는 후함과 풍성함을 우리에게 부으시는 분이다."[28]

사랑과 성령의 동일시는 성경에서 흔히 볼 수 있는 사항이다. 예를 들면, 바울이 로마 신자들에게 쓴 편지를 생각해 보라. 바울은 우리가 믿음으로 의롭다 하심을 받아 우리 주 예수 그리스도로 말미암아 하나님과 화평을 누리게 된 것을 기뻐한다(롬 5:1). 그러나 뒤이어 얼토당토않아 보이는 말을 한다. "다만 이뿐 아니라 우리가 환난 중에도 즐거워하나니"(롬 5:3). 환난 중에도 즐거워한다고? 환난은 힘겹고 고통스러우며 괴롭다. 누군들 자신의 고통을 기뻐하겠는가? 바울은 그 이유를 이렇게 말한다. "이는 환난은 인내를, 인내는 연단을, 연단은 소망을 이루는 줄 앎이로다 소망이 우리를 부끄럽게 하지 아니함은 우리에게 주신 성령으로 말미암아 하나님의 사랑이 우리 마음에 부은 바 됨이니"(롬 5:3-5). 사랑을 우리 안에 붓는 것은 성령의 사역이다. 하나님의 사랑을 부어 주심으로써, 성령도 우리 마음에 부어지시며 우리 안에 거하면서 우리를 거룩하게 하신다.

성령은 사랑과 아주 밀접하게 연결된다. 그래서 성경은 다른 곳에서 성령을 소유한 사람들, 성령이 내주하시는 사람들, 성령으로 행하는 사람들의 특징이 바로 사랑이라고 가르친다(갈 5:22). 우리가 하나님과 이웃을 사랑할 때마다 성령이 드러나신다.

바울의 말은 누가의 말과 크게 다르지 않게 들린다. 방금 보았듯이, 누가는 성령이 이방인들에게 임하심을 묘사하면서 성령의 선물을 이들에게 부어 주셨다고 말한다(행 10:45). 바울도 물과 관련된 '부음'(pouring)이라는 표현을 좋아한다. "우리에게 주신 성령으로 말미암아 하나님의 사랑이 우리 마음에 부은 바 됨이니"(롬 5:5). 분명히, 선물이신 성령과 사랑이신 성령은 전혀 분리되

---

28) Augustine, *The Trinity* 6.10; PL 42, 931. 다음에서 재인용했다. Aquinas, *Summa* 1a.39.8.

지 않으며 신격의 셋째 위격을 기술하는 두 방식이다. 어쨌든 사랑은 선물이며, 선물은 받는 것이기도 하다(고전 2:12-16; 5:5; 살전 4:8).

당신의 논리에 필요한 것은 사랑뿐인가?

많은 사회적 삼위일체론자가 사랑에 호소해 삼위일체에 대한 자신들의 재정의, 곧 삼위일체는 관계성들의 사회이며 각 위격은 자신만의 의식과 의지의 중심이라는 정의를 밀어붙인다. 사랑은 또 하나의 구분이 되며, 더 이상 영원한 관계들만이 위격들을 구분하지 않는다. 그러나 위대한 전통은 기원의 영원한 관계들을 기술하기 위해 성경의 여러 은유 가운데 하나인 사랑에 호소한다. 교부들은 사랑을 또 하나의 사회적 차이가 아니라 실재하는 관계들을 강화하는 증거라고 말한다.

그러나 사도 요한이야말로 사랑을 가장 많이 말한다. 사랑은 그의 복음서뿐 아니라 그의 첫째 서신을 채우는 주제다. 요한은 교회, 곧 기독교의 핵심인 교회에 명한다. "사랑하는 자들아 우리가 서로 사랑하자 사랑은 하나님께 속한 것이니 사랑하는 자마다 하나님으로부터 나서 하나님을 알고"(요일 4:7). 경고가 이어진다. "사랑하지 아니하는 자는 하나님을 알지 못하나니 이는 하나님은 사랑이심이라"(요일 4:8).

그런 다음, 요한은 복음 이야기를 들려준다. 하나님이 자신의 사랑하는 아들을 보내 우리의 몫인 진노를 죽음으로 감당하게 하셨을 때, 하나님의 사랑이 나타났다(요일 4:9-12). 우리가 이 희생적 사랑을 보았는데 어떻게 서로 사랑하지 않을 수 있겠는가(요일 4:11)?

우리는 하나님을 볼 수 없지만, 어떤 의미에서 누군가 하나님이 사랑하시는 것처럼 사랑할 때마다 하나님을 본다. 이것이 그 이유다. "만일 우리가 서로 사랑하면 하나님이 우리 안에 거하시고 그의 사랑이 우리 안에 온전히 이루어지느니라…하나님은 사랑이시라 사랑 안에 거하는 자는 하나님 안에 거하고 하나님도 그의 안에 거하시느니라"(요일 4:12, 16).

하지만 요한, 우리가 그분 안에 거하는지 어떻게 아나요? 예수님이 사랑하시는 제자는 개인적 경험으로 그 해답을 안다. "그의 성령을 우리에게 주시므로 우리가 그 안에 거하고 그가 우리 안에 거하시는 줄을 아느니라"(요일 4:13). 바울처럼 요한은 사랑과 선물을 재빨리 하나로 묶는다. 요한의 논리에 주목하라.

1. 하나님은 사랑이시다.
2. 누구든지 사랑 안에 거하는 자는 하나님 안에 거한다.
3. 성령이 우리 안에 거하시고 우리에게 주어졌기 때문에, 우리는 우리가 그분 안에(그분의 사랑 안에) 거한다는 것을 안다.

요한의 견지에서 볼 때, 우리가 어떻게 성령을 사랑이라고 부르지 않을 수 있겠는가? 하나님의 사랑 안에 거한다는 것은 성령 안에 거한다는 것이며, 성령 안에 거한다는 것은 하나님의 사랑 안에 거한다는 것이다. 아우구스티누스가 말하듯이, "하나님으로부터 발출하시는 성령 하나님, 그 자신이 사랑이신 분이 누군가에게 주어질 때, 그 사람 속에 하나님과 이웃을 향한 사랑의 불이 일어난다."[29]

아버지와 아들이 보내시는 성령은 우리가 전혀 사랑스럽지 못할 때라도 우리에게 주시는 사랑의 선물이다. 그러나 구원의 경륜에서 나타나는 이러한 사랑은 신격 내부의 무한한 사랑을 반영한다. 아들은 독생자이며 아버지가 사랑하시는 분이다. 이것은 아버지가 사랑하는 분이고 아들이 사랑받는 분이라는 뜻이다. 예수님의 세례에서, 아버지가 아들에 대해 자신이 사랑하는 자라고 하실 때 이 칭호가 상정된다(마 3:17; 참조. 마 17:5). 그러나 삼위일체

---

29) Augustine, *The Trinity* 15.5.32.

중 유일하게 출송되신 위격으로서, 성령은 아버지와 아들로부터 발출하신다. 사랑 자체가 사랑하는 분과 사랑받는 분으로부터 발출하듯이 말이다. 아우구스티누스는 이 유비를 이렇게 설명한다. "내가 무언가를 사랑하는 사랑을 사랑하지 않으면 사랑을 사랑하는 게 아니다. 아무것도 사랑받지 않는 곳에는 사랑이 없기 때문이다. 그러므로 셋이 있다. 사랑하는 자와 사랑받는 대상과 사랑이다."[30] 이 유비는 성령이 아버지와 아들로부터 영원히 발출하심을 강조한다.

어떤 사람들은 성령이나 삼위일체 전체를 사랑의 견지에서 말하는 것은 사벨리우스주의에 굴복하는 것이라며 반대 주장을 펼 것이다. 그러나 이러한 반대 주장은 사벨리우스주의가 무엇을 가르치는지 잊어버린다. 사벨리우스주의는 삼위일체 하나님을 사랑의 견지에서 기술할 수 없다. 사랑할 복수의 위격이 없기 때문이다. 사벨리우스주의자에게는, 사랑받는 분도 없고 사랑하는 분도 없다. 사벨리우스주의자는 위격들을 '역할들'로 축소하기에 사랑을 위격적 방식으로, 실재를 통해 말하는 것이 불가능하다. 오직 정통 삼위일체론만 사랑을 한 유비로 공정하게 다룰 수 있다. 왜냐하면 이 유비는 삼위일체를 사회나 공동체로 재정의하길 거부하고, 대신에 사랑받는 분과 사랑하는 분과 사랑이 동일한 신적 본질의 실재들이며 각 실재는 고유한 위격적 특성을 갖는다고 주장하는 정통의 문맥에서 작동하기 때문이다. 그러므로 우리가 가진 것은 위격들에서 위격성을 제거하는 사벨리우스주의가 아니라 존재의 세 위격적 양태로 실재하는 한 본질이다. 여러 성경 은유 중에, 이러한 존재의 양태들을 파악하는 성경 은유 중 하나가 사랑이다.

성령을 사랑이라고 말할 때, 마치 사랑하는 분과 사랑받는 분 사이의 사랑이 위격(person, 헬라어로 *hypostasis*)이 아니라 단순히 어떤 품성(quality)이기라

---

30) Augustine, *The Trinity* 9.1.2.

도 한 것처럼 오해할 위험이 있다. 아우구스티누스 자신도 자기를 비판하는 자들이 너무나 자주 간과한 이러한 오류를 인지했다.[31] 명백한 것을 말할 위험을 무릅쓰고, 우리는 숨과 선물을 말할 때 했듯이 성령을 사랑이라고 부를 때 유비로 말한다. 우리는 삼위일체 교리를 사랑에서 도출하지 않는다. 그러나 삼위일체 하나님 자신이 자신의 삼위일체성을 사랑으로 계시하시기에 사랑의 유비는 도움이 된다.[32] 이 유비가 그렇게 계획되었기에 이 유비는 영원한 발출을 전달하며, 이런 까닭에 성령은 사랑하는 분과 사랑받는 분을 잇는 사랑의 끈으로 불린다.[33] 아우구스티누스는 이렇게 말한다. "성경에 따르면, 성령은 단지 아버지만의 영도 아니고 아들만의 영도 아니며, 둘 모두의 영이다. 그래서 성령은 아버지와 아들이 서로 사랑하시는 공통된 사랑을 우리에게 제시한다."[34]

지옥불이 타고 있는데 트레이딩 카드를 모은다고?

우리의 친구 십보라는 예수님을 만날수록 삼위일체를 믿는 그녀의 믿음이 이해를 추구하고 있었지만, 십보라와 달리 레누는 엘레나 페란테가 소설 『나의 눈부신 친구』를 끝낼 때까지 성령과 삼위일체 전체에 대한 반대를 누그러뜨리지 않는다. 종교학 교수가 역사와 삶을 비종교적 시각으로 본다면서 공

---

31) 아우구스티누스(Aurelius Augustinus)를 따라 종교개혁자들도 이렇게 했다. Calvin, *Institutes* 1.13.4; Bullinger, *Decades* 4.3 (3:156). Cf. Muller, *PRRD*, 4:202.
32) Bavinck, *Reformed Dogmatics*, 2:331.
33) 성령의 위격은 자신의 위격적 구분을 잃지 않으면서 '거룩' 같은 속성들을 전유하시듯이(니케아 신경을 보라), 자신의 위격적 구분을 잃지 않으면서 '사랑'도 전유하실 수 있다. Augustine, *The Trinity* 15.5.37을 보라.
34) Augustine, *The Trinity*, 15.5.27. 아퀴나스(Aquinas)도 성령이 "사랑이 둘을 연합시키듯이 둘로부터 발출한다."라고 말한다(*Summa* 1a.36.4; cf. 1a.38.2).

산주의자들을 비판할 때, 레누는 전혀 받아들이지 않는다. 통신 교육 과정으로 신학 과목을 이수한 사람으로서 모든 확신 가운데 레누는 손을 들고 항변한다. "인간은 우연이라는 맹목적 분노에 너무나 분명하게 노출되어 있습니다. 그래서 하나님, 예수님, 성령을 믿는다는 것은 도시가 지옥 불길에 타고 있는데 트레이딩 카드(trading card, 스포츠 선수들이나 유명인들이 인쇄된 카드)나 모으고 있는 것과 같습니다. 게다가 성령은 완전히 잉여 존재입니다. 성령은 삼위일체를 구성하기 위해 있을 뿐입니다. 아버지와 아들의 이위일체보다 삼위일체가 훨씬 고상하거든요."[35]

'도시가 지옥 불길에 타고 있는데 트레이딩 카드 모으기.' 성령에 관한 신학 논의가 이렇게 되어 버렸는가? 어떤 사람들에게는 그럴지 모른다. 그러나 어떤 사람들에게는 이러한 논의가 생명의 근원 그 자체이다. 이 논의가 없으면, 그리고 성령의 영원한 발출이 없으면, 삼위일체 자체가 해체되고 우리는 레누 편에 서는 게 나을 것이다. 안셀무스가 한때 한탄했듯이, 성령의 출송이 "사실이 아니라면 기독교 신앙은 무너진다."[36]

안셀무스가 극단적인가? 레누의 평가로는 그렇지 않다. 우리의 평가로도 그렇지 않다. 성령이 발출하지 않으시면, 성령이 아버지와 아들의 신적 본성으로부터 출송되지 않으시면, 어떻게 성령이 가난하고 궁핍하며 무기력한 우리 죄인들에게 아버지가 우리를 위해 준비해 두신 그 모든 구원의 혜택을, 아들이 우리를 위해 사신 구속의 그 모든 부유함을 주실 수 있겠는가? 헤르만 바빙크(Herman Bavinck)가 말하듯이, "그분이 피조물이라면, 아버지와 아들을 그분들이 베푸시는 모든 혜택과 함께 우리에게 전달하실 수 없다. 그분은 그리스도인 개개인이나 교회 전체에서 새 생명의 원리이실 수 없다." 이 슬픈

---

35) Ferrante, *My Brilliant Friend*, 296.
36) Anselm, *On the Procession of the Holy Spirit*, in *Works*, 429.

현실의 결과는 감당하기에 너무나 무겁고 그리스도인의 삶에 너무나 충격적이다. "이럴 경우, 하나님과 사람 사이에는 진정한 교제가 없다. 하나님은 위에, 우리 밖에 남아 계시고, 그분의 성전에 거하듯이 인간 안에 거하지 않으신다. …우리에게 하나님 자신을 주시는 분은 그분 자신이 진정으로 하나님이셔야 한다."[37]

바빙크가 말하려는 것은 이것이다. 성령이 아버지와 아들의 신적 본질로부터 영원부터 출송되지 않으시면, 그분이 숨과 선물과 사랑이 아니시면, 아버지와 아들은 우리에게 주실 성령이 없고, 우리 안에 거하실 성령이 없으며, 우리를 거룩하게 하실 성령이 없고, 우리를 단순한 삼위일체이신 분과 교제하게 하실 성령이 없다.

---

[37] Bavinck, *Reformed Dogmatics*, 2:312.

10

아버지와 아들과 성령은 불가분적으로 일하시는가?
나뉠 수 없는 삼위일체와의 교제

"아버지는 모든 일을 말씀을 통해 성령 안에서 행하신다."
아타나시우스(Athanasius), 『세라피온에게 보내는 편지』(*Letter to Serapion*)

"우리는 아버지와 아들과 성령의 활동이 하나라고 말하듯이,
신격이 하나라고 말한다."
니사의 그레고리오스(Gregorios), 『거룩한 삼위일체에 관하여』(*On the Holy Trinity*)

"아버지와 아들과 성령은 나뉘실 수 없듯이, 불가분적으로 일하신다."
아우구스티누스(Aurelius Augustinus), 『삼위일체론』(*The Trinity*)

들로리언에 타세요!

목적지: 불가분적인 활동들

요점: 삼위일체는 단일한 활동(single operation)을 수행하신다. 위격들이 단일한 본질과 의지로 실재하시기 때문이다. 삼위일체의 외적 사역들은 나뉠 수 없다. 그러나 특정 사역은 삼위일체의 한 위격에, 그 위격의 기원의 영원한 관계들에 상응하는 방식으로 전유될 수 있다. **교훈**: 그러므로 그리스도인들은 삼위일체 세 위격 모두와 교제할 수 있다.

은혜가 삼위일체와 무슨 관계인가?

(칼뱅주의 5대 핵심 교리로도 알려진) 은혜 교리를 처음 들었던 때를 기억하는가? 창세기 32장에서 야곱이 하나님을 만났듯이 많은 사람이 그렇게 은혜 교리를 만나 각 핵심을 붙잡고 해질 때까지 씨름한다. 나는 그 이유를 안다. 이 핵심들이 우리의 기존 신학 본능, 곧 소중한 삶에 대한 인간의 자유를 고수하는

본능에 충격을 주기 때문이다. 게다가, 우리는 이러한 핵심들이 원수라는 말까지 들었다. 그래서 이것들을 만나면 기꺼이 싸운다. 어떤 사람들의 경우, 은혜 교리가 결국 승리하며, 절뚝거리는 걸음걸이를 그 증거로 지니고 있다.

나는 은혜 교리들을 다르게 접했다. 자라면서 은혜 교리를 전혀 듣지 못했나. 은혜 교리가 우리 교회 목사님의 레이더에 잡히지 않았거나 은혜 교리가 레이더에 안 잡히게 하는 데 그 목사님이 탁월했을 것이다. 어쨌거나 그 목사님이 하나는 잘했다. 성경 전체를 두루 설교했다. 한 해 한 해가 지나고 한 주 한 주가 지나면서, 나는 본문이 축복을 포기할 때까지 본문과 씨름하는 법을 배웠다. 그 결과는 아이러니였다. 나는 은혜 교리를 처음 만났을 때, 잃어버린 형제를 끌어안듯, 에서가 여러 해 헤어져 지낸 야곱을 끌어안 듯, 오래된 은혜 교리들을 끌어안았다. 이유는 정말이지 단순했다. 우리 교회 목사님의 얘기를 진지하게 받아들이고 성경을 처음부터 끝까지 읽었기 때문이다. 나는 정식으로 소개받기 오래전부터 이미 은혜 교리들을 알고 있었다. 은혜 교리를 직접 만난 결과로, 나는 이미 오래전에 성경에서 배운 것에 이름표를 붙였을 뿐이다.

도움이 되었던 성경 본문은 에베소서 1장이었다. 바울은 예정(predestination)이라는 순전한 선물을 많이 말한다. 그러나 내게 이것만큼이나 큰 영향을 끼친 것은 그리스도인의 삶 전체를 보는 바울의 포괄적 시각이었다. 하나님은 구원을 계획만 하고서 우리가 믿고 끝까지 인내하기를 바란 채 우리에게 맡겨 두지 않으신다. 그게 아니다. 하나님의 은혜는 우리에게 모든 확신, 곧 그분의 계획을 그분이 우리 안에서 이루시리라는 확신을 준다. 그분은 이토록 주권적이다.

그러나 나는 에베소서 1장을 읽고 또 읽으면서 뭔가 다른 것에, 그 후로 지금껏 절대 잊지 않은 무엇에 주목했다. 우리의 구원에서, 하나님의 은혜의 주권은 처음부터 끝까지 삼위일체적이다. 조금 더 깊이 생각해 보면, 삼위일체는 은혜가 처음부터 주권적인 이유다. 삼위일체와 은혜는 절대 분리될 수 없기에, 바울은 우리의 구원을 기술하면서 삼위일체 세 위격을 모두 말하지 않을 수 없다. 내가 과거에 에베소서 1장을 읽을 때 눈에 확 들어온 것은 하나님의 주권적 구원 계획이었다. 그러나 내가 바울의 말을 다시 읽었을 때는, 아버지와 아들과 성령이 두드러지게 거듭해서 확 들어왔다.

그리스도인의 삶, 더없이 삼위일체적이다

바울은 우리의 구원이나 그리스도인의 삶에 관해 쓸 때마다 더없이 삼위일체적이었다. 예를 들면, 그는 데살로니가 신자들에게 이렇게 말한다. "주께서 사랑하시는 형제들아 우리가 항상 너희에 관하여 마땅히 하나님께 감사할 것은 하나님이 처음부터 너희를 택하사 성령의 거룩하게 하심과 진리를 믿음으로 구원을 받게 하심이니 이를 위하여 우리의 복음으로 너희를 부르사 우리 주 예수 그리스도의 영광을 얻게 하려 하심이니라"(살후 2:13-14).

예를 들면, 바울은 "하나님 곧…아버지께서 그리스도 안에서…복을 우리에게 주시되 곧 창세 전에 그리스도 안에서 우리를 택하사"(엡 1:3-4)라고 말한다. 아버지가 그분의 아들 안에서 우리를 선택하셨다. 다음으로, 바울은 시공간에서 이뤄지는 우리의 입양이 우리에 관한 영원한 예정에 기초한다고 말한다. 그러나 그는 이것을 삼위일체와 별개로 말하지 않는다. 성부 하나님이 "그 기쁘신 뜻대로 우리를 예정하사 예수 그리스도로 말미암아 자기의 아들들이 되게 하셨으니"(엡 1:5). 그러나 성부 하나님은 자신의 아들 안에서 영원 전에 우리를 선택하실 뿐 아니라, 자신의 아들을 보내 자신이 선택한 자들을 위해 역사 속에서 죽게 하신다. 이런 이유로, 바울은 이어지는 구절에서 "우리는 그리스도 안에서…그의 피로 말미암아 속량 곧 죄 사함을 받았느니라"(엡 1:7)라고 말한다. 즉흥과는 거리가 멀게도, 삼위일체가 그리스도의 죽음을 처음부터 계획하셨다.

성령은 어떤가? 삼위일체의 셋째 위격은 배제되셨는가? 바울의 시계에서는 아니다. 아버지가 계획하고 아들이 성취하신 것을 성령이 적용하셨다. 당신이 그리스도에 관해 처음 들은 순간을 생각해 보라. 당신을 인친 분이 성령이 아니셨는가? "그 안에서 너희도 진리의 말씀 곧 너희의 구원의 복음을 듣고 그 안에서 또한 믿어 약속의 성령으로 인치심을 받았으니 이는 우리 기업의 보증이 되사 그 얻으신 것을 속량하시고 그의 영광을 찬송하게 하려 하심이라"(엡 1:13-14). 영원 전에 우리를 위해 예정된 기업을 우리가 온전히 받을 때까지, 성령이 우리의 보증, 곧 계약금이 되신다.

눈이 열려 은혜 교리의 삼위일체적 유전자를 보았을 때, 나는 궁금했다. 구원 사역이 삼위일체 내부의 일체성과 복수성에 관해 중요한 것을 말하는가? 또는 이 질문을 이렇게 바꿀 수도 있겠다.

질문: 구속의 본성이 단순한 삼위일체이신 분을 반영하는가?

이 질문의 해답은 우리의 연구를 원점으로 되돌린다.

하나님은 한 분으로 행동하시는가, 세 분으로 행동하시는가?
불가분적 활동들

하나님이 누구이신지와 하나님이 무엇을 하시는지는 서로 연결되며, 이 때문에 어려운 질문이 제기된다. 하나님은 한 분으로 행동하시는가, 아니면 세 분으로 행동하시는가? 언뜻 보기에, 마치 아버지와 아들과 성령이 독립된 세 위격으로 각기 따로 행동하시는 것처럼 보일는지 모른다. 어떤 사람들은 그렇다고 말하고, 삼위일체 각 위격이 자신만의 의지를 갖는 게 틀림없다고 추정하며, 이로써 신격 안에 분리된 세 의지가 있다고 본다. 그러나 3장과 8장에서 보았듯이, 이런 추정은 치명적 결과를 초래한다. 이럴 경우, 세 위격이며 각 위격이 하나이고 나뉘지 않는 본질의 한 실재이신 한 하나님이 더 이상 존재하지 않게 된다. 이제 분리된 세 의식의 중심과 분리된 세 의지가 있으며, 그 결과 단순한 하나님의 본질이 나뉜다. 이것은 사회적 삼위일체론의 낙진이며, 우리는 그 부수적 피해를 지금까지 한 세기 넘게 목격한다.

대조적으로, 5장에서 우리는 의지가 위격(person)에 연결되는 것이 아니라 본질(essence) 곧 본성(nature)에 연결된다고 논증했다. 하나님은 본질이 하나이므로 의지도 하나이시다. 하나님의 존재 자체가 나뉘지 않고 연합을 유지하려면 반드시 이러해야 한다. 하나님의 한 본질과 의지가 세 위격에 실재한다. 공유하는 하나이며 단일한 본질과 의지 덕분에, 세 위격은 나뉘지 않으신다. 이런 이유로, 우리는 하나님을 '단순한 삼위일체'(simply Trinity)라고 부르며, 본체의 단순성과 실재의 삼위일체 둘 다를 지킨다. 우리가 믿는 것은 삼위일체성(Triunity)이다.

방금 강조한 일체성(unity)은 하나님이 어떻게 행동하시는지와 관련해 실제적 의미를 함축한다. 우리의 삼위일체 하나님은 한 분으로 행동하시는 한 분이시기 때문이다. 또는 더 나은 표현으로 말하자면, 그분의 행동은 하나다. 그분의 내적 단순성은 삼위일체 하나님이 세상을 향해 취하시는 모든 외적 행동으로 나타난다. 유명한 라틴어 문장이 이러한 더없이 값진 삼위일체적 핵심을 표현한다. 오페라 트리니타티스 아드 엑스트라 인디비사 순트(*opera Trinitatis ad extra indivisa sunt*). 무슨 뜻인가? 삼위일체의 외적 활동(사역, 작용)은 나뉘지 않는다는 것이다. 왜 그런가?

세 위격이 외적 사역에서 나뉘지 않는 것은 내적 본성에서 나뉘지 않기 때문이다. 아우구스티누스(Aurelius Augustinus)가 말했듯이, "아버지와 아들과 성령은 불가분적으로 서로 연합하신다." 이 삼위일체는 한 하나님이시기 때문이다. 따라서 "한 하나님의 모든 사역은 아버지의 사역이고 아들의 사역이며 성령의 사역이다."[1] 그러므로 우리는 세상을 향한 삼위일체 하나님의 행동을 말할 때마다 그 행동이 나뉠 수 없는 단일한 행동이라는 것을, 위격들이 공유하는 하나이며 단일한 본질만큼 나뉠 수 없다는 것을 인지해야 한다. 마찬가지로, 삼위일체 하나님의 본질을 말할 때마다 이것이 나뉠 수 없는 본질이라는 것을, 세 위격이 취하시는 하나이며 단일한 행동만큼 나뉠 수 없다는 것을 인지해야 한다.[2]

분명히 하건대, 아버지와 아들과 성령 사이의 일체성은 단지 세 개별(분리된) 위격들 간의 협력이 아니다. 다시 말하건대, 이렇게 생각한다면, 각 위격이 자신만의 개별(분리된) 의지를 갖게 된다(하나님 안에 세 의지가 있게 된다). 이런 형태의 협력은 일체성의 형태를 띨는지 모르지만, 본질이 하나이신 삼위일체 하나님의 일체성은 아니다.

다시 말해, 단순한 협력의 결과는 단순한 삼위일체 하나님으로 귀결되지 않는다. 대신에, 우리는 서로 잘 지내며 각자 나머지 두 위격과 협력하기로 결정하는 세 신을 갖게 된다. 이런 시각을 취하면, 세 행동이 있으며 이것들은 모두 다른데도 동시에 일어난다. 삼위일체는 사회나 공동체와 같다. 의지들의 일체성은 있겠지만 존재의 일체성은 없다(존재의 일체성이 있으려면 의지가 하나여야 한다). 삼위일체를 사회적 범주들로 정의하면 삼신론을 피할 수 없고, 삼신론은 신격에서 한 위격의 의지가 우월해지는 사벨리우스주의에 확실히 취약하다. 다시 말해, 단순한 순응만으로는 부족하다.

그뿐 아니라, 일체성은 분업으로 성취되지도 않는다. 마치 성취해야 할 사역이 있으며 그 사역이 세 위격들에게 배정되기라도 하듯이 말이다. 이런 구

---

1) Augustine, *Homilies on the Gospel of John* 20.13 (*NPNF1* 7:137). Cf. Beeke and Smalley, *Systematic Theology*, 1:895.
2) Johnson, *Rethinking the Trinity and Religious Pluralism*, 119.

조에서, 사역이 성공적으로 끝나면 배분과 할당이 일체성으로 귀결된다. 삼위일체 하나님은 절대로 한 분으로 행동하지 않으신다. 아버지와 아들과 성령이 하나의 단일 행동을 취하시기 때문이다. 사역들은 신격 사이에 배정되거나 단일한 사역이 위격들 사이에 배분된다. 아우구스티누스는 이 구조에서 삼위일체는 "불가분적으로 일하시는 게 아니라, 아버지가 어떤 일을 하시고, 아들이 다른 일을 하시며, 성령이 또 다른 일을 하신다."라고 말한다. 그러나 "세 위격이 어떤 일은 함께 하고 어떤 일은 따로 하신다면" 삼위일체가 "더는 불가분적인 것이 아니다."[3]

두 선택, 곧 단순한 협력이나 분업은 둘 다 부족하며 이단적 경향으로 가득하다. 우리는 하나님의 일체성이나 단순성을 말할 때, 즉 단순한(simple) 또는 단순히(simply) 삼위일체이신 하나님을 말할 때, 삼위일체 하나님의 존재 자체에 훨씬 더 고유한 어떤 것을 의미한다. 우리는 하나님이 한 분으로 행동하신다고 말할 때, 그분은 한 분이라고 상정한다. 하나님은 본성이나 본질 자체가 하나이기 때문에 한 분으로 행동하시며, 단지 협력하시는 것이 아니라 삼위일체 하나님의 단일한 의지와 일치하는 단일한 행동을 취하신다. 그렇다. 세 위격이 있지만, 각각으로 실재하는 동일한 신적 본질이다. 그러므로 세 위격은 언제나 동일한 행동을 하신다. "세 위격은 서로 다른 세 행동의 병치나 중첩을 통해서가 아니라 하나의 동일한 행동으로 함께 행동하신다. 세 위격은 동일한 능력으로, 한 신적 본성에서 행동하시기 때문이다."[4]

'하나이며 동일한 행동, 하나이며 동일한 신적 본성'은 얼마든지 강조해도 과하지 않다. 셋이 하나로 행동하시는 것은 셋이 하나이시기 때문이다. 세 위격은 공유하는 한 본성으로 행동하신다. 신학에서, 이러한 행동의 일체성을

---

3) Augustine, *The Trinity* 1.3.8.
4) Emery, *The Trinity*, 162.

가리켜 '불가분적 활동들'(inseparable operations)이라고 한다. 세 위격은 세상을 향한 외적 활동들에서, 창조나 섭리나 구속에서 분리되거나 나뉘지 않는다. 모든 활동은 아버지로부터, 아들을 통해, 성령 안에서 이뤄진다.[5]

카파도키아 교부 니사의 그레고리오스(Gregorios)가 이러한 삼위일체성을 누구보다 잘 간파했다. "아버지를 아들과 분리해 생각해서는 안 될뿐더러 아들을 성령과 분리해 생각해서도 안 된다. 우리의 생각이 아들을 통해 높아지지 않으면 아버지께 이를 수 없듯이, 성령을 통하지 않고는 예수님을 주님이라고 부를 수 없다." 그레고리오스는 이렇게 결론짓는다. "그러므로 아버지와 아들과 성령을 모든 창조 전에, 만세 전에, 우리가 개념을 형성할 수 있는 그 무엇도 있기 전에, 서로 더없이 밀접한 결과와 연합으로 계신 완전한 삼위일체로만 알아야 한다. 아버지는 항상 아버지이시고, 그분 안에 아들이 계시며, 아들과 함께 성령이 계신다." 간단히 말해, "위격들은…서로 나뉠 수 없다."[6]

위격들이 불가분적이고 완전한 삼위일체이며 영원 전부터 서로 연합한다면, 우리가 셋을 생각하면서 셋의 일체성을 생각하지 않을 수 없고 셋의 일체성을 생각하면서 셋을 생각하지 않을 수 없다는 것은 놀랍지 않다. 또 다른 카파도키아 교부 나지안조스의 그레고리오스(Gregorios)는 이렇게 말했다. "내가 한 분을 생각하자마자 셋의 광휘가 나를 비춘다. 나는 셋을 구분하자마자 한 분에게로 되돌려진다."[7]

이러한 삼위일체성이 작동하는 두 가지 예를 생각해 보자. 성육신과 오순절이다.

---

5) 요한복음 1장 1-3절; 로마서 11장 36절; 고린도전서 8장 6절; 에베소서 1장 3-14절.
6) Gregory of Nyssa, *On the Holy Spirit* (*NPNF2* 5:319).
7) Gregory of Nazianzus, *Oration on Holy Baptism* 41 (*NPNF2* 7:375).

론 레인저 삼위일체가 아니다

삼위일체 하나님은 아들의 성육신에서 나뉠 수 없다. 직관에 반하는 것처럼 들릴 수 있다. 어쨌든 성육하시는 분은 아버지나 성령이 아니라 아들이다. 그렇다. 그러나 주목하라. 성육신은 아들만의 작품이 아니다. 성육신은 아들의 성육신이지만 성육신의 기적은 아버지와 아들과 성령이 똑같이 일으키신다. 아우구스티누스가 설명하듯이, "그러므로 그 사람에게 성육신과 동정녀 탄생을 동일한 방식으로, 아버지와 아들의 하나이며 동일한 사역에 의해 분리될 수 없게 일어난 일이라는 것을 이해시켜라. 물론 여기서 성령이 배제되지 않으며, 성령에 관해서는 '(마리아가) 성령으로 잉태된 것이 나타났더니' (마 1:18)라고 할 만큼 많이 언급된다."[8]

이것이 우리가 요한복음 5장에서 목격하는 것이 아닌가? 7장에서 보았듯이, 우리의 착한 친구 십보라는 예수님이 안식일에 한 병자를 고치신 후 종교 지도자들이 그분에게 질문하는 것을 목격했다. 이들은 "내 아버지께서 이제까지 일하시니 나도 일한다"(요 5:17)라는 예수님의 답변에 격분해 그분을 죽이려 했다.

오로지 하나님만 안식일에도 일할 수 있는 특권이 있으시다. 우주의 창조자로서, 하나님만이 일곱째 날에 일하실 수 있거나 우주를 지탱하실 수 있다. 그러나 여기서 예수님은 동일한 권리를 주장하신다. 예수님이 아버지와 하나여야만 이렇게 주장하실 수 있다. 불가분적이고 나뉠 수 없기에, 그분과 아버지는 창조 세계를 유지하고 새롭게 하려고 안식일에 함께 일하시며, 예수님은 걷지 못하는 사람을 고침으로써 정확히 그렇게 하신다. 예수님이 "하나님을 자기의 친아버지라 하여 자기를 하나님과 동등으로 삼으심"

---

8) Augustine, *The Trinity* 2.2.9.

(요 5:18) 때문에 유대인들은 예수님을 죽이려고 했다. 예수님은 이것을 알고 이렇게 덧붙이신다.

> 내가 진실로 진실로 너희에게 이르노니 아들이 아버지께서 하시는 일을 보지 않고는 아무것도 스스로 할 수 없나니 아버지께서 행하시는 그것을 아들도 그와 같이 행하느니라 아버지께서 아들을 사랑하사 자기가 행하시는 것을 다 아들에게 보이시고…아버지께서 죽은 자들을 일으켜 살리심같이 아들도 자기가 원하는 자들을 살리느니라 아버지께서 아무도 심판하지 아니하시고 심판을 다 아들에게 맡기셨으니 이는 모든 사람으로 아버지를 공경하는 것같이 아들을 공경하게 하려 하심이라 아들을 공경하지 아니하는 자는 그를 보내신 아버지도 공경하지 아니하느니라(요 5:19-23).

"아버지께서 행하시는 그것을 아들도 그와 같이 행하느니라"(요 5:19). 아버지가 창조하시는 그것을 아들도 창조하신다. 아버지가 지탱하시는 그것을 아들도 지탱하신다. 아버지가 고치시는 그것을 아들도 고치신다. 아버지가 일으켜 살리시는 자를 아들도 일으켜 살리신다. 우리가 아버지와 아들에게 응답할 때에도 이러한 나뉠 수 없음이 적용된다. 아버지를 공경함이 아들을 공경함이고 아들을 공경함이 아버지를 공경함이다. 예수님은 심지어 "아버지를 공경하는 것같이 아들을 공경하게 하려 하심이라"(요 5:23)라고 말씀하신다. 이런 이유로, 아버지가 모든 심판을 아들에게 맡기셨다(요 5:22).

예수님이 아버지로부터 불가분적이시고 본질에서 아버지와 나뉘실 수 없어야 이러한 주장을 하실 수 있다. 영원한 출생은 이와 같은 불가분성(inseparability)을 약화시키는 게 아니라 훨씬 강화한다. 아들이 영원히 아버지의 본질로부터 나시고, 아버지가 아들에게 생명을 주어 그분 속에도 생명이 있게 하셔야(요 5:26), 예수님이 자신이 하나님과 하나이며 아버지가 취하시는 행동을 자신도 취하고 아버지가 받으시는 공경을 자신도 받는다고 주장하실 수 있기 때문이다.

삼위일체 하나님은 성육신뿐 아니라 성령 강림에서도 나뉘실 수 없다. 우리가 성경에서 성령을 목격할 때마다, 사도행전에서 오순절에 성령이 제자들에게 내려오시든 신자들의 모임에 내주하시든 간에, 성령이 홀로 이렇게 하신 것 같지 않을뿐더러 단순히 아버지와 아들과 협력하시는 것 같지도 않다. 성령이 무엇을 하시며 무엇을 성취하시든, 삼위일체 하나님이 하시거나 성취하신다.

예를 들어, 우리의 성화(sanctification)를 생각해 보라. 바울은 그리스도 자신이 우리의 성화(거룩함)라고 말할 수 있으며(고전 1:2, 30), "평강의 하나님이 친히 너희를 온전히 거룩하게 하시고"(살전 5:23)라고 기도할 수 있다. 또 베드로는 하나님의 택하심을 받은 자들이 "성령이 거룩하게 하심으로"(벧전 1:2) 안전한 것을 기뻐할 수 있다.[9]

가이사랴의 바실레이오스(Basileios)는 이렇게 말한다. "성령은 아버지와 아들로부터 분리될 수 없고 전혀 나뉠 수 없다. …모든 활동에서, 성령은 아버지와 아들과 긴밀하게 결합되며, 아버지와 아들로부터 분리될 수 없다."[10] '결합되며, 분리될 수 없다.' 이것이 우리가 추구하는 언어다. 이런 표현들이 삼위일체 하나님의 단순성을 지키고 우리를 삼신론과 종속론으로부터 똑같이 지켜 주기 때문이다. 이런 표현들은 삼위일체 하나님이 본성상 한 분이기 때문에 한 분으로서 행동하신다는 것을 확인해 준다. 그분은 단순한 삼위일체이시다.

---

9) 바울은 '거룩하게 하다.'(sanctify) 또는 '거룩함'(sanctification, 성화)을 모든 경우에 동일한 방식으로 사용하고 있지는 않을 것이다. 많은 경우, 그는 명확한 과거를 염두에 두지만, 때로는 지속적 과정을 염두에 둔다. 문맥이 열쇠다.

10) Basil of Caesarea, *On the Spirit* 16.37 (*NPNF2* 8:23).

더 나아가, 불가분적 활동들을 받아들이지 않으면 비동등성(inequality) 이단에 빠질 위험이 있다. 이것은 감수하기에 너무 큰 위험이다. 예를 들면, 나뉠 수 없는 활동들은 삼위일체 하나님이 본성과 의지에서 하나이실 뿐 아니라 각 위격이 동등하시다고 본다. 불가분적 활동이 있는 곳에 신성이나 능력이나 존귀에서 열등함이 있을 수 없기 때문이다.

그러나 배제되는 것은 종속론(subordinationism, 성자종속론)만이 아니다. 사회적 삼위일체론이 넘으려 애쓰는 또 다른 장애물, 곧 삼신론(tritheism)도 배제된다. 삼위일체가 불가분적으로 일하신다면 하나님 안에 한 의지만 있을 수 있기 때문이다. 하나님 안에 의지가 셋이면, 세 위격이 더는 한 본질을 공유하지 않으며 각 위격은 동일한 신적 본성의 한 실재가 아니다. 대신에, 각 위격의 의지는 나머지 위격들과 분리되고, 의식의 중심이 셋이 된다. 그 결과, 세 위격은 그 속에 하나이며 나뉘지 않고 단순한 본질이 실재하지 않게 된다. 그러나 위격들이 본성상 불가분적이기에 삼위일체가 불가분적으로 행동하신다면, 우리는 서로 협력하는 세 신이 아니라 아버지와 아들과 성령으로서 하나이며 동일한 행동을 취하시는 한 하나님을 믿는다.

그러면 사벨리우스주의는 어떤가? 어떤 사람들은 불가분적 활동이 사벨리우스주의에 굴복하는 것이라고 생각한다. 다시 말해, 세 위격이 공통된 본성과 공통된 의지에 의해 하나로서 행동한다면 더는 구분되는 세 위격일 수 없다는 것이다. 그러나 이러한 비판은 불가분적 활동이 똑같이 아버지와 아들과 성령에 의해 구분되게 그러나 위격적 특성들이나 기원의 영원한 관계들과 일치되게 저유될 수 있음을 고려하지 못한다. "한편으로, 아버지와 아들과 성령의 사역은 셋의 외적 사역과 분리될 수 없다. 다른 한편으로, 이 단일한 행위에서 신적 위격들은 자신들의 내적 위격적 특성들에 따라 일하신다."[11]

---

11) Johnson, *Rethinking the Trinity and Religious Pluralism*, 119.

신적 전유(divine appropriation)가 어떻게 각 위격의 위격적 특성들에 따라 작동하는지 살펴보자.

신적 전유

'전유'(appropriation)라는 단어는 라틴어로 **아드**(*ad*)와 **프로프리움**(*proprium*)으로 거슬러 올라갈 수 있으며, '적절한 것을 향해 이끌다.'(to draw toward the proper), '적절한 것에 더 가까이 두다.'(to put nearer to the proper)라는 뜻이다.12) 신학자들은 '전유'라는 단어를 사용해 성경이 삼위일체 하나님의 한 행위에 초점을 맞출 때마다 어떻게 삼위일체의 특정 위격을 말할 수 있는지 설명해 왔다. 전유는 "하나의 행위나 결과를 특별한 방식으로, 나머지 둘을 배제하지 않은 채 한 신적 위격에게 돌린다."13) 삼위일체를 나누고 그 단일성과 일체성과 단순성을 훼손하지 않으려면, '나머지 둘을 배제하지 않은 채'라는 조건이 중요하다. 앞서 배웠듯이, 삼위일체의 외적 사역은 언제나 나뉘지 않는다. 전유는 불가분성을 약화시키는 것이 아니라 모든 면에서 강화한다.

전유의 목적은 성경을 모방하는 것이며, 이렇게 하면 나머지 두 위격을 배제하지 않으면서도 성경의 조명을 특별한 방식으로 한 위격에 집중할 수 있다.14) 이것을 이렇게 생각해 보라. 창조와 섭리와 구속에서, 하나님의 모든 행위는 삼위일체 하나님의 단일한 행위다. 그렇더라도 특정 행위들은 특정 위격들에 한정되거나 특정 위격이 특별한 방식으로 전유할 수 있다. 언제나

---

12) Emery, *The Trinity*, 165. 이 번역은 에므리(Emery)의 것이며, 그는 이 언어를 12세기와 13세기로 돌린다.
13) Emery, *The Trinity*, 165. Cf. Ayres, *Nicaea and Its Legacy*, 297-298.
14) 바빙크(Bavinck)는 '특별한 과제'(special task)를 말한다(*Reformed Dogmatics*, 2:319).

하나이며 나뉘지 않으시는 하나님이, 하나이며 나뉘지 않는 자신의 뜻에 따라 행동하신다. 신격의 특정 위격에 주의가 집중될 수 있지만, 언제나 각 위격의 영원한 관계(아버지는 나지 않으시고, 아들은 나시며, 성령은 출송되신다)와 일치하게 행동하신다. 헤르만 바빙크(Herman Bavinck)는 이렇게 말한다. "모든 것이 아버지로부터 발출하며, 아들에 의해 성취되고, 성령 안에서 완성된다."[15]

되풀이하건대, 신격의 어느 한 위격도 홀로 행동하지 않으신다. 이렇게 행동하신다고 말한다면 삼신론을 유혹하는 것이다. 마치 각 위격이 각자 개별 행위자로서 자신의 일을 하기라도 하는 것처럼 말이다. 우리는 또한 한 위격이 다른 위격보다 더 많이 행동하신다고 말하는 게 아니다. 마치 한 위격이 더 능동적일 때 나머지 위격들이 더 수동적이기라도 한 것처럼 말이다. 삼위일체는 수학이 아니며, 한 위격을 더하고 빼면 다른 위격이 더 커지는 게 아니다.[16] 만약 그렇다고 말한다면, 마치 한 번에 오로지 한 위격만 행동할 수 있기라도 한 것처럼 사벨리우스주의를 유혹하거나, 마치 다른 위격이 더 커질 수 있도록 한 위격이 반드시 더 작아져야 하기라도 한 것처럼 종속론을 유혹하는 것이다(예를 들면, EFS). 오히려 우리는 자신의 창조 세계를 향한 삼위일체 하나님의 그 어떤 단일한 행동에서라도, 각 위격이 그 위격의 구분되고 공유될 수 없는 영원한 기원의 관계(나지 않으시는 아버지, 나시는 아들, 출송되시는 성령)에 상응하는 방식으로 주목받는다는 것을 인식할 뿐이다.[17] 각 위격에 전유되는 것은 위격적 특성들(아버지되심, 아들되심, 출송)과 일치한다.

우리가 말하는 것은 결코 새로운 게 아니다. 니사의 그레고리오스(Gregorios) 같은 교부와 장 칼뱅(Jean Calvin) 같은 종교개혁자 양쪽 모두, 다음 표에서 보듯이 이러한 성경적 뉘앙스를 예시한다.

---

15) Bavinck, *Reformed Dogmatics*, 2:319.
16) 이 두 위험에 관해서는 다음을 보라. Emery, *The Trinity*, 164.
17) Swain, "Divine Trinity," 104.

전유가 어떻게 이루어지는가? 니사의 그레고리오스와 장 칼뱅의 견해

위격	전유	상응하는 영원한 관계
아버지	활동의 시작, 모든 일의 원천과 근원(장 칼뱅) 모든 일은 아버지로부터 시작된다 (니사의 그레고리오스).	아버지는 영원에서 나지 않으시기 때문이다.
아들	아버지의 지혜와 모사와 모든 일의 질서 있는 시행(장 칼뱅) 모든 일은 아들을 통해 진척된다(니사의 그레고리오스).	아들은 영원에서 아버지에 의해 나시기 때문이다.
성령	아버지와 아들의 능력과 효력(장 칼뱅) 모든 일은 성령 안에서 완성된다(니사의 그레고리오스).	성령은 영원에서 아버지와 아들에 의해 출송되시기 때문이다.

예를 들어, 니사의 그레고리오스에 따르면, 우리는 창조 세계를 볼 때 창조 세계가 "아버지로부터 시작되고 아들을 통해 진척되며 성령 안에서 완성된다."라는 것을 인지해야 한다.[18] 뒤이어 그레고리오스의 가장 값진 말 중 하나가 나온다. "하나님으로부터 창조 세계로 이어지는 모든 활동은…아버지로부터 기원하며 아들을 통해 진척되고 성령 안에서 완성된다."[19]

나지 않은 분, 신격에서 원리 없는 원리로서, 아버지는 모든 활동의 시작이며 원천이시다. 독생자로서, 아들은 아버지의 지혜이며, 아들을 통해 만물이 질서가 잡힌다. 출송되시는 분으로서, 성령은 모든 일을 성취하는 아버지와

---

[18] Gregory of Nyssa, *On the Holy Spirit* (*NPNF2* 8:320). Cf. Calvin, *Institutes* 3.13.18; Muller, *PRRD*, 4:200.

[19] Gregory of Nyssa, *On Not Three Gods* (*NPNF2* 5:334). 개혁주의자들도 다르지 않다. Venema, *Inst. Theol.*, x (p. 222); Owen, *Pneumatologia* 3.1, in *Works*, 3:209; van Mastricht, *Theoretical-Practical Theology* 2.27.11; Muller, *PRRD*, 4:265 (cf. 269); 4:380.

아들의 능력이며, 계획이 열매를 맺게 하는 아버지와 아들의 효력이다. 아버지와 아들에 의해 출송되시기에 (또는 내쉬어지시기에) 성령은 신적 사역들의 직접적 행위자이며, 성령을 통해 "아버지와 아들이 택함 받은 자들의 마음에 직접 영향을 미치신다."라는 것은 이치에 맞다.[20]

삼위일체 하나님은 행동하실 때마다 한 분으로 행동하신다. 그분은 본질에서 하나이고 각 위격은 동일한 신적 본질의 한 실재이기 때문이다. "신적 본질이 단일하듯이, 외적인 신적 사역도 단일하기" 때문이다.[21] 또는 니사의 그레고리오스가 아주 설득력 있게 말하듯이, 만약 "아버지와 아들과 성령의 활동이 하나"라면 "이들의 본성이 하나"라는 것도 "이들이 하는 활동의 동일성에서 추론되어야" 한다.[22]

그와 동시에, 우리는 하나님의 위격들에 부합하는 하나님의 사역들을 구분할 수 있는데, 이것은 모두 하나님 안에 있는 위격적 특성들을 구분할 수 있기 때문이다. "신격 안에 세 위격 또는 실재의 양태들이 있고, 각각은 위격적 특성들과 구체적 활동으로 구분되듯이, 단일하고 외적인 신적 사역에도 사역의 세 양태가 있다."[23] 하나님이 세상을 향해 어떻게 행동하시느냐(ad extra)는 하나님이 그분 자체로 누구이신지(ad intra)를 반영하며, 이러한 추론은 그분의 일체인 본질뿐 아니라 그분의 위격에서 나타나는 뚜렷한 순서에도 적용된다.[24] 역사 속 활동들의 순서는 영원 속 관계들의 순서를 반영한다. 또는 투레티니(François Turrettini)가 말하듯이, "활동의 순서는 실재의 순서를 따른다."[25]

---

20) Ursinus, *Commentary*, 271; cf. Muller, *PRRD*, 4:341.
21) Muller, *PRRD*, 4:268 (cf. 4:378).
22) Gregory of Nyssa, *On the Holy Trinity* (*NPNF2* 5:328).
23) Muller, *PRRD*, 4:268 (cf. 4:378).
24) "내적인 위격적 활동(*ad intra* in the *opera personalia*)에 나타나는 위격들의 순서가 외적인 전유된 활동(*ad extra* in the *opera appropriate*)에 반영된다"(Muller, *PRRD*, 4:200).
25) Turretin, *Institutes*, 1:281-282.

이 순서(예를 들면, 아버지는 시작하시고, 아들은 실행하시며, 성령은 완성하신다)는 시간을 하나님의 본질에 도입하지 않는다. 마치 하나님께 전후(前後)가 있기라도 하듯이 말이다. 만약 이렇게 하면, 한 위격이 다른 위격보다 우월해질 것이다. 이런 이유로, 한 위격이 다른 위격보다 열등하다는 인상을 줄 수도 있는 '등급'(degree)이라는 용어를 피하는 게 최선이다. 대조적으로, '순서'(order)라는 단어는 위격들이 동등하고 함께 영원하면서도 자신들의 기원의 영원한 관계들에 의해 어떻게 구분되는지 알려 준다.[26] 그리고 이 순서는 세상을 향한 삼위일체 하나님의 활동들에서 확대된다. 칼뱅은 "아버지를 먼저 생각하고, 그다음으로 그분에게서 아들이 나오시는 것으로 생각하며, 마지막으로 두 분에게서 성령이 나오시는 것으로 생각한다."라고 말한다. 이 순서는 결코 무의미하거나 쓸데없지 않으며 삼위일체 하나님이 그분 자체로 누구이신지를 반영한다.[27]

이 순서를 더 분명한 렌즈를 통해서 보려면, 아마존 상공을 나는 헬리콥터처럼 만 보 거리에서, 그리고 한 번에 한 그루씩 이국적인 나무의 사진을 찍는 지상 순례자의 관점에서, 신적 전유들이 어떻게 보이는지 생각해 보아야 한다.

만 보 거리에서 보는 삼위일체의 전유들: 숲

창조

창조는 삼위일체 하나님의 한 행위다. 아버지 홀로 창조하실 때 아들과 성령이 옆에서 잠자코 지켜보시는 것 같지는 않다. 우주의 하나이며 나뉘지 않

---

26) 윌리엄 퍼킨스(William Perkins)가 특히 도움이 된다. Muller, *PRRD*, 4:208을 보라.
27) Calvin, *Institutes* 3.13.18; cf. Muller, *PRRD*, 4:200.

는 하나님으로서, 아버지와 아들과 성령이 함께 우주를 창조하신다. 예를 들면, 성경은 하나님이 천지를 창조하셨고(창 1:1) 하나님의 영이 수면 위에 운행하셨다고 말한다(창 1:2). 창조자 성령이 시편 기자의 입술에도 나타나신다. "여호와의 말씀으로 하늘이 지음이 되었으며 그 만상을 그의 입 기운으로 이루었도다"(시 33:6). 그러나 주목하라. 시편 기자는 여호와의 말씀도 언급한다. 이 말씀은 단순히 글자가 아니라 하나님 자신의 아들로 드러난다. 요한은 이 말씀을 묘사하면서 이렇게 말한다. "그가 태초에 하나님과 함께 계셨고 만물이 그로 말미암아 지은 바 되었으니 지은 것이 하나도 그가 없이는 된 것이 없느니라"(요 1:2-3; 참조. 골 1:15-16).

창조: 가이사랴의 바실레이오스

기원적 원인(original cause)	아버지
창조적 원인(creative cause)	아들
완성적 원인(perfecting cause)	성령

세 위격의 위격적 특성들과 일치하게, 창조의 원인을 보면서도 세 위격을 구분할 수 있다. 가이사랴의 바실레이오스(Basileios)가 말하듯이, 아버지는 기원적 원인이고 아들은 창조적 원인이며 성령은 완성적 원인이다. 창조 세계는 아버지의 뜻에 의해 그리고 아들의 활동에 의해 존재하게 되며, 성령의 현존에 의해 완성된다.[28]

삼위일체 하나님이 세상을 창조하시지만, 창조는 각 위격에 따라 일어난다. 바실레이오스는 시편 33편 6절을 숙고하면서, 말씀은 단지 언어 기관이 전달하는 공기 중의 효과가 아님을 분명히 한다. 말씀은 태초에 하나님과 함

---

28) Basil of Caesarea, *On the Spirit* 16.38 (*NPNF2* 8:23).

께 계셨고 곧 하나님이신 분이라고 요한복음 1장 1절은 가르친다. 그뿐 아니라, 그분의 입의 영은 호흡 기관이 방출하는 숨도 아니다. 요한복음 15장 26절은, 그분의 입의 영은 아버지께로부터 나오시는 진리의 성령이라고 가르친다.[29]

그러나 바실레이오스는 신격의 각 사역이 뚜렷한 방식들로 전유된다고 좀 더 구체적으로 말한다. 성경을 읽는 사람들은 셋을 인지할 뿐 아니라, 순서(질서)를 부여하시는 분은 주님이고 창조하시는 분은 말씀이며 확증하시는 분은 성령이라는 것을 인식하기 때문이다.[30] '부여하시고, 창조하시며, 확증하신다.' 이것이 바실레이오스가 창조를 삼위일체의 각 위격에 전유하는 동시에, 창조가 삼위일체 하나님의 단일한 행위라는 것을 인지하는 방식이다.[31]

이 순서는 위격들이 서로 동등하지 않다는 뜻인가? 이 질문에, 4세기 교회 예배가 떠오른다.

바실레이오스가 교회에서 드린 도발적 기도. 어느 일요일, 바실레이오스는 기도를 맡아 "아버지께, 아들과 함께(with, 헬라어로 meta), 성령과 더불어(together with, 헬라어로 syn)" 영광을 돌리며 기도했다. 그다음 일요일에도 교회에서 기도를 맡았다. 이번에는 "아버지께, 아들을 통해(through, 헬라어로 dia), 성령 안에서(in, 헬라어로 en)" 영광을 돌리며 기도했다.[32]

아리우스주의자들은 두 번째 일요일에 바실레이오스의 기도를 듣고 항변했다. "아, 이제 알겠소. 당신도 어쨌든 우리 쪽이군요. 당신은 기도할 때 아버지에서 시작해서, 그다음에 아들을, 그다음에 성령을 말함으로써 세 위격

---

[29] Basil of Caesarea, *On the Spirit* 16.38 (*NPNF2* 8:24). 다음도 보라. John Owen, *Pneumatologia*, in *Works*, 3:94.
[30] Basil of Caesarea, *On the Spirit* 16.38 (*NPNF2* 8:24).
[31] 리(Leigh)는 창조와 구원을 각기 다른 위격들에 전유하려고까지 한다. *Treatise*, II.xvi (pp. 139); cf. Muller, *PRRD*, 4:189.
[32] Basil of Caesarea, *On the Spirit* 1.3 (*NPNF2* 8:3); Bavinck, *Reformed Dogmatics*, 2:319

의 순서를 정할 때 동등하지 않음을 상정하는군요." 바실레이오스가 어떻게 답했겠는가? 바실레이오스는 확신에 찬 미소를 지으며(적어도 나는 그가 그렇게 했다고 생각하고 싶다) 말했다. "어리석은 아리우스주의자들이여, 초등학교 때부터 받은 문법 수업을 잊었습니까? 전치사들이 동등하지 않음은 위격들이 동등하지 않음을 증명하는 게 아니라 위격들의 존재와 행위의 구체적 순서를 가리킵니다. 아버지는 개시적 원인이고 아들은 활동적 원인이며 성령은 완성적 원인입니다."[33] 아리우스주의자들은 전유들(아버지는 개시하시고, 아들은 활동하시며, 성령은 완성하신다)이 아들과 성령이 아버지보다 열등함을 전제한다고 보았다. 그러나 실제로, 이러한 전유들은 영원에서 유일하게 위격들을 구분하는 것(기원의 영원한 관계들, 곧 나지 않으시는 아버지, 나시는 아들, 출송되시는 성령)을 강화할 뿐이다.

아버지의 양손. 이런 통찰력을 바실레이오스만 가진 게 아니었다. 2세기 교부 리옹의 이레나이우스(Irenaeus)는 자신의 저서 『이단 논박』(*Against Heresies*)에서, 아들과 성령이 창조에서 아버지의 양손이라고 말한다. 이레나이우스는 하나님이 세상 창조를 도울 천사들이 필요했다는 주장을 반박하며 이렇게 말한다. "하나님은…마치 자신의 양손이 없기라도 하신 것처럼 이러한 존재들을 필요로 하지 않으셨기 때문이다. 그분에게는 말씀과 지혜, 아들과 성령이 늘 함께하셨고, 그분은 이들을 통해, 이들 안에서 만물을 지으셨기 때문이다."[34] 이레나이우스는 창조 기사에서 복수형이 사용될 때 이 양손이 암시된다고 믿는다. 하나님이 "우리가 우리의 형상과 모양을 따라 사람을 만들자."라고 말씀하시기 때문이다(창 1:26).[35]

---

33) Bavinck, *Reformed Dogmatics*, 319. 바빙크(Bavinck)는 다음을 인용했다. Basil of Caesarea, *On the Spirit*, 21, 22, 38 (*NPNF2* 8:14, 15, 23).
34) Irenaeus, *Against Heresies* 4.20.1; cf. Emery, *The Trinity*, 169.
35) 이레나이우스(Irenaeus)의 번역이다.

이레나이우스는 세 위격의 일체성과 동등성을 희생할 의도가 전혀 없다. 마치 아버지의 양손 중 하나라면 더 열등해지기라도 한 것처럼 말이다. 이런 추정은 이레나이우스의 핵심을 놓친다. 이레나이우스는 창조 사역에서 삼위일체의 일체성을 약화시키는 게 아니라 강화시키려 한다. 이레나이우스의 글을 문맥 내에서 읽어야 한다. "이레나이우스는 영지주의 개념을 거부하는데, 영지주의에 따르면 물질세계는 하나님보다 열등한 실체로부터 왔다."[36] 이레나이우스의 핵심에 따르면, 하나님은 천사들이나 더 작은 신들에게 의존하지 않으신다. 삼위일체의 세 위격 모두 창조 사역에서 나뉠 수 없기 때문이다. 그렇지 않다면, 이레나이우스는 아들과 성령을 아버지의 양손이라고 말할 수 없을 것이다. 바실레이오스의 창조적 원인(아들)과 완성적 원인(성령)처럼, 이레나이우스의 양손은 창조와 같은 사역에서 드러나는 위격적 구분들뿐 아니라 삼위일체의 일체성과 동등성을 단언한다.[37] 구원에 관해서도 비슷한 말을 할 수 있는가?

연결과 새 창조. 많은 교부와 개혁주의 사상가들이 창조와 구원을 연결하며, 창조를 아버지에게, 구속을 아들에게, 성화를 성령에게 전유한다. 니케아 신경의 구조가 이를 표현하는 사례로서, 성부 하나님 곧 '하늘과 땅, 보이거나 보이지 않는 만물의 창조자'를 단언하며 시작한다. 그런 후, '우리 인간을 위해, 우리의 죄 때문에 하늘에서 내려오셨고, 성령으로 동정녀 마리아에게 잉태되어 사람이 되신 독생자'로 넘어간다. 창조되지 않았으나 독생하신 영원한 아들이 창조 세계를 구속하려고 구유에서 나셨으며, 그래서 성령 곧 영원히 '아버지(와 아들)로부터 발출하시는 분'이 '주님이요 생명을 주시는 분'으로서 내려와 여전히 죽음의 고통 가운데 있는 자들에게 새 생명을 불어넣

---

36) Emery, *The Trinity*, 169.
37) "신적 행위는 하나이며, 그 양식(modality)은 본질적으로 삼위일체적이다." Emery, *The Trinity*, 169.

으신다. 성령으로, 우리는 아들의 형상으로 다시 지음 받고 다시 태어난 새로운 피조물이 된다.

창조와 구원의 이러한 연결이 처음에는 이상해 보일는지 모른다.

재창조: 니케아 신경에서 종교개혁까지	
창조	아버지
구속(구속된 창조 세계)	아들
성화(재창조)[38]	성령

그러나 구원을 가장 넓은 의미에서 '재창조'(re-creation)로 이해하면, 초점은 서로 다른 두 영역 곧 '창조와 구원'이 아니라 단일 영역 곧 '창조와 재창조'에 맞춰진다. 바빙크가 말하듯이, "하나님의 모든 외적 활동(opera Dei ad extra)이 나뉘지 않으며 불가분적인 게 사실이다. 그렇더라도 우리는 아버지와 우리의 창조, 아들과 우리의 구속, 성령과 우리의 성화에 관해 말할 수 있게 하는 경륜을 창조와 재창조에서 볼 수 있다."[39] 그게 아니라면, 복음, 우리와 그리스도의 연합, 심지어 기독교 자체까지도 미완성이다. "기독교의 본질은 여기 있으니, 죄로 망가진 아버지의 창조 세계가 아버지의 아들의 죽음에서 회복되고 성령의 은혜에 의해 하나님 나라로 재창조된다는 것이다."[40] 한편으로, 창조와 구속과 성화는 온전한 삼위일체의 단일 사역이다. 다른 한편으로, 이 사역들 하나하나는 구분되는 위격들의 기원의 영원한 관계에 상응하는 방식으로 위격들에 전유될 수 있다.[41]

---

[38] 단지 좁은 의미(신자의 내적 갱신)만이 아니라 넓은 의미(구원의 전체 순서)에서.
[39] Bavinck, *Reformed Dogmatics*, 3:570.
[40] Bavinck, *Reformed Dogmatics*, 1:112.
[41] Wollebius, *Compenndium* 1.4, canons A.1. 다음에서 기술했다. Muller, *PRRD*, 4:259.

이러한 전유들을 단지 흑백이 아니라 총천연색으로 보려면, 창조와 재창조 사이를 계속 오가지 말고 특히 구원에 초점을 맞춰야 한다.

구원

바실레이오스(그리고 이레나이우스)가 창조에서 우리의 가정 교사라면, 아우구스티누스는 구원에서 우리의 교수다. 어쨌든 그는 '은혜 박사'라고 불린다. 아우구스티누스는 성경을 보면서 아버지는 구원의 저자(예정)고, 아들은 구원의 구속자(대속)며, 성령은 구원의 거룩하게 하시는 분(성화)이라고 말한다.[42]

또는 아버지는 우리 구원의 근원이고 아들은 우리 구원의 구속자며 성령은 우리 구원의 위로자(Comforter, 보혜사)라고 말할 수 있다. 우리는 이것을 에베소서 1장에서 많이 보았다. 거기서 바울은 구속을 아들이 성취하시고 성령이 적용하신다고 말하는데, 둘 다 아들과 성령의 기원의 영원한 관계에 상응한다. 이것은 바울 서신 전체에 나타나는 바울의 습관이다. 예를 들면, 바울이 데살로니가후서에서 신격의 세 위격 전부를 어떻게 하나로 엮는지 생각해 보라. "주께서 사랑하시는 형제들아 우리가 항상 너희에 관하여 마땅히 하나님께 감사할 것은 하나님(저자)이 처음부터 너희를 택하사 성령(거룩하게 하시는 분)의 거룩하게 하심과 진리를 믿음으로 구원을 받게 하심이니 이를 위하여 우리의 복음으로 너희를 부르사 우리 주 예수 그리스도(구속자)의 영광을 얻게 하려 하심이니라"(살후 2:13-14). 우리가 관계들에서 전유들로 옮겨 갈 때 이러한 바울의 습관을 본받는다면 지혜로울 것이다.[43]

---

42) 바빙크는 위격들이 구속사의 시대들에 배정될 수 있다고까지 말한다. 아버지는 구약에, 아들은 성육신에, 성령은 오순절에 배정될 수 있다는 것이다. 다른 곳에서, 바빙크는 위격들을 사벨리우스주의처럼 계시 양태들(revelatory modes)로 바꾸지 말라고 경고한다. 바빙크가 자기모순을 범했는가? 아니다. 신적 전유들(divine appropriations)과 계시 시대들(revelatory epochs)을 가장해 위격들을 완전히 해체하는 것은 다르다. 우리는 바빙크가 후자를 피한다는 것을 안다. Bavinck, *Reformed Dogmatics*, 2:320. 다음도 보라. van Mastricht, *Theoretical-Practical Theology*, 2:505.

43) 아우구스티누스(Aurelius Augustinus)는 성육신과 오순절을 통한 신적 전유들을 강조한다. *The Trinity*

> **구원: 아우구스티누스**
>
> | | |
> |---|---|
> | 우리의 구원의 저자/건축자 | 아버지 |
> | 우리의 구원의 구속자 | 아들 |
> | 우리의 구원의 거룩하게 하시는 분 | 성령 |

바울은 에베소서 1장과 데살로니가후서 2장에서 우리를 영원 전으로 데려가 신자들의 구원을 그 누구도 아닌 삼위일체 하나님이 영원 전에 예정하셨다고 말할 때, 신학자들이 구속 언약(covenant of redemption) 또는 **팍툼 살루티스**(*pactum salutis*)라고 부르는 것을 상정한다. 성경에서 하나님과 그분의 백성(아브라함, 모세 등) 사이에 맺어진 다른 많은 언약과 달리, 구속 언약은 삼위일체 위격들 간에 맺어진다. 바꾸어 말하면, 이 언약은 삼위일체 내부적(intratrinitarian)이며, 삼위일체 하나님은 무시간적으로 영원하시기에 구속 언약도 그러해야 한다.

이 삼위일체 내부의 언약에서 무슨 일이 일어나는가? 아들이 하나님 백성의 중보자가 되기로 아버지와 언약을 맺으신다. 아들이 자신의 성육신으로 이 언약을 성취하신다. 따라서 우리의 언약의 보증이신 아들이 자신의 피로 죄인들을 구속함으로써 성취하신 언약이 구속 언약이다(엡 1:7). 이는 냉정한 계약과는 거리가 멀며, 아들은 아버지를 향한 사랑에서 언약 조항들을 자발적으로 받아들이신다. 존 오웬(John Owen)은 구속 언약이 "하나님의 영광스러운 은혜를 찬양하도록, 그리스도의 중보를 통해 우리의 구속 사역을 성취하려고 아버지와 아들 사이에 맺어진 맹약, 언약, 조약, 계약"이라고 말한다. 아들은 "그분이 택하신 자들, 그분의 교회, 그분의 백성, 그분이 미리 아신

1, 2, 7을 보라. 다음도 보라. Muller, *PRRD*, 4:274.

자들의 머리요, 남편이요, 해방자요, 구속자"로 지명되시며, "그 사역과 거기에 필요한 모든 일을 기꺼이 맡으신다."[44]

> ### 구속 언약이란 무엇인가?
>
> 구속 언약(covenant of redemption)은 개혁주의 정통의 근본 기둥이다. 리처드 멀러(Richard Muller)가 설명하듯이, 구속 언약은 "성육한 아들의 사역 안에서 그 사역을 통해 발효될 은혜 언약과 그 비준에 관해 시간 이전에 삼위일체 안에서 아버지와 아들이 맺으신 계약이다. 신격의 일체성 안에서, 아들은 중보자 사역에서 그리고 그 사역을 통해 아버지의 언약(testamentum)의 시간적 보증인이 되기로 아버지와 언약을 맺으신다"(Muller, *Dictionary*, 252, s.v. "pactum salutis"). 자세한 설명은 우리의 드림팀 선수 프랑수아 투레티니(François Turrettini) 같은 사람의 글, 특히 그의 『변증신학 강요』(*Institutes of Elenctic Theology*) 1권을 읽어 보라.

신학자들은, 구약과 신약 양쪽 모두 이 언약을 뒷받침하며(시 2:7; 110:1; 슥 6:13), 신약이 우리가 영원 전에 그리스도 안에서 선택되었다고 말할 때마다 이 언약이 암시된다는 것을 발견했다(엡 1장; 딤후 1:9-10).[45] 그러나 이것은 예수님의 말씀, 곧 자신이 하늘에서 아버지와 함께 가졌던 영광을 버리고 아버지가 우주가 창조되기 전에 자신에게 주신 사명을 성취하도록 보냄을 받으셨다고 하시는 그분의 말씀에서 가장 두드러진다(막 12:1-12; 눅 22:29; 요 4:34; 5:30, 43; 6:38-40; 17:4-23).[46] 다른 신약 기자들도 영원으로 돌아가 아버지가 우리의 구속을 위해 성육하도록 아들을 보내셨다고 말할 때, 이 구속 언약을 상정한다(갈 4:4; 히 10:5-10; 벧전 1:20). 아들이 아들이 아니었던 때가 결코 없었

---

44) John Owen, *The Mystery of the Gospel*, in *Works*, 12:497. 오웬(Owen)은 히브리서 10장 7절과 시편 40편 7-8절에 호소한다. Cf. *An Exposition of the Epistle to the Hebrews*, in *Works*, 18:87-88. *Death of Death*, in *Works*, 10:170에서, 그는 이사야 49장 6-12절에도 호소한다.

45) 엄밀하게 말하자면, 선택과 구속 언약은 서로 관련이 있다는 데는 의심의 여지가 없지만, 동의어는 아니다. Berkhof, *Systematic Theology*, 268; Swain, "The Covenant of Redemption," 110-116.

46) Berkhof, *Systematic Theology*, 270.

지만, 역사에서 우리의 구원자가 되시는 것은 영원 전에 우리의 구속자로 지명되셨기 때문이다. 이러한 지명은 요람에서 시작되지 않았을 뿐만 아니라 십자가 사건 때까지 보류되지도 않았고, 아버지가 언약을 통해 아들에게 위탁하셨을 때 하늘에서 확립되었다. 메시아로 지명되셨기에, 아버지가 처음부터 뜻하신 그대로 그분은 우리의 선지자요(행 3:22-26) 제사장이요(히 5:5-6) 왕이(행 2:34-36) 되셨다.[47] 우리의 중보자로서, 그분은 자신의 피로 새 언약을 맺고, 자신이 영원 전에 아버지와 맺은 언약을 성취하셨다(마 26:28). 그러나 이 언약을 비준하려고 자신의 피를 쏟은 분은 다름 아닌 우리의 영원한 대제사장이며, 그분의 제사장직은 맹세로 된 것이다. 자신의 불변하는 성품으로, 하나님이 자신의 독생자에게 친히 맹세하신다. "네가 영원히 제사장이라"(히 7:21; 참조. 시 110:4).

구속 언약이 장관인 것은 이 언약이 우리의 구속을 자신의 유기적·삼위일체적 맥락 안에 두기 때문이다. 그러나 구속 언약은 유익한 정보도 주는데, 신적 전유들을 강조하기 때문이다. 아버지는 우리의 구원의 근원이고, 아들은 우리의 구원의 구속자며, 성령은 우리의 구원의 위로자(보혜사)다. 이게 맞다. 성령도 포함되신다. 아들이 우리의 중보자, 우리의 보증이 되기로 아버지와 언약을 맺으실 뿐 아니라, 성령도 아들이 사시는 것(우리의 영원한 구원)을 아버지가 예정하신 자들에게 적용하기로 영원 전에 언약을 맺으신다(엡 1:4-5, 11). 이런 이유로, 성령은 우리 구속의 인치심이라고 불리신다(엡 1:13). 성령은 우리의 구속을 완성하도록 아버지와 아들에 의해 보냄을 받으시기 때문이다. 성령은 보증, 곧 삼위일체 하나님이 우리를 위해 안전하게 준비해 두신 이 큰 기업을 우리가 어느 날 받을 것에 대해 지금 여기서 주어지는 보증이다(엡 1:14; 참조. 요 14:25; 15:26; 16:7).

---

[47] 다음을 보라. Swain, "The Covenant of Redemption," 119; Bavinck, *Our Reasonable Faith*, 333-334.

그러나 어떤 사람들은 구속 언약에 반대한다. 삼위일체 내부의 언약은 신격에서 다중 의지를 포함할 수밖에 없으며 이것은 신적 단순성을 해친다는 것이다.[48] 재미있게도, 개혁주의 전통은 위대한 전통에 의지해 구속 언약을 내세울 때마다 이것이 삼위일체 하나님의 한 의지나 본질을 해친다고 결코 믿지 않았다.[49] 왜인가? 전유 때문이다.

17세기에 청교도 존 오웬은 이러한 반대를 예견했다. 한편으로, 삼위일체 하나님이 취하시고 삼위일체 하나님의 하나이며 나뉘지 않는 의지와 일치하는 단일 행동이 있을 뿐이다. 어쨌든 그분은 단순한 삼위일체이시다. 모든 행동은 그분의 단순한 본질에 부합되게 일어난다. 우리가 어느 위격을 말하든 간에, 세 위격은 한 본질을 공유하시는 것과 똑같이 한 의지를 공유하신다. 어쨌든 그 의지는, 오웬이 말하듯이 그분 본성의 본질적 특성이다.[50] 오웬은 니케아 교부들을 따른다. 가이사랴의 바실레이오스가 말했듯이, 의지는 본체와 일치하며 세 위격 모두에서 비슷하고 동등할 뿐 아니라 동일하다.[51]

다른 한편으로, 하나이며 불가분적인 본질과 의지는 실재의 세 양태(나지 않으시는 아버지, 나시는 아들, 출송되시는 성령)를 갖는다. 5장에서 보았듯이, 신적 본질은 실재의 세 양태를 가지며, 각 위격은 하나이며 단순한 본질의 한 실재이시다. 각 위격은 구분되며 공유되지 않는 방식으로 실재하신다. 아버지 홀로 나지 않으시고, 아들 홀로 나시며, 성령 홀로 출송되신다.

---

48) 비판은 다양하다. Barth, *Church Dogmatics* IV.1, 65, 177, 192–193, 199; J. B. Torrance, "Covenant or Contract?," *Scottish Journal of Theology* 23 (1970): 51–76; T. F. Torrance, *Scottish Theology* (London: T&T Clark, 2000), 1–4, 107; O. Palmer Robertson, *The Christ of the Covenants* (Phillipsburg, NJ: P&R, 1987), 54; Robert Letham, *The Westminster Assembly* (Phillipsburg, NJ: P&R, 2009), 235–237; Letham, *The Work of Christ* (Downers Grove, IL: InterVarsity, 1993), 52–53, 254. 하지만 레담(Letham)은 더 최근에 *Systematic Theology* (Wheaton: Crossway, 2019), 431–439에서 자신의 비판을 수정했다.
49) Anselm, *On the Procession of the Holy Spirit*, in *Works*, 393; Aquinas, *Summa*, 1a.34.1; Aquinas, *Gospel of John*, 1:294–295.
50) Owen, *Hebrews*, in *Works*, 18:87.
51) Basil of Caesarea, *On the Holy Spirit*, 8.21 (*NPNF2* 8:14).

청교도들의 왕자

17세기 신학자 존 오웬(John Owen)은 흔히 '청교도들의 왕자'라고 불리며 엄청난 지성인으로 기억된다. 물론, 좋은 이유에서 그렇기도 하다. 청교도 시대(17세기)에도, 신학적 통찰력에서 오웬에 견줄 만한 신학자는 거의 없었다. 그러나 이 위대한 신학자가 애초에 목사였다는 사실을 아는가? 젊은 시절, 오웬은 하나님이 맡겨 돌보게 하신 양 떼를 위해 설교를 열심히 준비했다. 그러다가 문제를 발견했다. 자신의 회중 가운데 복음을 아는 사람이 거의 없다는 것이었다. 해결책으로, 오웬은 성인용 교리문답서와 아동용 교리문답서를 썼으며, 둘 다 그리스도와 그분이 하신 일을 가르쳤다. 오웬은 이후 기독교 역사에서 가장 중요한 책을 몇 권 썼다. 『하나님과의 교제』(Communion with God)는 그중 하나다. 오웬은 그 자신이 성경적·정통적 삼위일체 교리를 되살릴 뿐 아니라, 삼위일체 각 위격과 기쁘게 교제하라면서 그리스도인들을 독려한다. 오웬은 어떻게든 삼위일체를 적절하게 하려고 삼위일체를 조작하지 않는다. 오히려 그리스도인의 삶이란 삼위일체의 모든 신비를 숙고하도록 계획된다고 말한다.

이러한 실재의 세 양태나 기원의 영원한 관계들에 상응해, 모든 구속 사역은 삼위일체의 단일한 하나의 사역이지만, 그와 동시에 각 위격의 영원한 관계와 일치하는 방식으로 전유될 수 있다. 이것은 한 의지밖에 없는 곳에 세 의지를 만드는 게 아니다. 오히려 오웬의 어휘를 빌리자면, 동일한 의지의 구분되는 적용(들)이 있으며, 이러한 구분된 적용들은 위격들의 구분된 행위들에 상응한다. 우리 시대의 아주 뛰어난 삼위일체 신학자 질 에므리(Gilles Emery)는 이것을 이렇게 말한다. "각 신적 위격의 특징이 구분되는 존재의 양태이듯이, 각 위격은 구분되는 행동의 양태를 갖는다."[52]

구속 언약을 낳기 위해, 위격들이 분리된 의지들을 가질 필요는 없다. 분리된 의지들을 갖는다면 신적 단순성뿐 아니라 언약 자체에 내재된 일체성까지 약화될 것이다. 이 영원한 언약을 맺기 위해, 위격들은 하나이며 동일한 의지

---

52) Emery, *The Trinity*, 163.

의 구분되는 적용을 자신들의 실재의 위격적 양태와 일치하는 방식으로 전유하신다. 이렇게 함으로써, 위격들은 자신들의 영원한 관계들에 상응하는 방식으로 언약을 맺으신다. 아버지는 나지 않으시며, 따라서 아들을 우리의 언약의 보증으로 지명하시는 것이 적절하다. 아들은 아버지에 의해 나시며, 따라서 우리의 구원의 중보자, 곧 구속자이신 것이 적절하다. 성령은 아버지와 아들에 의해 출송되시며, 따라서 아버지가 예정하셨고 아들이 성취하신 것을 완성하려고 언약을 맺으시는 것이 적절하다. 그러나 이번에도, 위격들이 이렇게 하기 위해 세 의지가 필요한 것이 아니다. 각 위격의 위격적 특성에 상응하는 구분된 전유들을 가진 하나이며 동일한 의지가 필요할 뿐이다.

따라서 오웬은 우리가 구속 언약에서 특정 위격에 초점을 맞출 때 다른 의지가 있다고 상정하지 말라고 조언한다. 오히려 우리는 한 의지의 전유들, 또는 오웬이 말하듯이 우리의 구속을 위해 한 위격이 자유로이 취하신 새로운 특성을 목격한다.[53] 간단히 말해, 삼위일체에는 한 의지가 있지만, 우리가 신적 전유들을 인도자 삼아 경륜의 땅을 여행할 때 이 한 의지의 삼중적 실행이 있으며, 이 실행은 각 위격의 기원의 영원한 관계와 일치한다.[54]

그렇더라도 신비는 남는다. 그래야 한다. 그러나 주목하라. 이 신비는 정통의 울타리 안에 있어야 한다. 구속 언약은 정통 진영의 침입자가 아니라 이 진영의 역사적 시민이고 심지어 성경적 시민이다. 정확히 이해하면, 구속 언약은 삼위일체 하나님의 하나이며 단순한 의지를 범하지 않고, 오히려 유일하게 위격들을 구분하는 기원의 영원한 관계들이 그 한 의지에 대한 각 위격의 전유에 상응해 구속의 많은 단계에서 자신을 어떻게 확대하는지 보여 준

---

53) Owen, *Hebrews*, in *Works*, 18:87-88.
54) Fesko, *The Trinity and the Covenant of Redemption*, 173-190. 페스코(Fesko)는 '다중 형태'(pluriform)라는 용어도 사용한다. 돌레잘(Dolezal)은 "Trinity, Simplicity and the Status of God's Personal Relations," 94에서 '삼중적 방식'(threefold manner)이라는 표현을 사용한다.

다. 각 위격은 공통 본성에 의해서뿐 아니라 자신의 위격적 특성의 양태에 따라 행동하시기 때문이다.[55] 구속 언약은 위격적 특성들이 어떻게 복음의 신비로 자신을 드러내는지 보여 주는 많은 예 가운데 하나일 뿐이다.

삼위일체적 전유의 현장: 나무들

창조와 구원의 웅대한 개념들뿐 아니라 하나님의 구체적 행위들, 곧 전체 신격(삼위일체 전체)에 귀속되는 행위들도 특정 위격들에 전유될 수 있다. 그러나 이것을 보려면, 숲의 나무들 사이를 걸어 다닐 수 있도록 헬리콥터 조종사에게 바싹 하강해 땅에 사다리를 내려 달라고 해야 할 것이다.

예를 들면, 우리의 구원의 구체적인 한 측면, 즉 우리가 하나님 가정의 일원이 되는 영적 입양을 생각해 보라. 한편으로, 입양은 삼위일체 세 위격 모두에게 돌려진다. 마치 아버지는 입양하시지만 아들과 성령은 입양하시지 않는 것 같지는 않다. 그게 아니다. 입양은 삼위일체 하나님의 한(단일한) 신적 행위다. 우리는 아버지에 의해, 아들을 통해, 성령으로 입양된다. 아퀴나스(Thomas Aquinas)는 입양이 "전체 삼위일체에 공통된 것이다."라고 말한다.[56]

입양: 토마스 아퀴나스	
입양의 저자	아버지
입양의 모델	아들
입양의 각인	성령

---

55) Emery, *The Trinity*, 164 (cf. 122-123).
56) Aquinas, *Summa* 3.23.2.3.

그와 동시에, 입양은 특정 위격들에 전유될 수 있다. 아퀴나스는 입양이 (1) 그 저자이신 아버지께 (2) 그 모델이신 아들께 (3) 우리 안에 이 모델의 모양을 각인하시는 성령께 전유된다고 말한다.[57]

셋째 것은 조금 장황하다. 어쨌든 이것은 우리가 인용하는 아퀴나스의 말이다. 우리는 이것을 이렇게 표현할 수도 있겠다. 아버지는 우리의 입양의 저자이시고, 아들은 그 모델이시며, 성령은 그 각인이시다.

그러나 각 전유는 또한 각 위격의 기원의 영원한 관계와 일치한다. 아버지든 아들이든 성령이든, 각 전유는 구분되시는 위격적 특성들에 상응한다.[58] 그러므로 입양을 다시 생각해 보라. 신격의 나지 않으시는 위격으로서, 아버지는 저자이자 건축가이며, 우리를 자신의 자녀로 입양하기로 예정하신 분이고(엡 1:5), 자신의 아들을 믿는 믿음을 토대로 우리가 자신의 자녀라고 선언하시는 분이다. 요한이 말하듯이, "(그리스도를) 영접하는 자 곧 그 이름을 믿는 자들에게는 하나님의 자녀가 되는 권세를 주셨으니"(요 1:12).

입양은 자녀에 관한 것이며 가족과 관련된 은유다. 그러므로 아퀴나스의 표현을 빌리자면, 독생자 자신이 우리의 자녀됨이 어떠한지 보여 주는 모델이 되신다.[59] 어쨌든, 나시는 분은 아버지나 성령이 아니라 아들이다. 아들의 출생은 영원하고 우리의 출생은 시간적이지만 말이다(이 차이가 우리를 양자론의 이단으로부터 지켜 준다).[60] 그리스도와 연합되었기에 우리는 하나님의 자녀라는 사실이 수반하는 모든 유익을 누리며, 아들됨이 여기에 포함된다. 칼뱅은 이

---

57) Aquinas, *Summa* 3.23.2.3. 다음에서 제시되었다. Emery, *The Trinity*, 167. 스웨인(Swain)도 비슷하게 말한다. *The God of the Gospel*, 160.
58) Emery, *The Trinity*, 167.
59) 여기서 나는 Emery, *The Trinity*, 167의 인도를 따르지만, 그에 대한 나 자신의 견해를 제시한다(그의 견해는 로마 가톨릭보다 개신교에 가깝게 들린다).
60) 양자론(adoptionism)은 예수님이 영원한 아들이 아니라 사역을 시작하는 구체적 시점에(예를 들면, 세례를 받을 때) 하나님의 아들로 입양되었다고 주장한 초기 이단이다. 아퀴나스(Aquinas)는 양자론을 가르치는 게 아니다.

에 관해 이렇게 말한다. "우리가 그리스도의 몸에 연합됨을 통해 그분의 자녀로 인정된다는 사실에 근거하지 않은 채 하나님을 우리의 아버지라고 부른다면, 어리석은 짓이고 주제넘은 미친 짓일 것이다."[61] 개혁주의 신앙 고백과 교리문답들은 칼뱅의 핵심을 되풀이한다. 예를 들면, 하이델베르크 요리문답(Heidelberg Catechism)은 이렇게 묻는다.

문: 우리도 하나님의 자녀인데, 왜 그분을 하나님의 독생자라고 부릅니까?
답: 그리스도만이 하나님의 영원한 친아들이시지만(요 1:14, 18), 우리는 그분 때문에, 은혜로, 입양된 하나님의 자녀이기 때문입니다(롬 8:15-17; 엡 1:5-6).[62]

우리의 아들됨은 하나님의 아들의 아들되심과 일치하지 않는다. 그분은 '본성으로' 아들이시고 우리는 '은혜로' 아들이다(7장을 보라). 우리는 하나님의 아들이 되는 권세를 받았지만(요 1:12), 하나님의 아들 자신이 아들이 되신 때는 결코 없었다(요 1:1).[63]

이러한 불연속성에도 불구하고, 우리의 아들됨과 그분의 아들되심 사이에 어떤 연속성이 있다. 아들의 출생은 본성적이고 영원하다. 그렇더라도 출생 자체의 이미지가 우리 자신의 영적, 시간적 출생의 은유와 모델이 된다(유비적이더라도 말이다). 바울은 이렇게 말한다. "하나님 곧 우리 주 예수 그리스도의 아버지께서…우리를 (자신에게 입양하기로) 예정하사 예수 그리스도로 말미암아 자기의 아들들이 되게 하셨으니"(엡 1:3, 5). 따라서 아들들로서, 우리는 그 아들의 형상을, 그분 자신이 보이지 않는 하나님의 참 형상이신(골 1:15) 분의 형

---

61) Calvin, *Harmony of the Evangelists*, Matt. 6:9 in loc. 다음에서 재인용했다. Muller, *PRRD*, 4:247.
62) 제33문답. "The Heidelberg Catechism (1563)," in Dennison, ed., *16th and 17th Century Reformed Confessions*, 2:775.
63) Augustine, *The Trinity* 5.4.17.

상을 점점 더 닮는다(롬 8:29). 그 아들 자신이 하나님의 참 형상이시며 "하나님의 영광의 광채시요 그 본체의 형상"(히 1:3)일 때에야, 우리는 그 아들의 형상을 본받을 수 있다.

이 아들은 "율법 아래에 있는 자들을 속량하시고 우리로 아들의 명분을 얻게 하려 하심"(갈 4:5)으로 죽기까지 자신을 낮추어 나무에 달려 율법의 저주를 받으셨다. 그분이 자신을 낮춤으로써, 영원 전에 예정된 우리의 입양이 역사에서 실현되었고 그 아들의 피가 여기에 인(印)을 쳤다. 이런 이유로, 바울은 로마 신자들에게 우리가 "하나님의 상속자요 그리스도와 함께한 상속자"(롬 8:17)라고 말할 수 있다.

우리의 입양에서 이렇게 아버지와 아들을 강조하면 성령은 제외되시는가? 전혀 아니다. 아버지가 우리 입양의 저자이시고 아들이 우리 입양의 모델이시라면, 성령은 우리의 입양, 곧 그 최종 완성을 간절히 기다리는 입양의 각인이시다(롬 8:23). 성령 덕분에, 우리는 우리의 아버지 하나님께 나아갈 수 있다. "양자의 영을 받았으므로 우리가 아빠 아버지라고 부르짖느니라"(롬 8:15)라고 바울이 말하듯이 말이다.

더 나아가, 아버지와 아들로부터 오는 선물로서, 성령이 우리 안에 거하시면서 아들의 형상을 본받게 하신다. 성령은 우리 안에서 아버지와 아들의 일을 완성하도록 아버지와 아들에 의해 보냄을 받으신다.[64] 바울이 갈라디아 신자들에게 말하듯이, 하나님은 우리로 아들의 명분을 얻게(우리가 아들로 입양 되게) 하시려고 자신의 아들을 보내셨을 뿐 아니라(갈 4:4-5), 우리가 아들이기 때문에 그 아들의 영을 우리 마음 가운데 보내사 아빠 아버지라 부르게 하셨다(갈 4:6). 아버지의 아들의 성령, 곧 저 바깥 어딘가에 계시는 성령이 아니라 우리 마음에 내주하시는 성령 덕분에, 우리는 아버지께 기도할 수 있다.

---

64) Swain, "Divine Trinity," 104.

요약하면, 삼위일체 하나님이 취하시는 한 행위, 곧 입양 행위가 있다. 그러나 영원에서 각 위격의 기원의 영원한 관계에 부합하는 방식으로, 각 위격이 우리로 하나님의 자녀가 되게 하신다.[65] 아우구스티누스가 말하듯이, "위격들에 관해 어떤 것들은 특정 위격을 거명하며 말하기까지 한다(예를 들면, 입양과 같이). 그러나 위격들이 나머지 위격들을 배제한다는 의미로 이해해서는 안 된다. 셋이 또한 하나이시며, 아버지와 아들과 성령의 한 본체와 신격이 있기 때문이다."[66]

삼위일체와 나누는 교제와 그리스도인의 삶

위격들의 기원의 영원한 관계들에 상응하는 방식으로 위격들에 관해 말할 권한을 신적 전유들이 우리에게 준다면, 우리가 삼위일체 하나님의 입양된 자녀로서 세 위격 하나하나와 교제할 수 있다고 믿는 게 적절한가? 대답은 "그렇다."이다.

그뿐 아니라, 존 오웬은 세 위격 모두와 교제하지 않는 그리스도인은 무엇인가 놓치고 있다고 믿는다. 오웬은 각 위격과 나누는 교제가 그리스도인의 삶을…기독교적(Christian)이게 한다고 말한다. 교제가 없으면, 우리가 그리스도 안에서 갖는 모든 부유함을 소홀히 여기는 것이다. 마치 성탄절 아침에 선물을 열어 보지 않는 것처럼 말이다.

한편으로, 우리는 언제든 교제를 누릴 때마다 삼위일체 전체와 교제한다. "우리가 어떤 행동으로 어느 위격과 교제하든 모든 위격이 그 행동에 미치는

---

65) Emery, *The Trinity*, 168.
66) Augustine, *The Trinity* 1.3.19 (cf. 5.3.14).

영향이 있다."⁶⁷⁾ 본질에서 나뉠 수 없고 활동에서도 분리될 수 없다. 한 위격과 교제한다는 것은 세 위격 모두에게 영향을 받는다는 것이다. 오웬은 나지안조스의 그레고리오스가 한 말에 의심할 여지 없이 동의했다. "내가 한 분을 생각하자마자 셋의 광휘가 나를 비춘다. 나는 셋을 구분하자마자 한 분에게로 되돌려진다."⁶⁸⁾

다른 한편으로, 오웬은 우리가 각 위격의 기원의 영원한 관계에 상응하는 구분된 방식으로 각 위격을 알 수 있다고 믿는다. 나지 않으시는 아버지로서, 아들을 낳으시고 성령을 출송하시는 분으로서, 아버지는 신격의 근원이며 원리이시다. 그러므로 아버지는 우리의 교제의 근원이시다. 달콤한 꿀이 꽃에서 나듯이 아버지에게서 영원한 사랑의 샘이 솟아난다. 우리와 아버지의 교제를 구분 짓는 것은 그분의 값없고 과분하며 영원한 사랑이다.⁶⁹⁾ 우리를 향한 자신의 영원한 사랑으로, 아버지는 자신의 독생자를 우릴 위해 죽도록 보내셨다. 그분의 아들과 연합된 우리는 아버지가 우리를 향해 베푸시는 자비의 수혜자다. 아버지가 자신이 택한 자들을 자신의 아들을 통해 자신의 성령으로 구속하셨기 때문이다.

아버지의 사랑이 꽃의 꿀이라면, 우리가 은혜로 아들과 나누는 교제는 꽃의 열매. 아들이 자신의 피로 우리를 사셨기에, 우리는 그분의 의를 누린다. 우리가 그분의 의의 열매를 맛보고 나면, 우리의 영혼은 그분을 간절히 갈망한다.⁷⁰⁾ 죄가 매력을 완전히 잃는다. 우리는 그리스도 외에 아무것도 원치 않으며, 그리스도께서 우리 영혼의 유일한 열정과 우리의 영원한 기쁨이 되신다. "잔칫집에서 그리스도의 탁월함과 달콤함을 발견하는 순간, 영혼은

---

67) Owen, *Of Communion with God*, in *Works*, 2:18.
68) Gregory of Nazianzus, *Oration on Holy Baptism* 41 (*NPNF2* 7:375).
69) Owen, *Of Communion with God*, in *Works*, 2:19.
70) Owen, *Of Communion with God*, in *Works*, 2:44.

즉시 압도되며, 그 충만함에 참여하는 자가 되길 갈구한다." 그러나 그리스도는 우리의 영원한 기쁨의 저수지일 뿐 아니라 우리의 견고하고 영원한 요새다. 우리는 그분과의 교제를 통해 위대한 영적 안전을 누린다.[71]

그렇더라도 성령의 위로가 없으면 날마다 그리스도와 교제할 수 없다. 아버지와 아들로부터 발출하는 영으로서, 성령은 우리로 아버지와 아들과 교제하게 하실 수 있다. 아버지가 아들의 은혜를 통해 우리에게 보여 주시는 사랑은 아들의 영을 통해 전달된다.[72] 성령은 그리스도 예수 안에서 우리의 것인 모든 약속으로 우리를 위로하심으로써 아버지의 사랑을 우리에게 보증하신다. 그래서 성령은 성경에서 보혜사 곧 위로자 또는 돕는 분이라고 불리신다. 성령은 우리의 위로이며, 늘 함께하시는 우리의 위안이시다. 우리가 최악의 고난을 당하는 순간에도, 성령은 거기 계셔서 그리스도 안에서 아버지의 사랑을 우리에게 주신다. 아타나시우스(Athanasius)가 말하듯이, "우리는 성령에 참여할 때 말씀의 은혜를 누리며 말씀 안에서 아버지의 사랑을 누린다."[73] 물론, 아타나시우스는 바울이 고린도 신자들에게 했던 축언을 되울릴 뿐이다. "주 예수 그리스도의 은혜와 하나님의 사랑과 성령의 교통하심이 너희 무리와 함께 있을지어다"(고후 13:13).

우리와 아버지의 교제가 그분의 사랑에 의한 것이고 우리와 아들의 교제가 그분의 은혜에 의한 것이며 우리와 성령의 교제가 그분의 위로에 의한 것이라면, 우리는 어떻게 반응해야 하는가? 기쁘고 즐거운 마음으로 아빠 아버지를 부른다. 성령이 주시는 충만한 확신으로, 우리의 아버지가 우리를 자신의 자녀로 품어 주실 것을, 자신의 독생자의 피로 구속받은 자녀로 품어 주실 것을 알기 때문이다.

---

71) Owen, *Of Communion with God*, in *Works*, 2:45.
72) Owen, *Of Communion with God*, in *Works*, 2:262.
73) Athanasius, *Letters to Serapion on the Holy Spirit* 2.15.1.

결론

내가 늘 원하는 게 있다. 레바논에 가서 백향목 고목들을 직접 만져 보는 것이다. 수도사들이 하나님의 백향목이라고 불렀을 만큼 이 고목들은 아주 오래되었다. 성전을 지을 때, 솔로몬은 건축가에게 레바논 백향목을 베라고 명했다(왕상 5:6). 솔로몬은 기초가 견고한 성전을 원했다.

화가 빈센트 반 고흐(Vincent van Gogh)도 올리브나무에 대해 똑같이 느꼈다. 고흐는 걸작을 준비할 때면 올리브나무 숲을 걸으며 귀 기울이길 좋아했다. 그가 무엇을 들었는가? 그는 이렇게 말했다.

> 올리브나무 숲의 속삭임에는
> 아주 친밀하고 엄청나게 오래된
> 무엇인가가 있다.

아주 친밀하고 엄청나게 오래된 것이다. 안타깝게도, 현대인은 그 대신에 엄청나게 새로운 것을 약속했다. 옛 신경들과 영감 받은 본문들의 무거운 사슬에서 해방된 삼위일체, 사회의 변하는 기류와 변덕에 맞춤한 삼위일체 말이다. 마침내 우리의 입맛에 맞는 사회적 의제를 따를 때까지 빚고 심지어 조작할 수 있는 삼위일체 말이다.

   내 경험을 바탕으로 말하건대, 우리 복음주의자들은 설득하거나 구슬릴 필요가 거의 없었다. 학생 시절, 나는 정통 삼위일체 교리를 의심하라고 거듭거듭 가르침을 받았다. 성경의 이름으로, 교회가 거의 2천 년간 신뢰해 온 기독교 신앙의 신경들에 의문을 제기했다. 성경주의의 이름으로, 시간의 테스트를 통과한 단순성과 영원한 출생 같은 교리들을 혹평했다. "모두 사변이다!" 이것이 일반적인 경멸이었다.
   그러나 내가 성경 강의를 시작했을 때, 학생들에게 신경들을 읽으라고 요구하기 시작했을 때, 성경에 대한 교부들의 통찰을 다시 찾아보기 시작했을 때, 나는 다른 견해를 갖게 되었다. 내가 배운 삼위일체, 내가 순전히 성경적이라고 들었던 삼위일체, 모든 사람이 빠진 삼위일체, 그 삼위일체는 현대적인 만큼 기발했다. 그러나 그것은 성경적 정통이 아니었다. 그렇게 보일 뿐이었다.

C. S. 루이스(C. S. Lewis)는 언젠가 이렇게 한탄했다.

오늘날 새로운 것인 양 내놓는
하나님에 관한 개념들 가운데 절대다수는
수 세기 전에 진짜 신학자들이
검토해서 폐기한 것들이다.[1]

지금도 이런 것들을 계속 내놓는다. 교회가 이런 것들을 계속 내놓을지 아니면 성경적이고 정통적인 삼위일체 교리를 회복할지 결정하는 일은 이제 당신에게 달렸다.

우리의 미래가 우리의 가까운 과거와 조금이라도 다르게 보이려면, 고인들의 살아 있는 목소리에 귀 기울여야 한다. 이렇게 하면, 우리는 친밀하고 엄청나게 오래된 것을 다시 발견할 것이다.

---

1) C. S. Lewis, *Mere Christianity*(New York: HarperSanFrancisco, 1980), 155.

단순한 삼위일체이신 하나님을, 섞이지 않은 삼위일체를, 오염되지 않은 삼위일체를, 조작되지 않은 삼위일체를.

성부, 성자, 성령께 찬송과 영광 돌려보내세.
태초로 지금까지, 또 영원무궁토록
성 삼위께 영광, 영광.

용어 정리

감정적(passible) 감정적 변화. 고난받을 수 있음. 하나님은 감정에 동요되지 않으신다. '무감동성'(impassibility)과 대조해 보라.

경륜(economy) 창조 질서(창조 세계)를 향한 하나님의 활동들(창조, 섭리, 구속). 하나님은 경륜을 통해 자신의 삼위일체성을 계시하시지만, 경륜에 의해 구성되지는 않으신다. 관련 용어들: 경륜적 삼위일체(economic Trinity), 오이코노미아(*oikonomia*, 우리를 위하시는 하나님), 외적(*ad extra*). '내재적 삼위일체'(immanent Trinity) 및 '테올로기아'(*theologia*)와 대조해 보라.

경륜적 삼위일체(economic Trinity) 창조 세계와 구원을 향한 삼위일체의 행위들. 삼위일체 하나님이 창조와 섭리와 구속에서 하시는 외적 활동을 기술한다. '내재적 삼위일체'(immanent Trinity)와 대조해 보라.

고전적 유신론(classical theism) 1세기부터 17세기 말까지 대다수 교회가 견지한 입장. 고전적 유신론은 니케아 신경(Nicene Creed)과 위대한 전통으로 대변되는 삼위일체적 정통을 구현하지만, 현대 사상가들에게 버림받았다.

관계(relation) '기원의 영원한 관계들'(eternal relations of origin)을 보라.

기원의 영원한 관계들(eternal relations of origin) 어떻게 각 위격이 서로 연결

되는지 구분하고 각 위격이 발출하는 영원한 유래(원리/기원/근원)를 규정한다. **아버지되심**(paternity): 아버지는 나지 않으시므로(기원이 없다) 아들의 영원한 기원이다. **아들되심**(filiation): 아들의 기원은 아버지이며, 아들은 영원 전에 아버지의 본질로부터 나신다(출생하신다). **출송**(spiration): 아버지와 아들이 성령의 기원이며, 영원 전에 성령을 출송하신다. 이 관계들만이 위격들을 구분하고 각 위격의 위격적 특성을 규정한다. 또 다른 어구 '실재의 양태들'(modes of subsistence)은 하나님의 하나이며 단순한 본질이 각 위격에 영원히 실재하는 구분된 방식을 가리킨다. 따라서 위격들은 실재하는 관계들이다. '**위격**'(person)을 보라.

나심(begotten)　나오심(to come forth), 발출하심(to proceed). 아들은 영원히 아버지의 본질로부터 나신다. 오직 아들만 나신다. 다른 용어들: 영원한 출생(eternal generation), 아들되심(filiation). '기원의 영원한 관계들'(eternal relations of origin)을 보라.

나지 않으심(unbegotten)　출생하지 않으심. 아버지는 영원 전에 아들을 낳으시지만 아버지 홀로 영원부터 나지 않으시며, 원리 없는 원리이시다. 다른

용어: 비출생성(innascibility). 나지 않으심을 창조되지 않으심과 혼동해서는 안 된다. 세 위격 모두 창조되지 않으시지만, 오직 아버지만 나지 않으신다. 나지 않으신 아버지로서, 아버지되심은 그분의 위격적 특성이다. 정확히 말하면, 아버지는 나지 않으시기 때문에 그분에게는 다른 신적 위격으로부터 비롯되는 기원의 영원한 관계가 없다.

내재적 삼위일체(immanent Trinity)   창조와 구원과는 무관한 삼위일체 그 자체. 다른 용어: 테올로기아(*theologia*). '경륜적 삼위일체'(economic Trinity)와 대조해 보라.

내적(*ad intra*)   창조 질서(창조 세계)와 별개로, 하나님 자신 안에서 하나님 자신과 관련한 하나님의 내적 활동들. 이것들은 영원하며 불변하다. '외적'(*ad extra*)도 보라.

니케아 공의회(Council of Nicaea)   325년에 열려 아리우스주의를 정죄한 공식 에큐메니컬 교회 공의회. 니케아 신경(Nicene Creed)은 아들이 아버지에 의해 (창조되지 않고) 영원히 나시며, 그러므로 아버지와 동일 본체이고, 아버지와 동일한 본질로부터 나오신다고 가르친다. 381년, 이 신경은 확대되었고 성령의 출송/발출을 단언했다.

다의적(equivocal)   유사성이 없음. 하나님을 아는 지식에 적용하자면, 우리는 하나님에 관해 참된 것을 전혀 알 수 없다. '유비적'(analogical), '일의적'(univocal)과 대조해 보라.

단순성(simplicity)   하나님은 부분들로 구성되지 않으신다. 하나님은 합성물이나 합성된 존재가 아니시다. 하나님은 그분의 속성들이시다. 하나님의 본질은 하나님의 속성들이고 하나님의 속성들은 하나님의 본질이다. 하나님 안에 있는 모든 것이 하나님이시다. 삼위일체의 각 위격은 하나이며 단순한 신적 본질의 한 실재이시다. 그러므로 위격들은 하나님 안에 있는 부분들이나 하나님의 부분들이 아니다.

동일 본질(*homoousios*)　같은 본질로부터.

동일 본체적(consubstantial), **동일 본체성**(consubstantiality)　동일한 본체로부터. 신적 본질이 각 위격에 실재하므로 위격들은 동일 본체적이다. 영원한 출생에서, 아버지는 하나이며 단순한 본질을 자신의 아들에게 전달하신다. 영원한 출송에서, 아버지와 아들이 하나이며 단순한 본질을 성령께 전달하신다. '본질'(essence)을 보라.

무감동성(impassibility)　하나님은 감정이 없으시다. 하나님은 어떤 식으로든 감정 변화의 희생자가 아니시다. 하나님은 고통당하지 않으신다. 아들의 출생과 성령의 출송은 무감동적이다. '불변성'(immutability)을 보라.

무한성(infinitude)　하나님은 측량할 수 없다. 하나님의 존재는 경계가 없다.

발출(procession)　두 용례가 있다. (1) 넓게는 기원의 영원한 관계들을 가리킨다. (2) 좁게는 성령의 기원을 가리킨다(헬라어로 *exporeusis*, 라틴어로 *processio*). '출송'(spiration), '기원의 영원한 관계들'(eternal relations of origin)을 보라.

변하는(mutable)　변함. 하나님은 변하지 않으신다. '불변성'(immutability)과 대조해 보라.

본성(nature)　'본질'(essence)을 보라.

본질(essence)　하나님의 존재. 그분이 어떤 분이신가 하는 것. 성경 언어로는, 하나님의 선하심, 그분의 속성들을 압축하는 단어. 하나님의 본질은 불가해하며 단순하다. 하나님의 본질과 그분의 존재 및 속성들은 별개가 아니다. 이것들은 하나이며 동일하다. 하나님은 한 본질, 세 위격이시다. 각 위격은 하나이며 단순한 신적 본질의 한 실재이시다(또는 실재하는 관계다). 위격들이 본질에서 하나라면, 의지, 영광, 능력, 권위에서도 하나이시다. 다른 용어들: 본체(substance), 존재(being), 본성(nature).

본체(substance)　'본질'(essence)을 보라.

불가분적 활동들(inseparable operations)　삼위일체의 위격들은 본질에서 나뉠 수 없기 때문에 외적 활동들에서도 나뉠 수 없다. 위격들은 하나이며 단순한 의지를 공유하기에 그 어떤 외적 활동에서도 단일한 행동을 수행하신다. '전유'(appropriation)와 대조해 보라.

불변성(immutability)   하나님은 어떤 식으로든 변하지 않으신다.

사벨리우스주의(Sabellianism)   신격 안에 한 위격보다 많은 위격이 있음을 부정하는 이단. 마치 하나님이 창조하거나 구원할 때 취하시는 형태들이 하나님을 아버지와 아들과 성령이시게 하기라도 하듯이 위격들은 기능들일 뿐이다. 동일한 관점: 양태론적 단일신론(modalistic monarchianism), 유니테리언적 단일신론(unitarian monarchianism) 또는 양태론(modalism).

사회적 삼위일체론(social trinitarianism)   사회적 삼위일체론은 다양한 운동이기에 정의하기가 어렵다. 그러나 완전히 발달된 형태에서, 사회적 삼위일체론의 출발점(또는 적어도 강조점)은 단순성이 아니라(더러는 단순성을 거부한다) 세 위격이다. 삼위일체는 일차적으로 기원의 영원한 관계들에 의해 정의되지 않는다. 사회적 삼위일체론은 삼위일체를 인간 사회와 비슷한 하나의 사회나 공동체로 재정의하며, 위격들을 의식/의지의 세 중심들로 재정의하고, 위격들을 그들의 관계들에 따라 재정의하며(상호성, 사회적 상호 작용에 초점을 맞춘다), 일체성을 위격들 간의 사랑의 관계성으로 재정의한다. 곧 **페리코레시스**(perichoresis)를 재정의한다. 사회적 삼위일체론은 내재적·경륜적 삼위일체를 무너뜨리고, 동방과 서방을 대치시키며, 사회적 삼위일체를 사회 이론(교회론, 정치학, 젠더 문제)의 패러다임으로 여긴다. 사회적 삼위일체론은 현대 신학자들이 채택했지만 니케아 정통의 폐기/수정이다.

삼신론(tritheism)   세 신을 믿는 믿음. 그 누구도 삼신론자를 자처하지 않지만 세 위격을 지나치게 강조하거나 위격을 현대적 범주들로 재정의함으로써 삼신론에 빠질 수 있다. 사회적 삼위일체론이 삼신론이라는 비판을 받아 온 것은 하나님 안에 의식과 의지의 세 중심들(삼신론의 요소들)이 있다고 말하기 때문이다. 사회적 삼위일체론자들은 자신들의 입장이 삼신론으로 이어진다는 것을 부정한다.

상이 본질(*heteroousios*)   다른 본질로부터.

수동적 잠재력(passive potency)   잠재력을 발휘하거나 완전에 이르려면 활성화되거나 채워져야 한다. 하나님께는 수동적 잠재력이 없다. '순수 현실태'(pure act)와 대조해 보라.

순서(order)   한 본질이 세 위격에 실재하는 방식. 순서는 내재적 삼위일체 안에서 그 어떤 종류의 계층 구조나 종속도 포함하지 않을뿐더러 그 어떤 시간적인 것도 포함하지 않는다. '기원의 영원한 관계들'(eternal relations of origin)을 보라.

순수 현실태(pure act, 라틴어로 *actus purus*)/**순수 실재성**(pure actuality, 라틴어로 *purus actua*)   단순하고 영원하며 무한하신 하나님께는 마치 그분이 자신의 잠재력을 발휘해야 하기라도 하듯이 활성화되어야 할 것이 전혀 없다. 완전한 존재로서, 하나님은 최대로 살아 계시며, 최대로 실현되셨고, 그 자신이 절대적 생명이며, 변화/개선이 불가능하다. 하나님은 타자들에게 영향을 미치거나 타자들을 변화시킬 수 있지만, 그 자신에게는 마치 타자들에게 영향을 받고 변화될 수 있기라도 한 것과 같은 수동적 잠재력이 없다.

스콜라주의(Scholasticism)   중세 스콜라주의(예를 들면, 아퀴나스) 또는 개혁주의적 스콜라주의(예를 들면, 존 오웬)를 가리킬 수 있다. 스콜라주의자들은 체계적 교리 제시에서 니케아 정통과 위대한 전통을 되찾았다. 안타깝게도, 오늘날 스콜라주의라는 단어는 편협한 성경주의자들이 스스로 생각하기에 사변적인 모든 것을 가리키는 경멸적 의미로 오용된다.

신인동형론적(anthropomorphic)   인간의 특징(예를 들면, 손, 후회)을 하나님께 적용할 때. 이 언어를 문자 그대로 받아들이지 말고 비유적으로 받아들여야 한다. '유비적'(analogical)을 보라.

실재(subsistence)　신적 위격을 가리키는 또 다른 방식. 하나이며 단순한 신적 본질은 세 위격으로 실재하거나 존재한다. 각 위격은 신적 본질의 실재하는 관계다. 신적 본질은 실재(라틴어로 *subsistentia*, 헬라어로 *hypostasis*)의 세 양태(아버지되심, 아들되심, 출송)를 갖는다. '기원의 영원한 관계들'(eternal relations of origin)을 보라.

실재의 양태/존재의 양태(mode of subsistence/mode of existence)　신적 본질이 각 위격에 실재하는(존재하는) 고유한(비공유적) 방식을 가리킨다. 예를 들면, 영원한 출생은 아들의 실재의 양태다. 양태(mode)를 양태론(modalism, 사벨리우스주의)과 혼동해서는 안 된다. 양태론은 삼위일체에 서로 구분되는 세 위격이 있음을 부인하는 이단이다. '기원의 영원한 관계들'(eternal relations of origin)을 보라.

아들되심(filiation)　아들의 위격적 특성. 아들은 영원히 아버지로부터 나신다. '나심'(begotten), '기원의 영원한 관계들'(eternal relations of origin)을 보라.

아버지되심(paternity)　아버지의 위격적 특성. 아버지는 영원한 기원이 없으시다(나지 않으신다). 아버지는 아들의 영원한 기원이며, 영원 전에 아들을 낳으신다. '기원의 영원한 관계들'(eternal relations of origin)을 보라.

양태론/양태론적 단일신론(modalism/modalistic monarchianism)　'사벨리우스주의'(Sabellianism)를 보라.

영원한(eternal)　무시간적. 삼위일체에는 순간들의 연속이 없다. 기원의 관계들(출생, 출송)은 무시간적으로 영원하다.

영원한 출생(eternal generation)　'나심'(begotten), '기원의 영원한 관계들'(eternal relations of origin)을 보라.

완전한 존재(perfect being)　하나님은 그분보다 더 큰 것을 생각할 수 없는 존재다(안셀무스). '고전적 유신론'(classical theism)을 보라.

외적(*ad extra*)　창조 질서(창조 세계)를 향한 하나님의 외적 활동들. '내적'(*ad*

intra)과 비교해 보라.

원리(principle) 한 위격이 발출하는 근원/기원. 예를 들면, 아버지는 아들을 낳으시기 때문에 아들의 원리이시지만 아버지 홀로 원리 없는 원리이시다. 아버지는 나지 않으신다.

위격(person) 한 위격은 하나의 실재하는 관계이며, 자신의 기원의 영원한 관계들(아버지되심, 아들되심, 출송)에 의해서만 다른 위격과 구분된다. 한 신적 위격은 "특별한 방식으로 실재하는…신적 본질일 뿐이다"(존 오웬). '휘포스타시스'(*hypostasis*), '실재의 양태'(mode of subsistence)를 보라.

위격론적/화자론적(prosopological) 성경 기자가 독자들이 한 신격 화자/위격(*prosopon*)과 또 다른 신적 화자/위격을 확인하고 구분하도록 도울 때(예를 들면, 시 2:7과 히 1:5; 시 110:1과 눅 20:41-43). 위대한 전통은 예수님과 성경 기자들의 위격론적 방법을 사용했다.

위격적 특성(personal property) 각 위격을 구분하는 특성. 아버지되심(paternity): 아버지는 나지 않으신다. 아버지는 아들의 원리/기원이다. 아들되심(filiation): 아들은 아버지로부터 나신다. 출송(spiration): 성령은 아버지와 아들로부터 출송되신다. 위격들은 자신들의 위격적 특성들 외에 모든 것을 공유하시며, 위격적 특성들은 기원의 영원한 관계들의 표현이다. '기원의 영원한 관계들'(eternal relations of origin)을 보라.

유비적(analogical) 둘 사이의 비슷함. 하나님은 무한하고 이해할 수 없는 분이시다. 그러므로 하나님을 말하는 유한한 피조물의 언어는 하나님에 관해 참된 어떤 것을 말하지만 이것을 완전한 것으로 받아들이거나 문자 그대로 받아들여서는 안 된다. '일의적'(univocal) 및 '다의적'(equivocal)과 대조해 보라.

유사 본질(*homoiousios*) 비슷한 본질로부터.

일의적(univocal) 다른 어떤 것과 같으며 동일한. 하나님을 아는 지식에 적용하면, 우리는 하나님을 그분 그대로, 그분의 본질 그대로 알 수 있다. 고전적 유신론은 무한하고 불가해한 하나님을 아는 일의적 지식을 거부한다. '유비적'(analogical), '다의적'(equivocal)과 비교해 보라.

자존성(aseity, 라틴어로 *a se*) 하나님은 그분 자체로 생명이시다. 하나님은 창조 질서(창조 세계)로부터 독립적이고, 자충족적이며, 자존하신다.

전유(appropriation) 하나님은 본질에서 하나이시기에(단순성), 모든 활동은 삼위일체의 하나이며 단일하고 나뉠 수 없는 사역이다. 그러나 창조나 구속에서 특별한 사역은 한 위격의 기원의 영원한 관계와 일치하는 특별한 방식으로 삼위일체의 그 위격에 의해 전유될 수 있다. 전유는 우리가 각 위격의 구별성에 주목하게 한다. 예를 들면, 아버지는 창조자이시며, 이것은 그분이 삼위일체에서 기원이심을 시사한다.

존재론(ontology) '형이상학'(metaphysics)을 보라.

출송(spiration) 이 용어는 '성령'(Spirit)이라는 이름을 반영한다. 성령은 아버지와 아들에 의해 출송되시며, 영원히 내쉬어지신다. 성령은 또 하나의 아들이 아니시므로 나지 않고 출송되신다. 전문적으로, 능동적 출송은 아버지와 아들이 성령을 내쉼을 말하고, 수동적 출송(위격적 특성)은 성령이 아버지와 아들에 의해 발출되시거나 출송되심을 말한다. '기원의 영원한 관계들'(eternal relations of origin)을 보라.

테올로기아(*theologia*) '신학'(theology)에 해당하는 헬라어. 세상과 별개인 삼위일체의 내적 삶. '내재적 삼위일체'(immanent Trinity)를 보라.

파송(mission) 아들과 성령이 세상에 보냄을 받으심을 가리킨다. 파송들이 영원한 관계들을 구성하진 않으며, 파송들에 속한 모든 것(예를 들면, 성육신적 고난과 복종)이 내재적 삼위일체에 투영되어서도 안 되지만, 각 위격의 파송은 각 위격의 기원의 영원한 관계를 반영한다. '경륜'(economy)을 보라.

페리코레시스(*perichoresis*) 상호 내주. 아버지와 아들과 성령은 상호 내주하시거나 상호 침투하신다. 서방은 라틴어 **키르쿰인세씨오**(*circumincessio*)를 사용했다. 사회적 삼위일체론과는 반대로, 상호 내주는 단순성의 대체 개념이 아니다. 각 위격이 단순한 본질의 한 실재이기 때문에, 우리는 위격들 간의 삶을 단언할 수 있을 뿐이다.

필리오케(*filioque*)   성령이 한 근원으로부터 나오듯이 아버지와 아들로부터 발출하신다(출송되신다)는 (동방이 아니라 서방의) 믿음.

합성된(compound)   부분들로 이뤄진. 합성물. 유한한 피조물과 달리, 하나님은 단순하고 합성되지 않으며 부분들로 이루어져 있지 않으시다. '단순성'(simplicity)과 대조해 보라.

형이상학(metaphysics)   실체의 본성. 하나님과 관련해서는 하나님의 본성. 이 책은 형이상학과 존재론을 동의어로 사용한다.

휘포스타시스(*hypostasis*)   아버지와 아들과 성령을 위격으로서 구분하기 위해 사용되는 헬라어 단어. '실재'(subsistence)를 보라.

참고 문헌

삼위일체에 관한 자료의 전체 목록을 보려면 다음 사이트를 방문해 보라.
www.credomag.com/simplytrinity

1차 자료

Anselm of Canterbury. *The Major Works*. Oxford: Oxford University Press, 1998.

Aquinas, Thomas. *Commentary on the Gospel of John*. Translated by Fabian Larcher and James A. Weisheipl. 3 vols. Washington, DC: Catholic University of America Press, 2010.

_____. *Summa Theologiae*. Vol. 6, *The Trinity*. Edited by Ceslaus Velecky. Cambridge: Cambridge University Press, 2006.

_____. *Summa Theologiae*. Vol. 7, *Father, Son, and Holy Ghost*. Edited by T. C. O'Brien. Cambridge: Cambridge University Press, 2006.

Arius. *Letter to Alexander of Alexandria*. In *The Trinitarian Controversy*, edited and translated by William G. Rusch, 31–32. Louisville: Westminster John Knox, 1980.

_____. *Letter to Eusebius of Nicomedia*. In *The Trinitarian Controversy*, edited and translated by William G. Rusch, 29–31. Louisville: Westminster John Knox, 1980.

_____. *Letter to the Emperor Constantine*. In *The Trinitarian Controversy*, edited and translated by William G. Rusch, 61–62. Louisville: Westminster John Knox, 1980.

Athanasius. *Against the Arians*. In *Nicene and Post-Nicene Fathers*, second series, edited by Philip Schaff and Henry Wace, 4:303–447. Peabody, MA: Hendrickson, 2012.

_____. *Defence of the Nicene Council*. In *Nicene and Post-Nicene Fathers*, second series, edited by Philip Schaff and Henry Wace, 4:149–172. Peabody, MA: Hendrickson, 2012.

_____. *Letters to Serapion on the Holy Spirit*. In *Athanasius and Didymus the Blind, Works on the Spirit*. Popular Patristics Series 43. Yonkers, NY: St Vladimir's Seminary Press, 2011.

_____. *On the Incarnation*. In *Nicene and Post-Nicene Fathers*, second series, edited by Philip Schaff and Henry Wace, 4:31–67. Peabody, MA: Hendrickson, 2012.

Augustine. *Homilies on the Gospel of John*. In *Nicene and Post-Nicene Fathers*, first series, edited by Philip Schaff, 7:7–458. Peabody, MA: Hendrickson, 2012.

_____. *Homilies on the Gospel of John 1–40*. Edited by Allan D. Fitzgerald. Translated by Edmund Hill. Hyde Park, NY: New City Press, 2009.

_____. *The Trinity*. Edited by John E. Rotelle. Translated by Edmund Hill. The Works of Saint Augustine 5. Hyde Park, NY: New City Press, 1991.

Basil of Caesarea. *Against Eunomius*. Fathers of the Church Patristic Series. Washington, DC: Catholic University of America Press, 2011.

_____. *On the Spirit; De Spiritu Sanctu*. In *Nicene and Post-Nicene Fathers*, second series, edited by Philip Schaff and Henry Wace, 8:1–50. Peabody, MA: Hendrickson, 2012.

Boethius. *A Treatise against Eutyches and Nestorius*. Loeb Classical Library 74. Cambridge: Harvard University Press, 1973.

_____. *The Trinity Is One God Not Three Gods*. In *The Theological Tractates: The Consolation of Philosophy*, translated by H. F. Stewart, E. K. Rand, and S. J. Tester. Cambridge, MA: Harvard University Press, 1968.

Bonaventure. *Breviloquium*. Vol. 9, *Works of St. Bonaventure*. New York: The Franciscan Institute, 2005.

_____. *St. Bonaventure's Disputed Questions on the Mystery of the Trinity*. Vol. 3, *Works of St. Bonaventure*. New York: The Franciscan Institute, 2005.

_____. *The Tree of Life*. In *Bonaventure: The Soul's Journey into God, the Tree of Life, the Life of St. Francis*. Translated by Ewert Cousins. New York: Paulist, 1978.

Bullinger, Heinrich. *The Decades of Henry Bullinger*. Edited by Thomas Harding. Translated by H. I. 4 vols. Cambridge: Cambridge University Press, 1849–52.

Calvin, John. *Commentary on the Holy Gospel of Jesus Christ According to John*. Translated by William Pringle. Vol. 17 of *Calvin's Commentaries*. Reprint. Grand Rapids: Baker Books, 2005.

_____. *Institutes of the Christian Religion*. Edited by John T. McNeill. Translated by Ford Lewis Battles. 2 vols. The Library of Christian Classics. 1960. Reprint. Louisville: Westminster John Knox, 2006.

Dennison Jr., James T., ed. *Reformed Confessions of the 16th and 17th Centuries in English Translation: Volume 2, 1552–1566*. Grand Rapids: Reformation Heritage Books, 2010.

Gill, John. *A Complete Body of Doctrinal and Practical Divinity*. Atlanta: Turner Lassetter, 1957.

Gregory of Nazianzus. *On God and Christ: The Five Theological Orations and Two Letters to Cledonius*. Popular Patristics Series 23. Crestwood, NY: St Vladimir's Seminary Press, 2002.

_____. *Select Orations*. In *Nicene and Post-Nicene Fathers*, second series, edited by Philip Schaff and Henry Wace, 7:203–436. Peabody, MA: Hendrickson, 2012.

Gregory of Nyssa. *Against Eunomius*. In *Nicene and Post-Nicene Fathers*, second series, edited by Philip Schaff and Henry Wace, 5:33–314. Peabody, MA: Hendrickson, 2012.

_____. *On "Not Three Gods."* In *Nicene and Post-Nicene Fathers*, second series, edited by Philip Schaff and Henry Wace, 5:331–36. Peabody, MA: Hendrickson, 2012.

_____. *On the Holy Spirit against Macedonius*. In *Nicene and Post-Nicene Fathers*, second series, edited by Philip Schaff and Henry Wace, 5:315–25. Peabody, MA: Hendrickson, 2012.

_____. *On the Holy Trinity*. In *Nicene and Post-Nicene Fathers*, second series, edited by Philip Schaff and Henry Wace, 5:326–30. Peabody, MA: Hendrickson, 2012.

Hilary of Poitiers. *On the Trinity*. In *Nicene and Post-Nicene Fathers*, second series, edited by Philip Schaff and Henry Wace, 9:40–234. Peabody, MA: Hendrickson, 2012.

Irenaeus of Lyons. *Against Heresies*. In *Ante-Nicene Fathers*, edited by Alexander Roberts and James Donaldson, 1:309–567. Peabody, MA: Hendrickson, 2012.

John of Damascus. *An Exact Exposition of the Orthodox Faith*. In *Nicene and Post-Nicene Fathers*, second series, edited by Philip Schaff and Henry Wace, 9:1–101. Peabody, MA: Hendrickson, 2012.

_____. *Orthodox Faith*. In *Saint John of Damascus: Writings*, translated by Frederic H. Chase Jr., 1.14:165–406. The Fathers of the Church 37. Washington, DC: The Catholic University of America Press, 1958.

Leith, John H., ed. *Creeds of the Churches*. 3rd edition. Louisville: Westminster John Knox, 1982.

Mastricht, Petrus van. *Theoretical-Practical Theology: Faith in the Triune God*. Vol. 2. Edited by Joel R. Beeke. Translated by Todd M. Rester. Grand Rapids: Reformation Heritage Books, 2019.

Maximus the Confessor. *On the Cosmic Mystery of Jesus Christ*. Popular Patristics Series 25. Crestwood, NY: St Vladimir's Press, 1993.

Miller, Samuel.*Letters on the Eternal Sonship of Christ: Addressed to the Rev. Stuart, of Andover*. Philadelphia: W. W. Woodward, 1823.

Origen. *On First Principles*. Translated by John Behr. Oxford: Oxford University Press, 2019.

Owen, John. *An Exposition of the Epistle to the Hebrews with Preliminary Exercitations*. Vol. 2. Edited by W. H. Goold. Edinburgh: Banner of Truth, 1991.

_____. *The Glory of Christ*. Vol. 1, *The Works of John Owen*. Edited by William H. Goold. Edinburgh: Banner of Truth Trust, 2009.

_____. *The Gospel Defended*. Vol. 12, *The Works of John Owen*. Edited by William H. Goold. Edinburgh: Banner of Truth Trust, 2009.

_____. *Of Communion with God the Father, Son, and Holy Ghost*. Vol. 2, *The Works of John Owen*. Edited by William H. Goold. Edinburgh: Banner of Truth Trust, 2009.

Richard of St. Victor. *Richard of Saint Victor, On the Trinity*. Edited and translated by Ruben Angelici. Eugene, OR: Wipf and Stock, 2011.

Tertullian. *Against Praxeas*. In *Ante-Nicene Fathers*, edited by Alexander Roberts and James Donaldson, 3:597–632. Peabody, MA: Hendrickson, 2012.

Turretin, Francis. *Institutes of Elenctic Theology*. Vol. 1, *First Through Ten Topics*. Edited by James T. Dennison Jr. Translated by George Giger. Phillipsburg, NJ: P&R Publishing, 1992.

Ursinus, Zacharias. *The Commentary of Dr. Zacharias Ursinus on the Heidelberg Catechism*. Translated by G. W. Williard. 1852. Reprint. Phillipsburg, NJ: P&R, 1985.

2차 자료

Allen, Michael, and Scott Swain. "The Obedience of the Eternal Son." *International Journal of Systematic Theology* 15 (2013): 114–34.

Anatolios, Khaled., ed. *Retrieving Nicaea: The Development and Meaning of Trinitarian Doctrine*. Reprint edition. Grand Rapids: Baker Academic, 2018.

Ayres, Lewis. *Augustine and the Trinity*. Cambridge: Cambridge University Press, 2010.

―――. *Nicaea and Its Legacy: An Approach to Fourth-Century Trinitarian Theology*. Oxford: Oxford University Press, 2006.

Barnes, Michel René. "The Fourth Century as Trinitarian Canon." In *Christian Origins: Theology, Rhetoric, and Community*, edited by Lewis Ayres and Gareth Jones, 47–67. London: Routledge, 1998.

Barth, Karl. *Church Dogmatics*. 14 volumes. Edited by G. W. Bromily and T. F. Torrance. Peabody, MA: Hendrickson, 2010.

Bates, Matthew. *The Birth of the Trinity: Jesus, God, and Spirit in New Testament and Early Christian Interpretations of the Old Testament.* Oxford: Oxford University Press, 2015.

Bavinck, Herman. *Reformed Dogmatics.* Vol. 2, *God and Creation.* Grand Rapids: Baker Academic, 2004.

Beckwith, Carl L. *The Holy Trinity.* Wayne, IN: Luther Academy, 2016.

Beeke, Joel R., and Paul M. Smalley. *Reformed Systematic Theology.* Vol. 1, Revelation and God. Wheaton: Crossway, 2019.

Behr, John. *Formation of Christian Theology.* 3 vols. Crestwood, NY: St Vladimir's Seminary Press, 2001.

Bilezikian, Gilbert. "Hermeneutical Bungee-Jumping: Subordination in the Godhead." *Journal of the Evangelical Theological Society* 40, no. 1 (1997): 57-68.

Bird, Michael F. "The Coming War: Nicene Complementarians vs Homoian Complementarians." *Euangelion* (blog). *Patheos*, June 8, 2016. https://www.patheos.com/blogs/euangelion/2016/06/the-coming-war-nicene-complementarians-vs-homoian-complementarians/.

Bray, Gerald. *Creeds, Councils, and Christ: Did the Early Christians Misrepresent Jesus?* Downers Grove, IL: InterVarsity, 1984.

_____. "The Eternal 'Subordination' of the Son?" *Unio Cum Christo* 4, no. 1 (2018): 47-63.

Boff, Leonardo. *Holy Trinity, Perfect Community.* Maryknoll, NY: Orbis, 1988.

_____. *Trinity and Society.* New York: Orbis, 1988.

Butner Jr., D. Glenn. *The Son Who Learned Obedience: A Theological Case against the Eternal Submission of the Son.* Eugene, OR: Pickwick, 2018.

Carson, D. A. *Exegetical Fallacies.* 2nd edition. Grand Rapids: Baker Academic, 1996.

―――. "John 5:26: *Crux Interpretum* for Eternal Generation." In *Retrieving Eternal Generation*, edited by Fred Sanders and Scott R. Swain, 79–97. Grand Rapids: Zondervan Academic, 2017.

Coakley, Sarah. "'Persons' in the 'Social' Doctrine of the Trinity: A Critique of Current Analytic Discussion." In *The Trinity*, edited by Stephen T. Davis, Daniel Kendall, and Gerald O'Collins, 123–44. Oxford: Oxford University Press, 1994.

Craig, William Lane. "Toward a Tenable Social Trinitarianism." In *Philosophical and Theological Essays on the Trinity*, edited by Thomas McCall and Michael C. Rae, 89–99. Oxford: Oxford University Press, 2009.

―――, and J. P. Moreland. *Philosophical Foundations for a Christian Worldview*. 2nd edition. Downers Grove, IL: InterVarsity, 2017.

Dolezal, James. *All That Is in God: Evangelical Theology and the Challenge of Classical Christian Theism*. Grand Rapids: Reformation Heritage Books, 2017.

―――. "Trinity, Simplicity and the Status of God's Personal Relations." *International Journal of Systematic Theology* 16, no. 1 (2014): 79–98.

Duby, Steven J. *God in Himself: Scripture, Metaphysics, and the Task of Christian Theology*. Studies in Christian Doctrine and Scripture. Downers Grove, IL: IVP Academic, 2019.

Dünzl, Franz. *A Brief History of the Doctrine of the Trinity in the Early Church*. New York: T&T Clark, 2007.

Durand, Emmanuel. "A Theology of God the Father." In Gilles Emery and Matthew Levering, eds., *The Oxford Handbook of the Trinity*, 371–86. Oxford: Oxford University Press, 2014.

Emery, Gilles. *The Trinitarian Theology of St. Thomas Aquinas*. Oxford: Oxford University Press, 2010.

―――. *The Trinity: An Introduction to Catholic Doctrine on the Triune God*. Washington, DC: Catholic University of America, 2011.

_____, and Matthew Levering, eds. *The Oxford Handbook of the Trinity*. 1st edition. Oxford: Oxford University Press, 2014.

Erickson, Millard. *God in Three Persons: A Contemporary Interpretation of the Trinity*. Grand Rapids: Baker, 1995.

_____. *Systematic Theology*. 2nd edition. Grand Rapids: Baker Academic, 1998; 3rd edition. Grand Rapids: Baker Academic, 2013.

_____. *Who's Tampering with the Trinity? An Assessment of the Subordination Debate*. Grand Rapids: Kregel, 2009.

Fairbairn, Donald, and Ryan M. Reeves. *The Story of Creeds and Confessions: Tracing the Development of the Christian Faith*. Grand Rapids: Baker Academic, 2019.

Feinberg, John. *No One Like Him: The Doctrine of God*. Foundations of Evangelical Theology. Wheaton: Crossway, 2001.

Fesko, J. V. *The Trinity and the Covenant of Redemption*. Geanies House: Mentor, 2016.

Frame, John. *The Doctrine of God: A Theology of Lordship*. Philipsburg, NJ: P&R, 2002.

Frei, Hans. *The Eclipse of Biblical Narrative: A Study in Eighteenth and Nineteenth Century Hermeneutics*. New Haven: Yale University Press, 1974.

_____. *The Identity of Jesus Christ: The Hermeneutical Bases of Dogmatic Theology*. Philadelphia: Fortress Press, 1975.

Giles, Kevin. *The Eternal Generation of the Son: Maintaining Orthodoxy in Trinitarian Theology*. Downers Grove, IL: IVP Academic, 2012.

_____. *Jesus and the Father: Modern Evangelicals Reinvent the Doctrine of the Trinity*. Grand Rapids: Zondervan, 2006.

_____. *The Trinity and Subordinationism: The Doctrine of God and the Contemporary Gender Debate*. Downers Grove, IL: IVP Academic, 2002.

_____. "The Trinity without Tiers." In *The New Evangelical Subordinationism? Perspectives on the Equality of God the Father and God the Son*. Edited by Dennis W. Jowers and H. Wayne House, 262–87. Eugene, OR: Pickwick, 2012.

Goligher, Liam. "Is It Okay to Teach a Complementarianism Based on Eternal Subordination?" *Reformation 21*, June 3, 2016. https://www.reformation21.org/mos/housewife-theologian/is-it-okay-to-teach-a-complementarianism-based-on-eternal-subordination.

_____. "Reinventing God." *Reformation 21*, June 6, 2016. https://www.reformation21.org/mos/housewife-theologian/reinventing-god.

Grenz, Stanley J. *The Named God and the Question of Being: A Trinitarian Theo-Ontology*. Louisville: Westminster John Knox Press, 2005.

_____. *Rediscovering the Triune God: The Trinity in Contemporary Theology*. Minneapolis: Fortress, 2004.

_____. *The Social God and the Relational Self: A Trinitarian Theology of the Imago Dei*. Louisville: Westminster John Knox Press, 2007.

_____. *Theology for the Community of God*. Grand Rapids: Eerdmans, 2000.

Grudem, Wayne. "Biblical Evidence for the Eternal Submission of the Son to the Father." In *The New Evangelical Subordinationism? Perspectives on the Equality of God the Father and God the Son*, edited by Dennis W. Jowers and H. Wayne House, 223–61. Eugene, OR: Pickwick, 2012.

_____. *Biblical Foundations for Manhood and Womanhood*. Wheaton: Crossway, 2002.

_____. "Doctrinal Deviations in Evangelical-Feminist Arguments about the Trinity." In *One God in Three Persons: Unity of Essence, Distinction of Persons, Implications for Life*, edited by Bruce Ware and John Starke, 17–46. Wheaton: Crossway, 2015.

_____. *Evangelical Feminism: A New Path to Liberalism?* Wheaton: Crossway, 2006.

_____. *Evangelical Feminism and Biblical Truth*. Sisters, OR: Multnomah, 2004.

_____. *Systematic Theology: An Introduction to Biblical Doctrine*. Revised edition. Grand Rapids: Zondervan, 1994 (appendix 6, 2000).

Gunton, Colin E. *The Promise of Trinitarian Theology*. New York: T&T Clark, 2003.

Hall, Christopher A., and Roger Olson. *The Trinity*. Grand Rapids: Eerdmans, 2002.

Hanson, R. P. C. *The Search for the Christian Doctrine of God: The Arian Controversy*, 318–81. Grand Rapids: Baker Academic, 2006.

Hill, Wesley. *Paul and the Trinity: Persons, Relations, and the Pauline Letters*. Grand Rapids: Eerdmans, 2015.

Holmes, Stephen R. "Classical Trinitarianism and Eternal Functional Subordination: Some Historical and Dogmatic Reflections." *Scottish Bulletin of Evangelical Theology* 35, no. 1 (2017): 90–104.

_____. "Classical Trinity: Evangelical Perspective" and "Responses." In *Two Views on the Doctrine of the Trinity*, edited by Jason S. Sexton, 25–48 and 96–100. Grand Rapids: Zondervan Academic, 2014.

_____. *Listening to the Past: The Place of Tradition in Theology*. Grand Rapids: Baker Academic, 2002.

_____. *The Quest for the Trinity: The Doctrine of God in Scripture, History and Modernity*. Downers Grove, IL: IVP Academic, 2012.

_____. "Three Versus One? Some Problems of Social Trinitarianism." *Journal of Reformed Theology* 3 (2009): 77–89.

Husbands, Mark. "The Trinity Is Not Our Social Program: Volf, Gregory of Nyssa and Barth." In *Trinitarian Theology for the Church: Scripture, Community, Worship*, edited by Daniel J. Treier and David Lauber, 120–41. Downers Grove, IL: IVP Academic, 2009.

Irons, Charles Lee. "Begotten of the Father before All Ages: The Biblical Basis of Eternal Generation According to the Church Fathers." *Christian Research Journal* 40, no. 1 (2017): 41–47.

_____. "A Lexical Defense of the Johannine 'Only Begotten.'" In *Retrieving Eternal Generation*, edited by Fred Sanders and Scott R. Swain, 98–116. Grand Rapids: Zondervan Academic, 2017.

Jenson, Robert. *Systematic Theology*. Vol. 1, *The Triune God*. Oxford: Oxford University Press, 2001.

_____. *The Triune Identity: God According to the Gospel*. Philadelphia: Fortress, 1982.

Johnson, Keith E. "Augustine, Eternal Generation, and Evangelical Trinitarianism." *Trinity Journal* 32 (2011): 141–63.

_____. "*Imitatio Trinitatis*: How Should We Imitate the Trinity?" *Westminster Theological Journal* 75 (2013): 317–34.

_____. *Rethinking the Trinity and Religious Pluralism: An Augustinian Assessment*. Downers Grove, IL: IVP Academic: 2011.

_____. "Trinitarian Agency and the Eternal Subordination of the Son: An Augustinian Perspective." In *The New Evangelical Subordinationism? Perspectives on the Equality of God the Father and God the Son*, edited by Dennis W. Jowers and H. Wayne House, 108–32. Eugene, OR: Pickwick, 2012.

_____. "What Would Augustine Say to Evangelicals Who Reject the Eternal Generation of the Son?" *Southern Baptist Journal of Theology* 16, no. 2 (2012): 26–43.

Jowers, Dennis W. "The Inconceivability of Subordination within a Simple God." In *The New Evangelical Subordinationism? Perspectives on the Equality of God the Father and God the Son*. Edited by Dennis W. Jowers and H. Wayne House, 375–410. Eugene, OR: Pickwick, 2012.

_____. *The Trinitarian Axiom of Karl Rahner: The Economic Trinity Is the Immanent Trinity and Vice Versa*. Lewiston, NY: Edwin Mellen Press, 2006.

_____, and H. Wayne House, eds. *The New Evangelical Subordinationism? Perspectives on the Equality of God the Father and God the Son*. Eugene, OR: Pickwick, 2012.

Kelly, J. N. D. *The Athanasian Creed*. London: A. & C. Black, 1964.

Kilby, Karen. "Perichoresis and Projection: Problems with Social Doctrines of the Trinity." *New Blackfriars* 81 (2000): 442.

Kostenberger, Andreas J. and Scott R. Swain. *Father, Son and Spirit: The Trinity and John's Gospel*. Downers Grove, IL: InterVarsity, 2008.

LaCugna, Catherine Mowry. *God for Us: The Trinity and Christian Life*. San Francisco: HarperSanFrancisco, 1993.

Leftow, Brian. "Anti-Social Trinitarianism." In *The Trinity: An Interdisciplinary Symposium on the Trinity*, edited by Stephen T. Davis, Daniel Kendall, and Gerald O'Collins, 203–50. New York: Oxford, 1999.

Lessing, G. E. "On the Proof of the Spirit and Power." In *Lessing's Theological Writings*, edited and translated by Henry Chadwick, 83–89. Cambridge: Cambridge University Press.

Letham, Robert. *The Holy Trinity: In Scripture, History, Theology, and Worship*. 2nd edition. Phillipsburg, NJ: P&R Publishing, 2019.

Levering, Matthew. *Scripture and Metaphysics: Aquinas and the Renewal of Trinitarian Theology*. Oxford: Blackwell, 2004.

McCormack, Bruce L. "Grace and Being." In *The Cambridge Companion to Karl Barth*, edited by John Webster, 92–100. Cambridge: Cambridge University Press, 2000.

Moltmann, Jurgen. *The Crucified God*. 40th anniversary edition. Minneapolis: Fortress Press, 2015.

_____. *The Trinity and the Kingdom*. Minneapolis: Fortress, 1993.

Muller, Richard A. *Dictionary of Latin and Greek Theological Terms Drawn Principally from Protestant Scholastic Theology*. 2nd edition. Grand Rapids: Baker Academic, 2017.

―――. *Post-Reformation Reformed Dogmatics*. Vol. 4, *The Triunity of God*. Grand Rapids: Baker Academic, 2003.

Ovey, Michael J. *Your Will Be Done: Exploring Eternal Subordination, Divine Monarchy, and Divine Humility*. London: Latimer Trust, 2016.

Plantinga Jr., Cornelius. *Does God Have a Nature?* Milwaukee: Marquette University Press, 1980.

―――. "Social Trinity and Tritheism." In *Trinity, Incarnation, and Atonement: Philosophical and Theological Essays*, edited by Ronald J. Feenstra and Cornelius Plantinga Jr., 21–47. Notre Dame, IN: University of Notre Dame Press, 1989.

―――. "The Threeness/Oneness Problem of the Trinity." *Calvin Theological Journal* 23, no. 1 (1988): 37–53.

Rahner, Karl. *The Trinity*. New York: Crossroad Publishing, 1997.

Rauschenbusch, Walter. *A Theology for the Social Gospel*. New York: Macmillan, 1917.

Reymond, Robert. *A New Systematic Theology of the Christian Faith*. 2nd edition. Nashville: Thomas Nelson, 1998.

Ritschl, Albrecht. *The Christian Doctrine of Justification and Reconciliation*. Edited and translated by H. R. Mackintosh and A. B. Macaulay. Edinburgh: T&T Clark, 1902.

Sanders, Fred. *The Deep Things of God: How the Trinity Changes Everything*. Wheaton: Crossway, 2017.

―――. *The Image of the Immanent Trinity: Rahner's Rule and the Theological Interpretation of Scripture*. Issues in Systematic Theology. New York: Peter Lang, 2005.

―――. *The Triune God*. New Studies in Dogmatics. Wheaton: Crossway, 2016.

Sanders, Fred, and Oliver D. Crisp, eds. *Advancing Trinitarian Theology: Explorations in Constructive Dogmatics*. Grand Rapids: Zondervan, 2014.

Sanders, Fred, and Scott Swain, eds. *Retrieving Eternal Generation*. Grand Rapids: Zondervan, 2017.

Schleiermacher, Friedrich. *The Christian Faith*. London: Bloomsbury, 2016.

_____. *On Religion: Speeches to Its Cultured Despisers*. Edited by Richard Crouter. Cambridge Texts in the History of Philosophy. Cambridge: Cambridge University Press, 2007.

Sexton, Jason S. "Beyond Social Trinitarianism: The Baptist, Trinitarian Innovation of Stanley J. Grenz." *Baptist Quarterly* 44 (2012): 473–86.

Smith, Warren. "The Trinity in the Fourth-Century Fathers." In *The Oxford Handbook of the Trinity*, edited by Gilles Emery and Matthew Levering, 109–22. Oxford: Oxford University Press, 2014.

Starke, John and Bruce A. Ware, eds. *One God in Three Persons: Unity of Essence, Distinction of Persons, Implications for Life*. Wheaton: Crossway, 2015.

Swain, Scott R. "Covenant of Redemption." In *Christian Dogmatics: Reformed Theology for the Church Catholic*, edited by Michael Allen and Scott R. Swain, 107–25. Grand Rapids: Baker Academic, 2016.

_____. *The God of the Gospel: Robert Jenson's Trinitarian Theology*. Downers Grove, IL: IVP Academic, 2013.

_____. *The Trinity: An Introduction*. Wheaton: Crossway, 2020.

_____. "The Trinity." In *Christian Dogmatics: Reformed Theology for the Church Catholic*, edited by Michael Allen and Scott R. Swain, 78–106. Grand Rapids: Baker Academic, 2016.

Tanner, Kathryn. "Social Trinitarianism and Its Critics." In *Rethinking Trinitarian Theology: Disputed Questions and Contemporary Issues in Trinitarian Theology*, edited by Giulio Maspero and Robert J. Wozniak, 368–86. New York: T&T Clark, 2012.

Thompson, Thomas R., and Cornelius Plantinga Jr. "Trinity and Kenosis." In *Exploring Kenotic Christology: The Self-Emptying of God*, edited by C. Stephen Evans, 165–89. Oxford: Oxford University Press, 2006.

Treier, Daniel J. *Introducing Evangelical Theology*. Grand Rapids: Baker Academic, 2019.

Trueman, Carl R. "Fahrenheit 381." *Reformation 21*, June 7, 2016. https://www.reformation21.org/mos/postcards-from-palookaville/fahrenheit-381.

_____. "Reforming God?" *Reformed Faith and Practice* 4, no. 2 (2019): 37–52.

Volf, Miroslav. *After Our Likeness: The Church as the Image of the Trinity*. Grand Rapids: Eerdmans, 1998.

_____. "Being as God Is: Trinity and Generosity." In Miroslav Volf and Michael Welker, eds. *God's Life in Trinity*, 3–12. Minneapolis: Fortress, 2009.

_____. *Exclusion and Embrace: A Theological Exploration of Identity, Otherness, and Reconciliation*. Nashville: Abingdon, 1996.

_____. "'The Trinity Is Our Social Program': The Doctrine of the Trinity and the Shape of Social Engagement." *Modern Theology* 14 (1998): 403–23.

Vos, Geerhardus. Reformed Dogmatics. Vol. 1, *Theology Proper*. Translated and edited by Richard B. Gaffin Jr. Bellingham, WA: Lexham Press, 2012–2014.

Ware, Bruce A. "Does Affirming an Eternal Authority-Submission Relationship in the Trinity Entail a Denial of *Homoousios*? A Response to Millard Erickson and Tom McCall." In *One God in Three Persons: Unity of Essence, Distinction of Persons, Implications for Life*, edited by Bruce Ware and John Starke, 237-48. Wheaton: Crossway, 2015.

_____. "Equal in Essence, Distinct in Roles: Eternal Functional Authority and Submission among the Essentially Equal Divine Persons of the Godhead." In *The New Evangelical Subordinationism? Perspectives on the Equality of God the Father and God the Son*, edited by Dennis W. Jowers and H. Wayne House, 13-37. Eugene, OR: Pickwick, 2012.

_____. *Father, Son, and Spirit: Relationships, Roles, and Relevance*. Wheaton: Crossway, 2005.

_____. "Unity and Distinction of the Trinitarian Persons." In *Trinitarian Theology: Theological Models and Doctrinal Applications*, edited by Keith S. Whitfield, 17-62. Nashville: B&H Academic, 2019.

Warfield, B. B. "The Biblical Doctrine of the Trinity." In *The Works of Benjamin B. Warfield*. Vol. 2, 133-72. Grand Rapids: Baker Books, 1981.

Webster, John. *The Culture of Theology*. Grand Rapids: Baker Academic, 2019.

_____. *God Without Measure: Working Papers in Christian Theology*. Vol. 1, *God and the Works of God*. London: Bloomsbury, 2016.

Webster, John, and George P. Schner, eds. *Theology After Liberalism: Classical and Contemporary Readings*. Oxford: Blackwell, 2000.

Wellum, Stephen J. *God the Son Incarnate: The Doctrine of Christ*. Foundations of Evangelical Theology. Wheaton: Crossway, 2016.

White, Thomas Joseph. "Divine Simplicity and the Holy Trinity." *International Journal of Systematic Theology* 18, no. 1 (2016): 66-93.

_____. "Intra-Trinitarian Obedience and Nicene-Chalcedonian Christology." *Nova et Vetera* 6, no. 2 (2008): 377-402.

Whitfield, Keith S., ed. *Trinitarian Theology: Theological Models and Doctrinal Application*. Nashville: B&H Academic, 2019.

Williams, Rowan. *Arius: Heresy and Tradition*. Rev. ed. Grand Rapids: Eerdmans, 2002.

Yeago, David S. "The New Testament and the Nicene Dogma: A Contribution to the Recovery of Theological Exegesis." In *The Theological Interpretation of Scripture: Classic and Contemporary Readings*, edited by Stephen E. Fowl. Malden, MA: Wiley-Blackwell, 1997.

Zizioulas, John D. *Being as Communion*. Crestwood, NY: St Vladimir's Seminary Press, 1985.

사명선언문

너희가 흠이 없고 순전하여……세상에서 그들 가운데 빛들로
나타내며 생명의 말씀을 밝혀 _ 빌 2:15-16

1. 생명을 담겠습니다
만드는 책에 주님 주신 생명을 담겠습니다.
그 책으로 복음을 선포하겠습니다.

2. 말씀을 밝히겠습니다
생명의 근본은 말씀입니다.
말씀을 밝혀 성도와 교회의 성장을 돕겠습니다.

3. 빛이 되겠습니다
시대와 영혼의 어두움을 밝혀 주님 앞으로 이끄는
빛이 되는 책을 만들겠습니다.

4. 순전히 행하겠습니다
책을 만들고 전하는 일과 경영하는 일에 부끄러움이 없는
정직함으로 행하겠습니다.

5. 끝까지 전파하겠습니다
모든 사람에게, 땅 끝까지, 주님 오시는 그날까지
복음을 전하는 사명을 다하겠습니다.

서점 안내

광화문점	서울시 종로구 새문안로 69 구세군회관 1층 02)737-2288 / 02)737-4623(F)
강남점	서울시 서초구 신반포로 177 반포쇼핑타운 3동 2층 02)595-1211 / 02)595-3549(F)
구로점	서울시 동작구 시흥대로 602, 3층 302호 02)858-8744 / 02)838-0653(F)
노원점	서울시 노원구 동일로 1366 삼봉빌딩 지하 1층 02)938-7979 / 02)3391-6169(F)
일산점	경기도 고양시 일산서구 중앙로 1391 레이크타운 지하 1층 031)916-8787 / 031)916-8788(F)
의정부점	경기도 의정부시 청사로47번길 12 성산타워 3층 031)845-0600 / 031)852-6930(F)
인터넷서점	www.lifebook.co.kr